23 초등수학교육

초등학교 수학의 중요한 지도 내용

이용률 지음

KM 경문사

PREFACE

머 리 말

2000년도의 7차 교육과정 실시 이후 2005년에 개정 교육과정이 공포되었다. 수학과에서는 기존 10년간의 단계형 교육과정을 폐지하면서 초·중·고의 학교급별 교육과정 내용을 정비하고 내용영역을 손질하면서 초등학교의 경우 수와 연산, 도형, 측정, 확률과 통계, 문자와 식, 규칙성과 함수의 6대 내용영역을 수와 연산, 도형, 측정, 확률과 통계, 규칙성과 문제해결의 5대 내용영역으로 재편하였다.

이전 교육과정과 개정 교육과정의 목표가 어떤 점이 어떻게 달라졌는가를 비교·검토하기 쉽도록, 각각을 좌우에 배열해 보면 다음과 같다.

7차 교육과정(초중고 공통)	개정 교육과정(초등학교)
수학의 기본적인 지식과 기능을 습득하고 수학적으로 사고하는 능력을 길러, 실생활의 여러 가지 문제를 합리적으로 해결할 수 있는 능력과 태도를 기른다.	기초적인 수학적 지식과 기능을 습득하고 수학적으로 사고하고 의사소통하는 능력을 길러, 생활 주변에서 일어나는 여러 가지 현상과 문제를 합리적으로 해결하는 능력을 기르며, 수학에 대한 긍정적 태도를 기른다.
가. 여러 가지 생활 현상을 수학적으로 고찰하는 경험을 통하여 수학의 기초적인 개념, 원리, 법칙과 이들 사이의 관계를 이해할 수 있다. 나. 수학적 지식과 기능을 활용하여 생활 주변에서 일어나는 여러 가지 문제를 수학적으로 관찰, 분석, 조직, 사고하여 해결할 수 있다. 다. 수학에 대한 흥미와 관심을 지속적으로 가지고, 수학적 지식과 기능을 활용하여 여러 가지 문제를 합리적으로 해결하는 태도를 기른다.	(1) 생활 주변에서 일어나는 현상을 수학적으로 관찰하고 조직하는 경험을 통하여 수학의 기초적인 개념, 원리, 법칙을 이해하는 능력을 기른다. (2) 수학적으로 사고하고 의사소통하는 능력을 길러, 생활 주변에서 일어나는 문제를 합리적으로 해결하는 능력을 기른다. (3) 수학에 대한 관심과 흥미를 가지고, 수학의 가치를 이해하며, 수학에 대한 긍정적 태도를 기른다.

이전 교육과정과 개정 교육과정의 목표에서 볼 수 있는 차이점은 다음과 같이 요약할 수 있다.

(가) 이전 교육과정에서의

"수학의 기초적인 개념, 원리, 법칙과 이들 사이의 관계를 이해시킨다."

고 했던 것이, 개정 교육과정에서는

"수학의 기초적인 개념, 원리, 법칙을 이해하는 능력을 기른다."

는 것으로 바뀌었다.

(나) 이전 교육과정에서의

"수학적 지식과 기능을 활용하여 문제를 합리적으로 해결할 수 있는 능력과 태도를 기른다."

고 했던 것이, 개정 교육과정에서는

"수학적으로 사고하고 의사소통하는 능력을 길러 문제를 합리적으로 해결하는 능력을 기른다."

는 것으로 바뀌었다.

(다) 이전 교육과정에서의

"문제를 합리적으로 해결하는 태도를 기른다."

고 했던 것이, 개정 교육과정에서는

"수학의 가치를 이해하며, 수학에 대한 긍정적 태도를 기른다."

는 것으로 바뀌었다.

개정 교육과정에 충실한 수학 수업을 전개할 수 있기 위해서는, 개정 교육과정의 목표에 대한 확실한 이해(이전 교육과정과의 차이점 등을 포함)가 선행되어야 한다.

(가)에 관한 논의

"수학의 기초적인 개념, 원리, 법칙과 이들 사이의 관계를 이해시킨다."는 것과, "수학의 기초적인 개념, 원리, 법칙을 **이해하는 능력**을 기른다."는 것에는 어떤 차이점이 있는가?

수학의 기초적인 개념, 원리, 법칙과 이들 사이의 관계 자체를 이해시키기보다는, 수학의 기초적인 개념, 원리, 법칙을 이해하는 데에 바탕이 되는 그 어떤 것을 정착시키기를 기대한다고 볼 수 있다.

그런데 귀납, 유추, 연역, 일반화, 발전 등의 수학적인 생각이 정착되지 않고서는 **이해하는 능력**이 길러지지 않는다.

그러므로 '그 어떤 것'이라는 것에는 '수학적인 생각'이 포함되며, '수학적인 생각'이 형성·정착되면 자력으로 수학의 기초적인 개념, 원리, 법칙과 이들 사이의 관계를 이해하게 될 가능성이 높아지므로, '<u>그 어떤 것</u>'이라는 것은 '수학적인 생각'이 핵심을 이룬다고 말할 수가 있다.

(나)에 관한 논의

수학적으로 사고하고 '**의사소통하는 능력**'이라고 하였는데, 수학의 수업을 통해서 길러야 할 '의사를 소통하는 능력'이란 무엇에 관한 의사를 소통하는 능력이어야 하는가?(Ⓐ)

그리고 의사소통을 할 수 있기 위해서는 일반적으로 어떤 것이 이루어져 있어야 하는가?(Ⓑ)

참고 개정 교육과정의 목표에서 볼 수 있는 표면적인 특징의 하나가 '**의사소통하는 능력**' 이라고 보는 이가 많을 것으로 생각된다. 그래서 몇몇 문헌에 게재된 communication(의사소통)의 의미를 참고로 소개해 둔다.

[communication(의사소통)의 의미]

▶ **영어 사전** ① 전달, 통신, 보도; 공표, 발표; (병의) 전염
② 정보; 교신; 통신문, 전언, 소식, 편지
③ 교통, 교통수단(기관)
④ 왕래, 연락, 교제
⑤ 사상 전달법, 정보 전달학

▶ **교육학 대사전** : 현대의 인간은 실물의 세계와 그 복사(copy)의 세계라는 2개의 세계 속에서 살고 있다. 예를 들면, 우리는 전차를 실제로 이용하는 동시에 전차라는 말, 문자, 사진, 그림 등에 의해서도 알 수 있게 되는데, 이 후자의 세계를 구성하는 것이 커뮤니케이션(통신)인 것이다. 교육에 있어서, 학생은 대부분의 경우 실물 그 자체가 아닌 그 교육적 복사(copy)인 교재를 통하여 넓은 세계적인 경험도 할 수 있게 된다. 교육은 지식 기능의 단순한 전달에 그쳐서는 안 되며, 어디까지나 학생이 현대의 문화를 초월해서 장래의 문화를 한층 높일 수 있도록 그 능력을 조장하는 것이라야 한다. 따라서 이때의 커뮤니케이션은 어떻게 인류의 제 경험을 정리 체제화함으로써 짧은 시일 내에 학생에게 그것을 습득시킬 것인가라는 학습 지도의 문제로서 취급되게 되는 것이다.

▶ (日本) 新 国語辞典(三省堂) : 말이나 문자, 몸짓 등을 통해서 생각이나 마음을 소통하는 것.

이상에서, '**의사소통(커뮤니케이션)**'이란, 형체의 유무에 구애됨이 없이,

자기가 전달하려는 대상을 남에게 정확하게 전달하는 것
남이 나에게 전달하려는 것을 내가 정확하게 포착하는 것

이라고 요약할 수가 있다.

즉, communication(의사소통) 능력의 기초·기본은 한 마디로 '**표현력**'과 '**청취력**'이라고 말할 수가 있다.

Ⓑ에 관한 논의

의사소통하는 능력의 기초·기본인 '**표현력**'과 '**청취력**'을 개발·정착시키기 위해서는, 우선 자기의 생각(복안)을 가질 수 있도록 하여야 하고, 자기의 생각(복안)과 남의 생각을 비교·검토할 수 있어야 한다.

그리고 자기의 생각(복안)을 가질 수 있게 하기 위해서는, 어떤 생각이 되었건 교사나 동료의 눈치를 보지 않고, 태연하게 발표할 수 있는 학급의 학습 분위기의 조성이 선행되어야 한다.

이런 학습 분위기가 조성되면, 동료에게 묻거나 자신과의 의견교환을 하는 등 협동학습이라는 것도 가능해진다.

Ⓐ에 관한 논의

예를 들면, 문제의 해결 결과보다는 해결의 idea(과정), 즉 문제의 해결방법에 관련되는 수학적인 생각이나 문제의 내용에 관련되는 수학적인 생각에 관해서 '의사를 소통하는 능력'을 길러야 한다.

(다)에 관한 논의

"**수학의 가치를 이해하며**, 수학에 대한 긍정적 태도를 기른다."라고 하였는데, 수학의 **가치를 이해하면**, 수학에 대한 긍정적 태도는 길러지기 마련이라고 생각된다.

그러므로, 수학의 가치를 이해시키는 것이 핵심적인 지도 내용이라고 할 수 있다.

즉, 위의 목표 (3)을 성취시키기 위한 지도에서는 수학의 가치를 이해시키는 지도가 그 핵심을 이룬다고 볼 수 있다는 것이다.

한편, **수학의 가치로는**

일상생활에서의 수량이나 이들 사이의 관계 또는 사물이나 이들 사이의 관계를 간결·명확·정밀·능률적으로 표현·처리하거나 교신·전달하거나 하여 인간관계나 사회관계를 원활히 하는 등의 인간생활이나 사회생활에 소용되는 가치…… **실용적·사회적 가치**

수량이나 이들 사이의 관계 또는 사물이나 그들 사이의 관계를 전망을 가지고 조리 있게 처리하거나 하여 고찰 방법이나 사고 방법을 절약하는 등의 사고력, 판단력, 추리력 등을 훈련·육성하는 데 소용되는 가치……**훈련적·도야적 가치**

새로운 것을 창조하거나 여러 사상을 심미적으로 정리·통합하거나 하여 인간의 이상이나 염원에 접근해 가는 등의 '문제를 자주적으로 해결하거나 창조하고 심미적인 것으로 정리·통합하는 데 소용되는 가치……**창조적·정서적 가치**

문화나 사회의 발전에 공헌하거나 이것을 인식하는 데 소용되는 가치……**문화적·교양적 가치**

등을 생각할 수 있는데, 이런 것을 흔히 '**좋은 점·아름다움**'이라고 줄여서 말하기도 한다.

그러므로, 취급하는 수학의 내용에 따라서 알맞은 수학의 좋은 점·아름다움(가치)을 느껴볼 수 있는 장면을 설정하여, 그 좋은 점을 아동들이 느껴볼 수 있도록 하는 지도 계획을 수립하여 지도하여야 한다.

글로 표현하기에는 많은 제한점이 있기는 하지만 글의 원활한 전개를 위해 본문에 사용될 몇 가지 약호(❖, •)를 정하기로 한다. 아동이 나타내는 반응이나 논의의 대상(현상)은 ❖로, 이를 통해 형성되기를 기대하거나 드러나는 수학적 생각과 태도는 •으로 나타내기로 한다.

개정 교육과정에서도 여전히 학생이 스스로 배우고 공부할 수 있는 수학 학습 능력을 기르기 위한 수학교육, 즉 수학적 사고와 태도를 강조하고 있다. 수학적 사고와 태도의 육성에 관한 『修學能力을 기르기 위한 初等學校 數學의 指導 Ⅰ, Ⅱ』과 『指導內容의 核心課題 99』가 있음에도 불구하고 개정 교육과정의 내용을 반영한 자료가 필요할 듯 하여 개정된 초등학교 수학의 5대 영역에 대한 핵심적인 지도의 요점과 그 전개 방안을 위해 [주요 내용 99]의 수정판을 펴놓게 되었다.

이 책을 펴냄에 많은 분들에게 여러 신세를 졌다. 이 책의 중요한 부분인 핵심적인 지도 내용의 엄선에 많은 수고를 아끼지 아니하신 경인초등수학교육연구회의 모든 회원 여러분께 진심으로 감사한다. 특히 이 책의 개정에 많은 도움과 격

려를 아끼지 않은 경인교육대학교 수학과 교수 여러분께 심심한 사의를 표한다. 끝으로 이 책의 출판을 맡아 주신 도서출판 경문사 여러분에게 충심으로 감사를 드리는 바이다.

2010년 3월

저자 이용률

CONTENTS

차 례

제4장 ▎측정에 관련되는 내용

제5장 ▎확률과 통계에 관련되는 내용

제6장 ‖ 규칙성과 문제 해결에 관련되는 내용

부 록 ‖

제1장

초등학교 수학과의 목표에 관련되는 주요 내용

주요 내용 1　구체적인 조작
주요 내용 2　사고 실험
주요 내용 3　직관
주요 내용 4　학력관
주요 내용 5　수학적인 생각·태도

기초적인 수학적 지식과 기능을 습득하고 수학적으로 사고하고 의사소통하는 능력을 길러, 생활 주변에서 일어나는 여러 가지 현상과 문제를 합리적으로 해결하는 능력을 기르며, 수학에 대한 긍정적 태도를 기른다.

(1) 생활 주변에서 일어나는 현상을 수학적으로 관찰하고 조직하는 경험을 통하여 수학의 기초적인 개념, 원리, 법칙을 이해하는 능력을 기른다.
(2) 수학적으로 사고하고 의사소통하는 능력을 길러, 생활 주변에서 일어나는 문제를 합리적으로 해결하는 능력을 기른다.
(3) 수학에 대한 관심과 흥미를 가지고, 수학의 가치를 이해하며, 수학에 대한 긍정적 태도를 기른다.

는 수학과의 목표를 달성하는 데에 핵심이 되는 지도 과제와 그 지도 요지를 제시한다.

주요 내용 1 — 구체적인 조작

가. '구체적인 조작'의 의미

'조작'이라는 말은 'operation'이라는 뜻으로도 쓰이고 'manipulation'이라는 뜻으로도 쓰이고 있다. 교육과정 등에서 볼 수 있는 "구체적인 조작을 중시할 것"이라는 말이나 "구체적인 조작을 통하여 이해하도록 할 것"이라는 말 가운데의 '구체적인 조작'이라는 말은, 어떤 구체물을 실제로 움직여 보거나 그림을 그려보는 등의 활동으로서, 피아제(J. Piaget)의 '전 조작적 단계'에 해당하는 조작을 뜻한다.

그러므로, 교육과정 등에서 말하는 '구체적인 조작'이라는 말은 'manipulation'의 도움을 받아 점진적으로 피아제가 말하는 '구체적인 조작'을 할 수 있게 하여 피아제가 말하는 '형식적 조작'으로 발전시킨다는 뜻으로 보아야 한다.

나. '구체적인 조작'의 의의

'구체적인 조작'은 다음과 같은 경우에 도입함으로써 그 '의의'가 살아난다.

① 기초적인 경험을 풍부하게 하는 경우

예컨대, 몇 개(5개)의 화살로 과녁 맞추기를 몇 번(2번) 시키는 등 수의 합성·분해의 경험을 구체적인 조작을 통하여 충분히 시킴으로써, 덧셈과 뺄셈의 학습에서 그 의미를 쉽게 이해하게 된다.

도형에서도, 1학년 때 여러 가지 사물을 그 모양에 주목하여 '바른 네모', '긴 네모', '세모', '동그라미' 등의 모양으로 분류하는 경험을 시키는데, 이런 경험이 나중에 학습하게 되는 정사각형, 직사각형, 원 등의 이해에 기여하게 된다.

② 개념, 원리, 법칙 등의 이해를 돕는 경우

덧셈의 계산 방법이나 123이라고 적는 수나 숫자의 의미의 이해가 되지 않을 때, 화폐나 교구를 조작해 봄으로써 그 이해가 쉬워진다. 그리고 교환법칙 등의 의미에 대해서도, 실제로 2개의 띠 그림을 이어 붙일 때 그것을 바꾸어서 이어 붙여도 전체의 길이는 달라지지 않는다는 조작의 도움으로 이해가 쉬워지기도 한다.

③ 판단이나 설명의 근거로 이용되는 경우

예를 들면, 덧셈이나 뺄셈의 의미를 학습한 다음에 "18개의 과자를 한 사람 앞에 한 개씩 나누어주었는데, 아직 6사람이 받지 못했다고 한다. 사람이 모두 몇 사람 있었는가?"라는 문제는 '18+6'이라는 식으로 나타나며, 이 답이 '24'라는 것을 알아내었다고 하자. 이때, 그 답이 옳다는 것을 설명하게 하면, "과자를 받은 18사람을 흰 바둑돌로, 아직 못 받은 6사람을 검은 바둑돌로 나타내어, 그 두 가지 색깔의 바둑돌을 '모으는 조작'을 해 보이면서, 이 두 가지 색깔의 바둑돌이 전체의 사람 수이며, 흰 바둑돌 18개에 검은 바둑돌 중의 2개를 더하면 20이 되고, 남은 검은 바둑돌이 4개이므로 24개가 된다. 그러므로 18+6=24이다."라고 말한다. 이와 같이, 덧셈의 식으로 나타나는 까닭이나 18+6이 24가 되는 까닭을 설명할 때 교구를 써서 조작해 보이게 된다. 이때의 조작은 도움을 얻기 위해서가 아니고, 조작 그 자체를 판단의 근거로 삼고 있는 것이다. 이런 조작은 반드시 경험시켜야 할 중요한 내용들이다.

④ 문제를 파악하거나 해결 방안을 구상하는 경우

문제 장면을 선분도나 띠 그림으로 나타내어 봄으로써, 문제의 의미를 알게 되거나, 해결 방안에 대한 실마리가 찾아지는 경우가 있다. 이런 경우에, 예컨대 "바둑돌을 정사각형 모양으로 나열하려고 한다. 한 변에 50개의 바둑돌이 놓이는 정사각형 모양으로 나열하려면 바둑돌이 몇 개 있어야 하는가?”라는 문제의 해결에서, 바둑돌을 아래 그림과 같이 나열해 봄으로써 문제의 의미가 분명해지며, 그 해법도 발견하기가 쉬워진다.

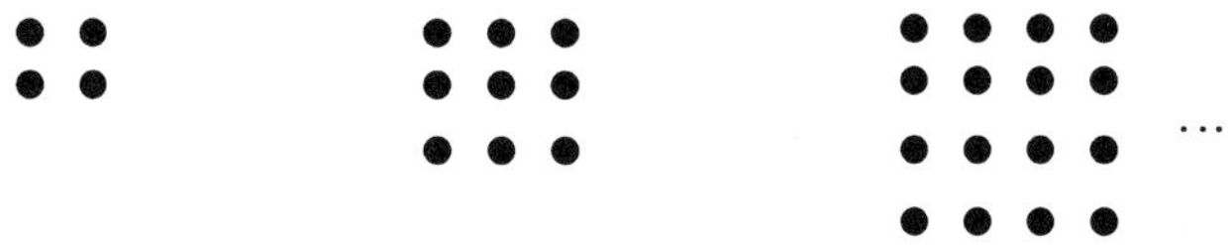

⑤ 성질이나 법칙을 발견하거나 발전적으로 고찰하는 경우

36×24=24×36이 성립한다는 것을, 두 변의 길이가 36, 24인 직사각형을 그려서 설명하기도 한다. 이런 것은, 그 직사각형의 도움으로, “두 수(가로와 세로의 길이)가 어떤 수일 때라도 항상 두 수의 순서를 바꾸어도 그 결과는 같아진다.”는 교환법칙의 일반화를 꾀하려는 데서 비롯된 발상이라 할 수 있다.

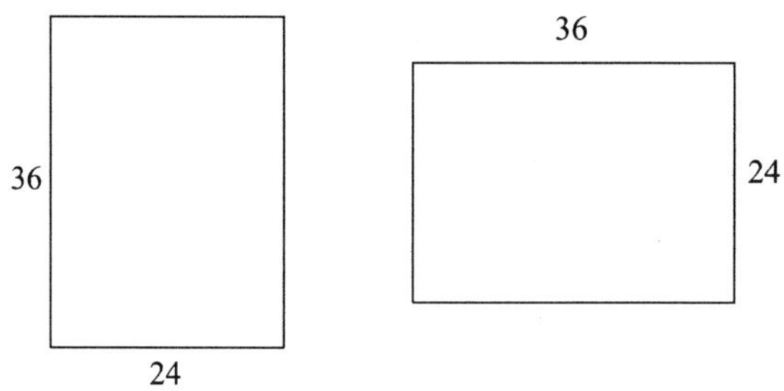

⑥ 흥미를 유발·지속시키고, 지식·기능의 습득을 꾀하는 경우

게임이나 퍼즐을 취급하는 것은 그 가치(흥미의 유발·지속이나 지식·기능의 습득)의 실현을 목적으로 하는 경우가 많다.

⑦ 구체적인 조작 그 자체가 지도 내용인 경우

예를 들면, 컴퍼스나 자 또는 각도기를 사용하는 것은 구체적인 조작이긴 하지만, 그 사용법에 익숙해지도록 하는 것이 지도 내용의 하나이기 때문이다.

주요 내용 2 — 사고 실험

가. '사고 실험'의 의미

종종 접하게 되는 '사고 실험'이라는 말은 사고의 초기 조건(시간)과 경계 조건(장소)을 변화시켜 그 결과를 살펴본다는 말로서, 의미상으로는 '현물 실험'과 같은 것이다. 그러나 결정적으로 다른 점은 조건을 마음대로 부여할 수 있다는 사실이다.

사고의 실험인 '사고 실험'이라고 하는 것은,

(1) 문제의 조건을 명확히 하고, 그 몇 개의 조건을 고정시키거나 없는 것으로 보고 다른 몇개의 조건을 조직적으로 변화시켜 본다. 이것에 따라 결과가 어떻게 되는가, 어떻게 달라지는가를 보는 것이다.
그러므로, 이상화, 단순화, 추상화, 특수화와 같은 생각이 중요하며, 조건을 순서 바르게 변화시킨다는 생각이 중요하다.

(2) 같은 실험을 같은 조건으로 몇 번이건 할 수 있다(재현 가능). 그래서 결과에 대한 확실성이 강화된다.

(3) 조건을 간단히 한다고 해도 현실로 되돌아오지 못할 정도로 간단히 해서는 아무 쓸모가 없어진다. 이런 점에 유의하여 조건을 정비하여야 한다.

이상과 같은 것을 염두에 두고, 대상에 대해 행하는 것이 사고 실험이다. 그러므로 실제의 실험이 불가능한 것도 가능하며, 따라서 발상도 자유로이 할 수 있다. 이런 것이 사고 실험의 좋은 점이다.

나. 사고 실험의 지도의 장과 그 지도의 좋은 점

먼저, 사고 실험이 이루어지는 구체적인 장면을 들어본다.

예 1 **미로**

입구에서 출구로 빠져나갈 길을 알아내는 미로에서는, 그 미로가 고무로 되어 있어서 마음대로 신축시킬 수 있다고 하면, 그것을 잡아당기면 틀림없이 빠져나갈 수 있는 한 가닥의 곧은길이 얻어진다(이것은 실제로는 불가능하지만, 사고에서는 실험이 가능하다).
그러므로, 길의 장벽을 밀어붙이면 틀림없이 빠져나갈 수 있는 한 가닥의 길이 얻어진다.

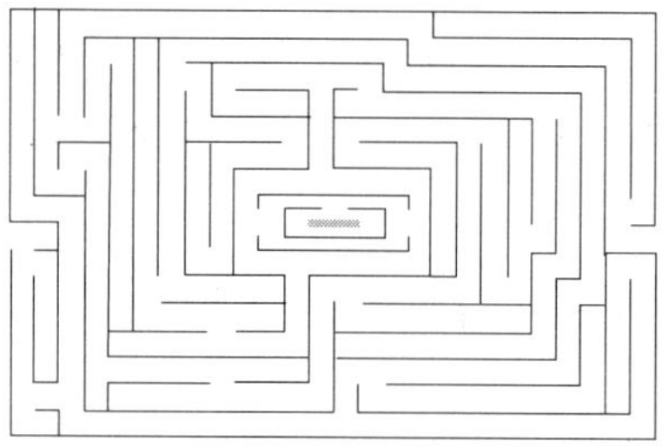

그리고 장벽은 다음 그림과 같이 그 곧은길에서 뻗어나온 가지라고 볼 수 있다(이것도 실제로는 불가능하지만, 사고에서는 실험이 가능하다).

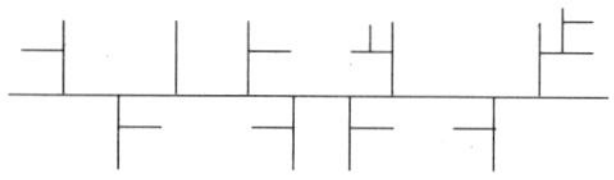

한편, 위의 미로에서 예컨대, 길의 장벽만을 차례로 색칠을 해 나가면 정답인 길만 색칠이 안 된 채로 남게 마련이다. 이와 같이하여 미로에서 틀림없이 빠져나올 수 있는 길을 알아낼 수 있다.

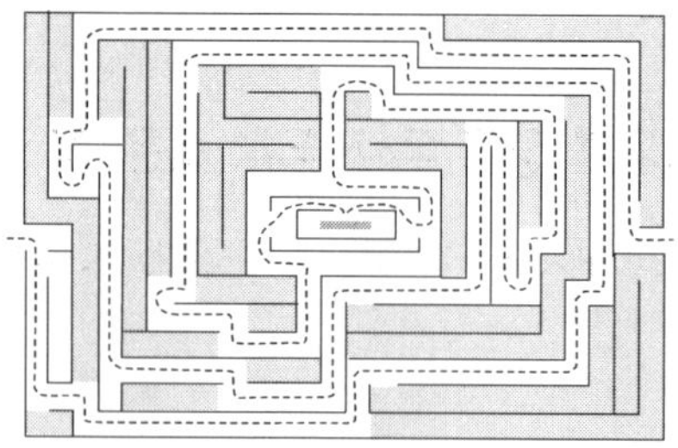

이상에서 보는 바와 같이, 머릿속에서 길을 어떤 모양으로 변형시켜도 빠져나갈 수 있는 길과 빠져나가지 못하게 되는 길(교차점)의 관계는 변하지 않는다.

이와 같이 사고에서는 변형을 자유로이 할 수 있어서 단순화할 수 있다. 이런 것이 사고 실험의 좋은 점이다.

예 2 원의 넓이

원의 넓이를 구하는 방법을 알아볼 때, 원을 아래의 그림 (1)과 같이 여러 개의 동심원으로 되어 있다고 보고(이런 경우는 그와 같은 그림을 그릴 수 없는 것은 아니지만 번거롭기 그지없다. 그래서 이상적인 그림을 머릿속에서 그려본다. 이런 것도 사고 실험이다), 이것을 반지름으로 잘라 펼친 것을 상상해 본다. 그리하여, 아래의 그림 (2)와 같은 삼각형이 된다고 상상한다(실제로는 잘라 펼칠 수 없지만 머릿속에서는 그와 같은 실험이 가능하다).

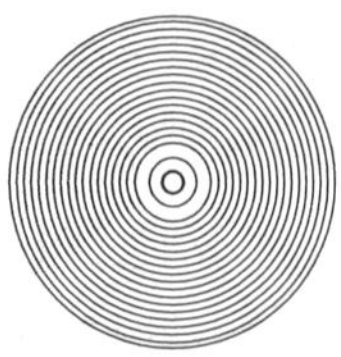

그림 (1)

그림 (2)

이와 같은 사고 실험에 의하여,

$$
\begin{aligned}
\text{원의 넓이} &= \text{삼각형의 넓이} = \text{원주} \times \text{반지름} \div 2 \\
&= \text{반지름} \times 2 \times \text{원주율} \times \text{반지름} \div 2 \\
&= \text{반지름} \times \text{반지름} \times \text{원주율}
\end{aligned}
$$

일 것이라는 사실을 추정하게 된다.

주요 내용 3 — 직관

직관력은 예로부터 강조되어 왔지만 실제로는 그 지도가 제대로 이루어지지 않고 있다기보다는, 지도하는지 지도하지 않는지조차 분명하지 않은 것이 현실이다.

그것은 '직관'의 의미를 제대로 파악하기가 어렵기 때문이다.

가. '직관'의 의미

예컨대, "한 개 60원짜리 물건과 한 개 80원짜리 물건을 합쳐 32개 사고, 2200원을 지불했다. 각각 몇 개 샀는가?"라는 문제를, 모두 60원짜리라고 보면 $60\times32=1920$, 이 금액과 2200원의 차는 $2200-1920=280$, 80원짜리 물건이 있으므로 80원짜리 물건이 1개 많아지면 그 금액도 $80-60=20$원씩 많아진다. 따라서 $280\div20=14$에서 80원 짜리 물건이 14개라는 것을 알아낼 수 있다. 즉,

$$(2200-60\times32)\div(80-60)=14$$

와 같이, 답을 구하는 방법을 가르쳐주면, 이것이 틀림없이 그 문제의 정답이라는 것은 알게 되겠지만, 정말로 이 문제의 해결방법을 이해했다고 단정할 수는 없다. "어째서 모두를 60원이라고 가정했을까?", "어째서 80－60씩 변한다는 점에 주목하면 해결된다는 생각이 들었을까?"라는 의문이 풀리지 않고서는 이해했다고 볼 수 없다. 그런데 이 문제 장면은 아래와 같은 그림으로 나타내어진다.

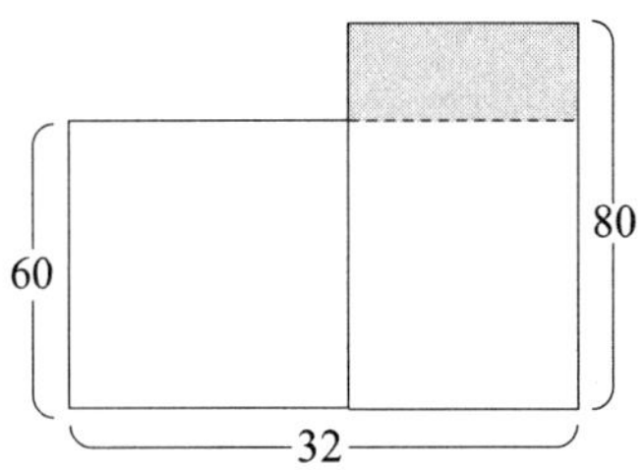

즉, 두 변이 60과 32인 직사각형을 그려, 이 직사각형의 넓이를 2200에서 빼면 '▒▒' 부분의 직사각형의 넓이가 얻어지므로, 이 '▒▒' 부분의 넓이를 그 세로의 길이로 나누면 된다.

그러므로, $(2200-60\times32)\div(80-60)$의 계산을 하면 되겠다는 등의 생각이 떠오른다면, 이 문제는 쉽게 해결된다. 즉, 이런 경우에 이 문제를 그림으로 나타내어 보려는 생각을 함으로써 해결방법 전체가 눈에 들어오게 된다. 그러나 선분도로 나타내는 방법, 표로 정리하여 나타내는 방법, 위에서와 같이 면적도로 나타내는 방법 등 여러 가지 방법 중에서 면적도로 나타내어 보자는 생각이 어째서 우러

났는가에 대해서는 확실하게 말할 수 없다. 이런 것이 '직관'이며, 이런 힘이 곧 직관력이다.

나. 직관력을 기를 수 있는 장면

여기서도 '직관'이 작용하는 예를 들기로 한다.

예 1 **삼각형의 내각의 합**

삼각형의 내각의 합을 구할 때, 아래의 그림과 같이 삼각형의 한 꼭지점에서 그 밑변에 평행인 직선을 긋고, 엇각(착각)이 같다는 성질을 이용하여,

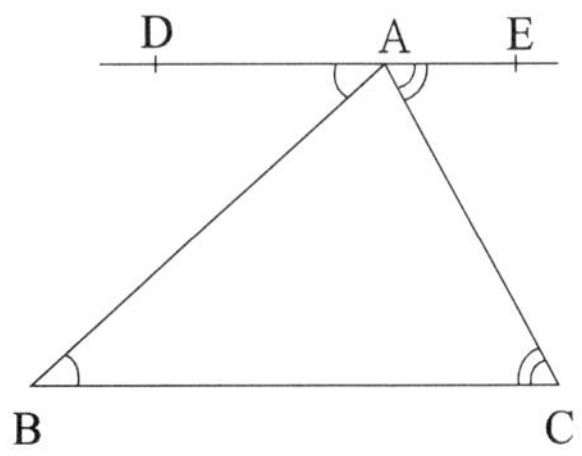

$\angle B = \angle BAD,\ \ \angle C = \angle CAE$

$\therefore\ \angle A + \angle B + \angle C = \angle A + \angle BAD + \angle CAE = 2\angle R$

과 같이 증명한다.

그런데 이런 증명을 처음 접하게 되는 아동으로서는 어째서 평행선을 그을 생각이 우러났을까 하는 의문이 남는다.

이에 대해, 특수한 삼각형(정삼각형이나 삼각자)의 내각의 합이 180도라는 사실에서, 일반적인 삼각형의 경우도 같은 삼각형이므로 180도이지 않을까 하는 생각에 의하여, 한 점의 주위에 세 각을 모아 보려는 '직관'이 작용하게 된다. 이런 바탕 위에서는 평행선을 긋는 것이 자연스럽게 받아들여진다. 이 경우는 특수화의 생각이 '직관'에 크게 작용한 경우이다.

예 2 **미로**

위의 '사고 실험의 [예 1]'에서 들었던 미로의 문제는, "그 입구에서 출구까지의 길을 잡아당기면 한 가닥의 길이 되게 마련이다."는 생각이 우러나면, 문제의 해결이 갑자기 눈에 들어온다. 여기서의 "입구에서 출구까지의 길을 잡아당겨

한 가닥의 길이 되게 하면 해결의 실마리가 잡힐 것이다."라는 생각이 드는 것이 '직관'이다.

예 3 **원의 넓이 공식**

위의 '사고 실험의 [예 2]'에서 들었던 원의 넓이의 문제에서도, 원을 여러 개의 동심원으로 보고 이것을 반지름으로 잘라 펼쳐보자는 생각이 우러나는 것이 '직관'이다.

다. 직관력을 기르는 지도의 요점

'직관'은 논리적으로 생각한 경험이 축적됨으로써 순간적으로 판단할 수 있게 되는 것이라고 할 수 있다. 그래서 직관적으로 대답한 사실에 대해, '어째서'라는 물음에 대한 논리적인 설명이 가능한 것이다. 이런 맥락에서 직관력을 기르는 지도에서는

(1) 논리적으로 생각하고, 설명하는 것을 강조한다.

(2) 해결의 착안점이나 좋은 점을 느껴볼 수 있게 한다.

(3) 종합·정리의 단계에서 "이렇게 생각했기 때문에 좋았다."거나 "결론적으로 말하면 그 해결 방법은 이러이러하다."거나 "해결 방법의 관건은 여기에 주목하는 데에 있었다."는 등 가급적 간결한 말로 사고 방법의 요점을 종합·정리시킨다.

(4) 전체적인 종합·정리, 논리의 통일성에서 볼 수 있는 아름다움을 느낄 수 있게 전체를 다시 한 번 살펴보게 한다.

는 등을 강조하는 것이 간접적이긴 하지만 직관력을 기르는 길이라고 할 수 있다.

주요 내용 4 — 학력관

이전에도 설왕설래하였던 '학력'이나 '학력관'이라는 말은 요즘에 와서 자주 접

하게 된다.

그리고 앞으로의 교육이 나아가야 할 방향 등의 주장을 듣노라면, '새로운 학력'이라는 것이 "스스로 공부할 의욕과 사회의 변화에 자주적으로 대처할 수 있는 능력", 즉 필요한 지식이나 기능의 정착을 통하여 사고력, 판단력, 표현력, 그리고 새로운 발상을 우러나게 하는 데 바탕이 되는 논리적인 사고력과 상상력 및 직관력, 그리고 스스로 공부할 목표를 정하고 무엇을 어떻게 공부할 것인가 하는 자주적인 학습 방법 등을 정착시키는 것처럼 느껴지기도 한다.

그런데 이전에도 '학력'을 "지식과 기능의 정착"만으로는 보지 않았으며, 지금의 '새로운 학력'과 같은 것을 '학력'으로 보아왔던 것이 사실이다.

한편, 지금까지는 그와 같은 힘의 정착이 기대에 미치지 못했었던 것도 또한 사실이다. 그래서 교육과정의 개선 때마다 그와 같은 힘을 육성·정착시키는 방법의 시사와 함께 거듭 강조해 왔던 것이다.

그러므로, 이제부터의 교육에서는 그와 같은 힘을 한층 더 중시된다는 사실에서 '새로운 학력'의 '새로운'이라는 말을 '학력'을 수식하는 말로 볼 것이 아니고, '새로운 교육과정'을 수식한다는 '새로운 교육과정에서 기대하는 학력'으로 보는 것이 타당한 해석이라 생각한다.

주요 내용 5 — 수학적인 생각·태도

수학적인 생각·태도에 대해서는, 片桐重男(카다기리) 저 이용률 외 역의 《수학적인 생각·태도와 그 지도 Ⅰ 수학적인 생각의 구체화》 및 《수학적인 생각·태도와 그 지도 Ⅱ 문제해결과정과 발문분석》과, 이용률 저, 《수학 능력을 기르기 위한 초등수학의 지도 Ⅰ 수학 지도의 기초·기본》 및 《수학 능력을 기르기 위한 초등수학의 지도 Ⅱ 지도 원리와 사례》를 참조할 것을 기대하면서, 이 이상의 언급은 생략키로 하고, 여기서는, 수학적인 생각·태도의 중요성에 대해서만 언급한다.

수학에서는 많은 지식·기능을 정착시킨다. 그리고 문제의 해결에서 "이런 것을 이용해 보아라."라고 말해주면, 아동들은 그것을 이용하여 해결에 임할 것이다. 그러나 그런 것을 이용하면 될 것이라는 생각이 어떻게 우러났을까 하는 것에 대해서는 전연 알지 못한다. 또, 문제 해결에서 새로운 지식·기능을 필요로 할 때, '이런 것을 사용해 보아라.'라고 가르쳐주면 해결은 하겠지만, 그와 같은 지식·기능이 필요로 한다는 생각이 어떻게 우러났을까 하는 것에 대해서는 알지 못하기 때문에, 그 새로운 지식·기능의 좋은 점은 느끼지 못한다.

중요한 것은 어떻게 하면 기습인 이러이러한 지식·기능을 이용하면 될 것 같다는 생각이 우러나게 되는가, 새로운 지식·기능을 필요로 한다는 것을 느끼게 되는가, 또는 그와 같은 생각을 가지게 할 수 있는가 하는 것이다. 지식·기능에 주목시키는 원동력이 될 그와 같은 것이 필요한 것이다. 이 원동력이 수학적인 생각·태도이다.

그리고 수학적인 생각·태도를 정착시킴으로써 다음과 같은 것이 기대된다.

(1) 지식이나 기능을 이용할 필요성을 느낀다.
(2) 스스로 공부하는 방법을 정착시키게 된다.
(3) 자주적으로 학습하는 능력이 형성된다.

제2장

수와 연산에 관련되는 내용

주요 내용 6 세기
주요 내용 7 수(0과 자연수) 개념의 형성
주요 내용 8 수(0과 자연수)의 표현
주요 내용 9 수의 합성·분해
주요 내용 10 분수의 의미
주요 내용 11 크기가 같은 분수(동치 분수)
주요 내용 12 분수의 대소
주요 내용 13 소수의 의미
주요 내용 14 소수의 대소
주요 내용 15 분수와 소수(유한소수, 순환소수)의 상호관계
주요 내용 16 약수와 배수
주요 내용 17 수 감각
주요 내용 18 덧셈이 쓰이는 경우
주요 내용 19 덧셈이 쓰이는 경우의 확장
주요 내용 20 뺄셈이 쓰이는 경우
주요 내용 21 뺄셈이 쓰이는 경우의 확장
주요 내용 22 덧셈과 뺄셈의 상호관계
주요 내용 23 정수의 덧셈과 뺄셈의 계산 방법
주요 내용 24 분수의 덧셈과 뺄셈의 계산 방법
주요 내용 25 소수의 덧셈과 뺄셈의 계산 방법
주요 내용 26 곱셈이 쓰이는 경우(곱셈의 의미)
주요 내용 27 곱셈이 쓰이는 경우의 확장
주요 내용 28 나눗셈이 쓰이는 경우(나눗셈의 의미)
주요 내용 29 나눗셈의 의미의 확장
주요 내용 30 정수의 곱셈의 계산 방법
주요 내용 31 분수의 곱셈의 계산 방법
주요 내용 32 소수의 곱셈의 계산 방법
주요 내용 33 정수의 나눗셈의 계산 방법
주요 내용 34 분수의 나눗셈의 계산 방법
주요 내용 35 소수의 나눗셈의 계산 방법

여기서는

> **수 개념에 대한 올바른 이해를 바탕으로 기본적인 계산 능력을 함양하여 문제 해결과 다른 영역에서도 활용할 수 있도록 한다.**

는 수와 연산 영역의 목표를 달성하는 데에 핵심이 되는 지도 내용과 그 지도 방안을 제시한다.

주요 내용 6 — 세기

가. 세기

구체적인 사물의 개수를 알아보게 하고, 이때 나타나는 반응을 비교·검토하는 활동을 통해서,

① 수사(우리말 수사와 한자말 수사)를 바르게 말할 수 있게
② 수사와 세려는 대상을 1대 1로 대응시킬 수 있게
③ 위의②에서와 같이 대응시킬 때, 마지막에 대응된 수사가 대응시킨 사물 전체의 개수를 나타낸다는 것과, 대응된 수사가 대응시킨 사물의 순서를 나타낸다는 것을 알아차리게
④ 다른 것을 추가하거나 그 일부를 덜어내거나 하지 않는 한, 센 것을 달리 배열하거나 몇 개의 무더기를 만들더라도 그 개수는 달라지지 않는다.

는 것을 알아차리게 하여, 세려는 대상의 수량을 능숙하게 셀 수 있도록 한다.

전개의 개요

아동에게 아동 자신이 세어보고 싶어하는 대상의 개수를 세어보게 하고, 이때 나타나는 반응을 비교·검토하는 등의 활동을 통하여,

① 수사를 외울 수 있다.

② 수사와 세려는 물건을 1대 1 대응을 시킬 수 있다.

③ 위의②에서, 마지막 물건에 대응된 수사가 대응시킨 것 전체의 개수를 나타낸다. 그리고 대응된 수사가 그 물건의 순서를 나타낸다.

④ 다른 것을 첨가하거나 그 일부를 덜어내지 않는 한, 센 물건을 모으거나 흩으러 놓거나 달리 배열하여도 그 개수가 달라지지 않는다.

는 것을 이해할 수 있는 능력이 정착되게 하여 세려는 대상의 개수를 바르게 셀 수 있게 한다.

예를 들면, 세어보고 싶어하는 대상을 세어보게 하고, 이때 나타나는

◈ ○ ○ ○ ○
↑ ↑ ↑ ↑
일 이, 삼 사 오

◈ ○ ○○ ○
↑ ↑ ↑
일 이 삼

◈ ○ ○ ○ ○ ○
↑ ↑ ↑ ↑ ↑
일 이 삼 사 오

라는 등의 반응을 비교·검토하는 등의 활동을 통해서,

① 수사를 외울 수 있어야 한다.

② 수사와 세려는 물건을 1대 1로 대응시켜야 한다.

③ 위의②에서, 마지막 물건에 대응된 수사가 대응시킨 것 전체의 개수를 나타낸다.

는 것을 인식할 수 있게(귀납할 수 있게) 하며,

④ 대응된 수사가 그 물건의 순서를 나타낸다.

⑤ 다른 것을 첨가하거나 그 일부를 덜어내지 않는 한, 예컨대,

“○ ○ ○ ○ ○”을 “○○○○○”

와 같이 빽빽하게 정렬시키거나

“○ ○ ○ ○ ○”을 “○ ○○ ○ ○”

와 같이 띄엄띄엄 배열시켜도 그 개수가 달라지지 않는다.

는 것을 알아차릴(귀납할) 수 있게 한다.

나. 능률적으로 세는 방법의 탐구

참고 ‘세기’라는 말은, 좁게는 대상의 개수를 세어서 알아본다는 뜻으로 사용되지만, 넓게는 예컨대, 미지수의 값을 구하는 등 답이 정수로 나타나는 문제의 답을 구한다는 뜻으로도 사용한다. 여기서 말하는 ‘세는 방법’이란 후자의 경우를 뜻한다. 그런데 수사를 바르게 외울 수 있고, 수사와 세려는 사물을 1대 1로 대응시킬 수 있으며, 세려는 마지막 대상에 대응된 수사가 대응시킨 것 전체의 개수를 나타낼 수 있다고 해서 무엇이든 셀 수 있다고 볼 수는 없다.
예컨대, 학교 앞을 지나가는 자동차의 대수나, 아래의 그림에서 볼 수 있는 정사각형의 개수나, 주머니에 들어 있는 많은 동전의 총 금액을 알아보는 등 경우에 따라 보다 효율적이거나 보다 능률적으로 셀 수 있는 방법을 탐구할 필요가 있다는 것을 인식시키고,

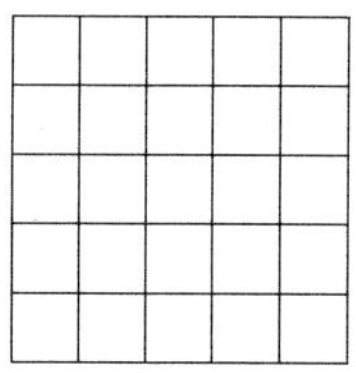

① 적당한 관점에 따라 분류하여 센다.
② 적당한 개수로 묶어서 센다.
③ 세려는 대상과 함수관계에 있는 세기 쉬운 것으로 대체하여 센다.

는 등 보다 효율적이거나 보다 능률적인 ‘세기’를 할 수 있게 한다.

전개의 개요

여러 가지 동전이 여러 개씩 들어 있는 지갑 속의 총 금액을 나름대로의 방법으로 알아보게 하고, 이때 나타나는

◈ 지갑에 손을 넣어 집어내면서, 집어지는 대로 10원, 20원, 70원, 120원, …과 같이 센다.

◈ 지갑 속의 동전을 모두 꺼내고, 10원짜리부터 10원, 20원, 30원, …, 70원이라고 센 다음에, 이어서 120원, 170원, … 175원, 180원, …과 같이 센다.

◈ 지갑 속의 동전을 모두 꺼내어 동전의 종류별로 분류·정리하고, 고액(500원짜리)의 동전부터 500원, 1000원, …, 2500원이라고 세고 나서, 다음으로 고액인 동전(100원짜리)을 앞에서와 같이 센다.

◈ 지갑 속의 동전을 모두 꺼내어 동전의 종류별로 분류·정리하고 나서, 500원짜리 동전을 2개씩 묶으면서 1000원, 2000원, … 2500원이라고 세고 나서, 다음의 고액인 동전(100원짜리)을 앞에서와 같이 (10개씩) 묶어서 센다.

는 등의 반응을 비교·검토하는 활동을 통하여, 문제의 상황에 따라 세려는 대상을

① 적당한 관점에 따라 분류하여 센다.
② 적당한 개수로 묶어서 센다.

라는 것의 좋은 점을 알고, 세려는 대상의 개수를 바르게 셀 수 있게 한다.

한편, 예컨대, 개미와 무당벌레가 섞여 있는 그림을 제시하여 그 가운데의 개미의 마릿수를 알아보게 하고, 이때 나타나는

◈ 세는 도중에, 센 것과 아직 세지 아니한 것의 구별이 가지 않아서, …
◈ 센 것에 색칠을 하면서 세었다.

는 등의 반응을 비교·검토하는 활동을 통하여,

• 세려는 대상에 바둑돌을 포개놓은 다음에, 세려는 대상을 세는 대신에 바둑돌을 세면 누락이나 중복을 예방할 수 있어서 좋다.
• 세려는 대상에 놓은 바둑돌을 다음의 그림과 같이 정렬시켜 세면, 남이 보

아도 몇 개라는 것이 잘 나타난다.

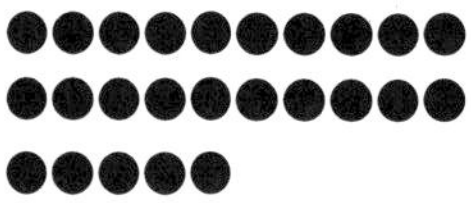

또는

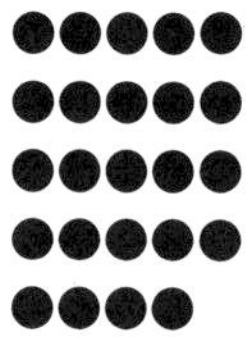

- 세려는 대상에 놓은 바둑돌을 위 그림과 같이 10개 또는 5개씩 정렬시켜 첫 줄만 정확하게 세면서 한 줄로 정렬시키면, 그 다음부터는 일일이 세지 않아도 그 줄에 맞추어 정렬시키기만 하면 바둑돌 전체의 개수가 정확하게 나타난다.

는 것을 느껴볼 수 있게 하여,

③ 세려는 대상과 함수관계에 있는 세기 쉬운 것으로 대체하여 센다.

는 것의 좋은 점을 알아차리게 하여, 세려는 대상의 개수를 능률적이고 바르게 셀 수 있게 한다.

지도상의 유의점

이와 같은 생각(발상)은 사고·노력(勞力)을 절약하려는 마음가짐(태도)으로부터 우러난다. 그러므로 보다 능률적으로 세는 방법을 탐구시키려면, 동전 하나하나를 세는 것은 번거롭다거나 보다 능률적으로 셀 수 있는 방법이 없을까 하는 사고·노력(勞力)을 절약하려는 마음가짐(태도)이 우러나게 하는 지도가 선행되어야 한다.

주요 내용 7 ─ 수(0과 자연수) 개념의 형성

구체적인 대상의 개수(또는 순서)를 세어보는 활동을 통하여,

① 대상의 종류나 그 개체의 크기에는 구애됨이 없이(捨象) 1대 1 대응인 집합을 같은 집합으로 볼 수 있다.
② 1대 1 대응인 집합의 범위를 명확히 할 수 있다.
③ 대상의 종류나 그 개체의 크기에는 구애됨이 없이(捨象) 1대 1 대응인 집합의 서로 대응되는 원소를 동일한 순서로 볼 수 있다.
④ 순서가 동일한 원소의 범위를 명확히 할 수 있다.

는 것을 이해하게 하여, 아동이 스스로 수(0과 자연수) 개념을 형성시킬 수 있게 한다.

전개의 개요

몇 송이씩의 묶음으로 된 꽃다발, 몇 자루씩의 연필묶음, 꽃밭을 날아다니는 몇 마리의 나비, 주차해 있는 몇 대의 자동차, …의 그림을 제시하여 각각을 세어보게 하고, 이때 나타나는

- 세 송이의 꽃다발이다.
- 연필은 네 자루이다.
- 나비가 세 마리이다.
- 자동차는 모두 세 대 있다.

라는 등의 반응을 바탕으로

- 세 송이, 세 마리, 세 대와 같이, 모두 '셋'인 것은 어느 것이나 모두 '3'이라고 적어서 나타낸다.

는 것을 가르쳐(말해)준다.

그리고 소재나 개수가 다른 유사한 여러 가지 경우에 대해서 그 개수를 알아보게 하고, 이때 나타나는 반응을 비교·검토하는 활동을 통하여,

- 대상의 종류나 그 개체의 크기에 구애됨이 없이, 대상의 개수가 같으면 언제나 같은 숫자로 나타낸다.

라는 집합수의 개념을 이해(귀납)하게 한다.

한편, "흰 바둑돌(6개라고 하자)과 검은 바둑돌(8개라고 하자) 가운데 어느 것

의 개수가 많은가?"를 알아보게 하고, 이때 나타나는 반응을 비교·검토하는 활동을 통하여,

• 두 대상의 개체를 1대 1로

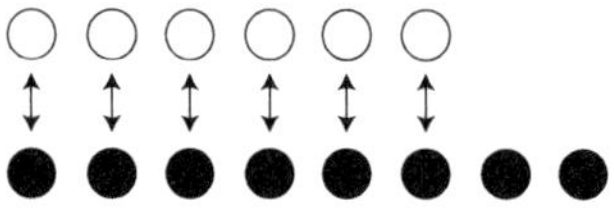

와 같이 대응시키면, 대상의 종류나 그 개수에 구애됨이 없이, 개수가 많은(적은) 쪽은 짝지어지지 않는 개체가 남게(짝지을 개체가 모자라게) 마련이다.

는 것을 알아차리게(귀납, 일반화하게) 하고, 대응시키고 남는 개체가 있는 쪽의 수(8)가 대응시키고 남는 개체가 없는 쪽의 수(6)보다 "크다."(대응시키고 남는 개체가 없는 쪽의 수(6)가 대응시키고 남는 개체가 있는 쪽의 수(8)보다 "작다.")라고 말한다는 것과, 예컨대 "4는 6보다 작다."는 것을 '＜'와 같은 기호를 써서, '4＜6'과 같이 나타낸다는 것을 가르쳐(말해)준다.

그리고 유사한 활동을 통하여,

• 1은 2보다 1 작은 수, 2는 1보다 1 큰 수
2는 3보다 1 작은 수, 3은 2보다 1 큰 수
....

라는 것을 알아차리게(귀납하게) 하고, 1～9의 각 수에는

1, 2, 3, 4, 5, 6, 7, 8, 9

라는 순서(～은 ～의 앞에(뒤에) 온다는 관계)가 있다는 것을 알 수 있게(연역할 수 있게) 하며, 단계(학년)가 높아감에 따라

• 1보다 1 작은 수(또는 9보다 1 큰 수)는 어떻게 나타내는가?

라는 관심이 일어나게 하고, 1보다 1 작은 수를 '0'이라고 적어서 나타낸다(9보다 1 큰 수에 대해서는 기수법에서 언급키로 한다)는 것을 가르쳐(말해)준다.

한편, 예컨대, 한 줄로 정렬된(곧게 정렬된 경우로부터 여러 가지의 굽은 모양

으로 정렬된) 여러 가지 색깔의 꽃 중에서 "빨간 꽃이 몇 번째인가?"를 알아보게 하고, 이때 나타나는 반응을 비교·검토하는 등의 활동을 통하여,

- 사물의 순서(위치)를 나타낼 때도 사물의 개수를 나타낼 때와 같이, 사물의 크기나 모양에 구애됨이 없이 1, 2, 3, …이라는 숫자가 쓰인다.

는 것을 알아차리게(귀납하게) 하며,

- '몇 번째'라고 말할 때는 기준이 되는 지점을 명확히 하여야 한다.

라는 생각이 우러나게(연역하게) 하여, 이 기준이 되는 지점이 '첫 번째'의 바로 앞이라는 사실에서

- '0'은 사물의 순서(위치)를 나타낼 때의 기준이 되는 위치를 뜻하기도 한다.

는 것을 이해(귀납)하게 하고, 유사한 활동을 통하여, 사물의 순서(위치)를 '첫 번째', '두 번째', '세 번째', …라는 말을 써서 바르게 표현할 수 있게 한다.

주요 내용 8 — 수(0과 자연수)의 표현

일상적으로 사용되는 수의 표현 방법(명수법, 기수법)을 구조적으로 이해하게 한다.

가. 명수법

수를 나타내는 말(수사)로는 토박이말(수사)과 한자말(수사)의 두 가지가 있다는 것을 가르쳐주고, 그 각각이 어떤 원리에 따라 만들어졌는가를 이해(귀납)할 수 있게 하며, 그 표현 방법의 서로 다른 점이나 좋은 점을 느껴볼 수 있게 한다.

전개의 개요

묶기 편리한 물건(빨대)을 (손에 잡히는 대로) 집어서 나누어주고, 그 개수를 말하게 하여, 이때 나타나는

◈ 마흔 세(개)
◈ 사십 삼(개)
◈ 사십 세(개)

라는 등의 반응을 비교·검토하는 활동을 통해서, 우리나라 말(수사)에는 하나, 둘, 셋, …, 열, 스물, 서른, …이라고 세는 '토박이말(수사)'과 일, 이, 삼, …, 십, 백, 천, 만, …이라고 세는 '한자말(수사)'의 두 가지가 있다는 것을 가르쳐(말해)주고, 토박이말(수사)은

① '하나, 둘, 셋, …, 아홉'이라는 말(Ⓐ)과 '열, 스물, 서른, …, 아흔'이라는 말(Ⓑ)이 기본을 이룬다.
② Ⓑ의 첫 번째 말(수사)인 '열'을 Ⓐ의 마지막 말(수사)인 '아홉' 다음 말(수사)로 삼는다.
③ 그 다음 말(수사)은 ②에서 인용한 Ⓑ의 말(수사)에 Ⓐ의 말(수사)을 하나씩 순서대로 붙여서 만든다.
④ 그 다음의 말(수사)은 ②에서 인용한 Ⓑ의 다음 말(수사)에 Ⓐ의 말(수사)을 하나씩 순서대로 붙여서 만든다.
⑤ 위의 ④가 반복된다.

는 것을 알아차리게(귀납하게) 한다.
그리고 한자말(수사)는

⑥ '일, 이, 삼, …, 구'라는 말(Ⓒ)과 '십, 백, 천, 만, …'이라는 말(Ⓓ)이 기본을 이룬다.
⑦ Ⓐ의 '구' 다음 말(수사)은 Ⓐ의 첫 번째 말(수사) '일'과 Ⓑ의 첫 번째 말(수사) '십'을 합쳐서 만든다.
⑧ 그 다음의 수사는 ⑦에서 인용한 Ⓑ의 다음 말(수사)과 Ⓐ의 말(수사)을 하나씩 그 순서대로 이어 붙여서 만든다.
⑨ 위의 ⑧을 반복한다.

는 것을 알아차리게(귀납, 유추하게) 한다.
그리하여 대상의 개수를 경우에 따라 '토박이말 수사'나 '한자말 수사'로 바르게 표현할 수 있게 한다.

나. 십진기수법

기수법의 지도에서도 사물의 개수를 알아본 결과를 숫자로 나타내어 보게 하고, 이때 나타나는 반응을 비교·검토하는 등의 활동을 바탕으로,

① 개수를 표기하려는 대상을 '열' 개씩 세어 묶는다(십진법의 원리).

② 이때 생기는 나머지의 개수는 0~9까지이다(십진법의 원리).

③ 이때 생기는 나머지의 개수를 숫자로 적는다(나머지가 없으면 '0'이라고 적는다).

④ '열' 개씩인 묶음의 개수가 '열' 개 이상인가를 확인한다(십진법의 원리).

④′ '열' 개씩인 묶음의 개수가 '열' 개 미만이면, 묶음의 개수를 먼저 적었던 숫자의 왼쪽에 적는다(자리 잡기의 원리).

④″ '열' 개씩인 묶음의 개수가 '열'개 이상이면, '열' 개씩인 묶음을 다시 '열' 개씩 세어 묶는다(십진법의 원리).

⑤ 이때 생기는 나머지의 개수를 먼저(위의 ③에서) 적었던 숫자의 왼쪽에 쓴다(나머지가 없으면 '0'이라고 적는다, 자리 잡기의 원리).

⑥ 위의 ④~⑤의 과정(조작)을 반복한다.

⑦ ①~⑥의 과정(조작)을 거쳐 얻어진 일련의 숫자(이것도 숫자라고 한다)가 대상 전체의 개수를 나타낸다.

라는 십진위치적기수법을 구조적으로 이해(귀납, 유추)하게 하고, 대상의 개수를 바르게 적을 수 있게 하여, 일상적으로 사용되는 숫자가 어떤 규칙(원리)에 따라 만들어졌는가를 이해(귀납)할 수 있게 하며, 그 표기 방법의 좋은 점을 느껴볼 수 있게 한다.

전개의 개요

묶기 편리한 물건(빨대)을 (손에 잡히는 대로) 집어서 나누어주고, 그 개수를 세어 숫자로 적어 보게 하여, 이때 나타나는

- 빨대를 하나하나 세어 보았다(46개).
- 빨대를 세면서 열 개씩의 묶음을 만들고, 열 개씩의 묶음의 수와 낱개의 수를 세었다(53개).

라는 등의 반응을 비교·검토하는 등의 활동을 통하여, 우리들이 사용하는 숫자가

① 셀 물건(빨대)을 세면서 열 개씩의 묶음을 만든다(묶는다).

② 나머지가 열 개 이상인가를 확인한다.

③′ 나머지가 열 개 미만이면, 이때 생기는 나머지의 개수를 숫자로 적고, 그 왼쪽에 묶음의 개수를 숫자로 적는다.

③″ 나머지가 열 개 이상이면, 위의 ①과 ②의 조작을 반복한다.

④ 열 개씩으로 된(묶여진) 빨대의 묶음으로, 위의 ①~③″의 과정을 되밟는다.

⑤ 백 개씩(열 개씩의 묶음 열 개씩), 천 개씩, 만 개씩, …으로 된(묶여진) 빨대의 묶음으로 위의 ①~③″의 과정을 다시 밟는다.

라는 규칙(원리)에 따라 적는 것임을 느껴볼(귀납할) 수 있게 한다.

그리고 보다 많은 물건의 개수를 숫자로 나타내어 보게 하여,

- 대상의 개수가 아무리 많아도 앞의 ①~⑤의 과정을 되풀이하면 그 개수를 숫자로 적어낼 수 있다.
- 대상의 개수가 아무리 많아도 0~9의 숫자만으로 그 개수를 숫자로 적어낼 수 있다.

는 사실을 알아차리게(귀납, 유추할 수 있게) 한다.

한편, 수의 대소를 비교하는 등의 활동을 통하여, 점진적으로

① 수의 대소를 비교하기가 용이하다.

② 큰 수의 계산도 간결하게 처리할 수 있다.

③ 어떤 수가 어떤 수의 배수인가를 알아보기 쉽다.

라는 등의 '십진위치적기수법의 좋은 점'을 느껴볼(귀납할, 유추할) 수 있게 한다.

지도상의 유의점

(1) 단계(학년)가 높아감에 따라 보다 큰 수로 반복하게 되는 수의 표현 방법에 대한 지도에서는, 수의 표현 방법에 대한 지도만에 국한되는 것은 아니지만, 선수 내용을 인용하게 하여 선수 내용의 좋은 점을 느껴볼 수 있게 하는 것이 바람직하다.

(2) 십진위치적기수법에 따라 표기한 숫자는, 그 각 자리의 숫자가 상대적인 크기를 나타낸다는 것을 인식할 수 있도록 하여야 한다.

(3) 십진위치적기수법의 학습에서는, 낱개의(묶음으로 되어 있지 않은) 물건(빨대)으로 그 개수를 알아보게 하고, 어느 수준에 이를 때까지는 묶은 것이 틀림없이 열 개인가를 확인하는 것, 나머지가 0~9개일 수밖에 없다는 것을 강조할 필요가 있다.

이 점의 강조가 부실하면, 예컨대, 열 개씩의 묶음으로 된 빨대 세 묶음과 낱개의 빨대 14개를 제시하고, 아래의 그림 (1)의 빈칸에 그 빨대의 수를 적어 넣게 하면, 그림 (2)가 시사하는 오류를 범하게도 된다. 뿐만 아니라, 열 개씩이 아닌 빨대의 묶음 5개와 낱개의 빨대 7개를 제시하고, 그 빨대의 수를 적어 넣을 경우에도 그림 (3)과 같은 오류를 곧잘 범한다.

묶음	낱개

그림 (1)

묶음	낱개
3	14

그림 (2)

묶음	낱개
5	7

그림 (3)

주요 내용 9 — 수의 합성·분해

한 수를 경우에 따라 다른 두 수의 합(가법적 합성·분해)으로 보거나 곱(승법적 합성·분해)으로 볼 수 있게 하여,

① 다른 수와의 관계를 이해하게
② 사칙연산의 기초가 되는 경험을 가지게

하고, 수 개념과 사칙연산의 이해가 한층 심화되게 한다.

전개의 개요

주사위 두 개를 던져서 나타난 눈의 수의 합(또는 차)만큼 전진하거나, 두 사람

이 각각 한 개씩의 주사위를 던질 때 나타난 눈의 수가 많은 쪽이 두 사람이 던져서 나타난 주사위의 눈의 수의 합(또는 차)만큼 전진하는 등의 규칙을 정하고, 다음 수표의 0(말을 놓아두는 곳)에서 출발하여 먼저 100에 도착하는 쪽이 이기는 놀이와 같은 활동을 시켜(윷놀이로 대신할 수도 있다),

출발점 0	1	2	3	4	5	6	7	8	9	10	
	11	12	13	14	15	16	17	18	19	20	
	21	22	23	24	25	26	27	28	29	30	
	31	32	33	34	35	36	37	38	39	40	
	41	42	43	44	45	46	47	48	49	50	
	51	52	53	54	55	56	57	58	59	60	
	61	62	63	64	65	66	67	68	69	70	
	71	72	73	74	75	76	77	78	79	80	
	81	82	83	84	85	86	87	88	89	90	
	91	92	93	94	95	96	97	98	99	100	목표점

몇과 몇이면 몇(몇은 몇과 몇의 차 또는 몇은 몇보다 몇이 큰 수)인가를 알아보는 활동을 통해서,

- 어떤 수의 다른 수와의 관계

에 대해 이해하게 하며, 수 개념의 이해를 심화하는 기초, 덧셈이나 뺄셈이 쓰이는 경우를 판단하는 기초, I 위수끼리의 덧셈이나 그 역인 뺄셈의 계산을 능숙하게 하는 기초 등이 튼튼해지게 한다.

그리고 예컨대, "8은 몇과 몇인가?", "8이 되는 경우가 그 경우뿐인가?"라는 발문을 주어, 8이 되는 모든 경우를 찾아내었는가를 확인하게 하고, 이때 나타나는 반응(확인 방법)을 비교·검토하는 등의 활동을 통해서,

- 다음와 같이 한쪽 수를 그 크기에 따라 정리하면 확인하기가 쉽다.

0	8			0	8	
1	7			1	7	
2	6		1씩	2	6	1씩
3	5	⇨	커지면	3	5	작아진다
4	4			4	4	
5	3			5	3	
6	2			6	2	
7	1			7	1	
8	0			8	0	

는 것, 그리고 이 결과에서

- 한쪽 수가 변하면(1 작아지면) 다른 쪽 수도 따라서 변한다(1 커진다).

는 것(규칙성, 함수관계)을 알아차리게(귀납하게) 하며, 이와 같은 관계를 알아냄으로써

- 모든 경우를 능률적으로 찾아낼 수 있어서 좋다(규칙, 함수관계를 알아낸다는 것의 좋은 점).

는 것을 느껴볼 수 있게 한다.

지도상의 유의점

곱셈구구의 학습이 일단락된 다음에도 이와 같은 활동을 통하여,

- 몇씩 몇이면 몇(몇은 몇의 몇 배 또는 몇은 몇과 몇의 몫)

인가를 알아보는 활동을 통하여,

- 어떤 수의 다른 수와의 관계

를 이해하게 하며, 수 개념(배수·약수)의 이해의 심화나, 곱셈이나 나눗셈이 쓰이는 경우의 판단이나, I 위수끼리의 곱셈이나 그 역인 나눗셈의 계산을 능숙하게 하는 기초가 튼튼해지게 하는 것이 바람직하다.

주요 내용 10 — 분수의 의미

일상적인 문제 가운데는 0과 자연수만으로는 해결할 수 없는 문제도 많이 있다. 이와 같은 문제를 능률적으로 해결할 수 있도록 하기 위하여, $\frac{a}{b}$는

① 어떤 대상을 특정의 단위(cm, L)로 측정했을 때 생기는 자투리를 나타낼 때, 그 자투리의 크기가 그 단위량(1cm, 1L)을 b등분한 것 a개의 크기를 뜻한다(양 분수).
② 임의의 대상을 b등분한 것 a개를 모은 것의 크기를 뜻한다(분할 분수).
③ 임의의 대상을 b등분한 것 a개를 모으는 조작을 뜻한다(조작 분수).
④ 단위분수 $\frac{1}{b}$의 a배의 크기를 뜻한다(배 분수).
⑤ a의 b에 대한 비율이나 그 비의 값을 뜻한다(비율 분수).
⑥ $a \div b$의 몫을 뜻한다(몫 분수).

라는 분수의 의미를 바르게 이해하고, 분수를 적재적소에 활용할 수 있게 한다.

전개의 개요

임의의 대상을 b등분한 것 a개를 모은 것의 크기를 나타내는 분수(분할분수)는 평소에 사용해 본 '반'의 의미를 되새기게 하고, 이때 나타나는 반응을 바탕으로, 예컨대 "직사각형 모양의 종이를 반이 되게 자르려면 어디를(어떻게) 잘라야 할 것 같은가?"를 알아보게 한다. 이때 나타나는

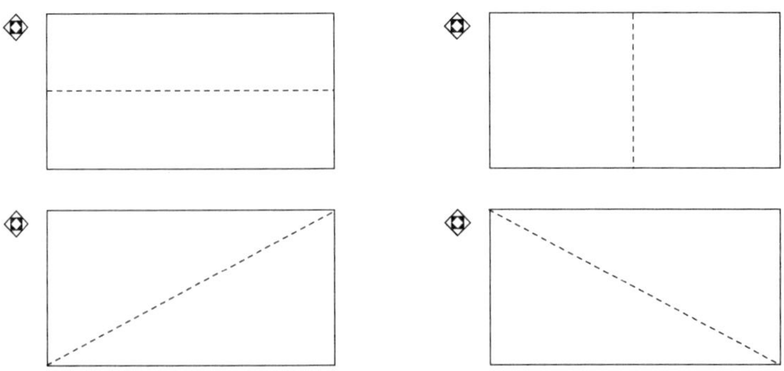

라는 등의 반응을 비교·검토하는 활동을 통하여,

- 반이 되게 자를 수 있는 방법이 여러 가지다.

라는 것을 알아차렸을 즈음에, "반이 되게 자를 수 있는 방법이 이밖에는 없을까?"라는 지도 조언(발문)을 주어, 반이 되게 자를 수 있는 방법을 찾아보게 한다. 그리하여, 이때 나타나는

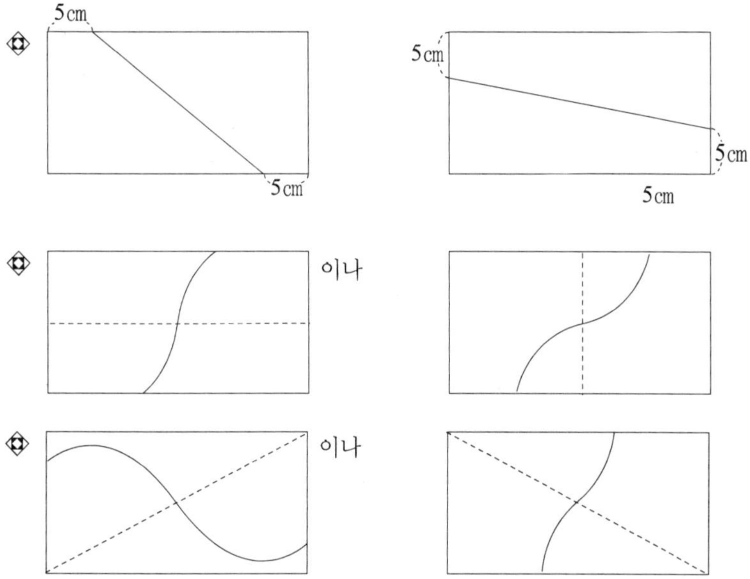

라는 등의 반응을 비교·검토하는 활동을 통하여,

- 반이 되게 자를 수 있는 방법이 여러 가지 있다.
- 두 쪽으로 자른 부분의 모양이나 크기가 똑같다.

는 것과,

- '반'이란 두 쪽으로 자른 한 쪽을 가리킨다.

는 것을 알아차리게(귀납하게) 한다.

그리고 끈이나 가느다란 테이프를 '반'으로 잘라보게 하고, 이때 나타나는 반응을 바탕으로 이 경우에 대해서도,

• '반'이란 대상을 크기가 똑같게 두 쪽으로 분할한 한쪽을 의미한다.

는 것을 알아차릴 수 있게 하고, 직사각 영역의 경우는 '반'이 되게 할 수 있는 방법이 많은 데 비해, 끈이나 가느다란 테이프의 경우는 그 방법이 한 가지뿐임을 알아차리게 하며, '$\frac{1}{2}$'이 되는 곳('반'이 되게 자를 자리)을

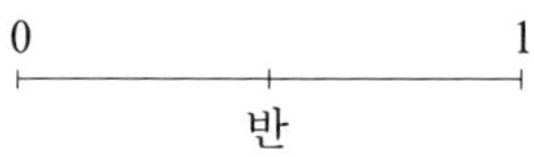

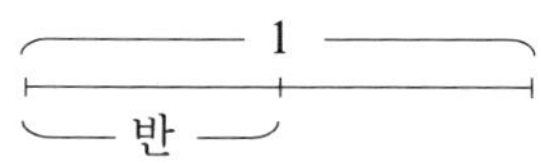

와 같은 그림으로 나타내어 보일 수 있게 한다. 그리하여,

• '반'을 나타내는 숫자가 따로 없다.

는 것, '반'을 나타낼 때 '$\frac{1}{2}$'이라고 적고, "이분의 일"이라고 읽으며, '—' 위에 적혀 있는 수를 '분자', '—' 아래에 적혀 있는 수를 '분모'라고 한다는 것을 가르쳐(말해)준다.

그리하여, 위의 그림을

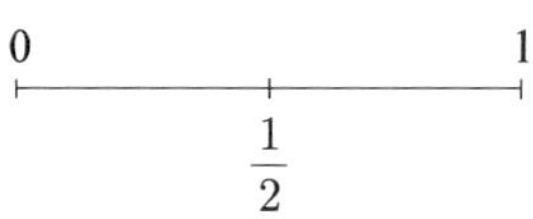

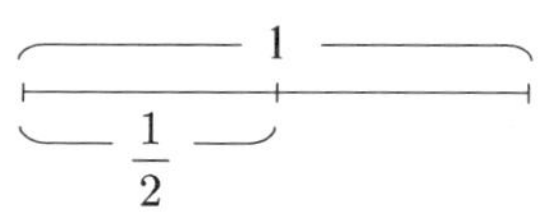

와 같이 고쳐 나타내게 한다.

그리고 '반의 반'에 대해서도, '반'의 경우와 똑같은 활동을 통하여,

• '반의 반'이란 네 쪽으로 자른 한쪽을 가리킨다.

는 것을 알아차리게(귀납, 유추하게) 하고 '반의 반'을 '$\frac{1}{4}$'이라고 적으며, "사분의 일"이라고 읽는다(말한다)는 것을 알아차리게(귀납, 유추하게) 하고, 이미 학습한 $\frac{1}{2}$ 및 $\frac{1}{4}$의 경우를 바탕으로 $\frac{1}{3}$이나 $\frac{1}{5}$의 의미를 알아차리게(유추하게) 하여,

• 열 쪽이나 스무 쪽으로 자른 한쪽을 가리킬 때, 이를 각각 '$\frac{1}{10}$' 및

'$\frac{1}{20}$'이라고 적고, "십분의 일" 및 "이십분의 일"이라고 읽으면 된다.

는 것을 알아차리게(유추, 귀납, 일반화하게) 한다.

또 유사한 문제의 해결에서,

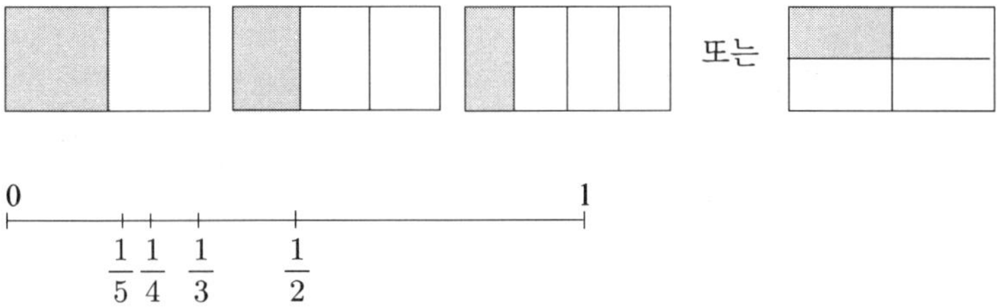

와 같이 영역이나 선분을 실제로 분할하는 등의 활동을 통하여,

- $\frac{1}{2}$, $\frac{1}{3}$, $\frac{1}{4}$, $\frac{1}{5}$, …와 같이 분모가 커지면 분할하는 쪽수가 많아지며, 따라서 분할한 한쪽의 크기는 작아진다.

는 것을 서서히 알아차리게(귀납, 일반화하게) 한다.

그리고 $\frac{1}{3}$, $\frac{1}{4}$, $\frac{1}{5}$, …와 같은 분수가 나타내는 구체적인 대상을 2개, 3개, … 모은 것의 크기를 나름대로의 방법으로 알아보게 하고, 이때 나타나는 반응을 비교·검토하는 활동을 통하여 다섯 쪽이나 열 쪽 또는 스무 쪽으로 자른 한쪽을 가리킬 때, 이를 각각 '$\frac{1}{5}$', '$\frac{1}{10}$', '$\frac{1}{20}$'이라고 적고, "오분의 일", "십분의 일", "이십분의 일"이라고 읽었었다는 선수 내용을 떠올려, $\frac{1}{3}$, $\frac{1}{4}$, …와 같은 분수가 나타내는 대상을 2개, 3개, 4개, … 모은 것의 크기는

- $\frac{2}{3}$, $\frac{2}{4}$, $\frac{3}{4}$, $\frac{2}{5}$, $\frac{3}{5}$, …와 같이 나타내면 된다.

는 것을 알아차리게(유추, 일반화하게) 하고,

- '—' 아래에 쓴 분모는 크기가 똑같게 자른 쪽수를 나타내고, '—' 위에 쓴 분자는 똑같게 자른 것을 몇 개 모은 것의 쪽수를 나타낸다.

는 것을 알아차리게(일반화하게) 한다.

그리하여, 단계(학년)가 높아감에 따라 점진적으로 $\frac{a}{b}$를,

- 기준이 되는 대상을 b등분하여 그중에서 a쪽을 취하는 조작을 의미하고, $\frac{a}{b}$의 b는 기준이 되는 대상을 b등분한다는 조작(조작 분수)을 의미한다.
- 단위분수 $\frac{1}{b}$의 a배의 크기(배 분수)로도 볼 수 있다.

는 것을 구체적인 활동을 통하여 알아차리게(유추하게) 한다.

그리고 예컨대, "7m^2의 방에 5명이 묵는 경우와 9m^2의 방에 6명이 묵는 경우 중에서, 어느 방에 묵는 것이 조금은 더 편하게 묵을 수 있는가?"라는 과제를 해결하게 하고, 이때 나타나는 반응을 바탕으로,

- a의 b에 대한 비율을 나타낼 때에도 $\frac{a}{b}$라고 표현한다(비율 분수).

는 것, "3개의 사과를 5명에게 나누어준다면, 한사람 몫이 얼마나 되는가?"와 같은 과제를 해결하게 하고, 이때 나타나는 반응을 바탕으로,

- $a \div b$의 몫을 $\frac{a}{b}$라고 나타낸다(몫 분수).

는 것도 점진적으로 알아차리게 한다(이것에 대해서는 위에서 언급한 바에서 유추할 것으로 보고, 구체적인 언급을 생략한다).

그리하여, 분수가 이용되는 일상적인 문제의 해결에서 분수의 의미를 경우에 따라 적절하게 해석하여 문제를 능숙하게 해결할 수 있게 한다.

지도상의 유의점

아동들이 분수를 어려워하고, 분수가 포함된 문제의 해결에서 오류를 범하는 경향이 높은 것은, 이상에서 보는 바와 같이 분수를 경우에 따라 여러 가지 뜻으로 해석하게 되는 데에도 기인한다.

그러므로, 단계(학년)가 높아감에 따라 여러 가지 뜻으로 볼 수 있게 하는 분수의 의미(분수가 쓰이는 경우)를, 단계(학년)에 구애되지 말고 아동들의 구체적인 조작 활동을 통하여 알아차리게(귀납이나 유추 또는 추상화하게) 하여야 한다.

주요 내용 11 — 크기가 같은 분수(동치분수)

구체적인 과제를 해결하는 과정에서 문제에 주어지는 분수를 면적도나 선분도로 나타내어 보는 등의 활동을 통하여,

① 크기가 같은 분수가 많이 있다.

② 임의의 분수의 분자와 분모에 각각 같은 수를 곱해주면 크기가 같은 새로운 분수가 만들어진다.

③ 임의의 분수의 분자와 분모를 각각 같은 수(0이 아닌 수)로 나누어도 그 분수가 나타내는 크기는 달라지지 않는다.

는 것을 알아낼 수 있게 하고, 이를 일상의 문제 해결에 활용할 수 있게 한다.

전개의 개요

예컨대, "A는 아래의 그림과 같은 꽃밭에 여러 가지 꽃을 심었는데, '▒'의 부분에 채송화를 심었다. A는 그 꽃밭의 얼마만큼 채송화를 심었는가?"와 같은 구체적인 문제를 제시하여 나름대로의 방법으로 해결하게 하고, 이때 나타나는

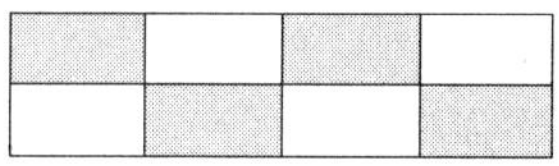

◈ 8쪽으로 나눈 것 중에서 4쪽에 심었으므로 $\frac{4}{8}$이다.

◈ 밭을 넓이가 똑같게 8토막으로 나누었지만, 채송화를 심은 부분과 심지 아니한 부분의 둘로 나누었다고 볼 수 있으므로, $\frac{1}{2}$이다.

라는 등의 반응을 비교·검토하는 활동을 통하여,

- 분수 가운데는 같은 크기를 나타내는 분수가 많이 있다.
- $\frac{1}{2}$, $\frac{2}{4}$, $\frac{3}{6}$, $\frac{4}{8}$, … 등의 분수가 나타내는 크기는 같다.

는 것을 알아내게(귀납, 유추, 연역하게) 한다.

그리고 예컨대, "$\frac{2}{3}$와 크기가 같은 분수로는 어떤 분수를 들 수 있는가?", "그 분수가 $\frac{2}{3}$와 크기가 같다는 것을 보일 수 있겠는가?"라는 지도 조언(발문)을 주어, 이때 나타나는 반응을 바탕으로,

- 아래 면적도의 음영 부분이 같으므로 $\frac{4}{6}$나 $\frac{6}{9}$ 또는 $\frac{8}{12}$의 크기가 같다.

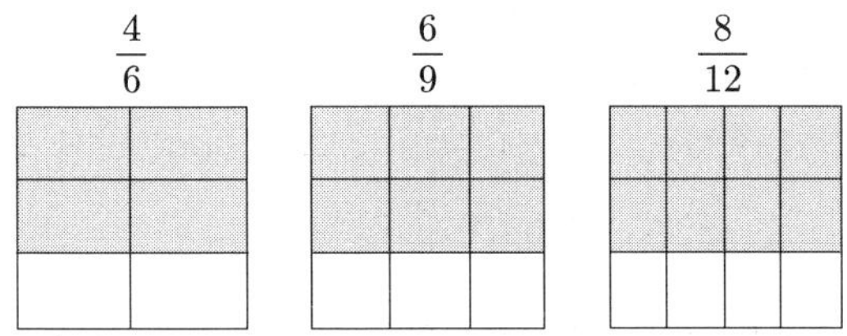

- $\frac{4}{6}$나 $\frac{6}{9}$ 또는 $\frac{8}{12}$이 모두 아래 선분도의 같은 점에 대응되므로 이 분수들은 크기가 같은 분수다.

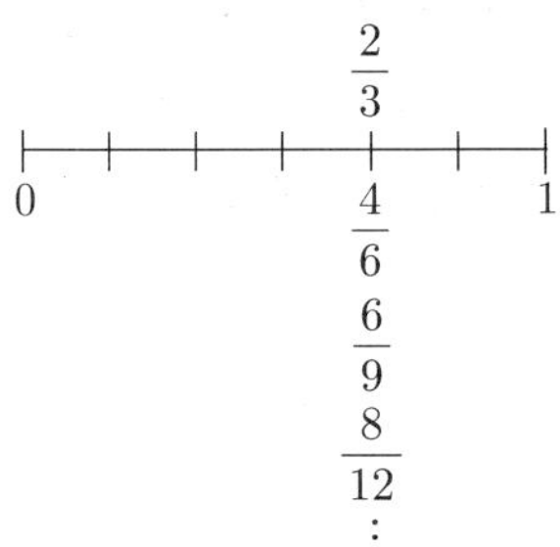

- 분자(분모)가 2배($\frac{1}{2}$), 3배($\frac{1}{3}$), 4배($\frac{1}{4}$), … 되면, 분모(분자)도 따라서 2배($\frac{1}{2}$), 3배($\frac{1}{3}$), 4배 ($\frac{1}{4}$), …가 된다.

는 것을 알아내게(귀납, 유추, 연역하게) 하고,

- 임의의 분수($\frac{a}{b}$)의 분자와 분모에 각각 같은 수(m)를 곱해주면 크기가 같은 분수($\frac{a \times m}{b \times n}$)가 만들어진다.

라고, 형식화(일반화)할 수 있게 한다.

그리고 이상과 같은 '크기가 같은 분수'에 관한 개념이 이해(형성)되었을 때, 어떤 분수($\frac{3}{4}$)와 같은 분수 중에서 분자와 분모가 각각 그 분수의 분자와 분모보다 큰 수인 분수($\frac{9}{12}$)를 찾아내는 것을 "배분한다."고 하고, 반대로 어떤 분수($\frac{12}{16}$)와 같은 분수 중에서 분자와 분모가 각각 그 분수의 분자와 분모보다 작은 수로 되는 분수($\frac{6}{8}$이나 $\frac{3}{4}$)를 찾아내는 것을 "약분한다."고 하며, 특히 그 이상 약분할 수 없는 분수를 '기약분수'라고 한다는 것을 가르쳐(말해)준다.

주요 내용 12 — 분수의 대소

구체적인 과제를 해결하는 과정에서 문제에 주어지는 분수를, 분수의 의미를 바탕으로 선분도나 면적도(선분도가 면적도에 비해 직관이 용이하다)로 나타내어 보는 등의 활동을 통하여,

① 분모가 같은 분수는 분자가 큰 분수가 크다.
② 분자가 같은 분수는 분모가 큰 분수가 작다.
③ 분모와 분자가 서로 다른 분수의 대소는 그 분수를 통분하여(크기가 같은 분수로 고쳐서) 판단한다.

는 것을 알아내고, 이를 일상의 문제 해결에 활용할 수 있게 한다.

참고 위의 ①에서 제시한 분모가 같은 분수의 대소는 분수의 의미에서 쉽게 이해시킬 수 있으며, ②에서 제시한 분자가 같은 분수의 대소는 분모가 커지면 분할한 한쪽의 크기가 작아진다는 선수 내용에서 쉽게 유도해낼 수 있다.

그래서 여기서는, ③에서 제시한 분모와 분자가 서로 다른 분수의 대소에 관한 전개의 개요만을 예시한다.

전개의 개요

예컨대, "우유를 하루에 A는 $\frac{3}{5}$L, B는 $\frac{3}{4}$L, C는 $\frac{2}{3}$L 마신다고 한다. 우유를 가장 많이 마시는 사람은 누구인가? 가장 적게 마시는 사람은 누구인가?"라는 구체적인 문제를 나름대로의 방법(생각)으로 해결하게 하고, 이때 나타나는

◈ $\frac{3}{5}$, $\frac{3}{4}$, $\frac{2}{3}$를 선분도(수직선의 그림)로 나타내면 다음과 같이 나타난다.

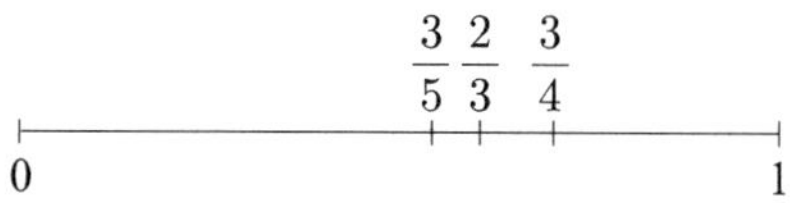

그러므로, $\frac{3}{4}$이 가장 크고, $\frac{3}{5}$이 가장 작다.

◈ $\frac{3}{5}=\frac{3\times4\times3}{5\times4\times3}=\frac{36}{60}$, $\frac{3}{4}=\frac{3\times5\times3}{4\times5\times3}=\frac{45}{60}$, $\frac{2}{3}=\frac{2\times5\times4}{3\times5\times4}=\frac{40}{60}$이므로, $\frac{3}{4}$이 가장 크고, $\frac{3}{5}$이 가장 작다.

◈ $\frac{3}{5}$, $\frac{3}{4}$, $\frac{2}{3}$의 역수를 비교해보면, $\frac{5}{3}>\frac{4}{3}$이므로 $\frac{3}{5}<\frac{3}{4}$이고, $\frac{4}{3}=1\frac{1}{3}$과 $\frac{3}{2}=1\frac{1}{2}$ 중에서는 $\frac{1}{3}<\frac{1}{2}$이므로 $\frac{4}{3}<\frac{3}{2}$이며, 따라서 $\frac{3}{4}>\frac{2}{3}$이다. 그러므로 $\frac{3}{4}$이 가장 크고 $\frac{3}{5}$이 가장 작다(오류).

◈ $\frac{3}{5}$, $\frac{3}{4}$, $\frac{2}{3}$의 역수를 비교해보면, $\frac{5}{3}>\frac{4}{3}$이므로 $\frac{3}{5}<\frac{3}{4}$이다. 또, $\frac{4}{3}(=1\frac{1}{3})$와 $\frac{3}{2}(=1\frac{1}{2})$ 중에서는 $\frac{1}{3}<\frac{1}{2}$이므로 $\frac{4}{3}<\frac{3}{2}$이고, $\frac{5}{3}(=1\frac{2}{3})$와 $\frac{3}{2}(=1\frac{1}{2})$ 중에서는 $\frac{2}{3}>\frac{1}{2}$이므로 $\frac{5}{3}>\frac{3}{2}$이다. 그러므로 $\frac{3}{4}$이 가장 크고, $\frac{3}{5}$이 가장 작다($\frac{5}{3}>\frac{3}{2}>\frac{4}{3}$).

라는 등의 반응을 비교·검토하는 등의 활동을 통하여,

- 분모와 분자가 다른 분수의 대소를 판단하는 방법이 여러 가지 있다.
- 어느 방법이 어떤 경우에 어떤 점에서 편리하다.

는 것을 느껴볼 수 있게 하고, 각자가 편리하다고 생각되는 방법으로 분모와 분자

가 다른 분수의 대소를 판단(유추, 연역, 귀납, 일반화)할 수 있게 하며, 분모가 다른 두 개의 분수(또는 세 개 이상의 분수)를, 선수 내용인 크기가 같은 분수를 찾아내는 방법으로 분모가 같은 분수로 고치는 것을 “통분한다.”고 한다는 것을 말해(가르쳐)준다.

그리고 통분이 필요한 문제를 해결하는 활동을 통하여, 예컨대

- $\frac{3}{4}$과 $\frac{5}{7}$, $\frac{21}{28}$과 $\frac{20}{28}$, $\frac{42}{56}$과 $\frac{40}{56}$, …와 같이 여러 가지로 통분할 수 있다.
- $\frac{3}{4}$과 $\frac{5}{7}$를 통분하면, 이 분수의 분모의 곱(28)이 분모인 분수가 먼저 나타나는 데 비해, $\frac{3}{4}$과 $\frac{5}{6}$를 통분하면, 이 분수의 분모의 곱(24)이 분모인 분수가 나타나기 전에 분모가 12인 분수가 먼저 나타난다.

는 점에 주목하게 하여, 선수 내용인 ‘최소공배수’와의 관련성도 이해하게 한다.

주요 내용 13 — 소수의 의미

분모가 10^n인 분수로 나타나는 구체적인 문제를 해결하는 활동을 통하여,

① $0.a$는 어떤 대상을 특정의 단위(cm, L)로 측정한 측정값을 나타낼 때, 그 단위량(1cm, L)을 10등분한 것 a개($\frac{a}{10}$)에 해당하는 크기를 나타낸다.
② $0.a$는 0.1의 a배를 나타낸다.
③ $0.a$는 기준량을 10등분하고 그것을 a개 모으는 조작을 나타낸다.
④ $0.ab$는 0.1의 a배와 0.01의 b배의 합을 나타낸다.
⑤ $0.a$는 a의 10(기준이 언제나 10^n)에 대한 비율을 나타낸다.
⑥ $0.ab$는 $ab \div 100$의 몫을 나타낸다.

라는 소수의 의미를 단계(학년)가 높아감에 따라 점진적으로 알아내게 하고, 이를 문제 해결에 활용할 수 있도록 한다.

전개의 개요

예컨대, "K는 자기가 가지고 있던 테이프 중에서 아래 그림 (1)에서 음영 부분으로 리본을 만들었다. K는 리본을 만드는 데 자기가 가지고 있던 테이프의 얼마를 사용하였는가?"라는 문제(선분도로 나타나는 문제…(1))나, "K는 직사각형 모양인 자기네 밭에 아래 그림 (2)에서 음영 부분만큼 꽃씨를 뿌렸다. K는 밭의 얼마만큼 꽃씨를 뿌렸는가?"라는 문제(면적도로 나타나는 문제…(2))와 같은 구체적인 문제를 나름대로의 방법(생각)으로 해결하게 한다.

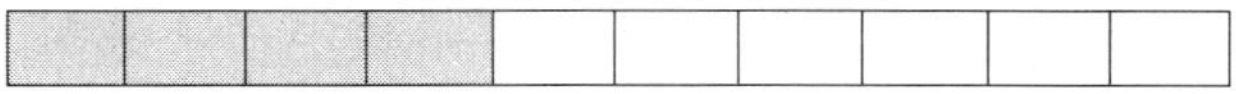

그림 (1)

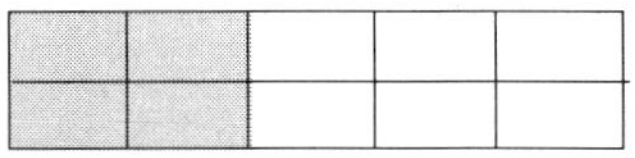

그림 (2)

이때 나타나는 반응을 비교·검토하는 등의 활동을 바탕으로, $\frac{4}{10}$의 경우 '0.4'와 같이 나타내고 이와 같이 나타낸 것을 '소수'라 하며, '.'을 소수점이라고 한다는 것을 가르쳐(말해)주고, 유사한 문제의 해결을 통하여,

- 소수는 분모가 10인 분수에 한하여, 분모인 '$\overline{10}$'을 '0.'으로 대신하여 쓰고, 여기에 분자 '3'을 이어 써서 나타낸다.

는 것을 알아차리게(귀납하게) 하며, 단계(학년)가 높아감에 따라 유사한 문제 해결을 통하여, 분모가 10^n인 분수 $\frac{a}{10^n}$에 한하여

- 분자 a가 n자리의 수일 때는 앞에서와 같이 '0.'에 분자를 이어서 쓰면 된다.
- 분자 a가 n자리보다 큰 수일 때는 a의 오른쪽에서 n번째와 $(n+1)$번째의 수 사이에 소수점을 찍으면 된다.
- 분자 a가 n자리의 수보다 작을 때, 즉 a가 $(n-k)$자리의 수일 때는 '0.' 다음에 k개의 '0'을 쓰고, 그 다음에 분자 a를 이어서 쓰면 된다.

는 것을 알아차리게(귀납, 유추, 일반화하게) 한다.

그리고 정수로는 나타나지 않는 대상의 크기를 이와 같이 나타냄으로써,

- 어떤 대상의 크기도 정수의 경우와 같은 방법으로 쉽게 짐작할 수 있어서 편리하다.
- 어떤 대상의 합이나 차도 정수의 경우와 같은 방법으로 쉽게 알아낼 수 있어서 편리하다.

는 등의 소수로 나타낸다는 것의 좋은 점을 점진적으로 느껴볼 수 있게 한다.

지도상의 유의점

분수의 의미를 바탕으로 하는 소수의 의미에 대한 학습이 일단락 된 다음에, "'2300, 230, 23, ㅁ, ㅇ'의 'ㅁ과 ㅇ'에는 어떤 수가 올 것 같은가?"를 알아보게 하는 등의 활동을 통하여,

- 어떤 수를 ×10 하면 각 자리의 수가 한 자리씩 왼쪽으로 옮겨갈 뿐 각 자리의 수 자체는 달라지지 않는다.
- 어떤 수를 ÷10 하면 각 자리의 수가 한 자리씩 오른쪽으로 옮겨갈 뿐 각 자리의 수 자체는 달라지지 않는다.

라는 정수에서 볼 수 있었던 관계가 소수에서도 성립한다는 것을 알아차리게 하여야 한다.

한편, 교육과정에는 소수의 의미(소수가 쓰이는 경우)를 분수의 의미(분수가 쓰이는 경우)에서 유도하도록 되어 있지만, 소수의 의미는 분수의 의미(분수가 쓰이는 경우)에서만 유도될 수 있는 것은 아니다. 그러므로 정수로는 나타낼 수 없는 대상의 크기를 먼저 아동들에게 알아보게 했을 때, 가령 정수에서 볼 수 있었던 바로 앞의 [지도상의 유의점]에서 예시한 관계를 바탕으로 처리하려는 아동이 많이 나타난다면, 그 많은 아동들의 발상을 바탕으로 하는 학습 활동을 전개하는 것이 바람직하다.

참고 소수의 의미는 경우에 따라 여러 가지 뜻으로 해석하게 된다. 그러므로 단계(학년)가 높아감에 따라, 점진적으로 소수를 장면에 따라 적절히 해석하

여 능률적인 처리를 할 수 있게 하여야 한다.

다음에 소수가 앞의 ①~⑥의 각각의 의미로 사용되는 장면을 참고로 예시한다.

① 어떤 대상을 특정의 단위(cm, L)로 측정한 측정값을 나타낼 때, 그 단위량(1cm, 1L)을 10등분한 것 a개에 해당하는 크기를 $0.a$라고 나타내는 장면, 예컨대 "마시고 남은(지금 있는) 우유의 양이 $0.3d$[L]이다." 라고 할 때와 같이, d[L]라는 단위의 눈금을 10등분한 것의 몇 묶인가를 알아보는 경우.

② 0.1^n의 a배를 $0.0\cdots0a$라고 나타내는 장면, 예컨대 '2.34'를 '0.01×234'로 볼 때와 같이, 10^n등분한 것 몇 묶에 해당하는가를 알아보는 경우.

③ 기준량을 10^n등분하여 그것을 a개 모으는 조작을 나타내는 장면, 예컨대 0.5×0.3의 계산 방법을 알아보는 장면에서 0.5×0.3을 가로와 세로가 각각 0.5와 0.3인 직사각형의 넓이로 보고, 가로와 세로가 각각 0.5와 0.3인 직사각형을 그릴 때, 즉 한 변이 1인 정사각형의 가로와 세로를 각각 10등분하고, 이것을 각각 5개와 3개를 취하여(조작하여) 아래와 같은 그림을 그린다.

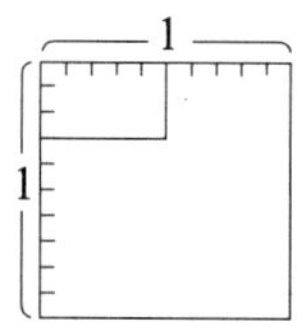

④ $0.ab$가 0.1의 a배와 0.01의 b배의 합을 나타내는 장면, 예컨대 0.23+0.45의 계산에서 0.23을 0.1의 2배와 0.01의 3배로 보고(0.45도 마찬가지로 처리한다),

$$0.23+0.45=0.1\times(2+4)+0.01\times(3+5)=0.1\times6+0.01\times8=0.68$$

이라고 처리하는 경우.

⑤ $0.a$가 a의 10(기준이 언제나 10^n)에 대한 비율을 나타내는 장면, 예컨대 3할대의 타자라는 등 0.3을 3의 10에 대한 비율로 보는 경우.

⑥ $0.ab$는 $ab \div 100$의 몫을 나타내는 장면, 예컨대 0.23×47의 계산을 $23 \times 47 \div 100 = 10.81$로 처리할 때와 같이, 0.23을 $23 \div 100$으로 보는 경우.

※ 위의 ①~⑥ 중에서, 특히 ②와 ⑥이 중요하다.

주요 내용 14 — 소수의 대소

소수의 대소를 판단할 필요가 있는 구체적인 문제를 나름대로의 방법으로 해결하게 하고, 이때 나타나는 반응을 비교·검토하는 등의 활동을 통하여,

① 먼저, 소수점 아래 첫째 자리의 수끼리 비교한다.
② 소수점 아래의 이 자리의 수가 같은가를 본다.
③ 이 자리의 수가 다르면, 큰 수 쪽의 수가 크다.
④ 이 자리의 수가 같으면 다음 자리의 수를 비교한다.
⑤ ②~⑤의 과정을 반복한다.

라는 소수의 대소의 판단 방법을 알아차리게(귀납하게, 정수의 경우에서 유추하게) 하고, 이것을 문제 해결에 활용할 수 있도록 한다.

전개의 개요

예컨대, "하루에 우유를 A는 0.3L 마시고 B는 0.5L 마신다. 누가 우유를 많이 마시는가?"와 같은 구체적인 문제를 해결시키고, 이때 나타나는

◈ 0.3은 0.1이 3개, 0.5는 0.1이 5개이므로 $0.3\text{L} < 0.5\text{L}$이다.

◈ 0.3은 $\frac{1}{10}$이 3개, 0.5는 $\frac{1}{10}$이 5개이므로 $0.3\text{L} < 0.5\text{L}$이다.

라는 등의 반응(판단·근거)을 비교·검토하는 활동을 통하여,

① 소수점 아래의 첫째 자리의 수끼리 비교한다.

② 소수점 아래의 첫째 자리의 수가 큰(작은) 소수를 '크다(작다).'라고 판단한다.

③ 소수점 아래의 첫째 자리의 수가 같으면 다음 자리로 ①에서와 같은 과정을 밟는다.

라는 과정을 거치면 소수의 대소를 판단할 수 있다는 것을 알아낼(일반화, 형식화할) 수 있게 한다.

지도상의 유의점

소수를 선분도로 나타내는 등의 활동을 통하여, 정수나 분수의 경우와 같이 큰 소수는 작은 소수의 오른쪽에 오며, 따라서 선분도의 왼쪽(오른쪽)에 있는 점이 나타내는 소수는 오른쪽(왼쪽)에 있는 점이 나타내는 소수보다 작다(크다)는 것을 알아차리게(귀납하게) 하여, 선분도(수직선의 그림)로 나타낸다는 것의 좋은 점을 느껴볼 수 있게도 하여야 한다.

주요 내용 15 — 분수와 소수(유한소수, 순환소수)의 상호관계

분수나 소수로 나타나는 구체적인 문제를 해결하는 등의 활동을 통하여,

- 분수 $\frac{a}{b}$의 분자 a를 그 분모 b로 나누어나가면, 그 분수와 크기가 같은 소수가 얻어진다.
- 소수점 아래 n자리인 소수($0.00\cdots abc$)의 abc를 분자로 하고 10^n을 분모로 하는 분수를 만들면, 처음 소수와 크기가 같은 분수가 얻어진다.

는 소수와 분수의 상호관계를 알아차리게(귀납하게) 하고, 소수를 분수로, 분수를 소수로 고쳐서 나타낼 수 있게 한다.

전개의 개요

예를 들면, 구체적인 문제의 해결에서 얻은 답(답이 0.75나 $\frac{3}{4}$이었다고 하자)을 비교·검토하게 하고, 이때 나타나는

- $0.75=\frac{75}{100}\left(=\frac{3\times 25}{4\times 25}\right)=\frac{3}{4}$
- $\frac{3}{4}=3\div 4=0.75$

라는 등의 반응을 바탕으로, 예컨대, '$\frac{1}{2}$, $\frac{2}{2}$, $\frac{1}{3}$, $\frac{2}{3}$, $\frac{1}{4}$, $\frac{2}{4}$, $\frac{3}{4}$, $\frac{5}{6}$, …'와 '1, 0.5, 0.25, 0.75, 2, …'(분수와 소수·정수)를 수직선에 나타내어 보게 한다. 그리하여, 이때 나타나는

- 같은 점에 대응되는 분수가 여러 개 있다.
- 분수가 대응되는 점에 소수도 같이 대응되는 것이 있다.
- 분수에 대응되는 소수가 없는 것도 있다.
- 분수에 대응되는 소수가 없는 것은 그 분수의 분자를 분모로 나누면 그 분수에 대응되는 소수를 알아낼 수 있다.
- 소수에 대응되는 분수가 없는 것도 있다(실은 존재한다).
- 소수에 대응되는 분수가 없는 경우는 그 소수를 분모가 10^n인 분수로 고치면(고쳐서 약분하면) 그 소수에 대응되는 분수가 얻어진다.

라는 등의 반응을 비교·검토하는 활동을 통하여,

- 임의의 소수에 대응되는 분수가 존재한다.
- 임의의 분수에 대응되는 소수가 존재한다.

는 것을 알아내게(귀납하게) 한다.

그리고 유사한 문제를 해결하는 활동을 통하여, 단계(학년)가 높아감에 따라 분수를 소수로 나타내기 위하여 분수의 분자를 그 분모로 나누어보면,

- 분수 가운데는 분수의 분자를 분모로 나누어보면 나누어떨어지는 분수도 있으며, 나누어 떨어지지 않고 소수점 아래의 수가 한없이 계속되는 것도 있다.

는 것을 알아내게(귀납하게) 한다.

그리하여, 아동의 수준(수학의 자질이 뛰어난 수준)에 따라서는,

★ 분수의 분자를 그 분모로 나눌 때, 나누어떨어지는 분수는 어떤 분수이고 나누어떨어지지 않는 분수는 어떤 분수일까?

하는 의문이 우러나게 하고, 그 까닭을 나름대로의 방법(생각)으로 알아보게 하여, 이때 나타나는 반응을 비교·검토하는 활동을 통해서 소수를 분수로 고쳐 나타낼 때, 예컨대, 0.75의 경우는 $0.75=\frac{75}{100}\left(=\frac{3\times25}{4\times25}\right)\Rightarrow\frac{3}{4}$과 같이 처리하였다는 선수 내용을 바탕으로,

- 10^n은 '2'나 '5' 이외의 인수를 가지지 않으므로, 분모에 '2'나 '5' 이외의 인수가 없는 분수, 즉 분모가 10^n으로 고쳐지는 분수는 소수점 아래에 한없이 계속되지 않는 소수(유한소수)로 고쳐진다.
- $\frac{3}{7}$이나 $\frac{5}{6}$와 같이 분모가 10^n인 수로 고쳐지지 않는 분수는 소수점 아래에 수가 끝없이 계속되는 소수(무한소수)로 나타난다.

는 것, 나아가서는,

- 분모가 10^n으로 고쳐지지 않는 분수를 소수로 나타내면, 소수점 아래의 수 가운데 일부분의 수가, 예컨대 $\frac{3}{7}$을 소수로 고치면 0.4285714285714…와 같이 나타나듯이, 반복해서 나타난다(순환소수).
- 분모가 10^n으로 고쳐지지 않는 분수를 소수로 나타내면, $\frac{3}{7}$=0.428571428571… 와 같이, 소수점 아래의 수 가운데 반복해서 나타나는 숫자의 개수는 분모의 수보다 1개 이상 적게 나타난다.
- 예컨대, $\frac{3}{7}$을 소수로 고치는 경우는 7로 나누는 나눗셈에서 나타날 수 있는 나머지의 종류가 0, 1, 2, …, 6의 7가지뿐이므로, 적어도 7번째까지만 나머지를 구해보면 소수점 아래의 어느 자리의 수부터 되풀이되어 나타나게 마련이다.

라는 것 등을 알아내게(연역, 일반화하게) 한다.

참고 초등학교 수준에서 다루는 수는 유리수의 범위에서 다룬다. 그러므로 초등학교 수준에서 말하는 '소수'는 '유한소수'나 '순환소수'를 의미한다.

주요 내용 16 — 약수와 배수

구체적인 문제를 해결하는 활동을 통하여,

(가) 약수, 배수, 공약수, 공배수, 최대공약수, 최소공배수의 의미 및 짝수·홀수의 의미를 가르쳐준다(정의를 내려준다).

가르쳐준 약수, 배수, 공약수, 공배수, 최대공약수, 최소공배수의 의미를 바탕으로,

(나) 약수, 배수, 공약수, 공배수, 최대공약수, 최소공배수를 구하는 방법을 알아낼 수 있게

(다) 최대공약수, 최소공배수를 구한다는 것의 좋은 점을 느껴볼 수 있게

(라) 약수, 배수, 공약수, 공배수, 최대공약수, 최소공배수에서 볼 수 있는 특징(성질)을 찾아낼 수 있게

그리고 가르쳐준 짝수·홀수의 의미를 바탕으로,

(마) 정수를 나머지가 같은 수로 유별할 수 있게

하여 정수의 개념이나 성질에 대한 이해가 심화되게 한다.

전개의 개요

(1) 약수, 배수, 공약수, 공배수, 최대공약수, 최소공배수의 의미

예컨대 곱셈·나눗셈의 숙달을 겸해서, 36은 어떤 두 수의 곱인가를 알아보게 하고, 이때 나타나는

- 36은 6과 6의 곱이다.
- 36은 3과 12의 곱이다.

라는 등의 반응을 바탕으로,

- 3개의 정수 a, b, c 사이에 '$a \times b = c$'라는 관계가 있을 때, a와 b는 c의 '약수'라고 하고, c는 a나 b의 '배수'라고 한다.
- a와 b의 공통인 약수(배수)를 '공약수(공배수)'라고 하며, a와 b의 공약수(공배수) 중에서 가장 큰 공약수(가장 작은 공배수)를 '최대공약수(최소공배수)'라고 한다.

는 것을 가르쳐준다.

(2) 약수, 배수, 공약수, 공배수, 최대공약수, 최소공배수를 구하는 방법

① 약수를 구하는 방법

각자가 두 자리(또는 세 자리) 수를 생각하여 그 수의 약수를 모두 구해보게 하고, 이때 나타나는

- 36은 6과 6의 곱으로 볼 수 있으므로 2개의 6이 모두 36의 약수이며, 36은 3과 12의 곱이라고도 볼 수 있으므로 3과 12도 36의 약수이다.
- $36 \div 2 = 13$이므로 13이 36의 약수이며, $36 \div 4 = 9$이기도 하므로 4와 9가 36의 약수이다.

라는 등의 반응을 비교·검토하는 활동을 통해서,

- 임의 정수 m을 '1, 2, 3, 4, 5, …'라는 순서로(작은 수부터) 차례차례 나누어보고, 나누어떨어지는 수를 취하면 약수가 얻어진다.
- 임의 정수 m의 약수에는 1과 그 수 자신인 m이 항상 포함된다.

는 것을 알아차리게(귀납하게) 한다.

② 배수를 구하는 방법

각자가 임의의 한 자리 수를 생각하여 그 수의 배수를 모두 구해보게 하고, 이때 나타나는

- 예컨대, 6에 2를 곱하면 12이므로 12가 6의 배수이고, 6에 5를 곱하면 30이므로 30도 6의 배수이다.

◈ 6의 배수는 얼마든지 구할 수 있다.

라는 등의 반응을 바탕으로

- 임의 정수 m에 '1, 2, 3, 4, 5, …'를 곱한 것은 모두 m의 배수가 되며, 따라서 m의 배수는 무수히 있으며 m도 m 자신의 배수이다.

라는 것을 알아차리게(귀납하게) 한다.

③ 공약수를 구하는 방법

임의의 두 수의 공약수를 구해보게 하고, 이때 나타나는

◈ 6과 8의 약수를 구하고, 양쪽에 들어 있는 수를 가려내었다(답; 2).
◈ 오류를 포함한 기타의 반응

라는 등의 반응을 비교·검토하는 활동을 통해서, 공약수를 구하는 방법으로는

ⓐ 두 수의 약수를 각각 모두 구하고, 공통인 약수를 가려낸다(정의에 근거하여). 이 경우, 최대공약수는 가려낸 수 가운데서 가장 큰 수이다.
ⓑ 한쪽 수의 약수를 모두 구하고, 이 약수 중에서 다른 수의 약수를 가려낸다(ⓐ의 경우에 비해 수고가 덜어진다).
ⓒ 한쪽 수의 약수를 1개 구할 때마다 구한 약수가 다른 수의 약수이기도 한가를 조사한다(분수의 약분 등에 유효하게 쓰인다).
ⓓ 두 수의 최대공약수의 약수를 구한다.

라는 네 가지 방법이 있다는 것을 알아차리게 한다.

그리고 임의의 두 수의 최대공약수를 구하고, 그 최대공약수의 약수를 구하는 방법으로 구해보도록 하여,

- 최대공약수를 구한다는 것의 좋은 점

도 느껴볼 수 있게 한다.

※ 이 방법이 이론적으로는 쓰이지만, 실제의 문제 해결 등에는 그다지 쓰이지 않는다.

④ 공배수를 구하는 방법

임의의 두 수의 공배수를 구해보게 하고, 이때 나타나는

- 6과 8의 배수를 구하고, 양쪽에 들어 있는 수를 가려내었다(답; 24).
- 오류를 포함한 기타의 반응

라는 등의 반응을 비교·검토하는 활동을 통해서, 공배수를 구하는 방법도

ⓐ 두 수의 배수를 각각 모두 구하고, 양쪽에 공통인 배수를 가려낸다(정의에 근거하여). 이 경우, 최소공배수는 가려낸 수 가운데서 가장 작은 수이다.

ⓑ 한쪽 수의 배수를 모두 구하고, 이 배수 중에서 다른 수의 배수를 가려낸다(이때는 큰 수의 배수를 먼저 구하는 것이 수고가 덜어진다).

ⓒ 한쪽 수의 배수를 1개 구할 때마다 구한 배수가 다른 수의 배수이기도 한가를 조사한다(이 ⓒ의 방법은 분수의 약분 등에 유효하게 쓰인다).

ⓓ 두 수의 최소공배수의 배수를 구한다.

라는 네 가지 방법이 있다는 것을 알아차리게 한다.

그리고 임의의 두 수의 최소공배수를 구하고, 그 최소공배수의 배수를 구하는 방법으로 구해보도록 하여,

- 최소공배수를 구한다는 것의 좋은 점

도 느껴볼 수 있게 한다.

※ 이 방법은 분모의 통분 등에 유효하게 쓰인다.

(3) 최대공약수, 최소공배수를 구하는 간편한 방법

옛날 사람들이 공약수 중에서 가장 큰 수인 최대공약수, 최소공배수를 구하는 방법을 아래와 같이 형식화하였음을 소개해주고, 앞에서 알아본 최대공약수, 최소공배수를 구하는 방법을 바탕으로, 이 방법의 타당성을 알아보게(연역하게) 한다.

$$\begin{array}{r|rr} 2 & 18 & 12 \\ \hline 3 & 9 & 6 \\ \hline & 3 & 2 \end{array}$$

$$\therefore\ G(18,\ 12)=2\times 3$$
$$L(18,\ 12)=2\times 3\times 3\times 2$$

그리고 유클리드(Euclid)라는 수학자가 개발한 최대공약수, 최소공배수를 구하는 다음과 같은 방법을 소개해주고, 이 방법의 타당성도 알아보게(연역하게) 하여 최대공약수, 최소공배수를 능숙하게 구할 수 있게 하며, 문제 해결 등에 활용할 수 있도록 한다.

$a>b$일 경우,

ⓐ a를 b로 나누어보고, 나누어떨어지면 b가 (a, b)의 최대공약수이다.

ⓑ a를 b로 나눈 나머지가 r_1이면 b를 r_1으로 나누어보고, 나누어떨어지면 r_1이 최대공약수이다.

ⓒ b를 r_1으로 나눈 나머지가 r_2이면 r_1을 r_2로 나누어보고, 나누어떨어지면 r_2가 최대공약수이다.

ⓓ 위의 ⓑ나 ⓒ의 과정을 반복하면 언젠가는 끝나게 마련이므로, (a, b)의 최대공약수를 반드시 구할 수 있다(마지막에 나눈 수가 r_n일 때 r_n이 (a, b)의 최대공약수이다).

지도상의 유의점

약수와 배수의 학습에서 **최소공약수**나 **최대공배수**를 다루지 않는 것은, '0'이 아닌 임의의 두 정수 (a, b)의 최소공약수는 언제나 '1'로 나타나며, 최대공배수는 '한없이 큰 수'로 나타나기 때문에, **최소공약수**나 **최대공배수**를 알아볼 필요가 없기 때문이다. **최소공약수**나 **최대공배수**라는 개념이 존재하지 않는 것은 아니다.

그리고 약수와 배수의 학습에서 '0'이라는 수를 대상에서 제외하는 것은, $(0, a)$의 **최소공약수**는 언제나 'a'로 나타나고, **최대공배수**는 언제나 '1'로 나타나며, (0, 0)의 **최소공약수**나 **최대공배수**가 모두 언제나 '0'으로 나타나기 때문이다.

참고 최대공약수·공약수, 최소공배수·공배수의 성질

수학의 자질이 뛰어난 아동에게는 지금까지 알아본 것과 관계가 있는 새로운(보다 차원이 높은) 다음과 같은 과제 등을 주어서 알아보게 하는 것도 좋을 것이다.

① (18, 12)의 최대공약수와 최소공배수의 곱은 18×12이다.

② $(30+12(=42), 12)$의 최대공약수는 (30, 12)의 최대공약수와 같다.

③ (30－12(＝18), 12)의 최대공약수도 (30, 12)의 최대공약수와 같다.

④ (30－(12×2), 12)의 최대공약수도 (30, 12)의 최대공약수와 같다.

(4) 짝수·홀수, 나머지가 같은 수

여러 개의 정수를 2로 나누어보고 느껴지는 것을 말하게 하고, 이때 나타나는

- 어떤 수도 2로 나누면 나머지가 생기지 않거나(나머지가 '0'이거나), 나머지가 '1'이다.
- 오류를 포함하는 기타의 반응

라는 반응을 검토하는 활동을 통해서,

- 모든 정수는 '나머지가 0인 수'와 '나머지가 1인 수'의 두 모임으로 분할할(가를) 수 있다.

는 것을 알아차리게(귀납하게) 한다.

그리고 여러 개의 정수를 3, 4, 5, …로 나누면, 어떤 수의 모임 몇 개로 분할할(가를) 수 있는가를 알아보게 하고, 이때 나타나는

- 3으로 나누면 나머지가 '0'인 수, 나머지가 '1'인 수, 나머지가 '2'인 수의 세 가지의 모임으로 분할된다.
- 오류를 포함하는 기타의 반응

라는 반응을 검토하는 활동을 통해서,

- 모든 정수를 m으로 나누면, 모든 정수는 '나머지가 0인 수', '나머지가 1인 수', '나머지가 2인 수', …, '나머지가 $(m-1)$인 수'라는 m개의 모임으로 분할된다(갈라진다).

는 것을 알아차리게(귀납·유추하게) 하여 정수의 개념과 성질에 대한 이해가 심화되게 한다.

주요 내용 17 — 수 감각

가. 수 감각의 의미

영어로는 'number sense'라고 하는 수 감각의 개념은 명확하게 규정되어 있지 않아서 수 감각의 구성 요소를 명확하게 제시할 수는 없지만, 많은 사람들은 수 감각을 "수에 관한 지식을 다면적으로 볼 수 있는 안목"이라고 이해하고 있다.

한편, 'sense'라는 말이 '국어대사전'에는 "감각, 본능, 분별, 판단력"이라고 풀이하고 있으며, 일상에서도 예를 들면, "아무개는 옷을 잘 입는다."는 등의 말을 듣게 되는데, 느낌을 받는다는 뜻으로 하는 이 말을 가끔 접하게 된다. 그런데 이와 같은 감각(sense)은 여러 가지 색상의 조합을 상황에 따라 주의 깊게 살펴봄으로써 점진적으로 세련되어간다.

수 감각의 육성이라는 것을 이런 맥락에서 보면, "수에 관한 지식을 다면적으로 볼 수 있는 안목"을 육성하는 수준에서 그칠 것이 아니라, "수의 활용을 촉진시키고, 적절하게 이용할 수 있는 힘"을 육성하는 수준까지 생각해야 한다.

앞에서도 언급했듯이, 수 감각의 개념은 명확하게 규정되어 있지 않아서 수 감각의 구성 요소(정의)를 명확하게 제시할 수는 없지만, 많은 사람들이 "수에 관한 지식을 다면적으로 볼 수 있는 안목"으로 이해하고 있는 수 감각의 특징(중심적인 내용)으로는

(1) 문제 장면에 비추어보고, "수나 숫자를 사용하면 어떨까(수화)?" 하는 것을 직관적으로 판단한다.
(2) 문제 장면에 비추어보고, "이런 정도의 어림수로 취하여 처리하자."라는 생각을 직관적으로 떠올린다.
(3) 어떤 수에 대하여 다른 수와의 관계를 적절하게 생각한다.
(4) 일상의 장면에 비추어보고, 수치의 타당성이나 이상의 유무를 감지한다.
(5) 계산에서 얻은 수치가 타당한가를 직관적으로 판단한다.

라는 다섯 가지를 들 수 있다.

나. 수 감각의 내용

(1) 문제 장면에 비추어보고, "수나 숫자를 사용하면 어떨까(수화)?" 하는 것을 직관적으로 판단한다.

예컨대, 공의 탄력성을 비교할 때 튀어오르는 높이로 알아보는 것이나, 어떤 사상이 일어날 경우를 알아볼 때 일어나는 경우의 각각을 1, 2, 3이라는 수를 이용해서 나타내려고 하는 것, 또는 분수로 나타내는 것이 좋은가 아니면 소수로 나타내는 것이 좋은가를 직관적으로 생각하는 것 등이 이에 해당하는 경우이다.

(2) 문제 장면에 비추어보고, "이런 정도의 어림수로 취하여 처리하자."라는 생각을 직관적으로 떠올린다.

예컨대, 자료를 막대그래프로 나타낼 때, 순간적으로 자료를 유효 숫자가 두 자리의 수로 잡아보려는 생각을 한다. 이때의 근거를 생각해본다면, 예컨대, 눈금의 단위가 1mm이고, 전체가 30cm 정도이기 때문이라는 것이 그 이유가 될 것이다. 그러나 그 이유를 떠올리기 전에 어림수를 직관적으로 판단한다. 이런 것은 어림수에 관한 수 감각의 발로에서 비롯되는 것이다.

반대로, 예컨대 "집에서 학교까지를 걸어서 15분 32초 걸린다."라는 등의 말을 들었을 때 "이상하다."는 생각이 드는 것은, 어림수에 관한 수 감각의 발로에서 비롯된 것이다.

(3) 어떤 수에 대하여 다른 수와의 관계를 적절하게 생각한다.

4.8을 0.1이 48개인 것(상대적인 크기)으로 보거나, 5보다 0.2가 작은 수로 보거나, $6 \times 8 \div 10$으로 보는 등 어떤 수를 경우에 따라 순간적으로 적당하게 해석한다. 이런 것이 어떤 수에 대하여 다른 수와의 관계를 적절하게 보려는 수 감각의 발로에서 비롯된 것이다.

(4) 일상의 장면에 비추어보고, 수치의 타당성이나 이상의 유무를 감지한다.

예컨대, 어떤 문제의 해결에서 얻은 초등학교 아동의 몸무게가 200kg이라는 답을 보고, "이것은 현실에 부합되지 않는다."거나 "이상하다."고 생각하는 것도 수 감각에서 비롯된 발로이다.

(5) 계산에서 얻은 수치가 타당한가를 직관적으로 판단한다.

탁상 계산기 등으로 계산한, 예컨대, ① 263×23=6094나 ② 263+53+75+29=521이라는 답을 보고, 이것은 이상하다(① : 일의 자리가 3×3=9이므로 이상하다거나, ② : 일의 자리에 홀수가 4개이므로 그 합은 짝수가 되어야 한다거나, 세 개의 두 자리 수가 모두 100보다 작으므로 그 답은 500보다 작아야 한다는 등)고 생각하는 것도 수 감각의 발로에서 비롯된 것이다.

(6) 앞에서는 제시하지 않았지만, "개수를 알아보거나 측정할 때 능률적인 방법을 직관적으로 떠올릴 수 있게 한다."는 세기의 탐구에 대해서도 수 감각이나 직관과 연관시키는 것이 바람직하다.

지도상의 유의점

(1)의 경우 : 문제 장면에 부딪쳤을 때, 그 문제를 해결하려면 수를 사용하여야 하는가, 수를 사용하여야 한다면 어떤 수를 사용하는 것이 좋은가 하는 태도를 취하고, 그것을 직관적으로 판단할 수 있도록 하기 위해서는, 그와 같은 경험을 하지 않고서는 안 되는 문제를 마련하여야 한다. 해결에 필요한 수가 모두 주어져 있는 문제에서는 이와 같은 감각은 길러지지 않는다.

(2)의 경우 : 문제 장면에 비추어보고, "수나 숫자를 사용하면 어떨까(수화)?" 하는 것을 직관적으로 판단하지 않으면 안 되는 문제를 마련하여, 그와 같은 판단이 중요하다는 것을 경험시켜야 한다.

예컨대, "소수 몇 자리의 수를 사용하도록 하라."거나, "만의 자리로 어림한 수로 나타내라."는 등의 문제의 출제에서 벗어나야 한다.

그리고 앞의 지도 내용에서 제시한 바와 같이, 수를 구체적이고 정밀하게 나타낸다는 것은 오히려 이상하다는 느낌이 드는 문제를 취급하여, 그와 같은 비판을 시키는 것도 한 방법일 수 있다.

(3)의 경우 : 수를 다면적으로 볼 수 있는 안목은 대단히 중요한 능력의 하나이다. 수를 다면적으로 활용할 수 있기 위해서는 수를 어떤 단위량의 몇 묶으로 보

거나, 두 수의 합·차나 곱·몫으로 볼 수 있으며, 경우에 따라 적당한 것을 선택할 수 있어야 한다. 이런 능력을 기르려면, 문제 장면에서 그와 같은 선택을 스스로 하는 경험을 축적시켜야 한다. 이 경우도 "이런 식으로 생각하라."는 지시를 내리는 일은 피해야 한다.

(4)의 경우 : 수학 시간에 국한하지 말고 일상생활에서도, 예를 들면 TV나 신문에 보도된 수치, 대담에 등장된 수치가 적당한가라는 점에 주의를 기울이게 할 필요가 있다.

(5)의 경우 : 계산에서는 어림셈(槪算)을 하여 결과를 추정하거나, 결과를 확인하는 경험을 많이 시킴으로써 어림셈에 대한 감각(sense)이 신장된다. 이때, "이렇게 어림셈해보아라."라고 지시할 것이 아니라, 어떻게 하면 추정할 수 있을까 라거나, 확인해보라는 것을 강조하여, 스스로 어림셈하려는 마음이 우러나게 하는 것이 중요한 것이다.

(6)의 경우 : 개수를 능률적으로 알아보아야 할 장면을 적극적으로 도입하여야 수 감각이 길러진다는 것은 두말할 나위 없는 사실이다. 이 점에 대해서는 앞의 '[주요 내용 6]'에서 언급하였으므로 여기서는 언급을 줄인다.

주요 내용 18 — 덧셈이 쓰이는 경우

이 대목에서는,

(가) 동시에 존재하는 두 수량을 합한 것의 크기
(나) 처음에 있었던 수량에 새로 추가되거나, 처음에 있었던 수량이 증가할 때의 전체의 크기
(다) 어떤 번호나 순서(위치)로부터 몇 번째 뒤의 번호나 순서(위치)
(라) 같은 방향으로 두 번 변할 때 변화한 전체의 크기

등을 알아보는 구체적(일상적)인 문제를 해결하는 활동을 통하여, 이들 경우가 모두

- 두 바둑돌의 집합(개수가 각각 a개, b개인 모임)을 하나로 모으는 조작으로 나타나는 경우가 덧셈이 사용되는 경우이다.

라는 것을 점진적으로 알아차릴 수 있게(귀납할 수 있게) 하고, 이와 같이 두 집합을 합병한 집합의 원소의 개수를 구하는 것을 '덧셈'이라고 하며, 두 수 a와 b의 합을 '$a+b$'라고 나타낸다는 것을 가르쳐(말해)준다. 또한 유사한 문제를 해결하는 활동을 통하여, 문제 해결에서 덧셈이 사용되는 경우인지의 판단을 바르게 내릴 수 있게 한다.

전개의 개요

예를 들면, 먼저

(가) 남자가 5명, 여자가 3명 있다. 모두 몇 사람이 있는가?

와 같은 문제를 나름대로의 방법(생각)으로 해결하게 하고, 이때 나타나는

◈ 8명이다.
◈ '5와 3이면 8'이므로 8명이다.

라는 등의 반응을 비교·검토하는 활동을 통하여,

- 남자냐 여자냐에 구애됨이 없이, 지금 그곳에 있는 사람의 수를 모두 세면 된다.

는 것을 알아차리게(귀납하게) 하고, 남자의 수와 여자의 수를 합친 '모두'의 수를 구하는 것을 '덧셈'이라고 하며, 이것을 '5+3'과 같이 쓰며, "5와 3을 더하면 8이다."라는 것을 '5+3=8'이라고 쓴다는 것을 가르쳐(말해)준다.

그리고 유사한 문제를 해결하는 활동을 통하여,

- 두 무더기의 수량을 하나로 모으는 '모두'라는 말이 있는 경우에 덧셈이 쓰인다.

는 것을 알게(귀납하게) 한다.

그리하여,

(나) 유리 항아리에 붕어가 5마리 있다. 여기에 새로 3마리를 사서 넣었다. 붕어는 모두 몇 마리가 되었는가?

와 같은 문제를 나름대로의 방법(생각)으로 해결하게 하고, 이때 나타나는 반응을 비교·검토하는 등의 활동을 통하여,

- 한 무더기의 수량에 새로 추가되는 경우에도 덧셈이 쓰인다.

는 것을 알아차리게(귀납하게) 하며, 문제 (가)와 (나)를 비교·검토하는 활동을 통하여,

- 문제 (가)는 동시에 존재하는 두 무더기의 수량을 합친 것의 수량을 구하는 것인 데 비해, 문제 (나)는 한 무더기의 수량에 몇 개가 새로 추가되었을 때의 수량을 구하는 것.

이라는 문제 (가)와 문제 (나)의 차이점이나,

- 문제 (가)나 문제 (나)가 다같이 '모두'의 수량을 구하는 것.

이라는 문제 (가)와 문제 (나)에서 볼 수 있는 공통점을 알아차릴(귀납할) 수 있게 하여, 덧셈이 쓰이는 경우에 대한 이해가 심화(확장)되게 한다.

한편,

(다) 어린이가 한 줄로 서 있다. A는 앞에서 3번째이고, B는 A보다 4사람 뒤에 있다. B는 앞에서 몇 번째인가?

(라) 시험을 세 번 보았다. 두 번째는 첫 번째보다 5점이 올랐고, 세 번째는 두 번째보다 3점이 올랐다. 세 번째는 첫 번째보다 몇 점이 올랐는가?

와 같은 문제의 각각에 대해서도 나름대로의 방법(생각)으로 해결하게 하고, 이때 나타나는 반응을 비교·검토하는 등의 활동을 통하여,

- 어떤 번호나 순서(위치)로부터 몇 번째 뒤의 번호나 순서(위치) 또는 같은 방향으로 두 번 변할 때, 변화한 전체의 크기를 알아보는 경우에도 덧셈이 쓰인다.
- '모두'라는 말이 없어도 덧셈이 쓰이는 경우가 있다.

는 것을 알아차리게(귀납하게) 하고,

- 문제 (가), 문제 (나), 문제 (다), 문제 (라)에서 볼 수 있는 차이점이나,
- 문제 (가), 문제 (나), 문제 (다), 문제 (라)의 경우는 모두

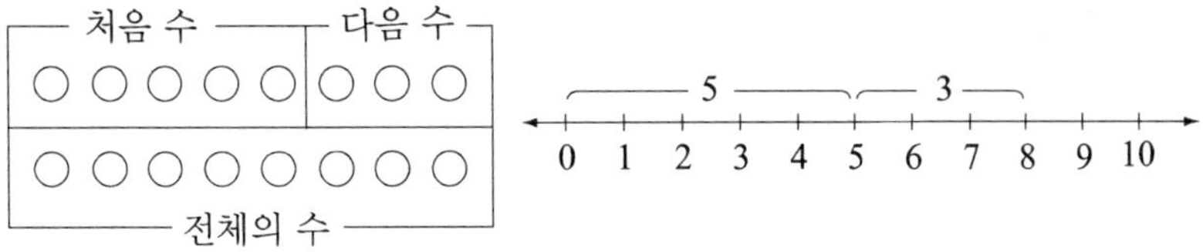

와 같은 조작으로 나타난다.

라는 문제 ㈎, 문제 ㈏, 문제 ㈐, 문제 ㈑에서 볼 수 있는 공통점을 알아차릴(귀납할) 수 있게 하여, 덧셈이 쓰이는 경우에 대한 이해가 한층 심화(의미가 확장)되게 한다.

지도상의 유의점

덧셈의 의미를 일반화할 수 있게 하기 위해서, 보통은 (수량이나 소재를 사상할 수 있게 하려는 마음에서) 수량이나 소재를 달리한 유사한 문제를 해결시킨다. 이런 방법도 덧셈의 의미를 일반화할 수 있게 하는 방법이긴 하다. 하지만 아동의 자질이나 능력에 따라서는 다음과 같은 활동을 시키는 것도 좋은 방법이다.

① 식을 제시하고, 그와 같은 식이 얻어지는 문제를 만들게 한다.
② 문제 장면을 묘사한 그림을 제시하고, 그 그림에서 생각할 수 있는 문제를 만들게 한다.
③ 식이나 장면을 제시하지 않고, 자유롭게 문제를 만들게 한다.

주요 내용 19 ― 덧셈이 쓰이는 경우의 확장

단계(학년)가 높아감에 따라 가수나 피가수가 0인 경우(㉮)나 큰 수인 경우(㉯)에도 앞에서 학습한 덧셈이 쓰이는 경우가 적용되며, 이제까지 학습한 덧셈이 쓰이는 경우가 가수나 피가수가 연속량인 경우(㉰)나 역사고를 하게 되는 경우(㉱), 또는 가수나 피가수가 분수나 소수인 경우(㉲)에도 적용된다는 것을 점진적으로 알아차릴 수 있게(확장시킬 수 있게) 한다.

가. 0의 덧셈

여기서는 가수나 피가수가 0인 장면에서도 두 수가 모두 0이 아닌 경우에 적용했던 지금까지의 덧셈이 적용된다는 것을 알게 하고, $a+0$, $0+a$, $0+0$이라는 식으로 나타낸다는 것의 좋은 점을 느끼게 하며, 필요에 따라 $a+0$, $0+a$, $0+0$이라는 식으로 나타낼 수 있게 한다.

전개의 개요

예컨대, 아동들의 거주지를 분단(학급) 별로 조사하거나, 과녁 맞추기 놀이를 통해서 수집한

○○분단

	남자	여자
A동	3	5
B동	2	4
C동	1	6
D동	4	2

표 (1)

△△분단

	남자	여자
E동	6	2
F동	0	3
G동	4	0
H동	0	0

표 (2)

과녁 맞히기

	A	B	C	D	E
1회째	3	4	3	2	0
2회째	0	2	5	3	0

표 (3)

와 같은 자료를 바탕으로(여기서는 아동들의 거주지 조사의 경우에 대해서만 언급하겠다), 먼저 ○○분단(표 (1))의 경우를 문제로 삼아 각 동에서 다니는 사람 수를 알아보게 하고, 이때 나타나는

- A동에서 다니는 사람 수$=3+5=8$
- B동에서 다니는 사람 수$=2+4=6$

라는 등의 반응을 비교·검토하는 활동을 통하여,

• 각 동에서 다니는 사람 수는 동별로 □동에서 다니는 사람 수=(남자의 수)+(여자의 수)

를 구하면 된다는 것을 알아차리게(귀납, 일반화하게) 하고, 이어서 △△분단(표(2))의 경우에 대해서도 같은 것을 알아보게 한다. 그리하여, 이때 나타나는

- F동에서 다니는 사람 수=0+3=3
- G동에서 다니는 사람 수=4+0=4
- H동에서 다니는 사람 수=0+0=0
- 더해지는 수나 더할 수가 0인 경우는 더하지 않아도 결과를 알 수 있으므로 더할 필요가 없으며, 더군다나 식으로까지 나타낼 필요를 못 느낀다.
- 오류를 포함하는 이 밖의 반응

라는 등의 반응을 비교·검토하는 활동을 통하여,

• 더해지는 수나 더할 수가 0인 경우에도 0+3=3(4+0=4, 0+0=0)이라는 식으로 나타내면, 표를 보지 않아도 더해지는 수나 더할 수가 어떤 수이어서 '0'이라는 결과가 얻어졌다는 것을 알 수 있어서 좋다.

는 것을 알아차릴 수 있게(귀납, 유추, 일반화할 수 있게) 하며, 유사한 문제의 해결을 통해서 식으로 나타낸다는 것의 좋은 점을 느껴볼 수 있게 한다.

지도상의 유의점

아동들은, 예컨대 "접시가 2개 있다. 한 접시에는 사과가 5개 있고, 다른 한 접시에는 아무 것도 없다. 두 접시에 있는 사과는 모두 몇 개인가?"와 같은 문제는 문제로 보지 않으며, 이와 같은 문제의 답은 알아볼 필요를 느끼지 못할 뿐 아니라, 답은 당연히 8개인데 어째서 답을 구하라는 것인가라는 의문만을 가지기 십상이며, 더군다나 식으로 나타낼 필요는 전연 느끼지 못한다.

이런 경우에 '5+0'이라고 적는다는 것을 교사가 아동에게 시킨다(주입한다)는 입장이면 몰라도, 아동이 스스로 이해하게 되기를 기대한다는 것은 있을 수 없는 일이다.

'0의 덧셈'의 학습 목표는 "식으로 나타낸다는 것의 좋은 점을 느껴볼 수 있는

경험을 가지게 하는 것"이라고 볼 수 있으며, 식으로 나타낸다는 것의 좋은 점을 느끼게 되면 이런 경우를 스스로 덧셈의 식으로 나타낼 생각을 하게 될 뿐만 아니라, '0의 덧셈식'으로 나타나는 경우에 대한 이해가 심화된다.

나. 큰 수의 덧셈

단계(학년)가 높아감에 따라서 확장되는 수의 범위(두 자리 수나 세 자리 수 또는 그 이상의 수)에서도 이제까지의 덧셈이 쓰이는 경우가 적용된다는 것을 알아차리게 한다.

전개의 개요

예를 들면,

㈎ 사과가 두 상자 있다. 한 상자에는 사과가 43개 들어 있고, 다른 한 상자에는 사과가 25개 들어 있다. 두 상자의 사과는 모두 몇 개인가?

㈏ 접시가 두 개 있다. 한 접시에는 빵이 5개 있고, 다른 한 접시에는 빵이 3개 있다. 두 접시의 빵은 모두 몇 개인가?

와 같이 오늘 학습할 문제 ㈎와 이미 학습한 문제 ㈏를 제시하여 이 두 문제를 비교·검토(서로 달라 보이는 점이나 같아 보이는 점을 중심으로)시키고, 이때 나타나는

- 문제 ㈏의 답은 금방 답을 알 수 있는데, 문제 ㈎의 답은 시간이 좀 걸린다.
- 문제 ㈎나 문제 ㈏가 모두 더하는 문제이다.
- 문제 ㈎는 더하는 수가 큰 데 비해, 문제 ㈏는 더하는 수가 작다.
- 오류를 포함하는 이 밖의 반응

라는 등의 반응을 비교·검토하는 활동을 통하여,

• 덧셈이 쓰이는 경우가 수의 크기에는 구애받지 않는다.

는 것을 알아차리게(귀납하게) 하며,

• 큰 수의 경우에도, 앞에서와 같이 많은 수의 바둑돌을 일일이 나열한다는

것은 번거롭다.

는 생각이 들게 한다.

그리고 이와 같은 생각을 바탕으로, 많은 수의 바둑돌을 나열하는 것을 시사하는

• 띠 그림이나 선분도를 사용하면 나타내기가 편하다.

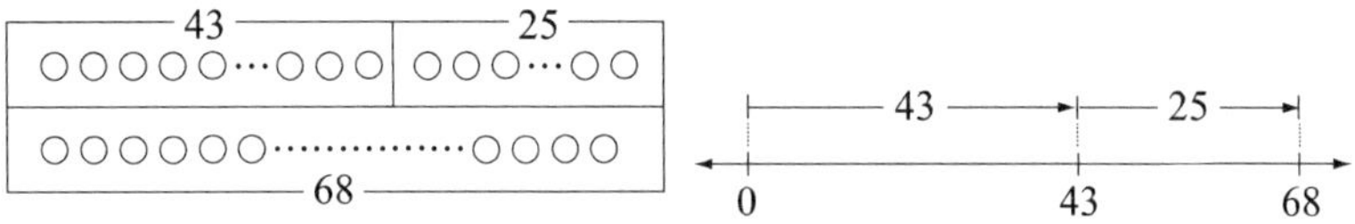

는 것을 느끼게 하며, 덧셈이 쓰이는 경우를 띠 그림이나 선분도를 이용하여 판단할 수 있게 한다.

지도상의 유의점

가수나 피가수가 큰 수인 경우에도 앞의 덧셈이 쓰이는 경우에서 제시한 바와 같이 동시에 존재하는 두 수량을 합한 것의 크기를 구하는 경우만 다루지 말고, 처음에 있었던 수량에 새로 추가된 경우나, 처음에 있었던 수량이 증가한 경우, 또는 어떤 번호나 순서(위치)로부터 몇 번째 뒤의 번호나 순서(위치)를 구하는 경우, 같은 방향으로 두 번 변할 때의 변화한 전체의 크기를 구하는 경우의 문제도 다루는 것이 좋다.

다. 연속량의 경우

한 개, 두 개, 세 개, …와 같이 세지 못하는 길이와 같은 대상(연속량)에 대해서도 이제까지의 덧셈이 쓰이는 경우가 적용된다는 것을 이해하게 한다.

전개의 개요

예를 들면,

㈐ A는 파란 색종이를 43장, 빨간 색종이를 25장 가지고 있다. A가 가지고 있는 색종이는 모두 몇 장인가?

㈑ B는 금색 실을 43cm, 은색 실을 25cm 가지고 있다. 금색 실과 은색 실을 이으면 몇 cm가 되는가?

와 같은 문제를 제시하여 문제 ㈐와 문제 ㈑를 비교·검토(서로 달라 보이는 점이나 같아 보이는 점을 중심으로)시키고, 이때 나타나는

◈ 여러 가지 견해

등의 반응을 비교·검토하는 활동을 통하여,

- 덧셈이 쓰이는 경우가 대상의 종류(이산량인가 연속량인가)에는 구애받지 않는다.

는 것을 알아차리게(귀납하게) 하며, 이와 같은 생각을 바탕으로 '큰 수의 경우'에서와 같이,

- 문제 ㈐나 문제 ㈑에 주어지는 수량 사이의 관계를 띠 그림이나 선분도로 나타내면, 모두 앞의 큰 수의 덧셈에서 제시한

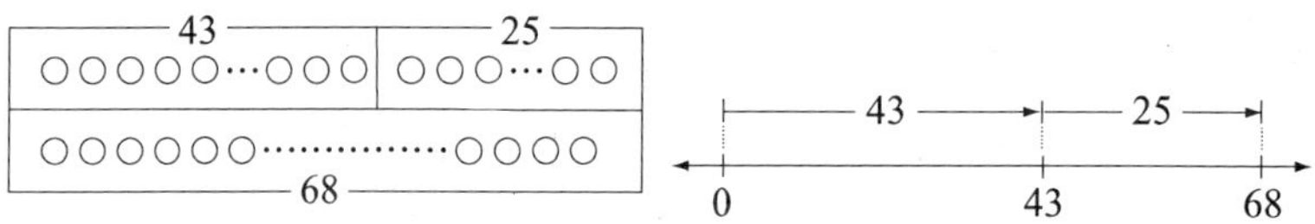

와 같은 그림으로 나타난다.

- 구조가 같다.

는 것을 알아차리게(귀납, 유추, 일반화하게) 하고,

- 덧셈이 쓰이는 경우가 두 수가 어떤 것(연속량이나 이산량)의 크기를 나타내는 수인가에는 구애받지 않는다.

는 것을 알아차리게(귀납, 유추, 일반화하게) 하여 덧셈이 쓰이는 경우에 대한 이해가 심화되게 한다.

지도상의 유의점

위에서 예시한 바와 같이, 문제 장면에 등장하는 소재나 수량을 달리한 문제를

비교·검토하는 활동을 통하여, 덧셈이 쓰이는 경우가 수의 크기나 수가 나타내는 양의 종류(연속량이나 이산량)에 구애받지 않고 적용된다는 것을 이해시킬 수도 있지만, 한편으로는

(마) ( )을 C는 □, D는 ○ 가지고 있다. 이 두 사람이 가지고 있는 ( )은 모두 얼마인가?

라는 문장의 ( ), □, ○ 안에 자기가 답을 구할 수 있는 적당한 수를 써넣어 문제를 완성하여 해결시킨 다음에, ( ), □, ○ 안이 각각 금색 실, 43cm, 25cm인

(바) (금색 실)을 C는 (43cm), D는 (25cm) 가지고 있다. 이 두 사람이 가지고 있는 (금색 실)은 모두 몇 cm인가?

라는 문제를 제시하여 알아보게(귀납, 유추, 일반화하게) 할 수도 있다.

라. 역사고를 하게 되는 경우

수량 사이의 관계를 시사하는 키워드(key word, 실마리가 되는 말)를 바탕으로 문제에서 요구하는 수량을 □로 나타내면, 문제 장면이 '$\square - a = b$'라는 식으로 나타나는 경우(이 경우를 흔히 역사고의 문제라고 일컫는다)에도 덧셈이 쓰인다는 것을 알게(귀납, 유추, 연역, 일반화하게) 한다.

전개의 개요

(사) 공작시간에 색종이를 25장 썼는데, 아직 43장이 남아 있다. 색종이가 처음에 몇 장 있었을까?

라는 문제를 나름대로의 방법(생각)으로 해결해보도록 하고, 이때 나타나는

- 25장 썼으므로 $43-25=8$
- 사용한 색종이의 장수와 남아 있는 색종이의 장수를 더하면 처음이 있었던 색종이의 장수가 되므로 $25+43=68$
- 이 밖의 여러 가지 견해

라는 등의 반응을 선수 내용($3+6=\square$로 나타나는 문제 장면)과 비교·검토하는

등의 활동을 통하여, 색종이의 처음 장수를 ㅁ장이라고 하면,

- 문제의 장면이 ‘ㅁ－25＝43’과 같은 식으로 나타나지만, 이 경우를 띠 그림이나 선분도로 나타내면(수치는 다르지만)

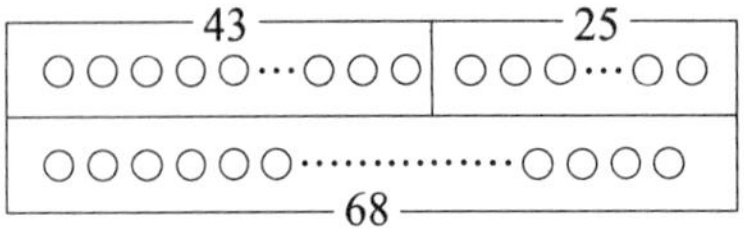

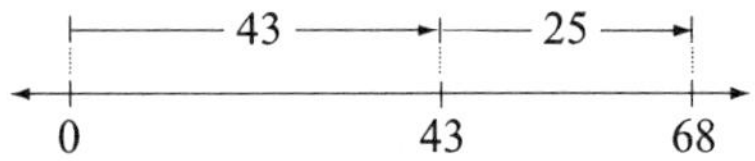

와 같이, 앞에서의 ‘덧셈이 쓰이는 경우’의 그림이 얻어진다.

그래서 이 문제도

- 앞에서 알아본 문제와 구조적으로 같다.
- 관계를 뜻하는 키워드는 뺄셈이지만, 덧셈을 하게 되는 경우가 있다.

는 것을 알아차리게(연역, 유추, 귀납하게) 하고, 덧셈이 쓰이는 경우에 대한 이해가 한층 심화되게 한다.

마. 수 개념의 확장(분수, 소수)

덧셈이 쓰이는 경우가 앞의 ‘큰 수인 경우’나 ‘연속량인 경우’에서와 같이, 수가 어떤 수(분수, 소수)인가 하는 것에는 구애받지 않고 이제까지 사용해 온 덧셈이 쓰인다는 것을, 이미 학습한 문제와의 비교·검토를 통해서 알아차릴 수 있게(유추, 귀납, 연역할 수 있게) 한다.

전개의 개요

(아) 금색 실을 A는 43cm, B는 25cm 가지고 있다. 두 사람이 가지고 있는 금색 실을 이으면 몇 cm가 되는가?

(자) 식용유가 새우를 튀기는 데 $\frac{2}{7}$L, 고구마를 튀기는 데 $\frac{3}{7}$L 들었다. 새우와 고구마를 튀기는 데 든 식용유는 모두 몇 L인가?

(차) 식용유가 새우를 튀기는 데 2.3L 들고, 고구마를 튀기는 데 1.2L 들었다. 새우와 고구마를 튀기는 데 든 식용유는 몇 L인가?

라는 문제를 나름대로의 관점에서 비교·검토해보게 하고, 이때 나타나는

◈ 문제 ㈀는 길이의 문제이고, 다른 문제는 들이의 문제이다.
◈ 문제 ㈀나 문제 ㈁나 문제 ㈂가 모두 더하는 문제이다.
◈ 문제 ㈀의 수는 정수이고, 문제 ㈁의 수는 분수이며, 문제 ㈂의 수는 소수이다.

라는 등의 반응(서로 달라 보이는 점이나 같아 보이는 점)을 비교·검토하는 활동을 통하여,

• 이제까지 사용해 온 덧셈이 문제에 주어진 수량이 분수나 소수인 경우에도 적용된다.

는 것을 알아차릴 수 있게(연역, 유추, 귀납할 수 있게) 하고, 앞에서 사용한

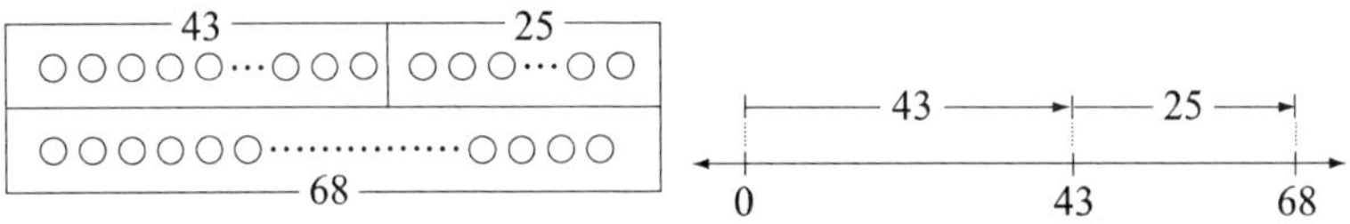

와 같은 띠 그림이나 선분도를 이용(유추, 연역)하여 덧셈이 쓰이는 경우를 판단할 수 있게 한다.

지도상의 유의점

이 경우도 앞에서와 같이 문제 장면에 등장하는 소재나 수량을 달리한 문제를 비교·검토하는 활동을 통해서, 덧셈이 쓰이는 경우가 수의 크기나 수가 나타내는 양의 종류에 구애받지 않고 적용된다는 것을 알아차리게(유추, 연역하게) 할 수도 있지만,

㈃ 식용유가 새우를 튀기는 데 □L, 고구마를 튀기는 데 ○L 들었다. 새우와 고구마를 튀기는 데 든 식용유는 몇 L인가?

라는 문제를 제시하고, □와 ○ 안에 자신이 답을 구할 수 있는 수를 써넣어 각자가 완성시킨 문제를 해결시킨 다음에, 이어서 "□와 ○ 안의 수가 각각 $\frac{2}{7}$와

$\frac{3}{7}$(또는 2.3과 1.2)이라면 답이 얼마일 것 같은가?"를 알아보게 하여, 덧셈이 쓰이는 경우가 수의 크기나 수의 종류(분수, 소수)에 구애됨이 없이 적용된다는 것을 이해하게 할 수도 있다.

그런데 덧셈이 쓰이는 경우를 확장시키는 방법 중에서 어느 방법을 택할 것인가 하는 것은, 교사가 강조하고 싶은 '수학적인 생각·태도'를 바탕으로 결정할 문제이다(이어서 언급하는 뺄셈이 쓰이는 경우에서도 마찬가지다).

주요 내용 20 — 뺄셈이 쓰이는 경우

(가) 동시에 존재하는 두 수량의 차

(나) 처음에 있었던 수량에서 덜어내거나 감소되었을 때의 나머지

(다) 어떤 번호부터 몇 번째 앞의 번호나 두 순서(위치)의 차이

(라) 필요한 수량에 미치지 못하는 수량

(마) 큰 쪽의 수량과 두 수량의 차에서 작은 쪽의 수량

등을 알아보는 구체적(일상적)인 문제를 해결하는 활동을 통해서, 이 모든 경우가

- 원소의 개수가 각각 a개와 b개($a \geq b$)인 두 집합의 원소의 개수의 차를 알아보는 조작, 즉 원소의 개수가 a개인 집합에서 원소의 개수가 b개인 부분집합을 덜어낸 나머지 집합의 원소의 개수를 알아보는 조작으로 나타나는 경우가 뺄셈이 쓰이는 경우이다.

라는 것을 점진적으로 알아차릴 수(귀납할) 수 있게 하고, 이와 같이 두 집합의 원소의 차를 구하는 것을 '뺄셈'이라고 하며, '$a-b$'라고 나타낸다는 것을 가르쳐(말해)준다.

그리고 유사한 문제를 해결하는 활동을 통하여, 문제의 해결에서 뺄셈이 사용되는 경우인지의 판단을 바르게 내릴 수 있게 한다.

전개의 개요

예를 들면, 먼저 "남자가 8명, 여자가 5명 있다. 남자가 여자보다 몇 사람이 많은가?…㈎"와 같은 문제를 나름대로의 방법(생각)으로 해결하게 하고, 이때 나타나는

- 3명이다.
- '8은 5와 3'이므로 3명이 많다.
- 이 밖의 견해

등의 반응을 비교·검토하는 활동을 통하여,

- 수가 많은 남자 가운데서 여자의 수만큼 덜어낸 나머지의 남자 수를 세면 된다.

는 것을 알아차리게(귀납하게) 하고, 남자의 수와 여자의 수의 '차'를 구하는 것, 즉 남자 가운데서 여자의 수만큼 덜어낸 나머지 수를 구하는 것을 '뺄셈'이라고 하며, 두 수 'a와 b의 차', 즉 'a에서 b를 뺀 나머지'를 '$a-b$'와 같이 적어서 나타내고 "a에서 b를 빼면 c이다."라는 것을 '$a-b=c$'라고 나타낸다는 것을 가르쳐(말해)준다.

그리고 유사한 문제를 해결하는 활동을 통하여,

- 두 무더기의 수량의 차를 나타내는 "많은가(큰가)?"라는 말이나 "적은가(작은가)?"라는 말이 나오는 경우에 뺄셈이 쓰인다.

는 것을 알아차리게(귀납하게) 한다.

한편, "색종이가 8장 있다. 이 중에서 5장을 썼다. 지금 몇 장 남았는가?…㈏"라는 문제에 대해서도 앞에서와 같이 나름대로의 방법(생각)으로 해결하게 하고, 이때 나타나는 반응을 비교·검토하는 등의 활동을 통하여,

- 처음에 있었던 수량에서 덜어내거나 감소했을 때의 나머지를 구하는 경우에도 뺄셈이 쓰인다.

는 것을 알아차리게(귀납하게) 하며, 유사한 문제를 해결하는 활동을 통하여 덧셈의 이 경우와 같이,

• 문제 ㈎와 문제 ㈏의 차이점이나 공통점

을 느껴볼 수 있게 하여, 뺄셈이 쓰이는 경우에 대한 이해가 심화(확장)되게 한다.

그리고

㈐ 어떤 상가의 왼쪽 끝에서부터 오른쪽으로 8번째가 야채 가게이고, 이 가게에서 오른쪽으로 3번째가 생선 가게이다. 생선 가게는 왼쪽 끝에서부터 몇 번째 가게인가?

㈑ 야구팀을 구성하려고 하는데 6명밖에 없다. 앞으로 몇 사람이 더 있어야 하는가?

㈒ B는 8살이고, C는 B보다 5살이 적다. C는 몇 살인가?

라는 문제에 대해서도 나름대로의 방법(생각)으로 해결하게 하고, 이때 나타나는 반응을 비교·검토하는 등의 활동을 통하여,

• 어떤 번호로부터 몇 개 앞의 번호나, 두 순서(위치)의 차이를 구하는 경우나, 필요한 수량에 미치지 못하는 수량을 구하는 경우, 또는 큰 쪽의 수량과 두 수량의 차를 알고 작은 쪽의 수량을 구하는 경우에도 앞에서 학습한 뺄셈이 쓰인다.
• "많은가(큰가)?"라는 말이나 "적은가(작은가)?"라는 말이 없어도 뺄셈이 쓰이는 경우가 있다.

는 것을 알아차리게(귀납, 유추하게) 하고,

• 문제 ㈎, 문제 ㈏, 문제 ㈐, 문제 ㈑, 문제 ㈒에서 볼 수 있는 차이점
• 문제 ㈎, 문제 ㈏, 문제 ㈐, 문제 ㈑, 문제 ㈒의 경우는 모두

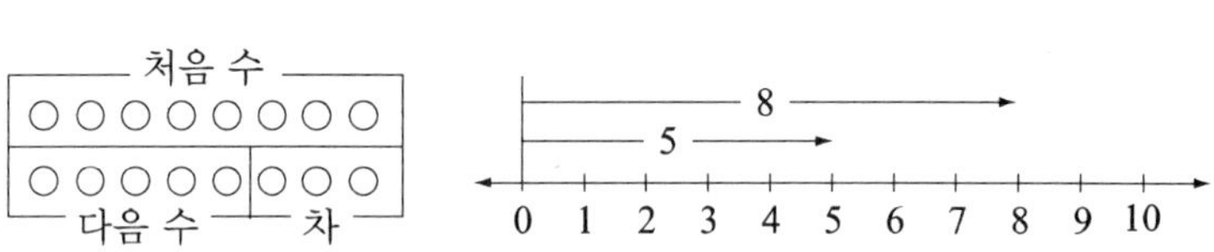

와 같은 조작으로 나타난다.

등 문제 ㈎~㈒에서 볼 수 있는 공통점을 느껴볼 수 있게 하여, 뺄셈이 쓰이는 경우에 대한 이해가 한층 심화(확장)되게 한다.

지도상의 유의점

두 수 가운데 어느 수가 큰가(작은가)를 알아볼 때는, 예컨대, 두 사람 가운데 누구의 키가 큰가를 알아볼 경우 두 사람이 등을 맞대어 서서 누구의 머리끝이 높은가를 알아보듯이, 누구에게나 있는 경험 등을 바탕으로 생각하기 십상이다. 그러므로 처음 단계에서는 '8－5'를 아래의 그림 (1)과 같이 나타내었다가, '8－5'의 답을 수직선에서 구하는 단계에서,

- ├─5─→ 의 방향을 ←─5─┤ 로 바꾸어 나타내면 수직선의 그림에서 답을 직접 읽어낼 수 있어서 좋다.

는 생각 아래, 다음의 그림 (2)와 같이 나타내게 하는 것이 바람직하다.

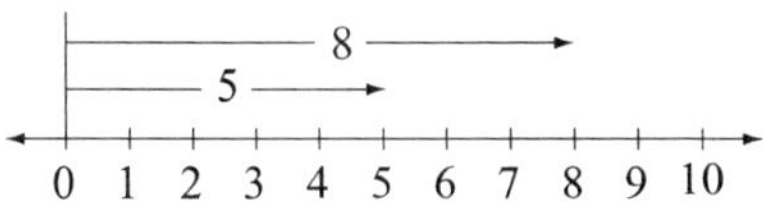

그림 (1)

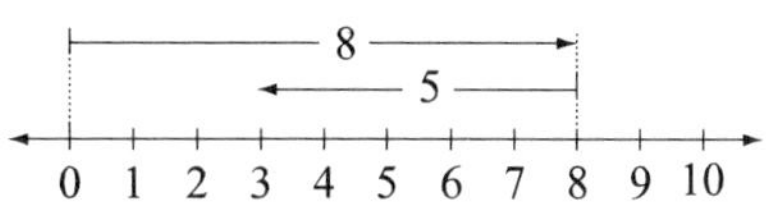

그림 (2)

주요 내용 21 ― 뺄셈이 쓰이는 경우의 확장

단계(학년)가 높아감에 따라 감수나 피감수가 0인 경우(㉮)나 큰 수인 경우(㉯)에도 앞 단계에서 학습한 뺄셈이 쓰이는 경우가 적용되며, 감수나 피감수가 연속량인 경우(㉰)나 역사고를 하게 되는 경우(㉱) 또는 감수나 피감수가 분수나 소수인 경우(㉲)에도, 이제까지 학습한 뺄셈이 쓰이는 경우가 적용된다는 것을 점진적으로 알아차릴 수 있게(확장할 수 있게) 한다.

가. 0의 뺄셈

감수나 피감수가 0인 장면에서도, 두 수가 모두 0이 아닌 경우에 적용해 왔던 지금까지의 뺄셈이 적용된다는 것을 알아차리게 하고, $a-0$, $0-0$이라는 식으로 나타낸다는 것의 좋은 점을 느끼게 하여, 필요에 따라 $a-0$, $0-0$이라는 식으로

나타낼 수 있게 한다.

전개의 개요

예를 들면, 뺄셈의 숙달을 겸해서 분단 별로 각자가 자기의 짝과 서로 '1~9의 숫자가 1개씩 적힌 카드 중에서 임의의 카드 한 장을 동시에 뽑아 보이고, 그 카드에 적힌 수의 차를 먼저 맞히는 사람이 1점을 얻는 놀이(게임)'를 실제로 몇 분 동안 시켜서 얻은 득점(아래 표와 같이 되었다고 하자)의 순서대로

	김○○	이◎◎	박☆☆	최◈◈
득점	18	16	8	6
득점 차	2	8	2	

와 같은 표로 정리시키고, 1등과 2등, 2등과 3등, …의 차를 알아보게 하여, 이때 나타나는

◈ 김○○와 이◎◎의 점수 차는 2점이다.
◈ 이◎◎와 박☆☆의 점수 차는 8점이다.

라는 등의 반응을 비교·검토하는 활동을 통하여,

- 1등과 2등의 차: 2점
  2등과 3등의 차: 8점
  3등과 4등의 차: 2점
  과 같이 점수의 차만 적어서 나타내면, 점수의 차가 같은 경우에 몇 점과 몇 점으로 그런 점수의 차가 생겼는지가 나타나지 않는다.
- 1등과 2등의 차: 18−16=2(점)
  2등과 3등의 차: 16−8=8(점)
  3등과 4등의 차: 8−6=2(점)
  와 같이 써서 나타내면, 점수의 차가 같은 경우에도 몇 점과 몇 점이어서 그런 점수의 차가 나왔는지가 잘 나타나서 좋다.

는 것을 다시 한 번 느끼게 하고,

• 점수의 차는 언제나 (높은 점수)−(낮은 점수)를 하면 얻어진다.

는 것을 알아차릴(귀납, 일반화할) 수 있게 하며, 자료를 더 수집하여

	김===	이===	박===	최===	정===	한===
득점	18	16	8	6	0	0
득점 차	2	8	2	6	0	

와 같은 표로 정리시키고, 앞에서와 같은 활동을 통해서,

• 감수가 0인 경우나 감수와 피감수가 모두 0인 경우도 감수나 피감수가 0이 아닌 경우와 같이 6−0(0−0)으로 나타내면 좋다.

는 것을 알아차리게(유추, 일반화하게) 하며,

• $a-0=a$, $0-0=0$이라는 식으로 나타냄으로써 표를 보지 않아도 몇 점과 몇 점이어서 몇 점의 차가 생겼다는 것이 잘 나타난다.

라는 식으로 나타낸다는 것의 좋은 점을 느껴볼 수 있게 한다.

지도상의 유의점

아동들은, 예컨대 "흰 접시에는 사과가 8개 있고, 파란 접시에는 아무 것도 없다. 흰 접시에 있는 사과의 개수가 파란 접시에 있는 사과보다 몇 개 많은가?"와 같은 문제는 문제로 보지 않으며, 이와 같은 문제의 답은 알아볼 필요를 느끼지 못할 뿐만 아니라, 오히려 "8개가 많다."라고 하는 것 자체를 이상하게 여기기 십상이다. 더군다나, 식으로 나타낼 필요성을 느끼지 못하기 때문에 식으로 나타낼 생각을 하지 않는다. 그럼에도 이런 경우에 '8−0'이라고 적는다는 것을 교사가 아동에게 가르치려고 하는 것은, 아동의 자주적인 학습 능력의 육성은 고사하고 무조건 교사의 지시대로 따르는 아동만을 양산하게 된다.

식으로 나타낸다는 것의 좋은 점을 느껴보는 경험을 가지게 하는 것이 '0의 뺄셈'의 학습 목표라고 할 수 있으며, 식으로 나타낸다는 것의 좋은 점을 느끼게 되면 이런 경우를 스스로 뺄셈식으로 나타낼 생각을 하게 되며, 뺄셈식으로 나타나

는 경우에 대한 이해가 심화된다.

나. 큰 수의 뺄셈

뺄셈이 쓰이는 경우도 덧셈이 쓰이는 경우와 같이 단계(학년)가 높아감에 따라 두 자리 수나 세 자리 수 또는 그 이상의 수로 확장된 수의 범위에서도, 이제까지 뺄셈이 쓰이던 경우가 그대로 적용된다는 것을 알아차리게(유추, 연역하게) 한다.

전개의 개요

(가) 하루에 빵공장 A에서는 275개의 빵을 만들고, 빵공장 B에서는 132개 만든다고 한다. 어느 공장이 어느 공장보다 빵을 몇 개 많이 만드는가?

(나) 색종이를 A는 5장 가지고 있고, B는 2장 가지고 있다. 누가 누구보다 몇 장 많이 가지고 있는가?

와 같은 문제를 제시하고, 문제 (가)와 문제 (나)를 비교·검토(서로 달라 보이는 점이나 같아 보이는 점을 중심으로)시키고, 이때 나타나는

- 문제 (나)의 답은 금방 답을 알 수 있는데, 문제 (가)의 답은 시간이 좀 걸린다.
- 문제 (가)나 문제 (나)가 모두 빼는 문제이다.
- 문제 (가)는 두 수가 큰 데 비해, 문제 (나)는 빼는 두 수가 작다.
- 오류를 포함하는 이 밖의 반응

라는 등의 반응을 비교·검토하는 활동을 통하여,

- 뺄셈이 쓰이는 경우가 수의 크기에는 구애받지 않는다.

는 것을 알아차리게(귀납, 유추하게) 하며,

- 큰 수의 경우에도 지금까지의 뺄셈이 쓰인다는 것을 보일 때, 많은 수의 바둑돌을 앞에서와 같이 일일이 나열하여 조작해 보인다는 것은 번거롭다.

는 생각이 들게 하고, 이와 같은 생각을 바탕으로, 다음 그림이 암시하듯이,

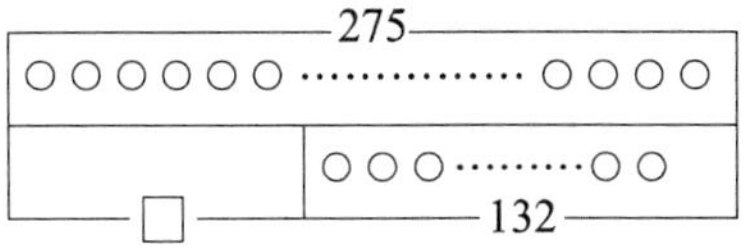

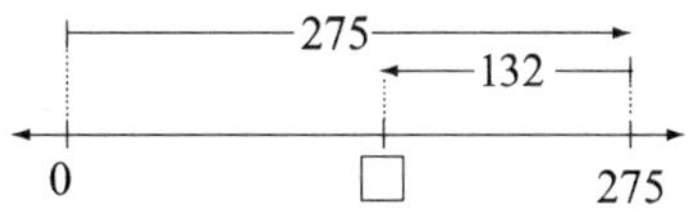

• 띠 그림이나 선분도로 나타내면 뺄셈이 이용되는 경우라는 판단을 하기가 쉽다.

는 것을 알아차리게 하여, 띠 그림이나 선분도를 이용하여 뺄셈이 쓰이는 경우를 판단할 수 있게 한다.

지도상의 유의점

큰 수의 뺄셈에서도 앞의 뺄셈이 쓰이는 경우에서 제시한 바 있는, 동시에 존재하는 두 수량의 차나, 처음에 있었던 수량에서 덜어내거나 감소되었을 때의 나머지를 구하는 경우만 다루지 말고, 어떤 번호로부터 몇 번째 앞의 번호나 두 순서(위치)의 차이, 또는 필요한 수량에 미치지 못하는 수량이나, 큰 쪽의 수량과 두 수량의 차에서 작은 쪽의 수량을 알아보는 경우, 또는 같은 방향으로 두 번 변할 때 변화한 후의 크기를 구하는 경우에 대해서도, 위의 문제 ㈎와 문제 ㈏에서와 같은 활동을 시켜, 뺄셈이 쓰이는 경우에 대한 이해가 심화되게 하여야 한다.

다. 연속량의 경우

한 개, 두 개, 세 개, …와 같이 셀 수 없는 길이와 같은 대상(연속량)에 대해서도 이제까지의 뺄셈이 쓰이던 경우가 적용된다는 것을 알아차리게(유추, 연역하게) 한다.

전개의 개요

㈐ 색종이가 45장 있었다. 만들기 시간에 23장을 썼다. 남아 있는 색종이는 몇 장인가?

㈑ 리본을 만들 띠가 50cm 있었다. 리본을 만드는 데 32cm를 썼다. 남은 리

본은 몇 cm인가?

와 같은 문제를 제시하고, 문제 ㈐와 문제 ㈑를 비교·검토(서로 달라 보이는 점이나 같아 보이는 점을 중심으로)시키고, 이때 나타나는 반응을 비교·검토하는 활동을 통하여,

- 뺄셈이 쓰이는 경우가 대상의 종류(이산량인가 연속량인가)에는 구애받지 않는다.

는 것을 알아내게(귀납하게) 하며, 이와 같은 생각을 바탕으로,

- 문제 ㈐나 문제 ㈑에 주어지는 수량 사이의 관계를 띠 그림이나 선분도로 나타내면, 모두 앞에서의 큰 수의 뺄셈에서 알아보았던 그림과 같이 나타난다.

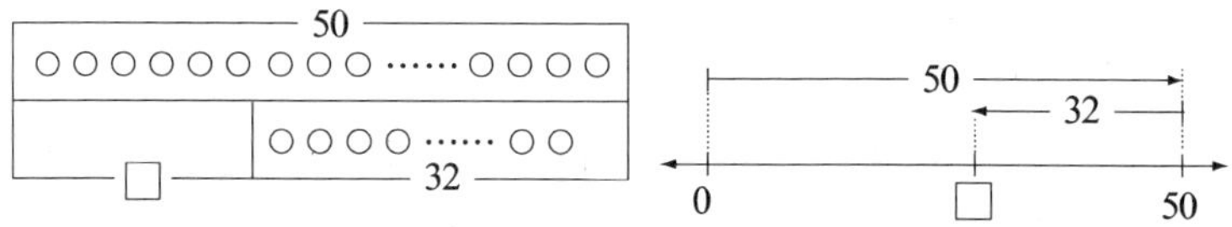

- 구조적으로 같다.

라는 것을 알아차리게(귀납, 유추, 일반화하게) 하고,

- 뺄셈이 쓰이는 경우가 그 수가 어떤 것(연속량이나 이산량)의 크기를 나타내는 수인가에는 구애받지 않는다.

것을 알아차리게(귀납, 유추, 일반화하게) 하여, 뺄셈이 쓰이는 경우에 대한 이해가 심화되게 한다.

지도상의 유의점

위에서 예시한 바와 같이, 문제 장면에 등장하는 소재나 수량을 달리한 문제를 비교·검토하는 활동을 통하여, 뺄셈이 쓰이는 경우가 수의 크기나 수가 나타내는 양의 종류(연속량이나 이산량)에 구애받지 않고 적용된다는 것을 이해시킬 수도 있지만, 덧셈에서의 이 경우에서와 같이,

(마) 색종이가 □장 있었다. 만들기 시간에 ○장을 썼다. 남아 있는 색종이는 몇 장인가?

(바) 리본을 만들 띠가 □ 있었다. 리본을 만드는 데 ○를 썼다. 남아 있는 리본은 얼마나 되는가?

라는 문제(이때, 리본을 만드는 띠나 만들어진 리본을 보여준다)를 제시하고, □와 ○ 안에 자신이 답을 구할 수 있는 수를 써넣어 문제를 완성시켜 완성시킨 문제의 답을 구하게 하고, 이어서 "□와 ○ 안의 수가 각각 70cm와 50cm라면 답이 얼마일 것 같은가?"를 알아보게 하여, 뺄셈이 쓰이는 경우가 수의 크기나 수가 나타내는 양의 종류(연속량이나 이산량)에 구애받지 않고 적용된다는 것을 이해시킬 수도 있다.

라. 역사고를 하게 되는 경우

수량 사이의 관계를 시사하는 키워드를 바탕으로, 문제에서 요구하는 수량을 □로 나타내면, 문제 장면이 '$\square+a=b$'라는 식으로 나타나는 경우(이 경우를 흔히 역사고의 문제라고 일컫는다)에도 뺄셈이 쓰인다는 것을 알아차리게(귀납, 유추, 연역, 일반화하게) 한다.

전개의 개요

(사) 어느 여름날의 기온이 오후 2시에는 오전 6시보다 12도가 올라서 32도가 되었다고 한다. 오전 6시의 기온은 몇 도였을까?

와 같은 문제를 나름대로의 방법(생각)으로 해결하게 하고, 이때 나타나는 반응을 비교·검토하는 활동을 통하여,

- 구하려는 오전 6시의 기온을 □도로 나타내면 문제 장면이 '$\square+12=32$'라는 식으로 나타나지만, 이 경우를 앞에서 학습한 띠 그림이나 선분도로 나타내면

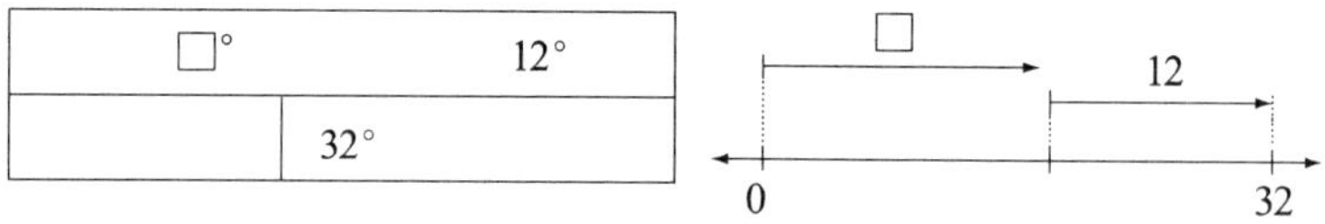

와 같이 나타난다.

- 관계를 시사하는 키워드는 덧셈이지만, 뺄셈을 하게 되는 경우가 있다.

는 것을 알아차리게(연역, 유추, 귀납하게) 한다.

마. 수 개념의 확장(분수, 소수)

이 경우도 앞의 '큰 수인 경우'나 '연속량인 경우'나 '역사고를 하게 되는 경우'에서와 같이, 뺄셈이 쓰이는 경우가 수의 크기가 얼마나 큰 수인가 하는 것이나, 어떤 수(분수, 소수)인가 하는 것에는 구애받지 않고, 이제까지 사용해 온 뺄셈이 쓰인다는 것을 알아차리게(연역, 유추, 귀납하게) 한다.

전개의 개요

(아) 어느 빵 가게에서 빵을 275개 만들었다. 이것을 오늘 하루에 팔려고 한다. 오전에 132개를 팔았다. 오후에 몇 개 팔아야 하는가?

(자) $\frac{5}{7}$ha의 밭이 있다. 그중에 $\frac{2}{7}$ha에는 배추를 심고, 나머지에는 무를 심으려고 한다. 무는 몇 ha 심게 되는가?

(차) 4.8L 들이 식용유를 1통 사서 고구마를 튀겼다. 고구마를 튀기는 데 1.2L 들었다. 남은 식용유는 몇 L인가?

와 같은 문제를 나름대로의 관점에서 비교해보도록 하고, 이때 나타나는 반응(서로 달라 보이는 점이나 같아 보이는 점)을 비교·검토하는 등의 활동을 통하여,

- 이제까지 사용해 온 뺄셈이 문제에 주어진 수량이 분수(또는 소수)인 경우에도 적용된다.

는 것을 알아차리게(연역, 유추, 귀납하게) 하고, 띠 그림이나 선분도 등을 이용하여 뺄셈이 쓰이는 경우를 판단할 수 있게 한다.

지도상의 유의점

이 경우도 앞에서 예시한 바와 같이 문제에 등장하는 소재나 수량을 달리한 문제를 비교·검토하는 활동을 통하여, 뺄셈이 쓰이는 경우가 수의 크기나 수가 나타내는 양의 종류에 구애받지 않고 적용된다는 것을 이해시킬 수도 있겠지만,

㈎ □ha의 밭이 있다. 그중에 ○ha에는 배추를 심고, 나머지에는 무를 심으려고 한다. 무는 몇 ha 심게 되는가?

㈏ □L 들이 식용유를 1통 사서 고구마를 튀겼다. 고구마를 튀기는 데 ○L 들었다. 지금 남은 식용유는 몇 L인가?

라는 문제를 제시하고, □와 ○ 안에 자신이 답을 구할 수 있는 수를 써넣어 완성시킨 문제의 답을 구하게 하고, 이어서 "□와 ○ 안의 수가 각각 $\frac{5}{7}$와 $\frac{2}{7}$(또는 2.3과 1.2)라면 답이 얼마일 것 같은가?"를 알아보게 하여, 뺄셈이 쓰이는 경우가 수의 크기나 수의 종류(분수, 소수)에 구애받지 않고 적용된다는 것을 이해하게 할 수도 있다.

그런데 뺄셈이 쓰이는 경우를 확장시키는 방법 중에서 어느 방법을 택할 것인가 하는 것은, 교사가 강조하고 싶은 '수학적인 생각·태도'에 대한 생각에 따라 결정할 문제이다(나중에 언급하는 곱셈·나눗셈이 쓰이는 경우에서도 마찬가지다).

주요 내용 22 — 덧셈과 뺄셈의 상호관계

덧셈이 쓰이는 경우와 뺄셈이 쓰이는 경우를 각각 별개의 것으로 보고 학습한 것(아동들은 덧셈이 쓰이는 경우와 뺄셈이 쓰이는 경우를 처음에는 각각 별개의 것으로 보기 십상이다)을 바탕으로,

㉮ 덧셈이 쓰이는 경우와 뺄셈이 쓰이는 경우에 하게 되는 조작 사이의 관계

㉯ 덧셈이 쓰이는 경우의 문제 장면과 뺄셈이 쓰이는 경우의 문제 장면 사이에서 볼 수 있는 관계

㉰ 덧셈이 쓰이는 경우의 띠 그림이나 선분도와 뺄셈이 쓰이는 경우의 띠 그

림이나 선분도의 관계

등을 알아보는 활동을 통해서,

- $a+b=c$이면 $a=c-b$ 또는 $b=c-a$

라는 관계가 있다는 것을 알아차리게(귀납, 연역하게) 한다.

전개의 개요

예를 들면, "사과가 두 상자 있다. 한 상자에는 사과가 43개 들어 있고, 다른 한 상자에는 사과가 25개 들어 있다. 두 상자의 사과는 모두 몇 개인가?…㈎"와 같은 문제와 "하루에 빵공장 A에서는 275개의 빵을 만들고, 빵공장 B에서는 132개 만든다고 한다. 어느 공장이 어느 공장보다 빵을 몇 개 많이 만드는가?…㈏"와 같은 문제를 해결하게 하고, 이 두 문제의 해결에서 볼 수 특징(상이점이나 공통점)을 알아보게 한다. 그리하여, 이때 나타나는

- 문제 ㈎는 두 수량을 합치는 데 비하여, 문제 ㈏는 한 수량에서 다른 수량만큼 덜어내는 점이 다르다.
- 문제 ㈎는 두 수량을 합치는 조작을 하게 되는 데 비해서, 문제 ㈏는 큰 수에서 작은 수만큼 덜어내는 조작을 하게 된다는 점이 다르다.
- 문제 ㈎와 문제 ㈏를 띠 그림이나 선분도로 나타내어 보면, 문제 ㈎는 처음 수와 다음 수를 알고 전체의 수를 구하는 것인 데 비해서, 문제 ㈏는 전체의 수와 처음 수를 알고 다음 수를 구하게 된다(문제에 따라서는 전체의 수와 다음 수를 알고 처음 수를 구하게 된다)는 점이 다르다(반대다).

문제 ㈎의 경우

처음 수(43)	다음 수(25)
전체의 수(?)	

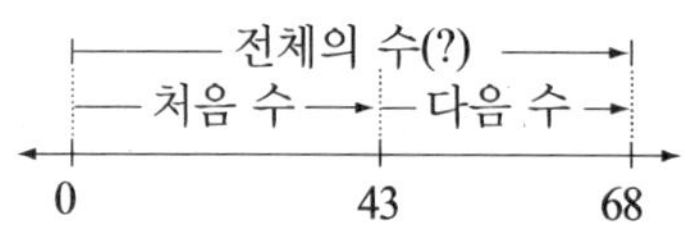

문제 ㈏의 경우

전체의 수(275)	
처음 수(?)	다음 수(132)

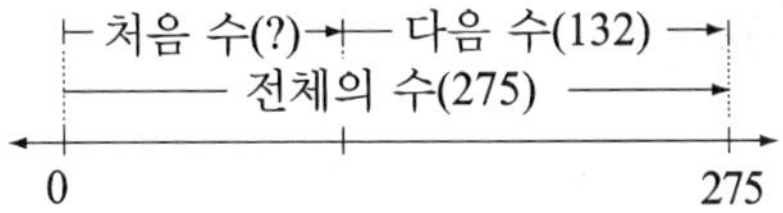

❖ 문제 ㈎는 수가 작아서 암산이 가능한 데 비해, 문제 ㈏는 암산이 어렵다.

라는 등의 반응을 비교·검토하는 활동을 통하여,

① 덧셈이 쓰이는 경우에 하게 되는 두 집합의 사물을 합치는 조작과 뺄셈이 쓰이는 경우에 하게 되는 한 집합의 사물에서 일부를 덜어내는 조작 또는 한 집합의 사물을 두 부분으로 갈라 놓는 등 덧셈이 쓰이는 경우와 뺄셈이 쓰이는 경우에 하게 되는 조작의 비교

② "남자가 5명, 여자가 3명 있다. 모두 몇 명인가?"라는 문제의 해결에서 알아낸 "남자가 5명, 여자가 3명 있다. 이때 모두는 8명이다."라는 사실을 바탕으로, "어린이가 모두 8명 있다. 그중에는 여자가 3명 있다. 남자는 몇 명인가?"라는 장면을 설정하는 등의 '문제 고쳐 읽기'

③ 덧셈과 뺄셈이 쓰이는 경우를 나타낸 띠 그림이나 선분도의 비교

a	b
c	

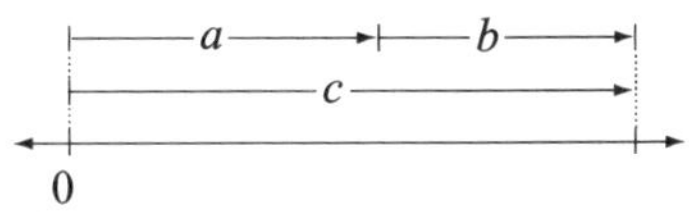

등의 방법으로 덧셈과 뺄셈 사이에는

- $a+b=c$이면 $a+b-b=a$ 또는 $a-b+b=a$
- $a+b=c$이면 $a=c-b$ 또는 $b=c-a$

라는 관계(역연산의 관계)가 있다는 것을 설명해 보일(연역할) 수 있게 한다.

주요 내용 23 — 정수의 덧셈과 뺄셈의 계산 방법

정수의 범위에서 덧셈과 뺄셈의 의미를 바탕으로 덧셈과 뺄셈의 계산(필산) 원리를 알아내어(귀납, 유추, 일반화하여), 보다 능률적인 계산(필산) 방법을 단계(학년)가 높아감에 따라 점진적으로 정립하게(개발해 나가게) 한다.

참고 여기서는 편의상 1 위수끼리의 덧셈을 '기본덧셈'이라고 하고, 이 역산에 해당하는 뺄셈을 '기본뺄셈'이라고 하겠다.

가. 기본덧셈, 기본뺄셈의 계산 방법

기본덧셈과 기본뺄셈의 계산 방법을 알아내고, 기본덧셈이나 기본뺄셈의 계산을 능숙하게 할 수 있게 한다.

(1) 합이 10 미만인 기본덧셈과 기본뺄셈의 계산 방법

합이 10 미만인 기본덧셈의 계산 방법은 따로 있지 않고, 덧셈의 의미(덧셈이 쓰이는 경우)의 학습에서 두 수량의 합을 세어서 구했던 방법뿐이다.

그렇더라도 "파란 색종이가 5장, 노란 색종이가 3장 있다. 색종이는 모두 몇 장인가?", "색종이가 8장 있다. 이 중에서 5장을 동생에게 주었다. 남은 색종이는 몇 장인가?"와 같은 구체적인 문제의 답을 나름대로의 방법으로 구하게 하고, 이때 나타나는 반응을 바탕으로 답(계산 결과)을 손가락이나 바둑돌 등을 이용하여 구하기보다는 이미 학습한

- '수의 합성·분해'를 활용하면 답이 간단히 구해진다.
- 문제에 주어진 수량과 답(계산 결과)을 모두 이용해서 식으로 나타내면, 나중에(또는 남이) 볼 때 맞게 구했는가 또는 이 답(계산 결과)이 어떤 두 수를 더하여서 얻은 것인지가 잘 나타난다는 '좋은 점'이 있다.

는 것을 알아차리게 하여, 기본덧셈과 기본뺄셈의 계산을 능숙하게 할 수 있게 한다.

전개의 개요

"파란 색종이가 5장, 노란 색종이가 3장 있다. 색종이는 모두 몇 장인가?"와 같은 구체적인 문제의 답을 나름대로의 방법으로 구하게 하고, 이때 나타나는

- 한 손의 손가락을 꼬부리면서 '일, 이, 삼, 사, 오'라고 센 다음에, 다른 손의 손가락으로 '육, 칠, 팔'이라고 세어, '8'이라는 답을 얻었다.
- 바둑돌 5개와 3개를 세어놓고 전체의 개수를 세어, '8'이라는 답을 얻었다.
- '5와 3이면 8'이라는 사실(선수 내용)에서 답이 '8'이라는 것을 알았다.
- '8장'

라는 등의 반응을 비교·검토하는 활동을 통하여,

- 기습인 '수의 합성·분해'를 이용하면 답을 빨리 구할 수가 있어서 편리하다.

는 생각이 우러나게 하고, '수의 합성·분해'를 이용하여 답을 능숙하게 구할 수 있게 한다.

한편, 답(계산 결과)만 적어서는

- 답(계산 결과)을 나중에(또는 남이) 보았을 때 답(계산 결과)이 맞았는지 알 수가 없으며, 답(계산 결과)이 어떤 두 수를 더하여서 얻은 것인지도 잘 나타나지 않는다.

라는 생각이 우러나게 하고,

- 문제에 주어진 수량을 모두 그 순서대로 적어서 나타낸다는 것의 좋은 점

을 느껴볼 수 있게 하여, 문제 해결에서 문제에 주어진 수량과 답(계산 결과)을 그 순서대로 모두 이용하여 '5+3=8'과 같이 나타내게 한다.

한편, 문제에 주어진 두 수량을 더할 때, '5+3= '이라고 써놓고 계산해도 되지만, 아래와 같이 써놓고 계산해도 된다는 것을 가르쳐(말해)주고, 이와 같은 형식으로 써놓고 계산해 보게도 한다.

$$\begin{array}{r} 5 \\ +3 \\ \hline \end{array}$$

'7－3'과 같은 기본뺄셈의 계산 방법에 대해서는, 위에서 언급한 기본덧셈의 계산 방법에서 유추할 것으로 보고 생략한다.

(2) 합이 10 이상인 기본덧셈의 계산 방법

"파란 색종이가 8장, 노란 색종이가 6장 있다. 색종이는 모두 몇 장인가?", "색종이가 14장 있다. 이 중에서 8장을 동생에게 주었다. 남은 색종이는 몇 장인가?"와 같은 구체적인 문제의 답을 나름대로의 방법으로 구하게 하고, 이때 나타나는 반응이나 "그 답을 어떻게 구했는가?", "그 답을 구하는 데 어려움은 없었는가?"라는 발문에 대한 반응을 비교·검토하는 활동을 통해서,

① 피가수(또는 가수)의 10에 대한 보수를 구한다.
② 가수(또는 피가수)를 ①에서 구한 보수와 나머지 수로 분해한다.
③ ①에서 만든 10과 ②에서 구한 나머지인 수를 더한다.

라는 덧셈의 계산 방법(절차)을 정립하게 하고, '수의 합성·분해'가 이런 경우에도 유효하게 쓰인다는 선수 내용의 좋은 점을 느껴볼 수 있게 하며, 유사한 덧셈 문제를 세로쓰기로 능숙하게 계산할 수 있게 한다.

전개의 개요

앞의 '합이 10 미만인 기본덧셈'에서 다루었던, 예컨대 "파란 색종이가 5장, 노란 색종이가 3장 있다. 색종이는 모두 몇 장인가?…(1)"라는 문제와 "흰 바둑돌이 6개, 검은 바둑돌이 8개 있다. 바둑돌은 모두 몇 개인가?…(2)"라는 구체적인 문제를 제시하여, 이 두 문제에서 볼 수 있는 공통점이나 다른 점을 알아보게 하고, 문제 (2)의 답을 나름대로의 방법(생각)으로 알아보게 한다. 그리고 이때 나타나는

- 흰 바둑돌 6개와 검은 바둑돌 8개를 모두 합친 것을 세어서 '14'라는 답을 얻었다(㉮).
- 흰 바둑돌이 6개이므로, 검은 바둑돌 8개를, '칠, 팔, 구, 십, 십일, 십이, 십삼, 십사'라고 세어서 '14'라는 답을 얻었다(㉯).
- 한 손의 손가락으로 '8'을 세고, 다른 손의 손가락으로 '6'을 센 다음, '6'을 센 손가락을 '구, 십, 십일, 십이, 십삼, 십사'라고 세어 '14'라는 답을

얻었다(㉰).

◈ 흰 바둑돌 6개에 검은 바둑돌 4개를 보태어 10개의 무더기를 만들고, 남은 것(4개)을 세어서 '14'라는 답을 얻었다(㉱).

◈ 검은 바둑돌 8개에 흰 바둑돌 2개를 보태어 10개의 무더기를 만들고, 남은 검은 바둑돌의 개수를 세어서 '14'라는 답을 얻었다(㉲).

◈ 흰 바둑돌 6개 가운데의 5개와 검은 바둑돌 8개 가운데의 5개로 10개의 무더기를 만들고, 흰 바둑돌에서 남은 1개와 검은 바둑돌에서 남은 3개를 더하여 '14'라는 답을 얻었다(㉳).

라는 등의 반응을 비교·검토하는 활동을 통하여,

- 문제 ⑵는 더할 수가 커서 문제 ⑵의 답을 구하기가 문제 ⑴의 답을 구하기만큼은 간단하지 않지만, 문제 ⑴에서와 같이 생각하면 답을 구할 수 있다.
- 답을 구하는 방법이 여러 가지 있다.

는 사실을 알아차리게 하며,

- ㉮~㉰는 바둑돌이나 손가락을 사용하여 센 데 비해, ㉱~㉳는 (앞에서 학습한) 더하기와 빼기를 이용하였다.
- ㉱~㉳는 먼저 10을 만들 생각을 했다.
- ㉱나 ㉲는 두 수 중의 한 수에 얼마를 더하면 10이 되는가를 생각했고, ㉳는 처음 수와 다음 수의 각각에서 5를 취하여 10을 만든 다음에, 처음 수와 다음 수의 각각에서 5를 취하고 남은 수를 더하였다.
- ㉱는 처음 수에 얼마를 더하면 10이 되는가를 생각하였고, ㉲는 다음 수에 몇 개를 더하면 10이 되는가를 생각했다.
- ㉱~㉳와 같이 앞에서 알아본 더하기와 빼기를 이용하는 것이 대상을 대신해서 손가락을 꼽는 일이나 바둑돌을 세는 번거로움을 덜 수 있어서 좋을 것 같다.

라는 등의 각 방법의 중심을 이루는 발상(idea)이나, 각 방법에서 볼 수 있는 공통점 및 상이점, 또는 각 방법에서 볼 수 있는 좋은 점 등을 알아차릴 수 있게 하고,

① 피가수(또는 가수)의 10에 대한 보수를 구하여 10을 만든다.
[8+ □ ⇐ 10 또는 □+6 ⇐ 10]

② 가수(또는 피가수)를 ①에서 구한 보수와 나머지 수로 분해한다.

[8+6 ⇒ 8+(2+4) 또는 8+6 ⇒ (4+4)+6]

③ ①에서 만든 10과 ②에서 구한 나머지인 수를 더한다.

[8+(2+4)=(8+2)+4 ⇒ 10+4)]

[8+6=(8+2)+4=10+4=14 또는 8+6=4+(4+6)=4+10=14]

라는 덧셈의 계산 방법을 정립하게 한다.

한편, 유사한 문제를 해결하는 과정에서 답을 세로쓰기(필산 형식)로 계산하게 하여, 세로쓰기(필산 형식)로의 계산에 익숙해지도록 한다.

$$\begin{array}{r} 8 \\ +6 \\ \hline \end{array}$$

(3) 합이 10 이상이 되는 기본덧셈의 역산인 기본뺄셈의 계산 방법

일의 자리에서 받아 올리게 되는 구체적인 문제의 답을 나름대로의 방법으로 구하게 하고, 이때 나타나는 반응이나, "그 답을 어떻게 구했는가?", "그 답을 구하는데 어려움은 없었는가?"라는 발문에 대한 반응을 비교·검토하는 활동을 통해서,

① 피감수를 10과 일의 자리의 수로 분해한다.

② 10에서 감수를 뺀다.

③ 위의 ②에서 구한 나머지에 피감수의 일의 자리의 수를 더한다.

거나(이 방법을 감가법이라고도 한다)

① 감수를 피감수의 일의 자리의 수와 나머지 수로 분해한다.

② 피감수에서 감수를 분해한 피감수의 일의 자리의 수에 해당하는 수를 뺀다.

③ 위의 ②에서 빼고 난 나머지 수를 10에서 계속해서 뺀다.

라는(이 방법을 감감법이라고도 한다) 뺄셈의 계산 방법(절차)을 정립하게 하고, '∼의 보수 알아보기'가 이런 경우에도 유효하게 쓰인다는 선수 내용의 좋은 점을 느껴볼 수 있게 하며, 유사한 뺄셈 문제를 세로쓰기로 능숙하게 계산할 수 있게 한다.

전개의 개요

여기서도 '합이 10 이상인 기본덧셈'에서와 같이, "남자가 8명, 여자가 5명 있다. 남자가 여자보다 몇 명이 많은가?…(1)"나 "흰 색종이가 14장, 파란 색종이가 6장 있다. 어느 것이 몇 장 많은가?…(2)"라는 구체적인 문제를 제시하여 이 두 문제에서 볼 수 있는 공통점이나 상이점을 알아보게 하고, 문제 (2)의 답을 나름대로의 방법(생각)으로 알아보게 한다. 그리고 이때 나타나는

- 14장의 흰색종이를 세어놓고 그중에서 6장(파란 색종이의 장수만큼)을 세어서 덜어낸 다음에, 남은 것의 장수를 세어서 '8'이라는 답을 얻었다(㉮).
- 14장의 흰색종이를 10장과 4장으로 보고, 먼저 10장 가운데서 6장(파란 색종이의 장수만큼)을 덜어내면 4장이 남는데, 남은 4장과 처음에 있었던 4장을 더하여 '8'이라는 답을 얻었다(이 방법을 감가법이라고 한다).
- 14장의 흰색종이는 10장과 4장이므로, 먼저 이 4장과 파란 색종이 중의 4장을 상쇄하고, 남은 파란 색종이의 장수가 2장이므로 10장에서 이 2장만큼 덜어내어서 '8'이라는 답을 얻었다(이 방법을 감감법이라고 한다).
- $14-6=(14-4)-(6-4)=10-2=8$(이 방법도 감가법이다)

는 등의 반응을 비교·검토하는 활동을 통하여,

- 문제 (2)는 처음 수가 커서 문제 (2)의 답을 구하기가 문제 (1)의 답을 구하기만큼은 간단하지 않지만, 문제 (1)에서와 같이 생각하면 답을 구할 수 있다.
- 답을 구하는 방법이 여러 가지 있다.

라는 사실을 알아차리게 하며, 각 방법의 중심을 이루는 발상(idea)이나, 각 방법에서 볼 수 있는 공통점 및 상이점, 또는 각 방법에서 볼 수 있는 좋은 점 등을 알아차리게 하고,

① 피감수를 10과 일의 자리의 수로 분해한다.
[14 ⇒ 10+4]

② 10에서 감수를 뺀다.
[10－6 ⇒ 4]

③ 위의 ②에서 구한 나머지에 피감수의 일의 자리의 수를 더한다.

[4+4 ⇒ 8]

[14−6=(10+4)−6=(10−6)+4=4+4=8]

거나

① 감수를 피감수의 일의 자리의 수와 나머지 수로 분해한다.

[6 ⇒ 4+2]

② 피감수에서 감수를 분해한 피감수의 일의 자리의 수에 해당하는 수를 뺀다.

[14−4 ⇒ 10]

③ 위의 ②에서 빼고 난 나머지 수를 10에서 계속해서 뺀다.

[10−2 ⇒ 8]

[14−6=14−(4+2)=(14−4)−2=10−2=8]

라는 등의 뺄셈의 계산 방법을 정립시키며, 유사한 문제의 해결 과정에서 답을 세로쓰기(필산 형식)로 계산하게 하여, 세로쓰기(필산 형식)로의 계산에 익숙해지도록 한다.

$$\begin{array}{r} 14 \\ -\ 6 \\ \hline \end{array}$$

나. 큰 수의 덧셈 및 뺄셈의 계산 방법

'큰 수의 덧셈이 쓰이는 경우'나 '합이 10 이상이 되는 기본덧셈의 역산인 기본뺄셈의 계산 방법'에서 언급한 바를 바탕으로, 수의 크기에 구애됨이 없는 덧셈이나 뺄셈의 계산 방법을 알아내게 하고, 적당한 범위 안의 수에 대한 덧셈이나 뺄셈의 계산을 능숙하게 할 수 있게 한다.

(1) 큰 수의 덧셈의 계산 방법

전개의 개요

파란 색종이가 34장, 노란 색종이가 48장 있다. 색종이는 모두 몇 장인가? …(1)

흰 바둑돌이 6개, 검은 바둑돌이 8개 있다. 바둑돌은 모두 몇 개인가?
…(2)

와 같은 구체적인 문제를 제시하여, 이 두 문제에서 볼 수 있는 공통점이나 상이점을 비교·검토하게 하고, 이때 나타나는 반응이나, "그 답을 어떻게 구했는가?", "그 답을 구하는 데 어려움은 없었는가?"라는 발문에 대한 반응을 비교·검토하는 등의 활동을 통하여,

- 문제 (1)은 더할 수가 커서 문제 (1)의 답을 구하기가 문제 (2)의 답을 구하기만큼은 간단하지 않지만, 문제 (2)에서와 같이 생각하면 답을 구할 수 있겠다.

는 생각이 우러나게 하고, 문제 (1)을 나름대로의 방법으로 답을 구해보도록 한다.

그리하여, 이때 나타나는

◈ 34장에, 48장 가운데의 40장을 더하면 74장, 이 74장에 8장을 더하면 82장(답; 82장).

◈ 34장은 10장의 묶음이 3이고 낱장이 4이며, 48장은 10장의 묶음이 4이고 낱장이 8이므로, 묶음과 낱장을 각각 더하면 10장의 묶음이 7이고 낱장이 12이므로, 답은 7묶음과 12장이다(답; 82장).

◈ 34는 30과 4, 48은 40과 8이다. 그런데 30과 40은 70, 4와 8은 12, 또 12는 10과 2이다. 따라서 34+48=82이다(답; 82장).

◈
$$\begin{array}{r} 34 \\ +48 \\ \hline 70 \\ 12 \\ \hline 82 \end{array}$$

◈
$$\begin{array}{r} 34 \\ +48 \\ \hline 12 \\ 70 \\ \hline 82 \end{array}$$

라는 등의 반응을 비교·검토하는 활동을 통하여,

• 각 방법의 중심을 이루는 발상(idea)
• 각 방법에서 볼 수 있는 공통점이나 상이점
• 각 방법에서 볼 수 있는 좋은 점

또는

• 자리 값이 같은 수끼리라야 더할 수 있으며, 자리 값이 같은 수끼리 더할 때 자리 값은 더하지 않고 그 자리 값의 크기인 것의 개수만 더하게 된다.

는 것 등을 알아차릴 수 있게 하고,

• ① 피가수와 가수를 가법적 분해(30과 4, 40과 8)를 하거나 승법적 분해(3과 4, 4와 8)를 한다.
  ② 자리 값이 같은 수끼리 더한다.
  ③ ②의 결과를 기수법에 따라 하나의 숫자로 나타낸다.

라는 덧셈의 계산 방법(절차)을 정립하게 한다.

그리고 유사한 문제를 계산하는 과정에서 답을 세로쓰기(필산 형식)로 구해보도록 하여,

$$\begin{array}{r} 34 \\ +48 \\ \hline 70 \\ 12 \\ \hline 82 \end{array} \qquad \begin{array}{r} 34 \\ +48 \\ \hline 12 \\ 70 \\ \hline 82 \end{array} \qquad \begin{array}{r} 34 \\ +48 \\ \hline 12 \\ 7 \\ \hline 82 \end{array} \qquad \begin{array}{r} \overset{1}{3}4 \\ +48 \\ \hline 82 \end{array}$$

• 세로쓰기(필산 형식)로 계산하면 계산 과정(방법, 생각)이 잘 나타난다.

는 '필산 형식으로 계산한다는 것의 좋은 점'을 느끼게 하고,

• 필산으로 계산하는 경우에는 일의 자리부터 계산하는 것이 능률적이다.

는 것을 알아차리게 하며, 덧셈의 계산을 능숙하게 할 수 있게 한다.

지도상의 유의점

구체적인 문제 장면을 제시하면 구체물을 사용하거나 그림을 그리거나 하기 십

상이며, 그 구체물이나 그림이 나름대로의 계산 방법을 떠올리는 계기가 될 수 있다. 그러므로 계산 방법의 학습에서도 단순히 계산 문제만 제시할 것이 아니라 구체적인 문제 장면도 함께 제시하는 것이 좋다.

(2) 큰 수의 뺄셈의 계산 방법

큰 수의 뺄셈의 계산 방법에 대한 [전개의 개요]는 위에서 언급한 큰 수의 덧셈에서 유추할 것으로 보고 생략한다.

주요 내용 24 — 분수의 덧셈과 뺄셈의 계산 방법

덧셈과 뺄셈이 쓰이는 경우의 확장([주요 내용 19]나 [주요 내용 21]의 수 개념의 확장)을 바탕으로 하여, 분수의 덧셈과 뺄셈의 계산 방법(원리)을 알아내어(귀납, 유추, 일반화하여) 점진적으로

① 문제에 주어진 두 분수의 분모가 같은가를 본다.
② 분모가 같으면 두 분자를 더한 것을 분자로, 주어진 분수의 분모를 분모로 하는 분수가 답이다. 이때, 답인 분수를 보다 간단한 수로 되는 분수로 고칠 수 있으면 고친다(약분).
③ 분모가 같지 않으면 주어진 분수와 크기가 같은 분수 중에서 분모가 같은 분수를 고른다(배분).
④ 분모가 같지 않으면 주어진 분수와 크기가 같은 분수 중에서 분모가 같은 분수를 고른다(통분).
⑤ 위의 ②의 절차를 밟아서 답을 구한다(분모가 같은 분수의 덧셈이나 뺄셈).
⑥ 구한 답(계산 결과)인 분수를 분자 분모가 작은 수인 분수로 고칠 수 있으면 고친다(약분).

와 같이 형식화(알고리즘화)할 수 있게 하고, 분수의 덧셈과 뺄셈의 계산을 능숙하게 할 수 있게 한다.

가. 분모가 같은 분수의 덧셈의 계산 방법

분수의 덧셈이 쓰이는 경우([주요 내용 14]의 수 개념의 확장)나 분수의 뺄셈이 쓰이는 경우([주요 내용 16]의 수 개념의 확장)를 바탕으로 하여,

- 정수의 경우에 사용해 왔던 덧셈의 계산 방법이 분모가 같은 분수의 덧셈의 계산에도 적용된다.

는 것을 알아차리게(유추, 연역하게) 한다.

전개의 개요

"1ha의 밭이 있다. 그 밭의 $\frac{2}{7}$에는 배추를, $\frac{3}{7}$에는 무를 심었다. 배추와 무는 모두 몇 ha 심었는가?"라는 문제의 해결에서, 앞의 "[주요 내용 13]의 수 개념의 확장"에서와 같은 활동을 통해서, $\frac{2}{7}$ha$+\frac{3}{7}$ha의 값을 구하면 된다는 것이 이해되었다는 판단이 섰을 즈음에, 먼저 답(합)이 얼마쯤 될 것 같은가를 추정해보게 하고, 그 답(합)을 나름대로의 방법으로 구해보도록 한다. 그리고 이때 나타나는

- 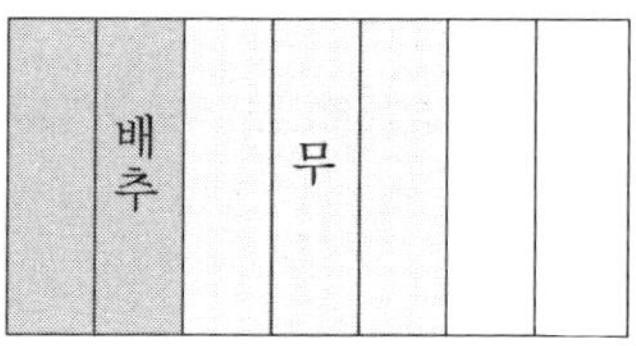

$\therefore\ \frac{2}{7}+\frac{3}{7}=\frac{5}{7}$

- 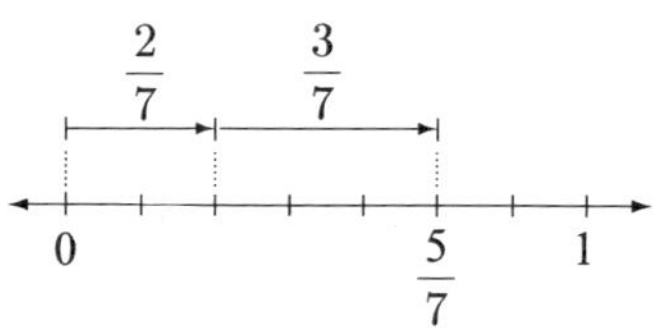

$\therefore\ \frac{2}{7}+\frac{3}{7}=\frac{5}{7}$

- $\frac{2}{7}+\frac{3}{7}=\frac{1}{7}\times2+\frac{1}{7}\times3=\frac{2+3}{7}=\frac{5}{7}$

- $\frac{2}{7}+\frac{3}{7}=\frac{5}{14}$

라는 등의 반응을 비교·검토하는 활동을 통하여,

- 분모가 같은 분수의 덧셈은 그 분수의 분모를 분모로, 그 분수의 분자의 합

을 분자로 하는 분수로 나타난다.

는 것을 알아차리게 하고,

- 정수의 덧셈의 계산 결과(답)를 알아볼 때 이용했던 띠 그림이나 면적도가 분수의 덧셈의 계산 결과(답)를 알아보는 데에도 그대로 이용된다.
- 분모가 같은 분수의 덧셈의 계산에서도 "자리 값이 같은 수끼리라야 더할 수 있으며, 자리 값이 같은 수끼리 더할 때 자리 값은 더하지 않고 그 자리 값의 크기인 것의 수만 더한다."라는 정수의 덧셈에서 알아낸 덧셈의 원리가 적용된다.

라는 선수 내용의 유용성을 느끼게 한다.

그리고 유사한 문제의 해결을 통하여,

- $\frac{a}{b}$는 $\frac{1}{b}$의 a배이다(분수의 의미).
- 정수의 곱셈에서 알아내었던 $c\times(a+b)=(c\times a)+(c\times b)$

라는 성질(법칙) 등의 유용성이나 선수 내용의 좋은 점을 느끼게 하고, 분모가 같은 분수의 덧셈의 계산 방법을

- $\frac{a}{c}+\frac{b}{c}=\frac{1}{c}\times a+\frac{1}{c}\times b=\frac{1}{c}\times(a+b)=\frac{a+b}{c}$

와 같이 형식화(알고리즘화)할 수 있게 하여, 덧셈의 계산 방법에 대한 이해가 심화되게 한다.

이어서 학습하게 되는 동분모 대분수의 덧셈의 계산 방법에 대해서도, 위에서와 같이 동분모 대분수의 덧셈이 쓰이는 구체적인 문제를 나름대로의 방법(생각)으로 해결하게 하고, 그때 나타나는 반응을 비교·검토하는 활동을 통하여,

- 분모가 같은 대분수의 덧셈은 대분수의 정수 부분은 정수끼리 더하고, 분수 부분은 분수끼리 더하면 된다.

는 것을 알아차리게 하며,

- $m\frac{a}{c}+n\frac{b}{c}=(m+n)+\left(\frac{a}{c}+\frac{b}{c}\right)=(m+n)\frac{a+b}{c}$

와 같이 형식화(알고리즘화)할 수 있게 하여, 덧셈의 계산 방법에 대한 이해가 한층 심화되게 한다.

나. 분모가 같은 분수끼리의 뺄셈의 계산 방법

분모가 같은 분수끼리의 뺄셈의 계산 방법에 대해서는 분모가 같은 분수끼리의 덧셈의 계산 방법에서 유추할 것으로 보고, [전개의 개요]는 생략한다.

다. 분모가 다른 분수의 덧셈의 계산 방법

분수 가운데는 같은 크기를 나타내는 분수가 많이 있다는 분수의 특성(선수 내용)을 이용하면, 분모가 다른 분수를 분모가 같은 분수로 나타낼 수 있다는 생각(idea)이 우러나게 하고, 이 생각을 바탕으로 하여,

- 분모가 다른 분수를 분모가 같은 분수로 고치기만(통분만) 하면, 이미 학습한 '분모가 같은 분수의 덧셈의 계산 방법'대로 계산하게 된다.

는 것을 알아차리게 하여, 분모가 다른 분수의 덧셈의 계산 방법을 정립(형식화)하게 한다.

전개의 개요

"1ha의 밭의 $\frac{3}{7}$에는 배추를 심고, $\frac{2}{5}$에는 무를 심었다. 배추와 무를 심은 넓이는 몇 ha인가?"

라는 문제의 해결에서, $\frac{3}{7}$ha+$\frac{2}{5}$ha를 계산하면 된다는 것이 이해되었다는 판단이 섰을 때, 먼저 답(합)이 얼마쯤 될 것 같은가를 추정해보게 하고, 정확한 답(합)을 구할 방법을 나름대로의 생각으로 알아보게 하여, 이때 나타나는

- $\frac{3}{7}$과 $\frac{2}{5}$가 각각 반이 조금 못되므로 그 답(합)은 '1'보다 작을 것 같다.
- 짐작이 가지 않는다.

◈ 한 변의 길이가 1인 정사각형(기준이 되는 정사각형)에서 넓이가 $\frac{3}{7}$과 $\frac{2}{5}$인 두 직사각형 ㈎와 ㈏의 각각을 아래 그림 (1)과 같이 잡고, 기준이 되는 정사각형의 가로를 그림 (2)와 같이 7등분과 5등분하면, 기준인 정사각형은 크기가 같은 35개의 작은 직사각형으로 분할되며, 두 직사각형 ㈎와 ㈏는 각각 작은 게 분할된 직사각형 15개와 14개로 분할된다.

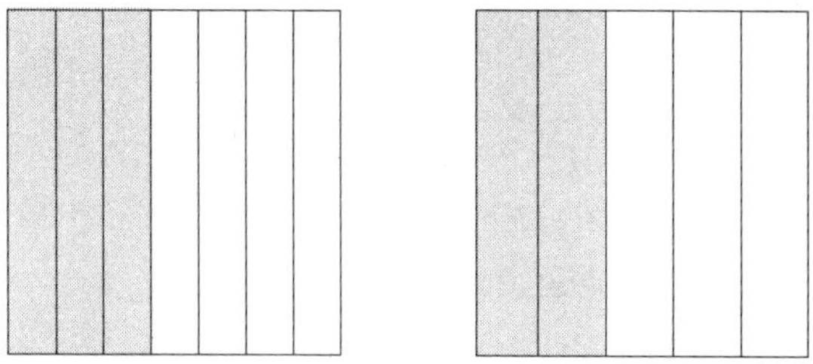

그림 (1)

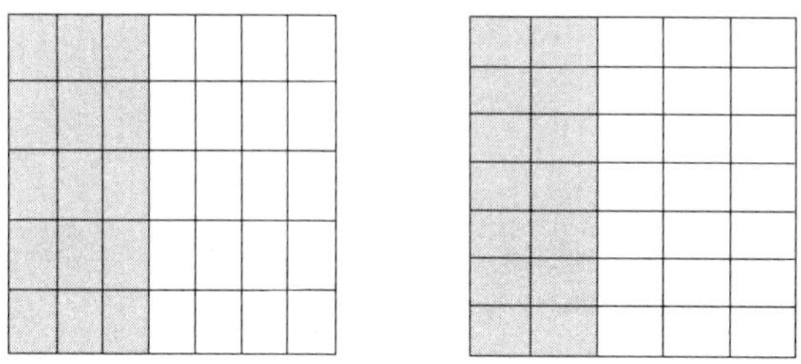

그림 (2)

그러므로, $\frac{3}{7}+\frac{2}{5}=\frac{15}{35}+\frac{14}{35}=\frac{(15+14)}{35}=\frac{29}{35}$

◈ 여러 가지 분수가 대응된 수직선을 이용하여

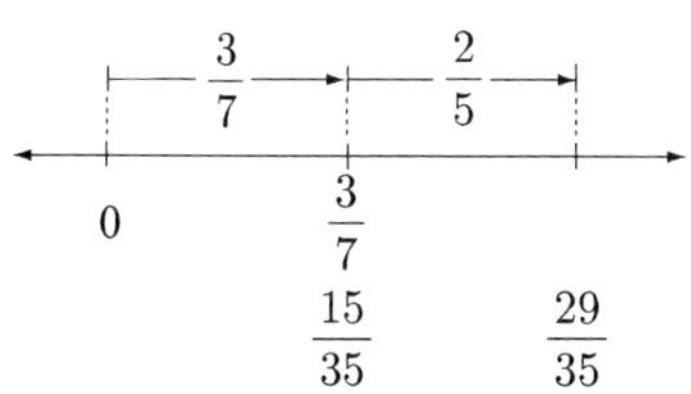

$\therefore \frac{3}{7}+\frac{2}{5}=\frac{15}{35}+\frac{14}{35}=\frac{(15+14)}{35}=\frac{29}{35}$

◈ $\frac{3}{7}=\frac{6}{14}=\frac{9}{21}=\cdots=\frac{15}{35}=\frac{18}{42}=\cdots=\frac{30}{70}=\cdots=\frac{45}{105}=\cdots$

$\frac{2}{5}=\frac{4}{10}=\frac{6}{15}=\cdots=\frac{14}{35}=\frac{16}{40}=\cdots=\frac{28}{70}=\cdots=\frac{42}{105}=\cdots$

$\frac{3}{7}+\frac{2}{5}$ ⇨ $\frac{15}{35}+\frac{14}{35}=\frac{29}{35}$ $\frac{30}{70}+\frac{28}{70}=\frac{58}{70}$ $\frac{45}{105}+\frac{42}{105}=\frac{87}{105}$

◈ $\frac{3}{7}=\frac{6}{14}=\frac{9}{21}=\cdots=\frac{15}{35}$

$\frac{2}{5}=\frac{4}{10}=\frac{6}{15}=\cdots=\frac{14}{35}$

$$\begin{array}{r} \frac{15}{35} \\ +\frac{14}{35} \\ \hline \frac{29}{35} \end{array}$$

◈ $\frac{3}{7}+\frac{2}{5}=\frac{3+2}{7+5}=\frac{5}{12}$ (오류)

라는 등의 반응을 비교·검토하는 활동을 통하여,

- 답을 구하기(계산하기) 전에 답(합)이 얼마쯤 될 것 같은가를 추정해 두면, 계산의 오류를 예방하는 데에 도움이 된다.

는 것을 알아차리게 하고, 분모가 다른 분수를 더하는 계산 방법을

① 문제에 주어진 분수와 크기가 같은 분수를 찾아낸다(배분).
② 크기가 같은 분수 중에서 분모가 같은 분수를 고른다(통분).
③ 합(답)을 구한다(분모가 같은 분수의 덧셈).
④ 구한 합(답)인 분수를 분자 분모가 작은 수인 분수로 고칠 수 있으면 고친다(약분).

와 같이 형식화(알고리즘화)할 수 있게 하여, 분모가 다른 분수의 덧셈을 능숙하게 계산할 수 있게 한다.

라. 분모가 다른 분수의 뺄셈의 계산 방법

분모가 다른 분수끼리의 뺄셈의 계산 방법에 대해서는 분모가 다른 분수끼리의 덧셈의 계산 방법에서 유추할 것으로 보고 생략한다.

주요 내용 25 — 소수의 덧셈과 뺄셈의 계산 방법

덧셈과 뺄셈이 쓰이는 경우의 확장([주요 내용 19]나 [주요 내용 21]의 수 개념

의 확장)을 바탕으로 하여, 소수의 덧셈과 뺄셈의 계산 방법(원리)을 알아내어(귀납, 유추, 일반화하여) 점진적으로

① 피가수와 가수를 각각 가법적 분해(3.4를 3과 0.4로 가른다)나 승법적 분해(3.4를 '1'이 3, 0.1이 4로 본다)를 한다.
② 자리 값이 같은 수끼리 더한다(뺀다).
③ 위의 ②의 결과를 기수법에 따라 하나의 숫자로 나타낸다.

와 같이 형식화(알고리즘화)할 수 있게 하고, 분수의 덧셈과 뺄셈의 계산을 능숙하게 할 수 있게 한다.

가. 소수의 덧셈의 계산 방법

전개의 개요

"식용유가 새우를 튀기는 데 2.3L 들었고, 고구마를 튀기는 데 1.2L 들었다. 새우와 고구마를 튀기는 데 든 식용유는 몇 L인가?"

와 같은 문제를 제시하고, 이 문제가 앞의 [주요 내용 14]나 [주요 내용 16]의 수 개념의 확장에서 언급한 것과 같은 활동을 통하여, 2.3+1.2의 값을 구하면 된다는 것이 이해되었다는 판단이 섰을 때 그 답(합)을 나름대로의 방법으로 구해보도록 하고, 이때 나타나는

◈ $\begin{array}{r} 2.3 \\ +1.2 \\ \hline 3.5 \end{array}$ 답 : 3.5(L)

◈ $2.3+1.2=(2.3+1)+0.2=3.5(\text{L})$

◈ $2.3+1.2=(2+1)+(0.3+0.2)=3.5(\text{L})$

라는 등의 반응(식으로 나타낸다는 뜻이 아니고, 이 식이 뜻하는 생각이나 조작을 나타낸 것이다)을 비교·검토하는 등의 활동을 통하여,

① 피가수와 가수를 각각 가법적 분해(3.4를 3과 0.4로 가른다)나 승법적 분해(3.4를 '1'이 3, 0.1이 4로 본다)를 한다.

② 자리 값이 같은 수끼리 더한다(뺀다).

③ 위의 ②의 결과를 기수법에 따라 하나의 숫자로 나타낸다.

라는 소수의 덧셈의 계산 방법을 정립(알고리즘화)하게 하고,

• 소수의 덧셈의 계산에서도 정수의 덧셈의 계산 방법이 그대로 적용된다.

는 것을 알아차리게(귀납하게) 한다.

그리고 유사한 문제를 해결하는 활동을 통해서 답을 세로쓰기(필산 형식)로 계산하게 하고, 이때 나타나는

$$\begin{array}{r} 3.4 \\ +4.8 \\ \hline 7.2 \end{array} \qquad \begin{array}{r} 3.45 \\ +4.8 \\ \hline 8.25 \end{array} \qquad \begin{array}{r} 3.45 \\ +4.8 \\ \hline 3.93 \end{array}$$

와 같은 반응을 앞에서 알고리즘화한 소수의 덧셈의 계산 방법과 비교·검토하는 등의 활동을 통하여,

• 필산 형식으로 계산하는 경우는 소수점을 가지런히 맞추면 단위가 같은 수(자리 값이 같은 수)끼리 가지런해져서 계산하기 편리하다.
• 소수점을 가지런히 맞추면 정수의 경우나 소수점 아래의 자리 수가 같은 소수는 끝자리의 수가 가지런해지는 데 비해, 소수점 아래의 자리 수가 다른 경우는 끝자리의 수가 가지런해지지 않는다.

는 것을 알아차리게(귀납, 연역, 유추, 일반화하게) 하고,

• 세로쓰기(필산 형식)로 계산하면 계산 과정(방법, 생각)이 잘 나타난다.

는 '필산 형식으로 계산한다는 것의 좋은 점'을 느끼게 하고, 소수의 덧셈을 능숙하게 계산할 수 있게 한다.

나. 소수의 뺄셈의 계산 방법

소수의 뺄셈의 계산 방법에 대한 [전개의 개요]는 위에서 언급한 소수의 덧셈에서 유추할 것으로 보고 생략한다.

지도상의 유의점

(1) 덧셈과 뺄셈의 계산 방법의 통합

정수, 분수, 소수의 덧셈이나 뺄셈의 계산 방법에 대한 지도가 각각 일단락될 때마다 그때까지의 덧셈이나 뺄셈의 계산 방법을 되새겨 보게 하여, 그 계산 원리를 다음과 같이 통합할 수 있도록 하는 것이 바람직하다.

덧셈과 뺄셈의 계산 원리

1. 단위(자리 값)를 가지런히 한다.
2. 단위가 같은 수(자리 값이 같은 수)끼리 가감한다(단위는 가감하지 않는다).
3. 단위 사이에 조정할 필요가 있으면 그것에 관련되는 규칙에 따라 받아 올림이나 받아 내림을 한다.

(2) 덧셈, 뺄셈에 관한 성질

교육과정에는 덧셈이나 뺄셈의 계산 과정에서 경험하게 되는 여러 가지 법칙이 비록 지도 대상에서 제외되어 있다손 치더라도, '능률적인 계산'이라는 점이나 계산 방법을 알고리즘화하는 과정에서 이용하게 마련이라는 사실을 감안하면, 다음에 제시하는 여러 가지 계산 법칙을 찾아내어 활용할 수 있게 하는 것이 바람직하다.

(가) 덧셈의 계산에 이용되는 성질

① $(a+b)=(b+a)$

② $(a+b)+c=a+(b+c)$

③ $(a+1)+b=(a+b)+1$　　$(a-1)+b=(a+b)-1$

$a+(b+1)=(a+b)+1$　　$a+(b-1)=(a+b)-1$

④ $(a+c)+(b-c)=a-b$　　$(a-c)+(b+c)=a-b$

(나) 뺄셈의 계산에 이용되는 성질

① $(a+c)-b=(a-b)+c$　　$(a-c)-b=(a-b)-c$

$a-(b+c)=(a-b)-c$　　　　$a-(b-c)=(a-b)+c$

② $(a+c)-(b+c)=a-b$　　　　$(a-c)-(a-c)=a-b$

주요 내용 26 ― 곱셈이 쓰이는 경우(곱셈의 의미)

기습인 여러 개(2개 이상)의 수를 더하는 덧셈으로 해결되는

(가) 같은 수 a를 거듭(b번) 더한 것(동수 누가)의 수량
(나) 한 무더기가 a인 것 b무더기의 수량
(다) 한 줄에 a개씩 b열 배열된 사물의 수량

등을 알아보는 구체적(일상적)인 문제를 해결하는 활동을 통하여, 이들 경우가 모두

- 같은 수 a를 b번 더하게 되는 경우가 곱셈이 사용되는 경우이다.

라는 것을 알아차릴 수 있게(귀납할 수 있게) 하고, 유사한 문제를 해결하는 활동을 통하여 문제의 해결에서 곱셈이 사용되는 경우인지의 판단을 바르게 내릴 수 있게 한다.

전개의 개요

(1) 색종이를 한 사람 앞에 4장씩 6사람에게 나누어주려고 한다. 색종이가 모두 몇 장 있어야 하는가?
(2) 색종이를 A는 3장, B는 5장, C는 6장, D는 4장, E는 3장을 가지고 있다. 이 5명이 가지고 있는 색종이는 모두 몇 장인가?

와 같은 문제 장면을 나름대로의 관점에서 비교·검토하게(같은 점과 다른 점을 찾아보게) 하고, 이때 나타나는

- 문제 (1)이나 문제 (2)는 모두 덧셈으로 답이 구해지는 문제이다.
- 문제 (1)은 더할 수가 모두 같은 데 비해, 문제 (2)는 더할 수의 모두가 같지 않다.

는 등의 반응을 비교·검토하는 활동을 통해서, 같은 수 a를 거듭(b번) 더한 수량을 구하는 것을 ‘곱셈’이라고 하며, 이것을 ‘$a \times b$’라고 쓰고, “a씩 b이면 c이다.”라는 것을 ‘$a \times b = c$’라고 써서, ‘c’를 ‘a와 b의 곱’이라고 한다는 것을 가르쳐(말해)준다.

그리고 유사한 문제(예컨대, 코끼리 6마리의 다리의 수, 4개씩 6줄로 배열된 바둑돌의 수 등)를 해결하는 활동을 통하여,

- ‘$a \times a(=c)$’라고 나타내는 것이 ‘$a+a+\cdots+a(=c)$’라고 나타내는 것보다 a를 b번 더한 것이라는 사실이 잘(간결하게) 나타난다.

는 것을 느껴볼 수 있게 하며, 곱셈이 쓰이는 경우는 모두 뛰어 세기 등을 이용하여

- (한 무더기의 수량)×(무더기의 수)=(전체의 수량)

과 같은 모양의 식으로 나타난다.

- 곱셈이 쓰이는 경우는 다음과 같은 그림(띠 그림, 수직선, 면적도)으로 나타난다.

4	4	4	…	4
1	2	3	…	6

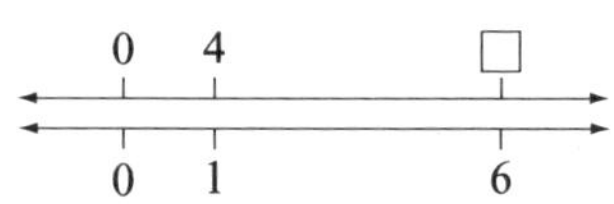

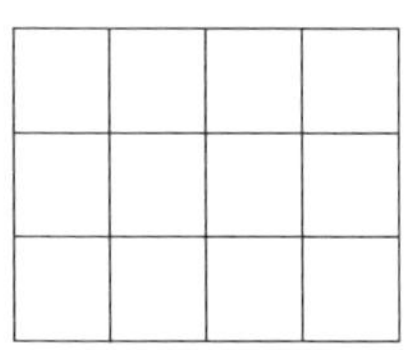

는 것을 이해(귀납, 일반화)하게 하고, 곱셈이 쓰이는 경우를 바르게 판단할 수 있게 한다.

주요 내용 27 ─ 곱셈이 쓰이는 경우의 확장

단계(학년)가 높아감에 따라 승수나 피승수가 0인 경우(㉮)나 큰 수인 경우(㉯)에도 앞 단계에서 학습한 곱셈이 쓰이는 경우가 적용되며, 이제까지 학습한 곱셈이 쓰이는 경우가 승수나 피승수가 연속량인 경우(㉰)나 역사고를 하게 되는 경우(㉱), 또는 승수나 피승수가 분수나 소수인 경우(㉲)에도 적용된다는 것을 점진적으로 알아차릴 수 있게(확장할 수 있게) 한다.

가. 0의 곱셈

승수나 피승수가 0인 문제 장면에서도 두 수가 모두 0이 아닌 경우에 적용해 왔던 지금까지의 곱셈의 의미가 적용된다는 것을 알아차리게 하고, $a\times0$, $0\times a$, 0×0이라는 식으로 나타낸다는 것의 좋은 점을 느끼게 하며, 필요에 따라 $a\times0$, $0\times a$, 0×0이라는 식으로 나타낼 수 있게 한다.

전개의 개요

예컨대, 이 앞의 곱셈이 쓰이는 경우에서 실시한 과녁 맞추기 놀이(게임)를 통해서 얻은 이○○의 득점을 정리한 표를 제시하면서, "이○○의 총 득점은 몇 점인가?"라는 발문을 한다.

이름	이○○				
배정된 점수	5	4	3	2	1
맞춘 횟수	2	3	4	5	6

그리고 이때 나타나는

◈ 5점을 맞추어 득점한 점수 : $5\times2=10$(점)
4점을 맞추어 득점한 점수 : $4\times3=12$(점)
3점을 맞추어 득점한 점수 : $3\times4=12$(점)
2점을 맞추어 득점한 점수 : $2\times5=10$(점)

1점을 맞추어 득점한 점수는 맞춘 횟수가 곧 득점이므로 계산할 필요가 없다 : 6(점)

∴ 10+12+12+10+6=50(점)

◈ 5×2=10　4×3=12　3×4=12　2×5=10　1×6=6

∴ 10+12+12+10+6=50(점)

◈ 이 밖의 반응

라는 등의 반응을 비교·검토하는 활동을 통해서,

- 1점을 맞추어 득점한 점수는 곱셈을 이용하지 않아도 그 곱을 구할 수는 있지만, 이 경우를 '6점'이라고만 쓰면 남이 이 기록을 보았을 때 몇 점을 몇 번 맞추어서 '6점'을 득점했는지 알지 못하므로, 이 경우도 곱셈의 식도 함께 써 두는 것이 좋다.

는 것을 알아차리게 한다.

이어서 박△△의 득점과 김◎◎의 득점을 정리한 표를 제시하면서, "박△△의 총 득점과 김◎◎의 총 득점은 각각 몇 점인가?"라는 발문을 한다.

이름	박△△					
배정된 점수	5	4	3	2	1	0
맞춘 횟수	2	0	4	3	5	6

이름	김◎◎					
배정된 점수	5	4	3	2	1	0
맞춘 횟수	3	5	0	8	4	0

그리고, 이때 나타나는

<박△△의 득점>

◈ 5점을 맞추어 득점한 점수 : 5×2=10(점)

4점을 맞추어 득점한 점수 : 4×0=0(점)

3점을 맞추어 득점한 점수 : 3×4=12(점)

2점을 맞추어 득점한 점수 : 2×3=6(점)

1점을 맞추어 득점한 점수 : 1×5=5(점)

0점을 맞추어 득점한 점수 : 0×6=0(점)

∴ 10+0+12+6+5+0=33(점)

◈ $5\times2=10$ $3\times4=12$ $2\times3=10$ $1\times5=5$

∴ $10+12+6+5=33$(점)

◈ 이 밖의 반응

<김◎◎의 득점>

◈ 5점을 맞추어 득점한 점수 : $5\times3=15$(점)

4점을 맞추어 득점한 점수 : $4\times5=20$(점)

3점을 맞추어 득점한 점수 : $3\times0=0$(점)

2점을 맞추어 득점한 점수 : $2\times8=16$(점)

1점을 맞추어 득점한 점수 : $1\times4=4$(점)

0점을 맞추어 득점한 점수 : $0\times0=0$(점)

∴ $(5\times3)+(4\times5)+(3\times0)+(2\times8)+(1\times4)+(0\times0)$

$=15+20+0+16+4+0=55$(점)

◈ $15+20+16+4=55$(점)

◈ 이 밖의 반응

라는 등의 반응을 비교·검토하는 활동을 통해서

- 어떤 점수를 한 번도 맞추지 못한 경우나, '0점'이나 '1점'을 한 번도 맞추지 못한 경우라도 곱셈의 식으로 나타내면, 표를 보지 않아도 몇 점을 몇 번 맞추었다는 것을 알 수가 있을 뿐만 아니라, 의사교환 등에도 도움이 된다.

는 '곱셈의 식으로 나타낸다는 것의 좋은 점'을 느낄 수 있게 하며, 필요에 따라 피승수나 승수가 '0'인 경우를 곱셈의 식으로 나타낼 수 있게 하여, 곱셈이 쓰이는 경우에 관한 이해가 심화되게 한다.

지도상의 유의점

아동들은, 예컨대 "감귤이 한 개도 없는 빈 접시가 6개 있다(또는 6개씩 담긴 접시가 하나도 없다(0접시 있다)). 귤은 모두 몇 개인가?"와 같은 문제는 문제로 보지 않을 뿐만 아니라, 이런 문제의 답은 알아볼 것도 없이 '0'이라고 생각하거나 식으로 나타낼 필요를 느끼지 못하기 십상이다. 그럼에도 이런 경우에 '0×6'이나 '6×0'이라고 적는다는 것을 이해시키려고 하는 것은, 아동의 자주적인 학습 능력을 짓밟는 결과만 초래하기 십상이다.

곱셈의 식으로 나타낸다는 것의 좋은 점을 느끼게 하는 것이 피승수나 승수가 '0인 곱셈'의 학습 목표라고 볼 수 있다.

나. 큰 수의 곱셈

단계(학년)가 높아감에 따라 보다 큰 수의 범위(두 자리 수나 세 자리 수 또는 그 이상의 수)에서도, 이제까지의 곱셈이 쓰이는 경우가 적용된다는 것을 이해하게 한다.

전개의 개요

(가) 학급 책장에 만화책이 23권씩 6단 꽂혀 있다. 이 학급에 꽂혀 있는 만화책은 모두 몇 권인가?

(나) 빵이 한 접시에 5개씩 3접시 있다. 빵은 모두 몇 개인가?

와 같은 문제를 제시하여 문제 (가)와 문제 (나)를 비교·검토(서로 달라 보이는 점이나 같아 보이는 점을 중심으로)시키고, 이때 나타나는 반응을 비교·검토하는 활동을 통하여,

- 곱셈이 쓰이는 경우가 수의 크기에는 구애받지 않는다.

는 것을 알아차리게(귀납하게) 하며,

- 큰 수의 경우에도 앞에서와 같이 곱셈이 쓰인다는 것을 보일 때, 예컨대 많은 수의 바둑돌을 일일이 나열해보이거나 하는 것은 번거롭다.
- 곱셈이 쓰이는 경우는 언제나

23	23	23	…	23
1	2	3	…	6

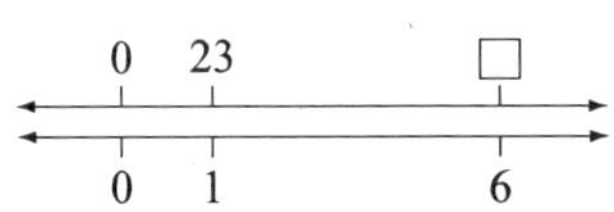

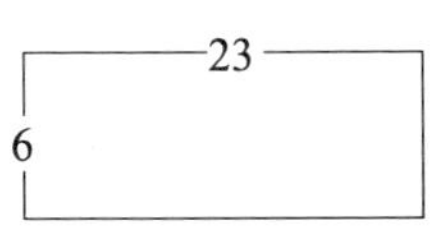

와 같은 띠 그림이나 선분도 또는 면적도로 나타난다.

는 것을 느껴볼 수 있게 하여, 띠 그림이나 선분도 또는 면적도를 그려서 곱셈이 쓰이는 경우를 판단할 수 있게 한다.

다. 승수나 피승수가 연속량인 경우

한 학년이 높아지면 사물의 수량을 한 개, 두 개, 세 개, …와 같이는 셀 수 없는 길이와 같은 것(연속량)을 나타낼 때에도 곱셈이 쓰인다는 것을 학습한다. 그러므로 문제에 주어지는 수량이 길이와 같은 연속량인 경우에도 전에 학습한 곱셈이 쓰이는 경우가 그대로 적용된다는 것을 알아차리게(귀납, 유추, 연역하게) 한다.

전개의 개요

㈐ 교실에 커튼을 치는데 6m짜리 철사가 4개 필요하다. 철사를 몇 m 사야 하는가?

㈑ 빵을 한 접시에 3개씩 5접시 담으려고 한다. 빵을 몇 개 마련해야 하는가?

와 같은 문제를 제시하여 문제 ㈐와 문제 ㈑를 비교·검토(서로 달라 보이는 점이나 같아 보이는 점을 중심으로)시키고, 이때 나타나는 반응을 비교·검토하는 등의 활동을 통하여,

- 곱셈이 쓰이는 경우가 대상의 종류(이산량인가 연속량인가)에는 구애받지 않는다.

는 것을 알아차리게(귀납, 일반화하게) 하며, 이와 같은 생각을 바탕으로,

- 문제 ㈐나 문제 ㈑에 주어지는 수량 사이의 관계가

6	6	6	…	6
1	2	3	…	6

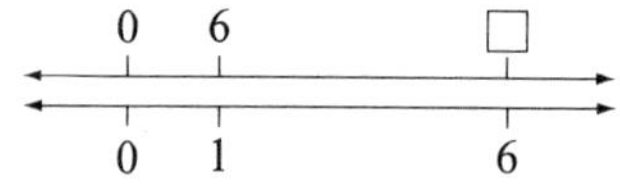

와 같은 그림(띠 그림, 수직선의 그림)으로 나타난다.

- 승수나 피승수가 정수일 때 '곱셈이 쓰이는 경우'의 그림과 같이 나타난다.
- 구조적으로 같다.

는 것을 알아내게(귀납, 유추, 일반화하게) 하여,

- 곱셈이 쓰이는 경우는 그 수량이 어떤 것(연속량이나 이산량)의 크기를 나타내는 수량인가에는 구애받지 않는다.

는 것을 알아차리게(귀납, 유추, 일반화하게) 하여, 덧셈이 쓰이는 경우에 대한 이해가 심화되게 한다.

지도상의 유의점

위에서 예시한 바와 같이, 문제 장면에 제시되는 소재나 수량을 달리한 두 문제를 비교·검토하는 활동을 통하여, 곱셈이 쓰이는 경우가 수의 크기나 수가 나타내는 양의 종류(연속량이나 이산량)에 구애받지 않고 적용된다는 것을 이해시킬 수도 있지만,

(마) 학급 책장에 만화책이 23권씩 6단 꽂혀 있다. 이 학급에 꽂혀 있는 만화책은 모두 몇 권인가?

라는 문제의 '　　' 부분을 각자가 해결할 수 있는 다른 것으로 바꾸어서 새로운 문제를 만들어 풀어보게 하고, 이때 나타나는 반응을 바탕으로 하여,

(바) 교실에 커튼을 치는데 6m짜리 철사가 4개 필요하다. 철사를 몇 m 사야 하는가?

와 같은 문제를 검토·해결하는 활동을 통하여,

- 곱셈이 쓰이는 경우가 수량의 종류(연속량이나 이산량)와는 무관하게 적용된다.

는 것을 알아차리게(귀납, 유추, 일반화하게) 할 수도 있다.

라. 역사고를 하게 되는 경우

수량 사이의 관계를 시사하는 키워드를 바탕으로 문제에서 요구하는 수량을 □라고 하면, 문제 장면이 '□ $\div a = b$'라는 식으로 나타나는 경우(이 경우를 흔히 역사고의 문제라고 일컫는다)에도 곱셈이 쓰인다는 것을 알아차릴(귀납, 유추, 연역,

일반화할) 수 있게 한다.

전개의 개요

(사) A는 자기가 가지고 있던 색종이를 한 사람 앞에 8장씩 나누어주었더니 6사람까지 나누어줄 수 있었다. A가 처음에 가지고 있었던 색종이는 몇 장인가?

와 같은 문제를 나름대로의 방법(생각)으로 풀어보게 하고, 이때 나타나는 반응(세운 식)을 전에 학습한 '3×6= □로 나타나는 문제 장면'과 비교·검토하는 등의 활동을 통하여,

- 색종이의 처음 장수를 □장이라고 하면, 문제 장면이 □÷8=6(또는 □÷6=8)과 같은 식으로 나타나는 경우를 그림(띠 그림이나 수직선의 그림)을 그려보면,

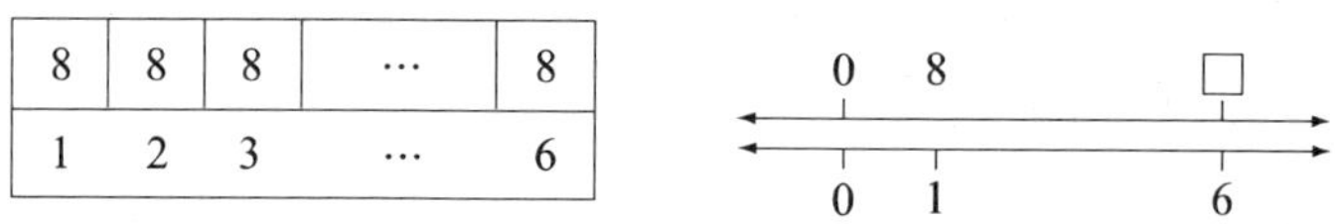

와 같이 나타나며, 그래서 승수나 피승수가 정수인 경우에 알아본 '곱셈이 쓰이는 경우([주요 내용 26]이나 [주요 내용 26])'의 그림(띠 그림이나 수직선의 그림)과 같아진다.

는 것, 그래서 이 문제도

- 앞에서 알아본 문제와 구조적으로 같다.

는 것을 알아차리게(연역, 유추하게) 하고, 곱셈이 쓰이는 경우가 문제 장면이 어떻게 묘사되는가에는 구애받지 않음을 알아차리게(귀납, 유추하게) 하여, 곱셈이 쓰이는 경우에 대한 이해가 한층 심화되게 한다.

마. 수 개념의 확장(분수, 소수)

문제에 주어진 수가 분수나 소수로 확장된 경우에도, 승수나 피승수가 분수인가 소수인가 하는 것과는 무관하게 승수나 피승수가 정수인 경우([주요 내용 27]의

나와 다)에 쓰이던 곱셈이 그대로 적용된다는 것을 알아차릴 수 있게(귀납, 유추, 통합, 일반화할 수 있게) 한다.

전개의 개요

(아) 1m의 무게가 $\frac{5}{7}$kg 나가는 철봉 $\frac{3}{4}$m의 무게는 몇 kg인가?

(자) 1m의 무게가 3kg 나가는 철봉 6m 무게는 몇 kg인가?

와 같은 문제(선분도로 나타나는 문제임)를 비교·검토하는 활동 중에 나타나는 반응(달라 보이는 점이나 같아 보이는 점)을 비교·검토하는 활동을 통하여,

- 이 이전에 알아본 곱셈이 쓰이는 경우(곱셈의 의미)가 문제에 주어진 수량이 분수인 경우에도 적용된다.

는 것을 알아차리게(유추, 확장, 일반화하게) 한다.

그리고

(차) 1m의 무게가 2.3kg 나가는 철봉 1.2m의 무게는 몇 kg인가?

(자) 1m의 무게가 3kg 나가는 철봉 6m의 무게는 몇 kg인가?

와 같은 문제(선분도로 나타나는 문제)로 위에서와 같은 활동을 통하여,

- 이 이전에 알아본 곱셈이 쓰이는 경우(곱셈의 의미)가 문제에 주어진 수량이 소수인 경우에도 그대로 적용된다.

는 것을 알아차리게(유추, 확장, 일반화하게) 하여, 곱셈이 쓰이는 경우에 대한 이해가 심화되게 하고, 띠 그림을 이용하여 곱셈이 쓰이는 경우의 판단을 바르게 내릴 수 있도록 한다.

지도상의 유의점

직사각형의 넓이를 소재로 하는

(카) 가로와 세로의 길이가 각각 $\frac{5}{7}$m, $\frac{3}{4}$m인 직사각형 모양의 판자가 있다.

이 판자의 넓이는 몇 m^2인가?

㈔ 가로와 세로의 길이가 각각 2.3m, 1.2m인 직사각형 모양의 판자가 있다. 이 판자의 넓이는 몇 m^2인가?

㈕ 가로와 세로의 길이가 각각 3m, 6m인 직사각형 모양의 꽃밭이 있다. 이 꽃밭의 넓이는 몇 m^2인가?

와 같은 면적도로 나타나는 문제로도 위에서와 같은 활동을 통하여,

- 이 이전에 알아본 곱셈이 쓰이는 경우가 문제에 주어진 수량이 분수나 소수인 경우에도 적용된다.

는 것을 알아차리게(귀납, 유추, 확장, 일반화하게) 하여, 면적도로도 곱셈이 쓰이는 경우를 판단할 수 있게 하여야 한다.

한편, 이 경우도 위의 '곱셈이 사용되는 경우의 확장에서의 [지도상의 유의점]'에서 예시한 바와 같이, 덧셈이 쓰이는 경우가 수의 크기나 수가 나타내는 양의 종류(연속량이나 이산량)와는 무관하게 적용된다는 것을

1m의 무게가 □kg 나가는 철봉 ○m의 무게는 몇 kg인가?

라는 문제(선분도로 나타나는 문제)나,

가로와 세로의 길이가 각각 □m, ○m인 꽃밭의 넓이는 몇 m^2인가?

라는 문제(면적도로 나타나는 문제)를 제시하고, □와 ○ 안에 자신이 답을 구할 수 있는 수를 각자가 써넣어 완성시킨 문제의 답을 구하게 한 다음에,

□와 ○ 안의 수가 각각 $\frac{5}{7}$와 $\frac{3}{4}$(또는 2.3과 1.2)이라면 답이 얼마일 것 같은가?

를 알아보게 하는 방법으로 이해시킬 수도 있다.

이런 것은 교사가 어떤 수학적인 생각·태도에 비중을 둘 것인가에 따라 결정할 문제이다.

주요 내용 28 — 나눗셈이 쓰이는 경우(나눗셈의 의미)

㈎ a개의 사물을 b등분했을 때의 한 몫의 수량(등분제)

㈏ a개의 사물을 b개씩의 무더기를 만들 때의 무더기의 수량(포함제)

을 알아보는 구체적(일상적)인 문제를 해결하는 활동을 통하여,

- a에서 같은 수 b를 거듭 빼게 되는 경우가 나눗셈이 사용되는 경우이다.

라는 것을 알아차리게(귀납, 일반화하게) 하고, a에서 b를 거듭 뺄 수 있는 횟수를 구하는 것을 '나눗셈'이라고 하며, '$a \div b$'와 같이 나타낸다는 것을 가르쳐(말해)주고, 유사한 문제를 해결하는 활동을 통하여,

- ㈎나 ㈏의 경우가 모두 a에서 b를 거듭 빼게 되므로 ㈎와 ㈏를 동일시할 수 있다.

는 것을 알아차릴 수(귀납, 연역할 수) 있게 하여, 문제의 해결에서 나눗셈이 사용되는 경우의 판단을 바르게 내릴 수 있게 한다.

가. 포함제

전체의 수량과 한 무더기의 수량을 알고 전체의 수량을 몇 개씩인 무더기를 만들 때 무더기가 몇 개 만들어지는가를 알아보는 것이 나눗셈이라는 것을 알아차릴 수(귀납, 연역할 수) 있게 한다.

전개의 개요

"24개의 귤로 한 사람에게 4개씩 나누어준다면 몇 사람까지 나누어줄 수 있는가?…(1)"

와 같은 문제(포함제)를 나름대로의 방법으로 해결방안을 생각해보도록 하고, 이때 나타나는

◈ 24가 될 때까지 4씩 뛰어 세기를 계속해서 답을 구하면 될 것 같다.

◈ 24개의 바둑돌을 4개씩의 무더기를 만들고, 그 무더기의 수를 세면 될 것 같다.

◈ 나머지가 0이 될 때까지 24에서 4를 계속 빼고, 4를 뺀 횟수를 세면 될 것 같다.

◈ $4 \times \square = 24$의 □에 해당하는 수를 구구를 이용하여 알아보면 될 것 같다.

라는 등의 반응을 비교·검토하는 활동을 통하여,

• 전체의 수(24)에서 일정한 수(4)를 누감한 횟수가 곧 이 문제의 답이다.

라는 것을 알아차리게(귀납하게) 하고, 이와 같은 경우에 '$24 \div 4 (=6)$'라고 나타낸다는 것을 가르쳐준다.

그리고 유사한 문제의 해결을 통하여, 문제 장면을 띠 그림이나 선분도로 나타내면

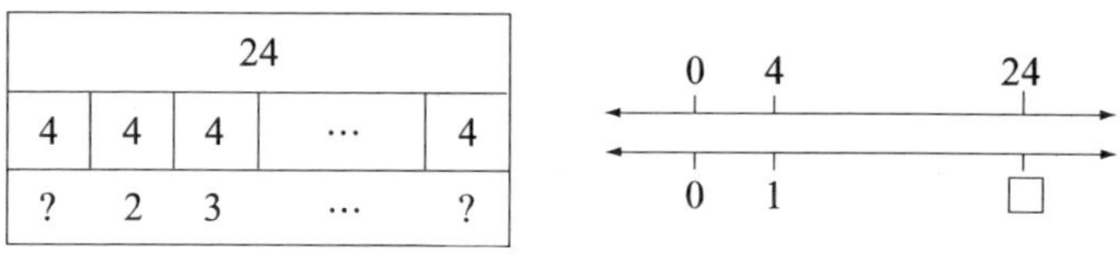

와 같이 나타나는 경우가 나눗셈이 쓰이는 경우임을 알아차릴 수 있게(귀납할 수 있게) 한다.

한편, 위의 문제(문제 (1))를, "귤을 한 사람 앞에 4개씩 6사람에게 나누어주려면 귤을 몇 개 마련해야 하는가?"라는 이미 학습한 곱셈의 문제와 비교·검토(같아 보이는 점이나 달라 보이는 점을 중심으로)하는 활동을 통하여,

• $a \times b = c$라는 관계가 있는 세 수 a, b, c 중에서 a와 b를 알고 c를 구하는 경우가 곱셈이 쓰이는 경우인 데 비해 c와 a(또는 b)를 알고 b(또는 a)를 구하는 경우가 나눗셈이 쓰이는 경우임을 알아차릴 수 있게 한다.

나. 등분제

여기서는 전체의 수량과 등분할 무더기의 수량을 알고, 한 무더기의 수량을 알

아보는 것이 나눗셈이라는 것을 알아차릴(귀납, 연역할) 수 있게 한다.

전개의 개요

"24개의 귤로 6사람에게 똑같이 나누어준다면 한 사람에게 몇 개씩 돌아가는가?…(2)"

와 같은 문제(등분제)로, 먼저 이 문제를 나름대로의 방법으로 해결방안을 생각해 보도록 하고, 이때 나타나는

- 24개의 바둑돌을 개수가 같게 6무더기로 가르고, 한 무더기의 개수를 세면 될 것 같다.
- 24개의 바둑돌로 6접시의 각각에 나머지가 없어질 때까지 한 개씩(몇 개씩) 분배하고, 한 접시에 분배된 귤의 개수를 세면 될 것 같다.
- 몇 씩 뛰어 세면 6번만에 24에 오게 되는가를 알아보면 될 것 같다.
- 곱셈구구를 이용하여 이미 학습한 □×6=24의 □에 해당하는 수를 구하면 될 것 같다.

라는 등의 반응을 비교·검토하는 활동을 통하여,

- 전체의 수량(24)으로 몇 개(6개)의 무더기를 만들 때(몇 등분(6등분)할 때), 그 한 무더기의 수량이 곧 이 문제의 답이다.

라는 사실을 알아차릴 수 있게(귀납할 수 있게) 하고, 이와 같은 경우에 '24÷6(=4)'이라고 나타낸다는 것을 가르쳐준다.

그리고 유사한 문제의 해결을 통하여, 문제 장면을 그림으로 나타내면

24				
?	?	?	…	?
1	2	3	…	6

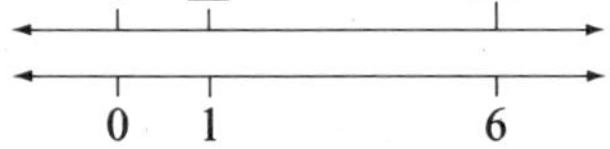

와 같이 나타나는 경우가 나눗셈이 쓰이는 경우임을 알아차릴(귀납할) 수 있게

한다.

한편, 위의 문제(문제 (2))를 "귤을 한 사람 앞에 4개씩 6사람에게 나누어주려면 귤을 몇 개 마련해야 하는가?"라는 이미 학습한 곱셈의 문제와 비교·검토(같아 보이는 점이나 달라 보이는 점을 중심으로)하는 활동을 통하여,

• $a \times b = c$라는 관계가 있는 세 수 a, b, c 중에서 a와 b를 알고 c를 구하는 경우가 곱셈이 쓰이는 경우인 데 비해, c와 b(또는 a)를 알고 a(또는 b)를 구하는 경우가 나눗셈이 쓰이는 경우임을 알아차릴 수(유추, 귀납할 수) 있게 한다.

다. 포함제와 등분제의 통합

나눗셈이 쓰이는 두 가지 경우(포함제와 등분제)가 구체적인 조작 자체는 달라 보이지만 같은 나눗셈이 적용된다는 것을 알아차리게(연역하게) 한다.

전개의 개요

"24개의 귤로 4사람에게 똑같이 나누어준다면 한 사람 앞에 몇 개씩 돌아가는가?…(1)"

라는 문제(등분제)와

"24개의 귤로 한 사람에게 4개씩 나누어준다면 몇 사람까지 나누어줄 수 있는가?…(2)"

라는 문제(포함제)를 비교·검토(같아 보이는 점이나 달라 보이는 점을 중심으로)하게 하고, 이때 나타나는

- 문제 (1)이나 문제 (2)는 모두 나눗셈의 문제이다.
- 문제 (1)이나 문제 (2)의 답이 같다.
- 문제 (1)이나 문제 (2)는 모두 '24÷4=ㅁ'라는 나눗셈의 식으로 나타난다.
- 문제 (1)은 "4개씩 몇이면 24인가?"를 알아보는 문제인 데 비해, 문제 (2)는 "몇씩 4이면 24인가?"를 알아보는 문제이다.

◈ 문제 (1)을 식으로 나타내면 '4×□=24'라는 식으로 나타나는 데 비해, 문제 (2)를 식으로 나타내면 '□×4=24'라는 식으로 나타난다.

라는 등의 반응을 비교·검토하는 활동을 통하여,

- 문제 (1)을 "24개로 4사람에게 1개씩 나누어준다면 몇 번 만에 나누어주게 되는가?…(3)"라는 문제라고 할 수 있으며, 4사람에게 1개씩 나누어주는 데 4개가 소요되므로, 이 문제 (3)은 "24개로 한 사람에게 (한 번에) 4개씩 준다면 몇 사람까지 줄 수 있는가?…(4)"라는 문제로도 볼 수 있다. 그러므로 문제 (1)이나 문제 (2)는 같은 문제이다.

라는 것을 알아내게(연역하게) 하고, 문제 (1)(등분제의 문제)이나 문제 (2)(포함제의 문제)를 동일시할 수 있게 하여, 나눗셈이 쓰이는 경우에 대한 이해가 심화되게 한다.

지도상의 유의점

직사각형의 넓이와 가로(세로)의 길이를 알고 세로(가로)의 길이를 알아보는 경우와 같이, 문제 장면을 그림으로 나타내면 면적도로 나타나는 경우(2차원의 그림)에도 나눗셈이 쓰인다는 것을 아동의 자질에 따라서는 다루는 것이 바람직하다.

한편, 나눗셈은 곱셈의 역연산이며 곱셈구구를 학습한 다음에 다루어지므로, 포함제의 경우를 먼저 다루는 것이 좋다고 주장하는 사람이 있는가 하면, '나누기'라는 나눗셈의 이미지(image)가 잘 부각되지 않는 포함제의 경우를 먼저 다루기보다 '나누기'라는 나눗셈의 이미지가 쉽게 부각되는 등분제의 경우를 먼저 다루는 것이 좋다고 주장하는 사람도 있다. 이것은 지도할 교사가 자신의 지도 철학이나 방법을 고려하여 포함제와 등분제의 어느 것을 먼저 다룰 것인가를 판단할 문제이다.

주요 내용 29 ─ 나눗셈의 의미의 확장

이제까지 학습한 (나머지가 없던) '나눗셈이 쓰이는 경우'가 '나머지가 있는 나눗셈(㉮)'으로 확장·통합된다는 것을 알아차리게 하고, 또 '나머지가 있는 나눗셈'을 다시 나머지가 생기지 않게 하는 '분수의 나눗셈(㉯)'과 '소수의 나눗셈(㉰)'으로 확장·통합된다는 것을 알아차리게 하여, 단계(학년)가 높아감에 따라 나눗셈에 대한 이해가 점진적으로 심화(확장)되게 한다.

가. 나머지가 있는 나눗셈

'나머지가 없는 나눗셈'을 '나머지가 있는 나눗셈'의 특수한 경우로 볼 수 있게, 즉 '나머지가 없는 나눗셈'과 '나머지가 있는 나눗셈'을 '나머지가 있는 나눗셈'으로 통합될 수 있다는 것을 알아차리게 한다.

전개의 개요

포함제적인

(가) 24개의 감귤로 한 사람에게 4개씩 나누어준다면 몇 사람까지 나누어줄 수 있는가?

와 같은 이미 학습한 문제를, 예컨대

(나) 27개의 귤로 한 사람에게 4개씩 나누어준다면 몇 사람까지 나누어줄 수 있는가?

라는 문제와 비교해보도록 하고, 이때 나타나는

- 문제 (가)는 6사람에게 꼭 맞게 나누어지는 데 반해, 문제 (나)는 나머지가 생긴다.
- 문제 (가)는 6사람에게 꼭 맞게 나누어지는데 반해, 문제 (나)는 꼭 맞게 나누어주려면 나머지인 3개를 잘게 쪼개야 한다.

라는 등의 반응을 비교·검토하는 활동을 통하여,

• 문제 ㈏와 같은 경우에도 문제 ㈎의 경우에 사용한 나눗셈이 사용된다.
• 문제 ㈎의 경우를 문제 ㈏의 경우 중에서 나머지가 0인 경우로 볼 수 있다.
• 나눗셈에서 나타나는 나머지는 제수보다 작다.

는 것 등을 알아차리게(귀납, 연역하게) 하고, 문제 ㈏와 같이 나머지 있는 경우를 식으로 나타낼 때는 '27÷4=6 나머지 3(또는 27÷4=6 … 3)'과 같이 나타낸다는 것을 가르쳐준다.

그리하여 유사한 문제의 해결을 통하여,

• '나머지가 없는 나눗셈'을 '나머지가 0인 나눗셈'으로 볼 수 있다.
• '나머지가 0인 나눗셈'도 '24÷4=6 … 0'이라는 식으로 나타내면 된다.

는 것을 알아차리게(유추, 일반화할 수 있게) 하여, '나머지가 없는 나눗셈'을 '나머지가 있는 나눗셈'의 특수한 경우로 볼 수 있게 한다. 즉, '나머지가 없는 나눗셈'과 '나머지가 있는 나눗셈'을 '나머지가 있는 나눗셈'으로 통합될 수 있다는 것을 알아차리게 한다.

한편, 포함제적인

㈐ 24개의 감귤을 4사람에게 나누어준다면 한 사람 앞에 몇 개씩 돌아가는가?

와 같은 이미 학습한 문제를, 예컨대

㈑ 27개의 귤을 4사람에게 나누어준다면 한 사람 앞에 몇 개씩 돌아가는가?

라는 문제와 비교해보도록 하고, 이때 나타나는

◈ 문제 ㈐는 나머지가 생기지 않는 데 비해, 문제 ㈑는 나머지가 생긴다.
◈ 문제 ㈐는 나머지가 생기지 않게 똑같이 나누어 줄 수 있는 데 비해, 문제 ㈑는 나머지가 생기지 않게 똑같이 나누어주려면 나머지인 3개를 잘게 쪼개야 한다.

라는 등의 반응을 비교·검토하는 활동을 통하여, 앞의 포함제적인 문제의 해결에서와 같이,

• 문제 ㈑의 경우에도 문제 ㈐의 경우에 사용한 나눗셈이 사용된다.

- 문제 ㈐의 경우를 문제 ㈑의 경우 중에서 나머지가 0인 경우로 볼 수 있다.
- 나눗셈에서 나타나는 나머지는 제수보다 작다.

는 것 등을 알아내게(유추, 연역하게) 하고, 문제 ㈑와 같이 나머지 있는 경우를 식으로 나타낼 때는, 앞에서와 같이 '27÷4=6 나머지 3(27÷4=6 … 3)'과 같이 나타낸다는 것을 가르쳐주며, 유사한 문제의 해결을 통하여,

- '나머지가 없는 나눗셈'을 '나머지가 0인 나눗셈'으로 볼 수 있다.
- '나머지가 0인 나눗셈'도 '27÷4=6 … 3'이라는 꼴로 나타내면 된다.

는 것을 알아내게(유추, 일반화) 하여, '나머지가 없는 나눗셈'을 '나머지가 있는 나눗셈'의 특수한 경우로 볼 수 있게, 즉 '나머지가 없는 나눗셈'과 '나머지가 있는 나눗셈'을 '나머지가 있는 나눗셈'으로 통합될 수 있다는 것을 알아차리게 한다.

나. 제수가 분수인 나눗셈

제수나 피제수가 정수인 경우에 적용해 왔던 지금까지의 나눗셈이 제수나 피제수가 분수인 경우에도 쓰인다는 것을 알아차리게 한다.

전개의 개요

여기서도 앞에서와 같이 포함제적인

㈎ 1m의 무게가 $\frac{4}{5}$kg 나가는 철봉에서 잘라낸 한 토막의 무게를 달았더니 $\frac{3}{7}$kg이었다. 이 철봉 토막의 길이는 얼마나 될까?

라는 문제(선분도로 나타나는 문제)를 제시하여, 이 문제가 어떤 식으로 나타날 것 같은가를 알아보게 하고, 이때 나타나는

- 생각이 나지 않는다.
- 문제에 주어진 두 수를 곱해야 하는지 나누어야 하는지 판단이 서지 않는다.
- 나눗셈을 해야 할 것 같은데 어느 수를 어느 수로 나누어야 하는지 판단이 서지 않는다.

는 등의 반응을 비교·검토하는 활동을 통하여,

- 문제 장면을 그림으로 나타내어 보면 어떤 식으로 나타나는지의 실마리가 잡히지 않을까?
- 문제에 주어진 수량을 이미 학습한 문제가 되도록 정수로 고쳐보면, 어떤 식으로 나타나는지의 실마리가 잡히지 않을까?

라는 생각이 우러나게 하여,

- 문제 ㈎는 기습인 "1m의 무게가 4kg 나가는 철봉에서 잘라낸 한 토막의 무게를 달았더니 8kg이었다. 이 철봉 토막의 길이는 얼마나 될까?"라는 문제와 구조가 같으므로, $\frac{3}{7}$을 $\frac{4}{5}$로 나누는 식으로 나타난다.
- 문제에 주어진 수량의 관계를 수직선의 그림으로 나타내어 보면

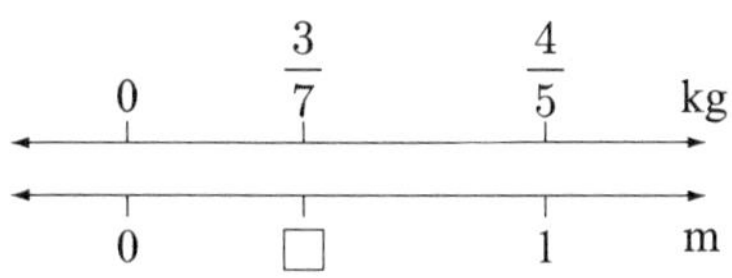

와 같이 나타나므로, $\frac{3}{7}$을 $\frac{4}{5}$로 나누는 식으로 나타난다.

라는 판단을 내릴 수 있도록 한다.

한편,

㈏ 넓이가 $\frac{3}{7}m^2$인 직사각형 모양의 벽지의 가로가 $\frac{4}{5}$m이다. 이 벽지의 세로는 몇 m나 될까?

라는 문제(면적도로 나타나는 문제)로도 위에서와 같이 이 문제가 어떤 식으로 나타날 것 같은가를 알아보게 하고, 이때 나타나는 반응을 비교·검토하는 등의 활동을 통하여,

- 문제 ㈏는 기습인 "넓이가 $8m^2$인 직사각형 모양의 꽃밭의 가로가 4m이다. 이 꽃밭의 세로는 몇 m나 될까?"라는 문제와 구조가 같으므로, $\frac{3}{7}$을 $\frac{4}{5}$로 나누는 식으로 나타난다.

라고 판단할 수 있도록 한다.

그리고 등분제적인

(다) 무게가 $\frac{3}{7}$kg인 철봉의 길이를 재었더니 $\frac{4}{5}$m이었다. 이 철봉 1m의 무게는 얼마나 나갈까?

라는 문제(선분도로 나타나는 문제)로도 위에서와 같은 활동을 통해서,

- 문제 (다)는 기습인 "무게가 8kg인 철봉의 길이를 재었더니 2m이었다. 이런 철봉 1m의 무게는 얼마나 나가겠는가?"라는 문제와 구조가 같으므로, $\frac{3}{7}$을 $\frac{4}{5}$로 나누는 나눗셈의 식으로 나타난다.

라고 판단할 수 있도록 한다.

한편,

(라) 넓이가 $\frac{3}{7}$m^{2}인 직사각형 모양의 벽지의 세로가 $\frac{4}{5}$m이다. 이 벽지의 세로는 몇 m나 될까?

라는 문제(면적도로 나타나는 문제)로도 위에서와 같이 이 문제가 어떤 식으로 나타날 것 같은가를 알아보게 하고, 이때 나타나는 반응을 비교·검토하는 활동을 통하여,

- 문제 (라)는 전에 배운 "넓이가 8m^{2}인 직사각형 모양의 꽃밭의 가로가 4m이다. 이 꽃밭의 세로는 몇 m나 될까?"라는 문제와 구조가 같으므로, $\frac{3}{7}$을 $\frac{4}{5}$로 나누는 식으로 나타난다.

라고 판단할 수 있도록 한다.

이리하여, 문제 장면이 $a\times\square=c$로 나타나는 포함제적인 문제와 $\square\times b=c$로 나타나는 등분제적인 문제를 해결하는 활동을 통하여,

- 문제에 주어진 수량 사이의 관계를 그림으로 나타내면

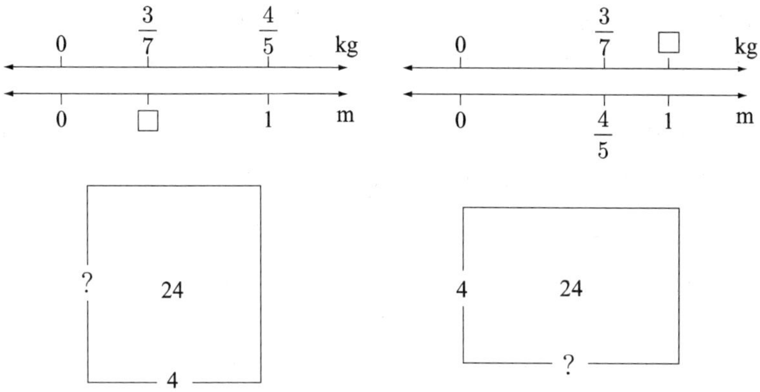

와 같은 선분도(수직선의 그림)나 면적도(직사각형의 그림)로 나타나는 경우가 나눗셈이 쓰이는 경우이다.

라는 것을 알아낼(귀납, 일반화할) 수 있게 하는 한편,

• 수량 사이의 관계를 곱셈식으로 나타내면

$$a\times □=c \text{ 또는 } □\times b=c$$

라는 식으로 나타나는 경우가 나눗셈이 쓰이는 경우이다.

라는 것을 이해하게 하여, 제수나 피제수가 분수인 경우에도 나눗셈과 곱셈 사이에는 역연산의 관계가 성립한다는 것을 알아낼(귀납, 유추, 일반화, 연역할) 수 있게 하고, 나눗셈이 쓰이는 경우를 바르게 판단할 수 있게 한다.

다. 제수가 소수인 나눗셈

위의 '제수가 분수인 나눗셈'에서 유추할 것으로 보고, 이에 대한 [전개의 개요]는 생략한다.

지도상의 유의점

▶ 곱셈·나눗셈이 쓰이는 경우(곱셈·나눗셈의 의미)를 확장시키는 방법

곱셈·나눗셈이 쓰이는 경우(곱셈·나눗셈의 의미)를 큰 수(또는 분수, 소수)인

경우로 확장시키는 경우는 앞에서 언급한 "덧셈·뺄셈이 쓰이는 경우의 확장"이나 "곱셈이 쓰이는 경우의 확장"의 말미에서 언급한 바와 같이, 예컨대

(1) 문제에 주어진 수량이 큰 수(또는 분수, 소수)인 문제(본시에 다룰 문제)를 기습인 문제와 비교·검토시키는 방법
(2) 문제의 수량을 □나 ○로 나타낸 문제를 제시하고, 그 □나 ○에 자기 자신이 답을 구할 수 있는 문제가 되도록 간단한 수를 써넣어서 답을 구하게 하고, □나 ○의 수가 큰 수(또는 분수나 소수)인 경우를 알아보게 하는 방법

중에서 어느 방법을 택할 것인가 하는 것은 '강조하고 싶은 수학적인 생각·태도'에 대한 교사 자신의 주관적인 판단에 따라 결정할 문제이다.

주요 내용 30 — 정수의 곱셈의 계산 방법

곱셈이 쓰이는 경우에 관한 이해가 되었을 때에 한 자리 수끼리인 곱셈(이것을 '곱셈구구' 또는 '기본곱셈'이라고 한다)의 계산 방법(㉮), 여러 자리 수인 곱셈의 계산 방법(㉯)을 알아내게 한다.

가. 기본곱셈(곱셈구구)

기본곱셈(곱셈구구)의 곱을 빨리 답할 수 있도록 정리해 둘 필요가 있다는 생각이 들게 하여 피승수 중심으로 정리(구구단의 구성)하게 한다.

전개의 개요

"색종이를 한 사람 앞에 4장씩 6사람에게 나누어주려고 한다. 색종이가 모두 몇 장 있어야 할까?"

라는 문제를 식으로 나타낼 수 있다는 판단이 섰을 때, 이 문제의 답을 나름대로의 방법(생각)으로 알아보게 하고, 이때 나타나는

◈ 이에 앞서 학습한 '곱셈이 쓰이는 경우(곱셈의 의미)'를 바탕으로, 4를 6번 동수누가하여 구한다.
◈ 4씩 뛰어 세어서 구한다.
◈ 4×6은 4×2(=8)의 3배이므로 8×3의 곱을 구한다.
◈ 바둑돌을 4개씩 6줄 배열시킨 다음에, 그 바둑돌의 개수를 센다.

라는 등의 반응을 비교·검토하는 활동을 통하여,

- 기본곱셈의 곱을 구하는 계산 방법(원리)은 따로 없다.
- 동수누가의 방법으로 구할 수밖에 없다.

는 것을 알아차리게 한다.

한편, 곱셈의 경우도 덧셈에서와 같이 곱셈의 필산 형식을 가르쳐주고, 유사한 문제를 해결하는 활동을 통하여 주어진 수와 그 곱을 필산 형식으로 나타내어 계산하게 하며, 기본곱셈의 곱을 능숙하게 구할 수 있게 한다.

$$\begin{array}{r} 4 \\ \times\ 6 \\ \hline 24 \end{array}$$

그런데 기본곱셈의 곱을 능숙하게 구할 수 있기 위해서는 아동들이 흥미를 가질만한, 예컨대

"두 사람이 각각 가지고 있는 0～9의 숫자가 1개씩 적힌 카드 중에서 임의로 한 장씩 꺼내 보일 때, 그 곱을 먼저 맞추는 사람이 아래의 수표의 수 가운데서 그 곱에 해당하는 수 위에 자기 말을 놓는다. 이 과정을 반복하다가 →나 ↓ 또는 ↘나 ↙의 방향으로 연이어 3개의 말을 먼저 놓게 되는 쪽이 이기는 게임(놀이)"

등을 시키거나 하여,

0	1	2	3	4	5	6	7	8	9
10	11	12	13	14	15	16	17	18	19
20	21	22	23	24	25	26	27	28	29
30	31	32	33	34	35	36	37	38	39
40	41	42	43	44	45	46	47	48	49
50	51	52	53	54	55	56	57	58	59
60	61	62	63	64	65	66	67	68	69
70	71	72	73	74	75	76	77	78	79
80	81	82	83	84	85	86	87	88	89
90	91	92	93	94	95	96	97	98	99

- 그 곱을 빨리 알았으면 좋겠다는 생각

이 우러나게 한다.

그리고 그 곱을 빨리 알 수 있으려면 이와 같은 게임(놀이)에서 나타날 가능성이 있는 경우(기본곱셈)를 외워 두는 것이 좋겠다는 생각이 들었다는 판단이 섰을 때, 곱셈구구의 표를 가리키면서

- 한 자리 수끼리의 곱셈(기본곱셈, 곱셈구구)의 곱을 찾아보기 좋게 피승수(또는 승수) 중심으로 순서 바르게 정리한 것이 이 곱셈구구의 표이다.

라고 한 자리 수끼리의 곱셈(기본곱셈, 곱셈구구)의 곱을 하나의 표로 정리하게 된 이유를 말해주고,

- 이 표의 내용을 외워두면 표를 가지고 다닐 필요가 없어서 좋다.

는 생각이 들도록 하고, 각자가 외워두게 한다.

지도상의 유의점

곱셈구구를 무미건조하게 외우게만 하는 것은 수학적인 자질이 모자라는 아동에게는 "지겹다."는 생각이, 수학적인 자질이 뛰어난 아동에게는 "수학은 공부할 것이 별로 없는 무미건조한 교과다."라는 생각만 들게 하여, 궁극적으로는 수학을 좋아하지 않는 아동을 양산만 하는 결과를 초래할 뿐이다.

나. 큰 수의 곱셈

여기서는 피승수나 승수가 몇 자리의 수인가에 구애됨이 없이, 그 곱을 구할 수 있는 계산 방법(원리)을 알아차리게(귀납, 일반화하게) 한다.

전개의 개요

> "4단으로 된 책장의 각 단에 책이 23권씩 꽂혀 있다. 이 책장에 꽂혀 있는 책은 모두 몇 권인가?"

와 같은 구체적인 문제를 식으로 나타낼 수 있다는 판단이 섰을 때 먼저 답이 얼마쯤 될 것 같은가를 알아보게 하고, 이 문제의 답을 각자의 생각대로 알아보게 한다.

그리고 이때 나타나는

- 23이 20과 3의 합이므로 20×4와 3×4를 구한 다음에 이 두 값을 더했다.
- 23을 4번 누가하였다.
- 바둑돌을 23개씩 4줄로 정렬시키고, 그 개수를 일일이 세었다.

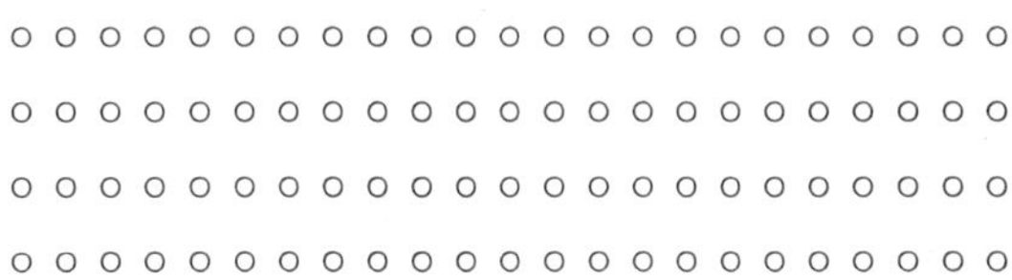

- 23개씩 4줄로 정렬시킨 바둑돌을

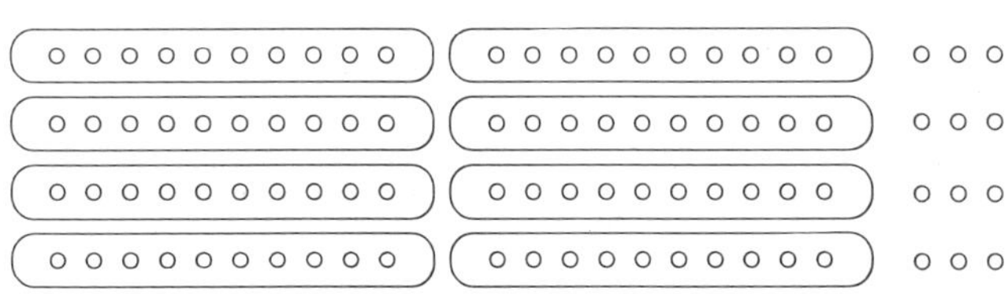

와 같이 묶어, 묶음의 개수와 낱개의 개수를 계산하여 더하였다.

라는 등의 반응을 비교·검토하는 활동을 통하여,

- 그 방법의 각각에는 어떤 생각이 중심을 이루는가?

• 그 방법의 각각에서 볼 수 있는 좋은 점은 무엇인가?

를 알아보게 하고,

① 피승수(또는 승수)를 자리 값별로 분해한다.
② ①에서 자리 값별로 분해한 각 수에 승수를 곱한 곱을 구한다.
③ ②에서 구한 부분 곱을 더한다.

라는 'Ⅱ위수×Ⅰ위수'의 계산 방법(algorithm)을 점진적으로 정립(귀납, 연역)하게 하며, 문제의 답(곱)을 필산 형식으로 구해보도록 하여 계산 과정이나 그 결과가 간결·명확하게 잘 나타난다는 '필산 형식으로 계산한다는 것의 좋은 점'을 느껴볼 수 있게 하며, Ⅱ위수와 Ⅰ위수의 곱을 능숙하게 구할 수 있게 한다.

$$\begin{array}{r} 23 \\ \times\ 4 \\ \hline 80 \\ 12 \\ \hline 92 \end{array} \quad \text{또는} \quad \begin{array}{r} 23 \\ \times\ 4 \\ \hline 12 \\ 80 \\ \hline 92 \end{array} \quad \Rightarrow \quad \begin{array}{r} 23 \\ \times\ 4 \\ \hline 92 \end{array}$$

그리고 단계(학년)가 높아감에 따라

④ 승수를 자리 값별로 분해한다.
⑤ 피승수에 ①에서 자리 값별로 분해한 각 수를 곱한 곱을 구한다.
⑥ ⑤에서 구한 부분 곱을 더한다.

라는 자리 수에 구애됨이 없는 (여러 자리 수×여러 자리 수의) 계산 방법(알고리즘)을 점진적으로 정립하게(귀납, 연역하게) 하고, 계산 문제의 답(곱)을 필산 형식으로 구해보도록 하여 곱을 능숙하게 구할 수 있게 하며, 계산 과정이나 그 결과가 간결·명확하게 잘 나타난다는 '필산 형식으로 계산한다는 것의 좋은 점'을 느낄 수 있게 한다.

지도상의 유의점

필산에서는 보통 방법 ㈎와 같이 계산하지만, 암산에서는 방법 ㈏와 같이 계산하는 일이 많다는 점에 유념하여, 방법 ㈎가 방법 ㈏에 비해 어떤 점이 편리한가를 느껴지기까지는 방법 ㈎를 강요하지 말고, 각자가 편하다고 판단하는 방법으로 계산하게 하는 것이 바람직하다.

㈎
$$\begin{array}{r} 23 \\ \times\ 4 \\ \hline 80 \\ 12 \\ \hline 92 \end{array}$$

㈏
$$\begin{array}{r} 23 \\ \times\ 4 \\ \hline 12 \\ 82 \\ \hline 92 \end{array}$$

그리고 스스로 곱셈의 기초적인 계산의 숙달을 시도하게 하는 데는 '기본곱셈'에서와 같이 게임이나 놀이를 통하는 것이 바람직하다.

한편, 곱셈의 계산에서 성립하는 여러 가지 법칙(성질)이 비록 지도 대상에서 제외되어 있다손 치더라도, 계산의 능률화를 위해서는 다음에 제시한 여러 가지 계산 법칙(성질)을 알아내어 활용할 수 있게 하는 것이 바람직하다.

① $(a\times b)=(b\times a)$

② $(a\times b)\times c=a\times(b\times c)$

③ $(a\times b)+c=a\times b+a\times c$ $\quad$ $(a+b)\times c=(a+b)\times(a+c)$

$a\times(b-c)=a\times b-a\times c$ $\quad$ $(a-b)\times c=(a\times c)-(b\times c)$

④ $a\times(b\pm1)=(a\times b)\pm a$ $\quad$ $(a\pm1)\times c=(a\times c)\pm c$

주요 내용 31 — 분수의 곱셈의 계산 방법

분수의 곱셈이 쓰이는 경우에 대한 이해가 되었을 즈음에 분수의 곱셈이 쓰이는 장면이 면적도로 나타나는 문제나 선분도로 나타나는 문제를 해결하는 활동을 통하여,

• $\frac{a}{b}\times m=\frac{a\times m}{b}$ $\quad$ $\frac{a}{b}\times\frac{c}{d}=\frac{a\times c}{b\times d}$

라는 분수의 곱셈에 대한 계산 방법(원리)을 정립(귀납, 일반화)하게 한다.

전개의 개요

(가) 가로가 $\frac{4}{5}$m이고, 세로가 $\frac{3}{7}$m인 직사각형 모양의 벽지의 넓이는 몇 m^2 나 될까? (면적도로 나타나는 문제)

(나) 1m의 무게가 $\frac{4}{5}$kg 나가는 철봉이 있다. 이런 철봉의 길이가 $\frac{3}{7}$m이면 무게는 몇 kg 나갈까? (선분도로 나타나는 문제)

등의 문제를 식으로 나타낼 수 있다는 판단이 섰을 때 먼저 답이 얼마쯤 될 것 같은가를 알아보게 하고, 이 문제를 나름대로의 생각으로 해결하게 하여, 이때 나타나는

(문제 (가)의 경우)

◈ Ⓐ 주어진 사각형의 가로를 5배로, 세로를 7배로 늘이면, 가로와 세로가 각각 4m, 3m인 직사각형이 된다. 이 넓이는 $(4\times3)m^2$이다. 이 사각형의 넓이는 구하려는 사각형의 넓이의 (5×7)배이다.

$\therefore\ \frac{4\times3}{5\times7}m^2$, 즉 $\frac{4}{5}\times\frac{3}{7}=\frac{4\times3}{5\times7}$

◈ Ⓑ $\frac{3}{7}=\frac{1}{7}\times3$, $\frac{4}{5}\times\frac{1}{7}=\frac{4}{5\times7}$로 보고, $a\times(b\times c)=(a\times b)\times c$라는 성질을 이용하여,

$$\frac{4}{5}\times\frac{3}{7}=\frac{4}{5}\times\left(\frac{1}{7}\times3\right)=\left(\frac{4}{5}\times\frac{1}{7}\right)\times3=\frac{4}{5\times7}\times3=\frac{4\times3}{5\times7}$$

◈ Ⓒ $\frac{3}{7}=3\div3$, $\frac{4}{5}\times3=\frac{4\times3}{5}$, $\frac{4}{5}\div7=\frac{4}{5\times7}$로 보고, $a\times(b\times c)=(a\times b)\times c$라는 성질을 이용하여,

$$\frac{4}{5}\times\frac{3}{7}=\frac{4}{5}\times(3\div7)=\left(\frac{4}{5}\times3\right)\div7=\frac{4\times3}{5}\div7=\frac{4\times3}{5\times7}$$

◈ Ⓓ

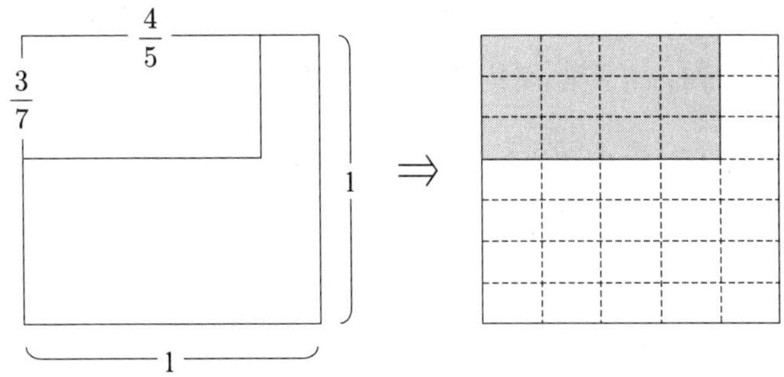

◈ Ⓔ

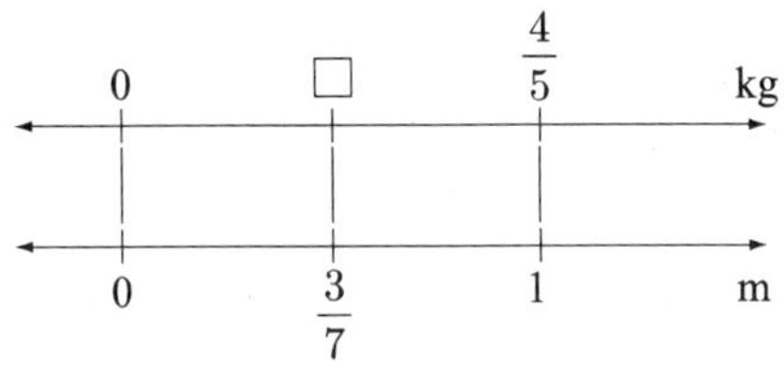

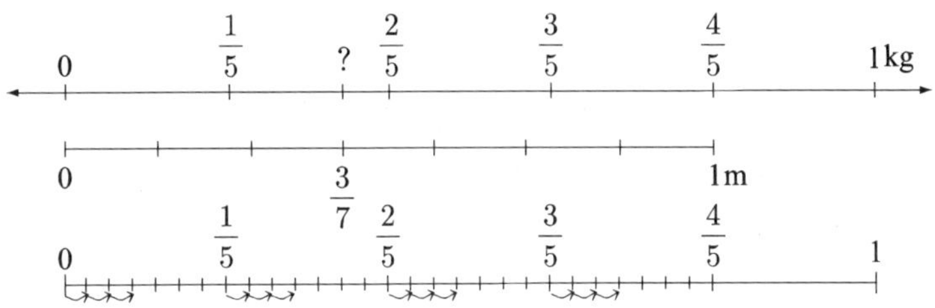

이 부분(↝)의 합이 $\frac{4}{5}$의 $\frac{3}{7}$

1에는 '↝'이 (7×5)개, $\frac{4}{5}$의 $\frac{3}{7}$에는 '↝'이 (3×4)개

$\therefore\ \frac{4}{5}\times\frac{3}{7}=\frac{4}{5}$의 $\frac{3}{7}=\frac{3\times4}{7\times5}$

(문제 ㈏의 경우)

◈ 주어진 문제 장면의 식 $\frac{4}{5}\times\frac{3}{7}=$ ㅁ를 수직선의 그림으로 나타내어 알아보았다(이하 위의 ◈ Ⓔ의 반응과 같으므로 생략한다).

◈ 위의 ◈ Ⓑ와 같은 반응(생략한다)

◈ (위의 ◈ Ⓒ와 같은 반응(생략한다)

라는 등의 반응을 비교·검토하는 활동을 통하여,

• "분수×분수의 곱은 피승수인 분수와 승수인 분수의 분자끼리 곱한 것을

분자로, 분모끼리 곱한 것을 분모로 하는 분수이다."라는 것의 설명은 기습 내용 가운데서 적절한 것을 이용하면 여러 가지 방법으로 할 수 있다.

는 것을 알아차릴 수 있게(연역할 수 있게) 하고, 자기가 편리하다고 생각되는 방법으로 설명할 수 있도록 한다.

지도상의 유의점

면적도로 나타나는 문제나 선분도로 나타나는 문제를 막론하고, 분모끼리의 곱을 분모로, 분자끼리의 곱을 분자로 하는 분수로 나타난다는 분수의 곱셈의 계산 방법(원리)을 이해(설명)시키기 위해서는, 비록 계산 방법을 알아내는 학습 단계라 할지라도 계산 문제만을 제시하기보다는 구체적인 문제 장면도 함께 제시하는 것이 필요로 하는 구체적인 조작 방법을 떠올리게 된다는 점에서 볼 때 바람직하다.

참고 위의 아동들의 반응에서 제시한 분수의 곱셈에 관한 다양한 계산 방법은 '규칙성과 문제 해결' 영역에서의 '한 가지 문제를 여러 가지로 해결하기'라는 내용으로도 가름할 수 있다.

주요 내용 32 — 소수의 곱셈의 계산 방법

소수의 곱셈이 쓰이는 경우를 바탕으로 문제 장면이 선분도로 나타나는 문제나 면적도로 나타나는 문제를 해결하는 활동을 통하여, 소수의 곱셈에 대한 계산 방법(원리)을 정수의 곱셈의 계산 방법에서 유추하여 정립(귀납, 일반화)하게 한다.

전개의 개요

㈎ 1m의 무게가 0.4kg 나가는 철봉 0.6m의 무게는 몇 kg이나 될까?(선분도로 나타나는 문제)

㈏ 가로가 0.4m이고 세로가 0.6m인 직사각형 모양의 판자의 넓이는 몇 m^2일

까?(면적도로 나타나는 문제)

라는 문제를 식으로 나타낼 수 있다는 판단이 섰을 때 먼저 답이 얼마쯤 될 것 같은가를 알아보게 하고, 이 문제의 답을 나름대로의 방법으로 구해보도록 하여, 이 때 나타나는

- 주어진 사각형의 가로와 세로를 각각 10배로 늘이면 가로와 세로가 각각 4m, 6m인 직사각형이 얻어진다. 이 사각형의 넓이는 $24(=4\times6)(m^2)$이다. 그런데 이 사각형의 넓이는 구하려는 직사각형의 넓이의 $100(10\times10)$배이다.

  $\therefore\ 0.4(m)\times0.6(m)=0.24(m^2)$
- $0.4m=40cm,\ 0.6m=60cm$

  $0.4(m)\times0.6(m)=40(cm)\times60(cm)=2400(cm^2)$.

  $1(m^2)=10000(cm^2),\ 2400(cm^2)=0.24(m^2)$

  $\therefore\ 0.4(m)\times0.6(m)=0.24(m^2)$
- 구하려는 직사각형의 넓이는 '0.4×0.6'의 곱이므로,

  $0.4\times0.6=\frac{4}{10}\times\frac{6}{10}=\frac{24}{100}=0.24(m^2)$
- 구하려는 사각형의 넓이는 '0.4×0.6'의 곱인데,

$$a\times b=(a\times10)\times(b\times10)\div100$$

  이므로 $0.4\times0.6=(0.4\times10)\times(0.6\times10)\div100=4\times6\div100=0.24(m^2)$
- 0.4의 길이를 1로 볼 때 0.6에 해당하는 길이는 0.4를 4등분한 것의 각각에서 0.6씩 취하여 이은 것의 길이와 같으므로, 다음 그림에서 짐작할 수 있듯이,

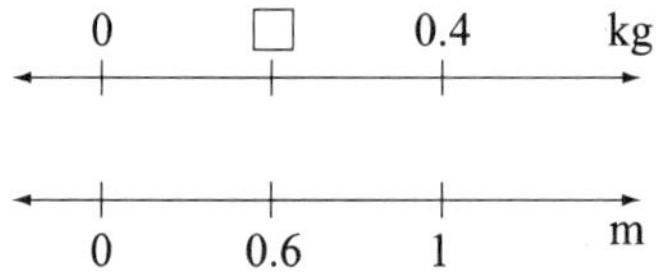

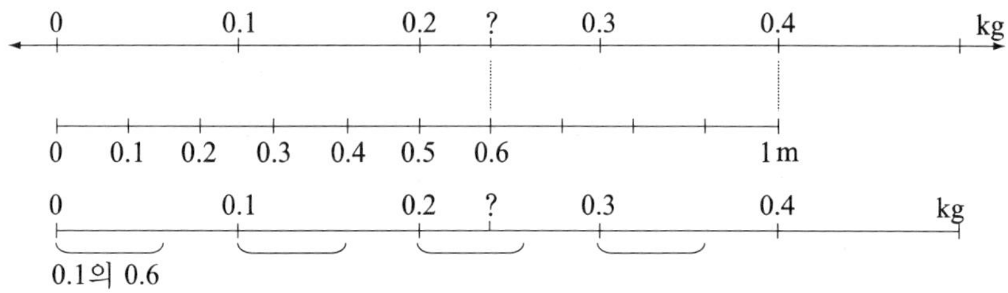

위의 '0.1의 0.6(◡)'을 4개 더하면 0.4의 0.6배와 같아진다.

$\therefore$ $0.4\times0.6=0.24$(kg)

◈ $0.4\times0.6=$ ㅁ의 ㅁ에 해당하는 수를 구하는 것인데 4×6은 24이므로, 아래의 그림에 비추어서 24의 $\frac{1}{10}$, $\frac{1}{100}$, …인 2.4, 0.24, … 가운데서 0.24를 택하였다.

$0.4\times0.6=0.24$(kg)

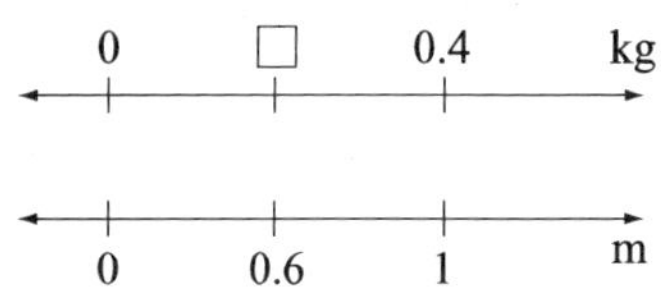

라는 등의 반응을 비교·검토하는 활동을 통하여,

- 소수×소수의 곱은 이미 학습한 내용 가운데서 적절한 것을 이용하면 여러 가지 방법으로 구할 수 있다.
- 소수×소수의 곱은 소수점을 무시하고 계산한 다음에 알맞은 자리에 소수점을 찍으면 된다.

는 것 등을 알아차리게(연역하게) 하고, 자기가 편하다고 생각되는 방법으로 소수끼리의 곱을 구할 수 있게 한다.

그리고 유사한 문제(소수점 아래의 수가 여러 자리인 수가 주어지는 문제를 포함)를 해결하는 활동을 통하여,

• 소수점 아래의 수가 x자리의 수와 y자리의 수의 곱은 소수점을 무시하고 계산한 곱에 이 곱의 오른쪽 끝자리부터 세어서 $(x+y)$번째의 수와 $(x+y+1)$번째의 수 사이에 소수점이 오는 소수로 나타난다.

는 것을 점진적으로 알아차릴 수(귀납, 연역할 수) 있게 한다.

한편, 구체적인 문제의 해결에서 세운 식의 계산을 필산 형식으로 계산해보도록 하고, 각자가 필산으로 계산한 것을 비교·검토하는 활동을 통해서,

• 필산 형식에 따라서 계산하면 계산 과정이 간결·명확하게 나타난다.

는 것을 알아차리게 하며, '필산 형식으로 계산한다는 것의 좋은 점'을 느껴볼 수 있게 한다.

그리고 필산 형식으로 계산한 아래의 사례에서 보듯이, 소수의 곱셈에서는 소수의 덧셈에서처럼 소수점을 가지런히 맞추기보다는 끝자리를 가지런히 맞추어서 처리해도 무방하다는 것을 알아차릴 수 있게 하며, 소수의 곱셈의 계산 방법(알고리즘)을 정립(귀납, 연역)할 수 있게 한다.

$$
\begin{array}{r} 2.3 \\ \times\quad 6 \\ \hline 18 \\ 12 \\ \hline 13.8 \end{array}
\qquad
\begin{array}{r} 2.3 \\ \times\quad 6 \\ \hline 18 \\ 12 \\ \hline 13.8 \end{array}
\qquad
\begin{array}{r} 2.34 \\ \times 3.6 \\ \hline 1404 \\ 702 \\ \hline 8.424 \end{array}
\qquad
\begin{array}{r} 2.34 \\ \times 3.6 \\ \hline 1404 \\ 702 \\ \hline 8.424 \end{array}
$$

지도상의 유의점

선분도로 나타나는 문제나 면적도로 나타나는 문제의 어느 것으로도 소수점 아래 m자리의 수와 n자리의 수와의 곱은 (m+n)자리의 소수로 나타난다는 소수의 곱셈의 계산 방법(원리)을 설명할 수 있게 하여야 한다.

이러기 위해서는, 비록 계산 방법을 익히는 학습이라 하더라도 계산 문제만을 제시하기보다는 구체적인 문제 장면을 함께 제시하는 것이, 필요로 하는 구체적인 조작 방법을 떠올릴 수도 있기 때문에 바람직하다.

참고 위의 아동들의 반응에서 제시한 분수의 곱셈에 관한 다양한 계산 방법은

'규칙성과 문제 해결' 영역에서의 '한 가지 문제를 여러 가지로 해결하기'라는 내용으로도 가름할 수 있다.

주요 내용 33 — 정수의 나눗셈의 계산 방법

나눗셈이 쓰이는 문제를 해결하는 과정([주요 내용 28])을 바탕으로 하여, 기본나눗셈(한 자리 수끼리의 곱셈의 역산인 나눗셈)의 계산 방법(㉮)과 큰 수의 나눗셈(큰 수의 곱셈의 역산)의 계산 방법(㉯)을 알아내게 한다.

가. 기본나눗셈

기본나눗셈(곱셈구구의 역산)의 몫을 곱셈구구를 이용하여 구할 수 있게 한다.

전개의 개요

"24장의 색종이로 한 사람 앞에 4장씩 나누어주면 몇 사람까지 나누어줄 수 있는가?"라는 문제(포함제)를 식으로 나타낼 수 있다는 판단이 섰을 때 이 문제를 나름대로의 방법(생각)으로 해결하게 하고, 이때 나타나는

- 기습인 '4의 단의 구구'를 이용하여 구한다.
- 4씩 몇 번 뛰어 세면 24가 되는가를 알아보았다.
- 4의 배수 중에서 먼저 떠오르는 24보다 크지 않는 16(=4×4)을 24에서 뺀 다음, 그 나머지인 8이 4의 몇 배인가를 알아보았다.
- 24개의 바둑돌을 4열로 배열하고 줄의 수를 세었다.

라는 등의 반응을 비교·검토하는 등의 활동을 통하여,

- 기본나눗셈의 몫을 구하는 계산 방법(원리)은 따로 없다.
- 동수누감하거나 곱셈구구를 역으로 생각하면 된다.

는 것을 알아차리게 한다.

그리고 나눗셈의 필산 형식을 가르쳐주고, 유사한 문제를 해결하는 활동을 통해서 주어진 수와 그 곱을 필산 형식으로 나타내어 계산하게 하며, 기본나눗셈의 몫을 능숙하게 구할 수 있게 한다.

```
    6
4)24
  24
  --
   0
```

한편, “24장의 색종이를 네 사람에게 나누어준다면 한 사람 앞에 몇 장씩 나누어줄 수 있는가?(등분제)”라는 문제로도 나름대로의 방법(생각)으로 해결하게 하고, 이때 나타나는

- 기습인 ‘4의 단의 구구’를 이용하여 구하였다.
- 몇 씩 4번 뛰어 세면 24가 되는가를 알아보았다.
- 24개의 바둑돌을 4열로 배열한 다음에 줄 수를 세었다.
- 한 사람 앞에 한 장씩 주는 데는 4장이 소요되므로, 구구를 써서 24가 4의 몇 배인가를 알아보았다.
- 한 사람에게 한 장씩 주는 데 4장이 소요되므로, 24에서 4를 몇 번 뺄 수 있는지 알아보았다.

라는 등의 반응을 비교·검토하는 등의 활동을 통하여,

- 기본나눗셈의 몫을 구하는 계산 방법(원리)은 따로 없다.
- 동수누감하거나 곱셈구구를 역으로 생각하면 된다.

는 것을 다시 한번 느끼게 하며, 나눗셈을 필산 형식으로 능숙하게 계산할 수 있게 한다.

나. 큰 수의 나눗셈

피제수나 제수가 몇 자리의 수이냐에 구애됨이 없이 나눗셈의 몫을 구할 수 있는 계산 방법(원리)을 단계(학년)가 높아감에 따라 점진적으로 정립할 수 있게(귀

납, 일반화하게) 한다.

전개의 개요

"92개의 사과를 4개의 자루에 똑같이 나누어 담으려면 한 자루에 몇 개씩 담아야 하는가?"와 같은 구체적인 문제(등분제)를 식으로 나타낼 수 있다는 판단이 섰을 때 먼저 답이 얼마쯤 될 것 같은가를 알아보게 하고, 이 문제를 나름대로의 방법으로 답을 구해보도록 한다.

그리고 이때 나타나는

- 92개의 바둑돌을 4줄로 배열하고 한 줄의 개수를 세었다(23개).
- 92개의 바둑돌로 4개의 자루에 10개씩 담아 나간 다음에, 남은 12개를 4등분하였다(23개).
- $92-40(=4\times10)=52$, $52-40(=4\times10)=12$, $12-12(=4\times3)=0$
  $\therefore$ $92\div4=10+10+3=23$(개)
- $92-80(=4\times20)=12$, $12-12(=4\times3)=0$
  $\therefore$ $92\div4=20+3=23$(개)

라는 등의 반응을 비교·검토하는 활동을 통하여,

- 각 방법에는 어떤 생각이 중심을 이루는가?
- 각 방법에서 볼 수 있는 좋은 점은 무엇인가?

를 알아차리게 하는 한편,

① 피제수(a)보다 작은 제수(b)의 배수($b\times q_1$)를 알아낸다.
② 피제수(a)에서 제수(b)의 배수($b\times q_1$)를 뺀다(r_1).
③ $r_1<b$인가를 확인한다.
④ $r_1\leqq b$이면 ①로 되돌아가서 같은 조작을 반복하고, $r_1\geqq b$이면 다음 ⑤의 조작을 한다.
⑤ 지금까지 구한 부분 몫 q_1, q_2, q_3, …을 더한다($=q$).

라는 나눗셈의 계산 방법(알고리즘)을 단계(학년)가 높아감에 따라 점진적으로 정립(귀납, 연역)하게 하고, 유사한 문제의 해결을 통하여 나눗셈의 몫을 필산 형식으로 구해보도록 하여, 계산 과정이 간결·명확하게 나타난다는 '필산 형식으로 계산한다는 것의 좋은 점'을 느끼게 하고, 나눗셈의 몫을 능숙하게 구할 수 있게 한다.

한편, "92개의 사과를 한 접시에 4개씩 담으려면 접시가 몇 개 있어야 하는가?"와 같은 구체적인 문제(포함제)로도 앞에서와 같은 과정을 밝힌다(이 경우는 위에서 유추할 것으로 보고 생략한다).

참고 위의 아동들의 반응에서 제시한 큰 수의 나눗셈에 관한 다양한 계산 방법은 '규칙성과 문제 해결' 영역에서의 '한 가지 문제를 여러 가지로 해결하기'라는 내용으로도 가름할 수 있다.

지도상의 유의점

필산에서는 보통 아래의 방법 ㈑와 같이 계산한다. 그러나 위에서 언급한 나눗셈의 계산 알고리즘을 바탕으로 보다 나은 필산 방법을 아동에게 정립시킨다는 입장에서 보면, 방법 ㈎~㈑의 과정을 차례로 거치는 것이 자연스러울 것이다. 굳이 방법 ㈑와 같이 계산할 것을 강요할 것이 아니라, 처음에는 아동 개개인에게 맡겼다가 점진적으로 ㈑의 방법으로 개선해 나가도록 하는 것이 보다 나은 것을 추구하려는 태도의 육성을 위해서도 바람직할 것이다.

```
㈎        23      ㈏       23      ㈐  4 ) 92             ㈑      23
        ----             ----             ----                 -----
          3                3               80 …20          4 ) 92
         10               20              ----                  8
         10           4 ) 92               12  ____            ----
    4 ) 92                80               12 … 3               12
         40              ----             ----                  12
        ----              12                0   23             ----
         52               12                                     0
         40              ----
        ----               0
         12
         12
        ----
          0
```

그리고 나눗셈의 기초적인 계산의 숙달을 스스로 시도하게 하는 데는 '기본곱셈'에서 언급한 바와 같이, 게임이나 놀이를 통하는 것이 바람직하다.

한편, 나눗셈의 계산에서 성립하는 여러 가지 법칙이 비록 지도 대상에서 제외되어 있다손 치더라도, 각자가 나눗셈의 계산을 하는 가운데서 아동이 스스로 느낄 수 있게 하고, 나눗셈의 능률적인 계산 방법을 스스로 정립할 수 있도록 하는 것이 자주적인 학습 능력의 육성이라는 면에서도 바람직한 것이다.

① $(a\times b)\div c=a\times(b\div c)=(a\div c)\times b$

② $a\times b=(a\times c)\times(b\div c)=(a\div c)\times(b\times c)$

③ $(a\div b)\div c=a\div(b\times c)$

$(a\div b)\times c=a\div(b\div c)$

④ $a\div b=(a\times c)\div(b\times c)=(a\div c)\div(b\div c)$

⑤ $(a+b)\div c=(a\div c)+(b\div c)$

주요 내용 34 — 분수의 나눗셈의 계산 방법

분수의 곱셈이 쓰이는 경우에 대한 이해의 바탕 위에서 선분도나 면적도로 나타나는 분수의 나눗셈의 구체적인 문제를 해결하는 활동을 통하여,

(가) 분수÷정수의 계산 방법 $(\frac{a}{b}\div c=\frac{a\div c}{b})$

(나) 분수÷분수의 계산 방법 $(\frac{a}{b}\div\frac{c}{d}=\frac{a}{b}\times\frac{d}{c}=\frac{a\times d}{b\times c})$

을 정립(귀납, 일반화)하게 하여, 분수의 나눗셈을 능숙하게 계산할 수 있게 한다.

가. 분수÷정수의 계산 방법

전개의 개요

"3m의 무게가 $\frac{8}{5}$kg 나가는 철사 1m의 무게는 몇 kg인가?(등분제)"라는 문제

의 식($\frac{8}{5} \div 3$)을 세웠을 즈음에 그 답을 구할 방법을 알아보게 하고, 이때 나타나는

◈ $\frac{8}{5}$kg은 $\frac{1}{5}$kg의 8배($\frac{1}{5} \times 8$)이므로, $\frac{8}{5}$kg을 3등분하면 된다. 즉, $\frac{1}{5} \times (8 \div 3)$의 값을 구하면 된다. 하지만 $(8 \div 3)$은 나누어떨어지지 않아서 이 이상 간단한 분수로는 고치지 못하겠다.

◈ $\frac{8}{5} \div 3$의 $\frac{8}{5}$을 $\frac{8 \times 3}{5 \times 3}$으로 고치면(배분하면)
$\frac{8}{5} \div 3 = \frac{8 \times 3}{5 \times 3} \div 3 = \frac{1}{5 \times 3} \times (8 \times 3) \div 3 = \frac{8}{5 \times 3}$

◈

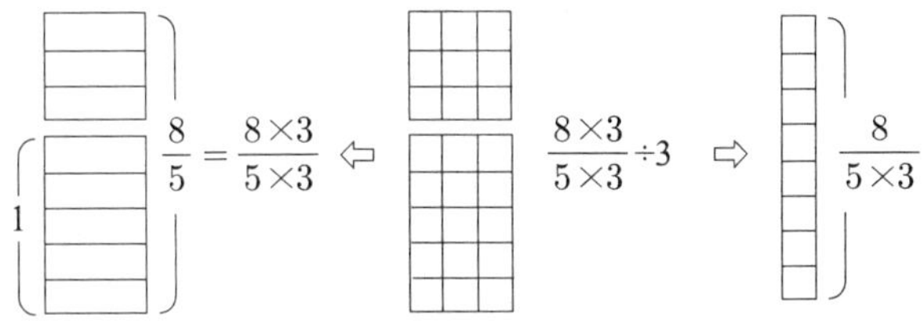

라는 등의 반응을 비교·검토하는 활동을 통하여,

- '분수÷정수'에서는 제수인 정수를 분모에 곱해주면 된다.

는 것을 알아차리게 한다.

나. 분수÷분수의 계산 방법

전개의 개요

"1m의 무게가 $\frac{3}{4}$kg 나가는 철봉이 있다. 이런 철봉 한 토막의 무게가 $\frac{2}{5}$kg이라면 이 한 토막의 철봉의 길이는 몇 m인가?"라는 문제의 식을 $\frac{2}{5} \div \frac{3}{4}$이라고 세웠을 즈음에 그 답을 구할 방법을 알아보게 하고, 이때 나타나는

◈ $\frac{3}{4}$을 $3 \div 4$라고 보면 이것은 '$\frac{3}{4}$의 4배'가 '3'이므로, 먼저 '$\frac{2}{5}$'가 '3'의 몇 배인가를 알아보았다($\frac{2}{5} \div 3$). 그런데 ($\frac{2}{5} \div 3$)은 '$\frac{3}{4}$의 4배'와 비교한 것이므로, '$\frac{3}{4}$'과 비교하면 ($\frac{2}{5} \div 3$)의 4배가 된다.
$\therefore \ \frac{2}{5} \div \frac{3}{4} = \frac{2}{5} \div 3 \times 4 = \frac{2 \times 4}{3 \times 5}$

◈ $\frac{2}{5}$와 $\frac{3}{4}$의 단위가 다르기 때문에 비교할 수 없어서 단위를 가지런해지게 고치면(손질하면), $\frac{2}{5}=\frac{2\times4}{5\times4}$, $\frac{3}{4}=\frac{3\times5}{4\times5}$는 각각 $\frac{1}{5\times4}$이 (2×4)와 (3×5)로 볼 수 있으므로, (2×4)가 (3×5)의 몇 배인가를 알아보면 된다. 그러므로 $(2\times4)\div(3\times5)=\frac{2\times4}{3\times5}=\frac{2}{5}\times\frac{4}{3}$이다.

◈ 수직선의 그림으로 나타낸

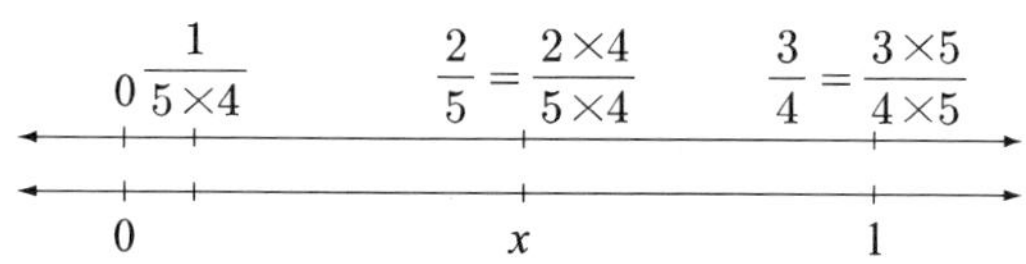

에서의 $\frac{1}{5\times4}$을 단위로 보면, 이런 것이 $\frac{2}{5}$에는 (2×4)개, $\frac{3}{4}$에는 (3×5)개 있으므로 $\frac{2\times4}{3\times5}$이다.

◈ 나눗셈의 성질을 이용하여,

$$\frac{2}{5}\div\frac{3}{4}=\left\{\frac{2}{5}\times(5\times4)\right\}\div\left\{\frac{3}{4}\times(5\times4)\right\}=(2\times4)\div(3\times5)=\frac{2\times4}{3\times5}=\frac{2}{5}\times\frac{4}{3}$$

◈ "가로가 $\frac{3}{4}$m인 직사각형 모양의 꽃밭의 넓이가 $\frac{2}{5}m^2$라면 이 꽃밭의 세로의 길이는 몇 m인가?"라는 문제로 보고, 분수의 곱셈(또는 정수의 곱셈)에서 알아본 적이 있는 '가로와 세로의 길이를 알고 그 넓이를 구하는 문제'에 비추어서 알아보았다. 먼저, 가로가 $\frac{3}{4}$이고 넓이가 $\frac{2}{5}$인 직사각형의 그림 (1)을 그리고, 이 그림 (1)을

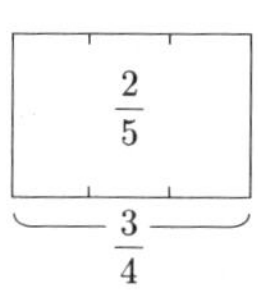

그림 (1)

그림 (1)의 반을 세로로 5개 이으면 넓이가 '1' 그리고 세로로 3등분한다.

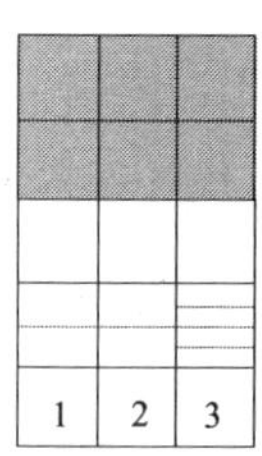

1, 2, 3을 오른쪽으로, 점선으로 분할한 것을 그 밑으로 옮긴다.

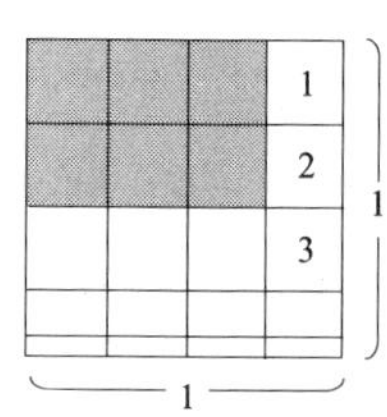

와 같이 분할·이동시켜 세로의 길이를 세어보았더니 세로$=\frac{8}{15}$이었다.

라는 등의 반응을 바탕으로,

- 분수÷분수의 계산은 기습 내용 중에서 알맞은 것을 이용하면 다양한 방법으로 구할 수 있다.

는 사실을 알아차릴 수 있게 하고, 자기가 편리하다고 생각되는 방법을 이용해서

- 분수÷분수는 피제수와 제수의 역수를 곱하는 곱셈으로 나타난다.

는 것을 설명(연역)해 보일 수 있게 한다.

참고 위의 아동들의 반응에서 제시한 분수의 **나눗셈에 관한 다양한 계산 방법**은 '규칙성과 문제 해결'이라는 영역에서의 '**한 가지 문제를 여러 가지로 해결하기**'에도 해당한다.

주요 내용 35 — 소수의 나눗셈의 계산 방법

선분도로 나타나거나 면적도로 나타나는 소수의 나눗셈이 쓰이는 문제를 해결하는 활동을 통하여, 소수의 나눗셈에 대한 계산 방법(원리)을 정수의 나눗셈의 계산 방법([주요 내용 28])에서 유추하여 정립(귀납, 일반화)하게 한다.

전개의 개요

(가) 1m의 무게가 0.7kg 나가는 철봉 한 토막의 무게를 달아보았더니 0.56kg이었다. 이 철봉 토막의 길이는 몇 m인가?(선분도로 나타나는 문제)

(나) 넓이가 $0.56m^2$인 직사각형 모양의 판자가 있다. 이 판자의 가로가 0.7m이면 세로는 몇 m인가?(면적도로 나타나는 문제)

와 같은 문제를 식으로 나타낼 수 있다는 판단이 섰을 때 먼저 답이 얼마쯤 될 것 같은가를 알아보게 하고, 이 문제를 나름대로의 방법으로 답을 구해보도록 한다. 그리고 이때 나타나는

<문제 ㈎에 대한 반응>

◈ 0.7kg=700g이고 0.56kg=560g이므로,
$560 \div 700 = 560 \div 7 \div 100 = 80 \div 100 = 0.8$(m)

◈ 1m의 무게를 70kg이라고 하면, '0.56÷7'이라는 기습인 문제가 만들어진다. 그런데 $0.56 \div 7 = 0.08$이고, 7은 0.7의 10배이므로,
$0.56 \div 0.7 = (0.56 \div 7) \times 10 = 0.08 \times 10 = 0.8$(m)

<문제 ㈏에 대한 반응>

◈ 구하려는 판자(직사각형)의 세로의 길이는 '0.56÷0.7'의 값이다.
$0.56 \div 0.7 = \frac{56}{100} \div \frac{7}{10} = \frac{56 \div 7}{100 \div 10} = \frac{8}{10} = 0.8$ (답; 0.8m)

◈ 가로가 0.7인 직사각형을 그려 그 넓이를 0.56이라고 가정하고 그 사각형을 세로로 7등분하면, 그 하나의 넓이는 0.08, 가로의 길이는 0.1이다. 그런데 0.08은 0.1의 0.8배이므로 구하려는 세로의 길이는 0.8이다. 그러므로 $0.566 \div 0.7 = 0.8$(m)이다.

◈ 주어진 직사각형을 가로를 100배로 늘이면 넓이가 56, 가로가 70인 사각형이 된다. 그런데 이 사각형의 세로는 $56 \div 70 = 0.8$이다. 그러므로 문제에 주어진 사각형의 세로의 길이가 0.8이라는 것을 알았다.
∴ $0.56 \div 0.7 = 0.8$(m)

라는 등의 반응을 바탕으로,

- 소수÷소수의 계산도 기습 내용 가운데 적절한 것을 이용하면 다양한 방법으로 구할 수 있다.

는 것을 알아차리게 하고, 자기가 좋다고 생각되는 방법으로 소수÷소수의 계산을 능숙하게 할 수 있도록 한다.

그리고 유사한 문제(소수점 아래의 수가 여러 자리인 수가 주어지는 문제)를 해결하는 활동을 통하여,

- 제수가 소수점 아래 ㅁ자리의 수인 나눗셈에서는
  ① 제수와 피제수에 10ㅁ을 곱해서 제수를 정수가 되도록 고친다.
  ② 제수가 정수인 나눗셈에서의 방법으로 몫을 구한다(계산한다).
  ③ 구한 몫을 10ㅁ으로 나눈다.

라는 '소수÷소수'의 계산 방법을 점진적으로 형식화(알고리즘화)할(귀납, 연역할) 수 있게 한다.

그리고 소수의 나눗셈에서도 정수의 나눗셈에서와 같이 필산 형식으로 계산할 수 있을 것 같은가를 알아보게 하고, 이때 나타나는 반응을 바탕으로 제수가 소수점 아래 n자리의 수인 경우에는

① 제수와 피제수에 10^n을 곱한 수로 제수가 정수인 경우와 같이 계산한다.
② 위의 ①에서 구한 몫이 구하려는 몫이 된다.
③ 나머지의 소수점은 원래의 피제수의 소수점에 맞추어 찍는다.

```
            6.2
2.34 )14.52.2
      14 04
      ------
         472
         468
      ------
       0.003
```

라는 필산 절차가 타당하다는 것을 설명할 수 있게 한다.

참고 위의 아동들의 반응에서 제시한 소수의 나눗셈에 관한 다양한 계산 방법은 '규칙성과 문제 해결'이라는 영역에서의 '한 가지 문제를 여러 가지로 해결하기'에도 해당한다.

제3장

도형에 관련되는 내용

직관에 의한 관찰이나 구체적으로 조작할 수 있는 여러 가지 사물 및 적절한 컴퓨터 프로그램을 활용하여 도형의 기초적인 지식을 알게 하고, 도형의 아름다움을 느껴볼 수 있도록 하는 데에 배려하며, 간단한 소재로부터 복잡한 소재로 발전시켜 연역적 추론이 통합적으로 이루어질 수 있도록 한다.

라는 도형 영역의 목표를 달성하는 데에 핵심이 되는 지도 내용과 함께 지도 방안을 예시한다.

주요 내용 36 — 도형 영역의 지도 내용

도형 영역에서는 다음의 5가지 내용의 지도가 핵심을 이룬다.

(1) 도형의 의미(정의)
(2) 도형의 성질
(3) 도형의 판별 방법
(4) 도형의 구성 방법
(5) 한(지금 학습하는) 도형과 다른 도형과의 상호관계 또는 포함관계

그러므로, 단계(학년)가 높아감에 따라 어떤 내용의 어느 수준까지를 어느 단계(학년)에서 다루어야 하는가를 분석·판단하여, 다음 단계(학년)에서 학습하게 되는 학습 내용의 튼튼한 발판이 되도록 기초적이고 기본적인 경험을 충분히 축적시켜야 한다.

주요 내용 37 — 기초적인 경험

주변에서 자주 접하게 되는 물건을 가까이 하며, 집이나 자동차 등을 만드는 활동을 통하여 기둥으로 사용하기 좋은 것, 바퀴로 사용하기 좋은 것 등의 차이점을

느껴보게 하고, 이와 같은 경험을 바탕으로 여러 가지 모양의 물건을 그 기능 면에 따라 유별할 수 있게 하여, '상자 모양'이나 '기둥 모양'이라고 하는 모양을 추상할 수 있게 하고, 도형을 직관(통찰)하는 경험을 쌓아나가게 한다.

전개의 개요

주변에 있는 여러 가지 물건을 직접 굴려보거나 쌓아올려 보는 등의 경험을 충분히 시켜, 자신이 만들어 보고 싶은, 예컨대 자동차, 배, 집, 책상 등을 주변에서 볼 수 있는 여러 가지 물건이나 쌓기 나무로 만들어보게 하고, 이때 나타나는

◈ 이것과 이것으로 자동차를 만들었다.
◈ 이것을 집의 지붕으로, 이것을 기둥으로 사용하여 집을 만들었다.

라는 등의 반응을 비교·검토하는 활동을 통하여,

- 집의 몸통이나 기둥으로 사용하기 적당한 것, 자동차의 바퀴로 사용하기 적당한 것 등에서 볼 수 있는 어떤 특징 사이에는 어떤 차이가 있는가?

를 느껴볼 수 있게 하고,

- 어떤 모양의 것은 무엇에 사용하는 것이 좋다.
- 색깔, 크기, 재질 등과 같은 모양 이외의 여러 가지 성질을 무시(사상)한다.

는 등의 것을 알아차리게 하여, 여러 가지 물건이나 쌓기 나무를 그 기능면에 따라 모을 수(분류할 수) 있게 하며, 분류한 것에 아동들이 쓰는 말로 '상자 모양', '둥근 기둥 모양', '공 모양'이라는 이름을 붙여서 사용하게 한다.

그리고 유사한 활동을 통하여 '상자 모양', '둥근 기둥 모양', '공 모양' 등을 점진적으로 추상할 수 있게 한다.

한편, 휴지곽이나 녹차통 등의 각 면에, 예컨대 무늬가 있는 종이나 색종이를 오려붙이는 등의 과제(예쁘게 꾸미자는 등의 과제)를 나름대로의 방법으로 해결하게 하고, 이때 나타나는

◈ 상자나 통의 면을 쳐다보고 그 모양을 오려내었다.
◈ 상자나 통의 면을 종이에 놓고 그 가장자리에 연필을 대고 한 바퀴 돌려

서 오려내었다.

◈ 상자나 통의 면에 무늬가 있는 종이나 색종이를 그대로(오려내지않고) 붙였다.

는 등의 반응을 비교·검토하는 활동을 통하여,

• 상자나 통의 면에는 '네모 모양'인 것, '세모 모양'인 것, '동그라미 모양'인 것이 있다.

는 것, 즉 입체에는 여러 가지 모양의 '평면'이 내포되어 있다는 것을 알아차리게 한다.

지도상의 유의점

1학년에서는 도형을 학습하는 것이 아니고, 주변에 있는 물건 또는 일상생활이나 놀이를 하는 가운데서 눈에 띄었거나 만들었던 물건에 대해서, '모양'이라는 성질적인 측면에 주목하게 하여 물건의 '모양'을 추상할 수 있게 하는 지도를 한다.

그런데 대부분의 아동은 위에서 언급한 경험을 입학 전부터 하고 있겠지만, 모든 아동이 같은 것을 추상한다고 보기는 어려우므로, 여러 가지 경험을 많이 가지게 하는 것이 바람직하다.

이런 경험이 많으면 많을수록 그 경험에 관련되는 도형의 학습의 필요성을 보다 절실하게 느끼는 데 반해, 처음 접하게 되는 것은 그것에 어떤 특징이 있는지, 어디에 문제가 있는지를 모를 뿐 아니라, 어디서부터 착수해야 하는지도 모를 가능성이 많다(물론, 미지의 것에 도전해 보려는 의욕을 가지게 한다는 측면이 있기는 하지만). 즉, 기초적인 경험이 풍부하면 문제의 파악이나 그 문제에 대한 어느 정도까지의 해결은 자력으로 할 수 있게 된다. 그래서 도형을 전체적으로 보는 경험이 중요하다는 것이다. 이런 안목은 분석적인 안목이 아니고 직관적인 안목이다.

한편, '상자 모양', '둥근 기둥 모양', '공 모양'이라는 용어나, '네모 모양', '세모 모양', '동그라미 모양'이라는 용어는 수학적 용어가 아니므로, 이 단계에서는 그 학급 아동이 표현하는 용어의 대체적인 경향에 따라 적당한 이름을 붙여서 사용해도 무방하며, 그 용어를 사용하여 표현할 것을 강요할 필요는 없다.

주요 내용 38 — 삼각형, 사각형의 개념

대상의 모양을 전체적으로 보고 표현해 왔던 '네모 모양'이나 '세모 모양'이라는 말로는 대상의 모양이나 크기를 정확하게 표현·전달할 수 없다는 것, 이와 같은 문제점을 보완한다는 관점에서 삼각형이나 사각형의 의미(정의)를 명확히 규정할 필요성이 있다는 것을 느끼게 하여 삼각형이나 사각형의 정의를 규정하고, 삼각형이나 사각형으로 여러 가지 모양을 꾸며 보는 활동을 통하여 삼각형이나 사각형이 여러 가지 도형의 기본이 되는 도형임을 알아차리게 한다.

전개의 개요

예를 들면, 여러 가지 동물의 그림 주위에 여러 개의 점이 찍혀 있는

와 같은 학습지를 나누어주고, 그 점을 나름대로의 방법으로 이어서 그 동물을 둘러싸보게 하고(㉮), 이때 나타나는

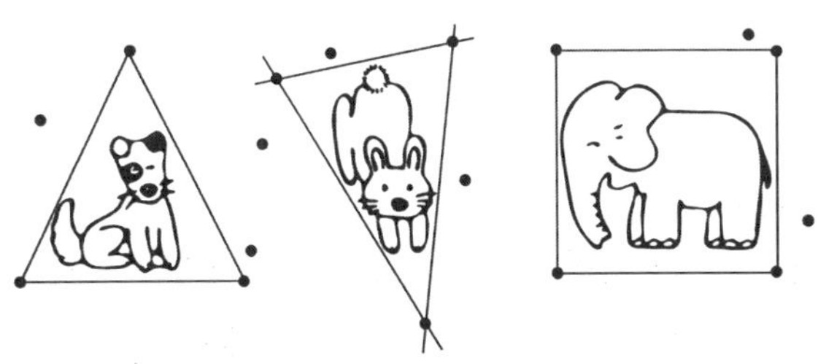

등의 여러 가지 반응을 비교·검토하는 활동에서 나타나는 반응을 바탕으로, 4개

(3개)의 점을 곧은 선으로 이어서 되는 모양을 '사각형(삼각형)'이라고 한다는 것을 가르쳐(말해)준다.

그리고 여러 가지 모양(평면도형) 가운데서 사각형(삼각형)을 가려내게 하여, 이때 나타나는 반응을 비교·검토하는 활동을 통하여,

- 사각형(삼각형)이라고 할 때는 '네모(세모)'라고 할 때와는 달리 모가 무딘 것, 모양을 이루는 선이 굽은 것, 완전하게 닫히지 아니한 것은 제외된다.

는 사실을 알아차리게(귀납하게) 한다.

한편, 대바늘과 점토 알로 다양한 모양을 만들어보게 하고(㉯), 이때 나타나는 반응을 비교·검토하는 활동을 통하여,

- 동그란 점토 알 4개(3개)로, 4개(3개)의 대바늘을 끼워 이으면 사각형(삼각형)이 만들어진다.

는 것을 알아차리게 하고, 그 모양을 이루는 대바늘과 같은 곧은 선을 '변', 대바늘의 끝을 이은 점토 알이 시사하는 곳을 '꼭지점'이라고 한다는 것을 가르쳐(말해)준다.

그리고 몇 개의 삼각형이나 사각형으로 자기가 만들어보고 싶은 모양을 만들어보게 하고, 이때 나타나는 반응을 비교·검토하는 활동을 통하여,

- 삼각형이나 사각형을 적당히 배열하면 여러 가지 모양이 만들어진다.

는 것을 느껴볼 수 있게 하며,

- '옮기기(밀기)', '뒤집기', '돌리기'

등의 조작 경험을 충분히 쌓게 한다.

지도상의 유의점

엄밀하게 말하면, 선분의 합집합인 단일폐곡선을 다각형이라 하고, 3개(4개)의 선분으로 되는 다각형이 삼각형(사각형)이다. 즉, 3개(4개)의 선분만을 가리킬 뿐 그 내부는 제외된다. 그 내부까지 가리킬 때는 삼각형 영역(사각형 영역) 또는 삼각영역(사각영역)이라고 한다. 그러나 초등학교 수준에서는 이와 같이 엄밀하게

구분하게 할 필요는 없다. 마찬가지로, 선분이나 직선이라는 용어에 대해서도 이 수준에서는 엄밀하게 구분하여 표현하게 하는 데에 지도의 비중을 많이 둘 필요는 없다.

그리고 '옮기기(밀기)', '뒤집기', '돌리기' 등의 조작 활동을 통하여, '옮기기(밀기)', '뒤집기', '돌리기' 등의 조작이 어떤 변화를 가져오는가를 관찰하게 하고, 구체물이나 그림 등이 어떤 과정을 거쳐 이루어진 것인가를 알아차릴 수 있도록, '옮기기(밀기)', '뒤집기', '돌리기' 등의 조작 경험을 충분히 시키는 것이 좋다.

참고 도형의 성질을 많이 알수록 그 이해가 심화되며, 활용의 가능성도 또한 높아진다. 초등학교 수준에서 다루어지는 삼각형과 사각형의 성질로는 다음과 같은 것을 들 수 있다.

(가) 삼각형의 성질

① 내각의 합은 180도이다.

② 삼각형의 변 중에 최대의 변의 길이가 a일 때, 세 변의 길이 a, b, c 사이에는 $a<b+c$라는 관계가 성립한다.

③ 특별한 모양으로서는 각의 크기에 주목한 직각삼각형, 예각삼각형, 둔각삼각형이 있고, 변의 상등관계에 주목한 이등변삼각형, 정삼각형이 있으며, 이 두 성질이 모두 있는 직각이등변삼각형이 있다.

(나) 사각형의 성질

① 내각의 합이 360도이다.

② 대각선이 2개 있다.

③ 대각선에 의하여 2개의 삼각형으로 분할된다.

④ 특별한 모양으로서는 사다리꼴(등각사다리꼴 포함), 평행사변형, 마름모, 직사각형, 정사각형이 있다. 이런 사각형은 내각의 크기가 2직각보다 작다(내각의 크기가 2직각보다 큰 사각형(凹사각형), 꼬인 위치에 있는 사각형도 있지만, 이것은 초등학교 수준에서는 다루지 않는다).

주요 내용 39 — 원의 개념

대상의 모양을 전체적으로 보고 표현해 왔던 '동그라미 모양'이라는 말로는 대상의 모양이나 크기를 정확하게 표현·전달할 수 없다는 것, 이와 같은 문제점을 보완한다는 관점에서 원의 의미(정의)를 명확히 할 필요가 있다는 것을 느끼게 하여 원의 정의를 내려준다.

전개의 개요

"누가 만든 종이비행기가 먼 곳까지 날아갈까? … (가)"라는 종이비행기를 멀리 날리기 게임(놀이)을 시키고, 이때 나타나는 반응을 비교·검토하는 활동을 통하여,

- 날린 곳(지점)에서 날아간 곳(지점)까지의 거리가 길수록 멀리 날아갔다는 것.
- 날릴 곳(지점)을 일정하게 정해 두는 것이 직관도 가능하여 판단하기 쉽다는 것.

을 느껴볼 수 있게 하고, 승부를 가리지 못하는 경우는 어떤 경우인가를 알아보게 하는 등의 활동을 통하여,

- 한 점으로부터의 거리가 일정한 곳(지점)의 모양이 둥근 모양이라는 것.

을 느껴볼 수 있게 한 다음에, 그 둥근 모양을 '원'이라고 하고, 일정하게 정했던 날린 곳(지점)을 '중심', 일정하게 정한 날린 곳(지점)에서 둥근 곳(지점)까지의 거리를 '반지름'이라고 한다는 것을 가르쳐(말해)준다.

지도상의 유의점

다음 그림과 같이, "직사각형 모양인 코트에서 '피구 게임'을 한다면, 어느 곳(지점)에서 던지는 사람이 잘 맞힐 수 있을 것 같은가? … (나)"를 알아보게 하고, 이때 나타나는 반응을 바탕으로, 예컨대 "어느 곳(지점)에서 던져도 맞힐 가능성이 같아지는 코트를 그려보자."라는 과제를 설정하여 이 과제를 해결하게 하고, 이때 나타나는 반응을 비교·검토하는 활동을 통하여, 어느 곳(지점)에서 던져도

맞힐 가능성이 같아지게 하려면

• 한 점으로부터의 거리가 일정한(둥근 모양의) 코트를 그려야 한다.

는 것을 느껴볼 수 있게 하고, 그 둥근 모양을 '원'이라고 하며, 중앙의 일정한 곳(지점)을 '중심', 그 점(중심)으로부터의 일정한 거리를 '반지름'이라고 한다는 것을 가르쳐(말해)줄 수도 있다.

한편, 과제 ㈎와 과제 ㈏를 '낯익은 정도'라는 측면에서 보면, 아동에게는 과제 ㈏가 과제 ㈎에 비하여 친숙한 편이라고 볼 수 있겠으나, 과제 ㈎는 '중심으로부터 원주까지의 거리'라는 생각이 잘 떠오를 것 같은 데 비하여, 과제 ㈏는 '중심으로부터 원주까지의 거리'라는 생각이 떠오르지 않을 가능성이 많을 것 같으므로, 과제 ㈎가 과제 ㈏에 비하여 정의의 도출이 용이할 것이라는 측면도 있다.

낯선 소재는 앞의 '기초적인 경험'에서도 언급했듯이, 미지의 것에 도전해 보려는 의욕을 가지게 한다는 측면은 있지만, 그 소재에 어떤 특징이 있는지, 어떤 문제가 있는지, 어디서부터 착수해야 하는지를 알아내지 못할 가능성이 많다. 그래서 가능하면 낯익은 소재를 이용하는 것이 좋을 것으로 생각된다.

주요 내용 40 — 직각, 직사각형, 정사각형, 직각삼각형

구체적인 조작을 통하여 '각'과 '직각'의 뜻을 이해하게 하고, 지금까지 살펴보았던 모양이나 크기가 여러 가지인 삼각형이나 사각형을 '직각'이라는 관점에서 분류하게 하며, "변의 길이(또는 각의 크기)가 같다."라는 사실과 유관한 삼각형이나 사각형의 성질을 찾아보게 하여, 삼각형이나 사각형에 대한 이해가 심화되게 하는 한편, 삼각형이나 사각형으로 여러 가지 모양을 만들어 보는 활동을 통해서, '옮기기', '뒤집기', '돌리기' 등의 조작을 거침으로써 여러 가지 무늬가 만들어진다는 것을 알아차리게 한다.

전개의 개요

크기나 모양이 다양한 사각형이나 삼각형을 점판(geo-board)에 나타내어 보게 하거나 종이로 오려내어 보도록 하고, 이때의 반응을 비교·검토하는 활동을 통하여, 삼각형이나 사각형의 '꼭지점'의 부분처럼 생긴 모양을 '각'이라고 한다는 것(정의)을 가르쳐(말해)주며, 점진적으로

- '각'이란 한 점을 공유하는 두 직선(엄격하게는 반직선)으로 되는 모양(도형)을 뜻한다.

는 것을 알아차리게(귀납, 일반화할 수 있게) 한다.

그리고 크기나 모양이 다양한 사각형이나 삼각형의 각(편의상 각 가나다, 각 라마바 라고 하겠다)을 나름대로의 관점에서 비교해보도록 하고, 이때 나타나는

◈ 이 도형의 이 각의 변(각을 이루는 두 반직선)의 길이가 길다.
◈ 이 도형의 이 각이 많이 벌어졌다.

라는 등의 반응을 비교·검토하는 활동을 통하여, 두 각(각 가나다, 각 라마바)을 포갤 때, "각 가나다와 각 라마바가 꼭 맞게 겹쳐지는 것"을 "각 가나다와 각 라마바의 크기가 같다."라고 말하고, "각 가나다가 각 라마바 안에 들어가는 것"을 "각 가나다가 각 라마바보다 작다(또는 각 라마바가 각 가나다보다 크다)."라고 말한다는 것(정의)을 가르쳐(말해)주며,

- 각의 크기는 그 각의 변(각을 이루는 두 반직선)의 길이와는 무관하다.

는 것을 알아차리게 한다. 그리고 종이를 한번 접은 다음에, 접은 금이 겹쳐지도록 한번 더 접어서 되는 모양과 같은 것을 '직각'이라고 한다는 것(정의)을 가르쳐(말해)준다.

그리하여, 점판(geo-board)에 나타내거나 종이로 오려낸 크기나 모양이 여러 가

지인 사각형이나 삼각형에서 볼 수 있는 특징을 '직각'이라는 관점에서 살펴보게 하고, 이때 나타나는

◈ 사각형 가운데는 직각이 1개인 것(또는 2개인 것, 4개인 것)이 있다.
◈ 3개의 각만 직각인 사각형은 없다.
◈ 삼각형 가운데는 직각이 1개인 것이 있다.

라는 등의 반응을 비교·검토하는 등의 활동을 통하여,

- 직각이 3개인 사각형을 그려보면 남은 한 각도 직각이 된다.
- 직각이 2개인 삼각형은 그려지지 않는다.

라는 사실을 알아차리게(귀납, 연역하게) 하며, 사각형 가운데 4개의 각이 모두 직각인 것을 '직사각형'이라고 하며, 직사각형 가운데 4개의 변의 길이가 모두 같은 것을 '정사각형'이라고 한다는 것, 그리고 삼각형 가운데 한 각이 직각인 것을 '직각삼각형'이라고 하며, 한 각이 직각보다 큰 삼각형을 '둔각삼각형'이라고 하고, 세 각이 모두 직각보다 작은 삼각형을 '예각삼각형'이라고 한다는 것(정의)을 가르쳐(말해)준다.

그리고 종이를 접어서 직사각형 모양이나 정사각형 모양 또는 직각삼각형 모양을 만들게 하거나 작도하게 하고, 이때 나타나는

◈ 직사각형(또는 정사각형, 직각삼각형) 모양을 이렇게 만들었다.

는 등의 반응을 비교·검토하는 활동을 통하여, 이웃하지 않는 꼭지점을 이은 선분을 '대각선'이라고 한다는 것(정의)을 가르쳐(말해)주고,

- 삼각형에는 대각선을 그을 수가 없다.
- 직사각형은 한 대각선에 의하여 모양과 크기가 같은(합동인) 2개의 직각삼각형으로 분할된다.
- 직사각형은 대각선의 길이가 같다.
- 이 밖의 성질(평행사변형에서 볼 수 있는 성질; 평행사변형의 성질 참조)

등의 직사각형의 성질과

- 두 대각선에 의하여 모양과 크기가 같은(합동인) 4개의 직각이등변삼각형으

로 분할된다.

- 두 대각선의 길이가 같고, 서로의 중점에서 수직으로 만난다.
- 이 밖의 성질(마름모에서 볼 수 있는 성질; 직사각형 및 마름모의 성질 참조)

등의 정사각형의 성질을 점진적으로 알아차리게 한다.

또한, 직사각형(또는 정사각형)인지를 확인하는 등의 활동을 통하여, 직사각형(또는 정사각형)의 성질의 이해를 심화시키는 한편,

- 직사각형의 변의 길이가 같아지게 하면 정사각형이 얻어진다.

라는 사실(상호관계)이나

- '4개의 각이 같은 사각형'을 모아보면 그 속에는 직사각형과 정사각형이 모두 포함된다.
- '4개의 각이 같은 사각형'을 모아보면 그 속에는 직사각형과 정사각형이 모두 포함되기 때문에 정사각형을 직사각형이라고 말하기도 한다.

는 것(포함관계)을 알아차리게 하고, 이런 관계를 논리적으로 설명할 수 있게 하며, 직사각형이나 정사각형인지를 확인하거나, 직사각형이나 정사각형을 작도하는 등의 활동을 통하여 직사각형이나 정사각형에 대한 이해가 심화되게 한다.

그리고 정사각형, 직사각형, 직각삼각형 모양의 타일을 배열하여 여러 가지 모양을 만들어 보도록 하고, 이때 나타나는 반응을 비교·검토하는 등의 활동을 통하여,

- 몇 개의 정사각형, 직사각형, 직각삼각형 모양을 '옮기기', '뒤집기', '돌리기' 등의 방법을 이용하여 배열하면 여러 가지 모양이 만들어진다.

는 것을 느껴볼 수 있게 하고,

- '옮기기', '뒤집기', '돌리기' 등의 조작이 어떤 변화를 가져온다.

는 것을 알아차리게 하여 도형의 이동에 관한 기초가 튼튼해지게 한다.

지도상의 유의점

(1) 직각의 지도

직각의 경우만 문제가 되는 장면을 일상적으로는 찾아보기 어렵다. 즉, 각이라는 도형이 독립적으로 존재하는 경우는 거의 없으며, 보통의 경우는 삼각형이나 사각형과 같은 도형과 함께 있게 마련이다. 그러므로 각의 학습만을 따로 분리해서 다루는 것은 아동의 발달 단계나 학습 원리에 비추어 보아도 바람직한 방법이라 할 수 없다.

(2) 직사각형의 구성

저학년에서 직사각형이나 정사각형의 의미(개념)를 이해시키는 데는, 예를 들면 종이를 접어서 직사각형이나 정사각형을 만드는 등의 구체적인 조작을 통하는 것이 효율적이다. 그 까닭은 각을 직각이 되게 하거나 변의 길이를 같아지게 하는 등 정의에 걸맞은 조작을 하게 마련이기 때문이다.

(3) 직각삼각형, 둔각삼각형, 예각삼각형의 지도 기회

크기나 모양이 여러 가지인 삼각형을 '직각인 각이 있는 것'이라는 관점에서 비교·검토하는 등의 활동에서는 직각인 각이 있는 삼각형에 주목하게 마련이며, 직각인 각이 있는 삼각형을 직각삼각형이라고 한다는 정의가 내려지면 "직각인 각이 없는 삼각형은 무엇이라고 하는가?"라는 점에 주목하기(의문을 가지기) 십상이다. 그러므로 정사각형의 학습에서 아동이 정삼각형이나 이등변삼각형에 주목하거나 직각삼각형의 학습에서 아동이 둔각삼각형이나 예각삼각형에 주목했음에도 교과서(교육과정)에 제시되어 있지 않다는 이유로 해서 다루지 않는(묵과해버리는) 일은 없어야 한다.

이런 것은 다른 학습 내용에서도 마찬가지로 해당된다.

주요 내용 41 ― 이등변삼각형, 정삼각형

위의 [주요 내용 40]에서와 같이, 지금까지 살펴보았던 모양이나 크기가 다양한 삼각형을 "변의 길이가 같다."라는 관점에서 분류하게 하고, 지금까지 학습한 "변의 길이가 같다."라는 관점에서 볼 수 있는 삼각형의 성질을 찾아보게 하여 삼각형이나 사각형에 대한 이해가 심화되게 하는 한편, 삼각형으로(또는 앞에서 학습한 직사각형이나 정사각형도 함께 사용하여) 여러 가지 모양을 만들어 보는 활동을 통하여 '옮기기', '뒤집기', '돌리기' 등의 조작을 거침으로써 여러 가지 무늬가 만들어진다는 것을 이해하게 한다.

전개의 개요

여러 가지 모양의 삼각형을 점판(geo-board)에 나타내게 하거나 종이로 오려내어 보도록 하여 각자가 만든 여러 가지 삼각형에서 볼 수 있는 특징을 찾아보게 하고, 이때 나타나는

- 이 삼각형들은 이 두 각의 크기가 모두 같다.
- 이 삼각형들은 세 각의 크기가 모두 같다.
- 이 삼각형의 이 두 변의 길이가 각각 이 삼각형의 이 두 변의 길이와 같다.
- 이 삼각형의 세 변의 길이가 이 삼각형의 세 변의 길이와 같다.
- 이 밖의 반응(이 삼각형과 이 삼각형의 모양이 같다는 등)

등의 반응을 바탕으로, 두 변의 길이가 같은 삼각형(또는 두 각이 같은 삼각형)을 총칭하여 '이등변삼각형'이라고 하고, 세 변의 길이가 같은 삼각형(또는 세 각이 같은 삼각형)을 총칭하여 '정삼각형'이라고 한다는 것(정의)을 가르쳐(말해)준다.

그리고 종이로 여러 가지 모양의 이등변삼각형이나 정삼각형을 접어보게 하거나 작도하게 하고, 각자가 만든 삼각형의 특징을 나름대로의 관점에서 살펴보게 하여, 이때 나타나는 반응을 비교·검토하는 활동을 통하여,

〈이등변삼각형의 경우〉

- 두 등변에 대응되는 두 밑각의 크기가 같다.

• 꼭지각의 이등분선(높이)은 밑변을 수직 이등분한다.
• 꼭지각의 이등분선에 의하여 그 삼각형이 합동인 2개의 삼각형으로 분할된다.
• 이등변삼각형은 꼭지각의 이등분선을 대칭축으로 하는 선대칭인 도형이다 (이 용어는 사용하지 않겠지만).

〈정삼각형의 경우〉

• 꼭지각의 이등분선(높이)은 밑변을 수직 이등분한다.
• 세 각의 이등분선은 그 길이가 같다.
• 세 각의 이등분선에 의하여 그 삼각형이 합동인 몇 개의 삼각형으로 분할된다.
• 정삼각형은 세 각의 이등분선의 각각을 대칭축으로 하는 선대칭인 도형이다. 그리고 대칭축이 3개 있다(이 용어는 사용하지 못하겠지만).

라는 등의 성질을 찾아낼 수 있도록 하고, 이등변삼각형(또는 정삼각형)인지를 확인하거나 작도하는 등의 활동을 통하여 이등변삼각형(또는 정삼각형)의 성질의 이해를 심화시키고, 한편으로는

• 이등변삼각형의 밑변을 다른 변과 길이가 같아지게 하면 정삼각형이 된다.
• 이등변삼각형의 밑각의 크기를 60도가 되게 하면 정삼각형이 된다.
• 이등변삼각형의 세 각의 크기를 같아지게 하면 정삼각형이 된다.

라는 사실(상호관계)이나,

• '두 변의 길이가 같은 삼각형'을 모아보면 그 속에는 이등변삼각형과 정삼각형이 모두 포함된다.
• '두 변의 길이가 같은 삼각형'을 모아보면 그 속에는 이등변삼각형과 정삼각형이 모두 포함되기 때문에 정삼각형도 이등변삼각형이라고 말하기도 한다.

는 것(포함관계)을 알게 하며, 논리적으로 설명할 수 있게 한다.

지도상의 유의점

(1) 이등변삼각형, 정삼각형의 도입

아래 학년에서 '여러 가지 모양 만들기' 등의 활동을 통해서, 논리적이지는 못했지만 이등변삼각형이나 정삼각형을 추상한 바 있다. 이런 것을 제시하고, 그 '애매함'을 보완하는 모양새의 도입도 생각해 볼만한 방법이다.

(2) 정의와 성질

도형에서 볼 수 있는 성질 중에서 가장 간결한 것을 그 도형의 정의로 삼는다. 즉, 정의도 그 도형의 성질 가운데 하나이다. 그러므로 초등학교 수준에서는 수학적인 정의와 그 성질을 억지로 구분하게 할 필요는 없다.

주요 내용 42 — 삼각형의 내각의 합

삼각형의 성질의 하나로서, 삼각형의 모양이나 크기에 구애됨이 없이, 내각의 합이 180도라는 것을 알아차리게(귀납, 연역하게) 한다.

전개의 개요

예를 들면, 아동 각자의 컴퓨터 화면에 출력시킨 임의의 삼각형의 한 꼭지점(또는 두 꼭지점)을 좌, 우, 상, 하의 방향으로, 또는 ↖, ↗, ↙, ↘의 방향으로 이동시킬 때(이런 소프트웨어(software)가 없으면 '점판(geo-board)'으로 대신할 수 있다), 그 삼각형이 변하는 모습을 관찰하게 하고, 이때 나타나는

- 삼각형의 모양이 달라진다.
- 꼭지점을 위로 올리면 올릴수록 삼각형이 길쭉해진다.
- 한 각(두 각)의 크기가 작아지면(커지면) 따라서 두 각(한 각)의 크기가 커진다(작아진다).

라는 등의 반응을 비교·검토하는 활동을 통하여,

- 삼각형의 꼭지점을 어떤 방향으로 이동시키면 그 꼭지점을 공유하는 두 변의 길이가 따라서 달라진다.
- 삼각형의 꼭지점을 어떤 방향으로 이동시키면 그 꼭지점을 공유하는 두 변으로 되는 각의 크기가 달라진다.

라는 사실을 느껴볼 수 있게 하고, 느껴진 그 사실을 바탕으로

- 한 개(또는 두 개)의 꼭지점을 어디까지 이동시키느냐에 따라 세 변의 길이의 합은 얼마든지 커질 수도 작아질 수도 있는 데 반해, 세 각의 크기의 합은 얼마든지 커지지도 않고 작아지지도 않는다.

는 것을 알아차리게 한다. 그리하여,

- 삼각형의 내각의 크기의 합이 일정한 것은 아닐까?
- 삼각형의 내각의 크기의 합이 일정하다면 몇 도나 될까?
- 삼각형의 내각의 크기의 합이 삼각형의 크기와는 무관하므로 삼각자의 내각의 크기를 재어보면 실마리가 잡히지 않을까?

라는 등의 생각(의문)이 우러나게 하여, 임의의 삼각형(또는 삼각자)의 내각의 크기를 재어보거나 하여

- 삼각형의 모양이나 크기에 구애됨이 없이 내각의 합이 180도일 것 같다는 전망(추정)을 세울 수 있게 하고, 삼각형의 내각의 합이 180도라는 것을 밝혀(연역해)보려는 생각에서
- 180도는 직선(평각)이 되므로 삼각형의 세 모의 부분을 잘라 그 꼭지점이 한 곳에 오게 모아 본다.
- 합동인 3개의 삼각형을 마련하여, 이 3개의 삼각형의 세 각의 꼭지점이 한 점에 오도록 모아본다.

라는 등의 조작적인 방법으로, 삼각형의 내각의 합이 180도라는 것을 논리적으로 밝힐(증명할) 수 있게 한다.

지도상의 유의점

내각의 크기의 합이 180도일 것 같다는 전망(추정)이 서지 아니한 상황에서는, 삼각형의 세 모의 부분을 잘라 그 꼭지점이 한 곳에 오도록 모아보려는 생각이 우러나지 않는다. 그러므로 내각의 크기의 합이 삼각형의 모양이나 크기에 구애됨이 없이 180도일 것 같다는 전망(추정)이 서게 하는 활동이 대단히 중요하다. 이와 같은 전망(추정)이 서지 아니한 상황에서 삼각형의 세 모의 부분을 잘라 그 꼭지점이 한 곳에 오도록 모아보고 180도라는 사실을 알게 하는 수업에서는, 예컨대 임의의 사각형(또는 오각형이나 육각형 등)의 내각의 합을 알아볼 때 그 각의 부분을 잘라 그 꼭지점이 한 곳에 오도록 모아보려는 생각을 하는 아동이 거의 나타나지 않듯이, 삼각형의 세 내각의 합이 180도라는 사실의 증명 방법을 기억시키는 교사 주도적인 수업이 되어버리기 십상이다.

주요 내용 43 — 수직과 평행

구체적인 조작을 통하여 '수직'과 '평행'의 뜻을 알아차리게 하고, 지금까지 살펴보았던 모양이나 크기가 여러 가지인 사각형을 '수직'이나 '평행'이라는 관점에서 분류할 수 있게 하며, '수직'이나 '평행'이라는 사실과 유관한 사각형의 성질을 찾아보게 하여 사각형에 대한 이해가 심화되게 한다.

전개의 개요

목욕탕의 바닥이나 벽에 깔아 붙인 타일, 삼거리나 사거리의 갈림길, 자동차 도로에 그어져 있는 차선, 기차의 철길, TV의 안테나, 사다리, 계단에 설치되어 있는 보호책, 몇 가닥의 전선이 가설된 전주 등의 구체물을 나름대로의 관점에서 살펴보게 하고, 이때 나타나는

- 목욕탕의 바닥(또는 벽)에는 '타일'이 나란하게 깔려 있다.
- 도로에 그어져 있는 차선, 기차의 철길, 사다리의 기둥 나무 등은 모두 만나지 않는다.

- ◈ 기찻길의 철길과 침목, 사다리의 기둥 나무와 발받침 나무, 사거리의 갈림길 등은 모두 직각으로 만나고 있다.
- ◈ 사다리의 기둥 나무의 윗부분과 아랫부분의 너비(폭)가 같지 않으므로, 기둥 나무를 긴 것으로 대체하면(길게 늘이면) 언젠가는 한 곳에서 만난다.

라는 등의 반응을 비교·검토하는 활동을 통하여,

〈수직의 경우〉

두 직선(곧은 선)이 직각으로 만날 때 그 두 직선은 "수직이다(수직인 관계에 있다)."라고 하며, 직각으로 만나는 두 직선을 '수선'이라고 한다는 것(정의)을 가르쳐(말해)주고, 수직인지의 여부를 삼각자의 직각의 부분이나 종이를 두 번 접어서 만든 직각의 모형 또는 각도기를 사용하여 확인(연역)하게 한다.

그리고 수직이라는 말이 쓰이는 구체적인 여러 장면을 음미하는 등의 활동을 통하여,

- "수직이다."라는 말은 직각이 되게 만나는 두 직선의 위치관계를 뜻하는 데 비해, "직각이다."라는 말은 두 직선이 만나서 되는 각의 크기를 뜻한다.

는 것을 점진적으로 알아차리게(귀납, 일반화하게) 하고, '수직'이라는 용어를 바르게 사용할 수 있게 하며, (다음에 언급하는) 평행선을 작도하는 등의 활동을 통하여 '수직'에 대한 이해가 심화되게 한다.

〈평행의 경우〉

한 직선에 수직으로 만난다는 두 직선을 '평행이다(평행인 관계에 있다)'라고 하거나 '평행선'이라고 한다는 것과, 평행인 두 직선과 수직으로 만나는 직선의 부분을 '평행선(평행인 두 직선)의 너비(폭)'라고 한다는 것(정의)을 가르쳐(말해)주고, 평행인지의 여부를 알아보는 등의 활동을 통하여,

- 평행인 두 직선은 아무리 연장해도 만나지 않는다.
- 평행인 두 직선의 너비(폭)는 어디를 재어보아도 같다.
- 평행인 두 직선은 다른 직선과 같은 각도로 만난다.

라는 등의 사실(성질)을 두 개의 삼각자를 사용하거나 투명한 종이에 뜬 본을 사용하는 등의 구체적인 조작을 통해서 알아내게 하고, 평행인지를 능률적으로 확인

할 수 있게 하며, 평행선을 작도하는 등의 구체적인 활동을 통하여 평행에서 볼 수 있는 성질의 이해가 심화되게 한다.

그리하여, '수직'과 '평행' 사이의 관계를 점진적으로 이해(귀납, 일반화)하게 하며, '수직'이나 '평행'이라는 용어를 적재적소에서 사용할 수 있게 한다.

지도상의 유의점

'직각'이라는 용어와 '수직'이라는 용어의 뜻을 알기 쉽게 설명해 주기보다는, '직각'이라는 용어와 '수직'이라는 용어가 사용되는 경우의 보기를 많이 들어보게 하여 아동이 그 용어의 뜻을 스스로 알아차리게(귀납하게) 하는 것이 바람직하다.

주요 내용 44 — 평행사변형, 마름모, 사다리꼴

여러 가지 평면도형을 위에서 언급한 '수직'과 '평행'이라는 관점에서 살펴보는(분류하는) 활동을 통하여, (이때의 반응을 바탕으로) 평행사변형, 마름모, 사다리꼴에서 성립되는 성질을 알아내게 하며, 평행사변형, 마름모, 사다리꼴과 기습인 직사각형이나 정사각형 사이의 상호관계나 포함관계를 알아내게 하고, 사각형에 대한 이해가 한층 심화되게 한다.

가. 평행사변형의 개념

전개의 개요

예컨대, 너비(폭)가 서로 다른 두 개의 테이프를 포개면 어떤 모양이 얻어지는가를 알아보게 하거나, 길이가 두 가지인 대바늘 두 쌍으로 만든 사각형을 변형시켜(한 곳을 눌러) 보게 하고, 이때 나타나는

- 테이프를 어떻게 포개느냐에 따라 만들어지는 사각형의 모양이 다르다.
- 길고 납작한 사각형이 된다.
- 두 쌍의 마주보는 변이 각각 나란하다.

◈ 한 내각이 작아지면 그 이웃에 있는 내각은 커진다.
◈ 한 내각의 크기를 직각이 되게 하면 직사각형이 만들어진다.

라는 등의 반응을 비교·검토하는 활동을 통하여, 두 쌍의 마주보는 변이 각각 나란한 사각형을 '평행사변형'이라고 한다는 것(정의)을 가르쳐(말해)주고, 평행사변형에는

- 두 쌍의 마주보는 변이 각각 나란하다.
- 두 쌍의 마주보는 변의 길이가 각각 같다.
- 두 쌍의 마주보는 각의 크기가 각각 같다.
- 대각선이 서로의 중점에서 만난다.
- 한 대각선에 의하여 크기와 모양이 같은(합동인) 2개의 삼각형으로 분할된다.

라는 성질이 있다는 것을 알아차리게(귀납하게) 하며, 색종이로 평행사변형을 접어보게 하거나, 학습지에 평행사변형을 작도하게 하거나, 주어진 도형이 평행사변형인지를 확인하게 하는 등의 활동을 통하여, 평행사변형의 성질에 대한 이해가 심화되게 한다.

그리고 평행사변형과 기습인 사각형(직사각형, 정사각형) 사이에 어떤 관계가 있는가를 알아보게 하고, 이때 나타나는

◈ 평행사변형의 내각의 크기를 직각이 되게 하면 직사각형이 된다.
◈ 평행사변형의 내각의 크기를 직각이 되게 하고 이웃한 변의 길이가 같아지게 하면 정사각형이 된다.
◈ 직사각형의 대각선은 길이가 같지만 평행사변형의 대각선은 길이는 같지 않다.
◈ 직사각형이나 평행사변형의 대각선은 서로가 남을 이등분한다.

라는 등의 반응을 비교·검토하는 활동을 통하여,

- 평행사변형의 각의 크기를 같게 하면 정사각형이 얻어진다.
- 평행사변형의 각의 크기와 변의 길이를 같게 하면 정사각형이 얻어진다.

는 사실(상호관계)이나

- '두 쌍의 마주보는 변이 각각 나란한 사각형'을 모아보면 그 속에는 직사각

형과 정사각형이 포함된다.

- '두 쌍의 마주보는 변이 각각 나란한 사각형'을 모아보면 그 속에는 직사각형과 정사각형이 포함되기 때문에 정사각형과 직사각형도 평행사변형이라고 말하기도 한다.

는 것(포함관계)을 알아차리게(귀납하게) 하여, 평행사변형에 대한 이해가 한층 심화되게 한다.

한편, 정사각형, 직사각형, 직각삼각형, 평행사변형 모양의 타일을 배열해서 여러 가지 모양을 만들어 보도록 하고, 이때 나타나는 반응을 비교·검토하는 활동을 통하여,

- 정사각형, 직사각형, 직각삼각형, 평행사변형을 적당하게 배열하면 여러 가지 모양이 만들어진다.
- '옮기기', '뒤집기', '돌리기' 등의 조작을 거침으로써 여러 가지 무늬가 만들어진다.

는 것을 느껴볼 수 있게 하고, '옮기기', '뒤집기', '돌리기' 등의 조작이 어떤 변화를 가져오는가를 느껴볼 수 있게(귀납, 유추, 일반화하게) 한다.

나. 마름모의 개념

전개의 개요

너비(폭)가 같은 두 개의 테이프로 위의 평행사변형의 경우와 같이 두 개의 테이프를 포개면 어떤 모양이 얻어지는가를 알아보게 하거나, 길이가 같은 4개의 대바늘로 만든 사각형을 위의 평행사변형의 경우와 같이 변형시켜(한 곳을 눌러) 보게 하는 등의 활동에서 나타나는

- 테이프를 어떻게 포개느냐에 따라 만들어지는 사각형의 모양이 달라진다.
- 평행사변형이 된다.
- 마주보는 변이 각각 나란하다.
- 한 내각이 작아지면 그 이웃에 있는 내각은 커진다.
- 한 내각의 크기를 직각이 되게 하면 정사각형이 만들어진다.

라는 등의 반응을 비교·검토하는 활동을 통하여, 4개의 변이 모두 같은 사각형을 '마름모'라고 한다는 것(정의)을 가르쳐(말해)주고, 마름모는

- 4개의 변의 길이가 모두 같다.
- 두 쌍의 마주보는 변이 각각 나란하다.
- 두 쌍의 마주보는 각의 크기가 각각 같다.
- 대각선이 서로의 중점에서 수직으로 만난다.
- 두 대각선에 의하여 4개의 내각이 모두 이등분된다.
- 두 대각선에 의하여 크기와 모양이 같은(합동인) 4개의 직각삼각형으로 분할된다.

는 등의 성질을 알아낼(귀납, 연역할) 수 있게 하며, 색종이로 마름모를 접어보게 하거나, 학습지에 마름모를 작도하게 하거나, 주어진 도형이 마름모인지를 확인하게 하는 등의 활동을 통하여 마름모의 성질에 대한 이해가 심화되게 한다.

그리고 마름모와 기습인 사각형(평행사변형, 직사각형, 정사각형) 사이에 어떤 관계가 있는지를 알아보게 하고, 이때 나타나는

◈ 마름모의 내각의 크기를 직각이 되게 하면 정사각형이 된다.
◈ 마름모의 대각선은 서로가 남을 수직 이등분하는데, 평행사변형의 대각선은 수직으로 만나지 않는다.
◈ 직사각형이나 정사각형의 대각선은 길이가 같지만 마름모의 대각선은 길이가 다르다.

라는 등의 반응을 비교·검토하는 활동을 통하여,

- 평행사변형의 변의 길이를 같아지게 하면 마름모가 만들어진다.
- 마름모의 각의 크기를 같아지게 하면 정사각형이 만들어진다.

라는 사실(상호관계)이나,

- '4개의 변의 길이가 같은 사각형'을 모아보면 그 속에는 정사각형이 포함된다.
- '두 쌍의 마주보는 변이 각각 나란한 사각형'을 모아보면 그 속에 마름모가 포함된다.

는 것(포함관계)을 알아내게(귀납, 유추하게) 하여, 마름모에 대한 이해가 한층 심

화되게 한다.

한편, 정사각형, 직사각형, 평행사변형, 마름모 모양의 타일을 배열해서 (경우에 따라서는 직각삼각형도 포함시켜) 여러 가지 모양을 만들어 보도록 하고, 이때 나타나는 반응을 비교·검토하는 활동을 통하여,

- 정사각형, 직사각형, 직각삼각형, 평행사변형을 (경우에 따라서는 직각삼각형도 포함시켜) 적당하게 이으면 여러 가지 모양이 만들어진다.
- '옮기기', '뒤집기', '돌리기' 등의 조작을 거침으로써 여러 가지 무늬가 만들어진다.

는 것을 느껴볼 수 있게 하고, '옮기기', '뒤집기', '돌리기' 등의 조작이 어떤 변화를 가져오는가를 이해(귀납, 유추, 일반화)하게 한다.

다. 사다리꼴의 개념

전개의 개요

여러 가지 모양의 사각형을 나름대로의 관점에서 분류하게 하거나, 뜀틀이나 저수지의 뚝 또는 사다리와 같은 구체물의 모양에서 볼 수 있는 특징을 살펴보게 하거나, 다음 그림에서 볼 수 있는 여러 가지 모양의 사각형을 찾아보게 하거나 하여, 이때 나타나는 반응을 비교·검토하는 활동을 통하여 한 쌍의 마주보는 변이 나란한 사각형을 '사다리꼴'이라고 한다는 것(정의)을 가르쳐(말해)주고, 사다리꼴 인지를 확인하게 하거나, 사다리꼴을 작도하게 하거나, 색종이로 사다리꼴을 접어보게 하는 활동, 또는 앞에서 알아본 사다리꼴의 변의 길이나 각의 크기를 변형(같아지게)시켜 보는 등의 활동을 통하여, 사다리꼴의 의미(개념)에 대한 이해가 심화되게 한다.

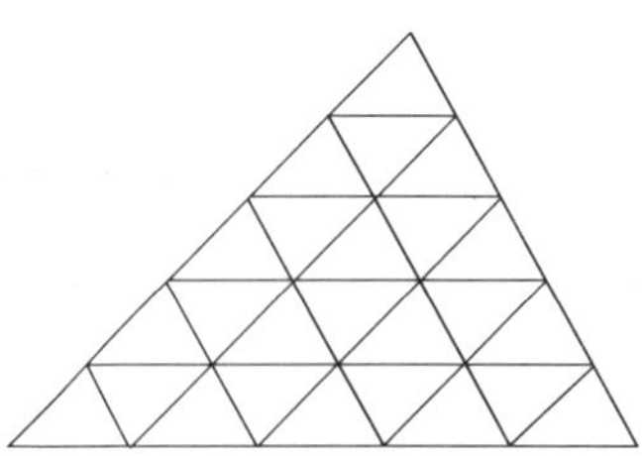

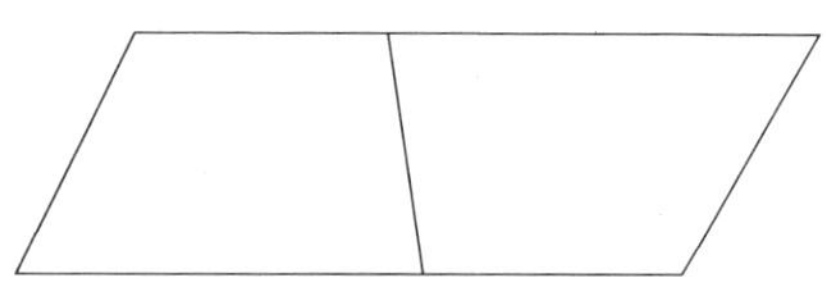

그리고 사다리꼴과 기습인 사각형(평행사변형, 마름모, 직사각형, 정사각형) 사이에 어떤 관계가 있는지를 알아보게 하고, 이때 나타나는

◈ 사다리꼴의 옆 변을 나란하게 하면 평행사변형이 된다.
◈ 사다리꼴 두 개를 이으면 (앞의 그림) 평행사변형이 된다.

라는 등의 반응을 비교·검토하는 활동을 통하여,

- 사다리꼴의 나란한 변의 길이를 같아지게 하면 평행사변형이 된다.
- 사다리꼴의 마주보는 각의 크기를 같아지게 하면 평행사변형이 된다.
- 사다리꼴의 마주보는 각의 크기를 같아지게 하고 이웃하는 변의 길이가 같아지게 하면 마름모가 된다.
- 사다리꼴의 나란하지 않는 변을 나란하게 하면 평행사변형이 된다.

는 등의 사실(상호관계)이나

- '(한 쌍이라도) 마주보는 변이 나란한 사각형'을 모아보면 그 속에는 평행사변형을 비롯한 이미 학습한 사각형이 모두 포함된다.

는 사실(포함관계)을 알아차리게(귀납, 유추, 일반화하게) 하여, 사다리꼴에 대한 이해가 한층 심화되게 한다.

한편, 사다리꼴과 지금까지 학습한 여러 가지 사각형 사이에서 볼 수 있는 관계(상호관계)를

$$\text{정사각형} \begin{matrix} \subset \text{직사각형} \\ \subset \text{마름모} \end{matrix} \subset \text{평행사변형} \subset \text{사다리꼴}$$

와 같이 정리할 수(설명해 보일 수) 있게 하고, 그 성질 사이에서 볼 수 있는 관계(포함관계)도

$$\text{정사각형의 성질} \begin{matrix} \supset \text{직사각형의 성질} \\ \supset \text{마름모의 성질} \end{matrix} \supset \text{평행사변형의 성질} \supset \text{사다리꼴의 성질}$$

와 같이 정리(귀납, 유추, 일반화)할 수 있게 하여, 도형의 감각이 풍부해지게 한다.

그리고 정사각형, 직사각형, 직각삼각형, 평행사변형, 마름모, 사다리꼴 모양의 타일을 이어서 여러 가지 모양을 만드는 등의 활동을 통하여,

- 정사각형, 직사각형, 직각삼각형, 평행사변형을 적당하게 배열하면 여러 가지 모양이 만들어진다.
- '옮기기', '뒤집기', '돌리기' 등의 조작을 거침으로써 여러 가지 무늬가 만들어진다.

는 것을 느껴볼 수 있게 하고, '옮기기', '뒤집기', '돌리기' 등의 조작이 어떤 변화를 가져오는가를 이해(귀납, 유추, 일반화)하게 한다.

지도상의 유의점

(1) 정의와 성질

도형에서 볼 수 있는 성질 중에서 가장 간결한 것을 그 도형의 정의로 삼는다. 즉, 정의도 그 도형의 성질 가운데 하나이다. 그러므로 초등학교 수준에서는 수학적인 정의와 그 성질을 억지로 구분하게 할 필요는 없다([주요 내용 36]의 지도상의 유의점에서도 언급하였다).

(2) 상호관계, 포함관계

상호관계나 포함관계의 학습도 앞에서 알아본 직각의 경우와 같이, 상호관계나 포함관계만을 학습의 대상으로 하여 알기 쉽게 설명해 주기보다는, 새로 등장하는 도형을 학습할 때마다 구체적인 조작을 바탕으로 기습 도형과의 관련성을 알아보게 하는 것이 바람직하다.

(3) 평행사변형, 마름모, 사다리꼴의 지도 순서

여기서는 평행사변형, 마름모, 사다리꼴이라는 지도 순서를 전제로 언급했지만, 교사의 주관적인 지도 계획에 따라서 이 지도 순서는 달리 할 수 있다.

주요 내용 45 — 다각형

삼각형이나 사각형과 같이, 선분만으로 둘러싸인 도형을 다각형, 그 선분을 변, 변과 변이 만나는 점을 꼭지점, 이웃하지 않는 꼭지점을 이은 선분을 대각선이라고 한다는 것(정의)을 가르쳐주고, n각형에서는

- 대각선을 모두 $n\times(n-3)\div2$개 그을 수 있다.
- 내각의 합은 $180\times(n-2)$도이다.

라는 성질이 있다는 것을 알아내게(귀납, 유추, 일반화하게) 한다.

그리고 모든 변의 길이가 같고, 모든 각의 크기가 같은 다각형을 **정다각형**이라고 한다는 것(정의)을 가르쳐주고, 정n각형에서는

- 모든 꼭지점은 동일 원주상에 있다(그래서 이 원의 중심을 정다각형의 중심이라고 한다는 것을 가르쳐준다).
- 정다각형의 중심과 이웃하는 꼭지점을 이어서 되는 이등변삼각형은 모두 합동이다.
- 꼭지점과 중심을 이으면 중심 주위가 n등분되고, 그 한 각의 크기는 $360\div n$(도)가 되며, 한 내각의 크기는 $180-360\div n$(도)이다.

라는 성질이 있다는 것을 알아내게(귀납, 유추, 일반화하게) 한다.

전개의 개요

예를 들면, 동일 직선상에 있지 않는 여러 개(n개)의 점을 찍고, 그 점을 삼각형이나 사각형을 그릴 때와 같이 선분(곧은 선)으로 차례차례 이어보게 하며, 이때 나타나는 반응을 비교·검토하는 활동을 통하여, n개의 선분으로 둘러싸인 모양, 즉 그 선분이 그 직선의 끝점 이외에서는 만나지 않는 모양을 '다각형'이라고 한다는 것(정의)을 가르쳐준다.

그리고 다각형에서 그을 수 있는 대각선의 수를 나름대로의 방법으로 알아보게 하고, 이때 나타나는

◈ 3각형, 4각형, 5각형, 6각형, …의 경우에 대해서 실제로 그어보고, 많아지

는 대각선의 수를 다음과 같이하여 알아보았다.

다각형	3각형	4각형	5각형	6가형	…	10각형
	0	2	5	9	…	?
차	+2	+3	+4	+5	…	+8

$2+3+4+5+\cdots+9=44$(개)

◈ 한 꼭지점과 그 꼭지점의 이웃에 있는 꼭지점을 이어서는 대각선이 얻어지지 않으므로, 한 꼭지점에서 그을 수 있는 대각선은 $(n-3)$(개), 즉 n개의 각 꼭지점에서 $(n-3)$(개)의 대각선을 그을 수 있으므로 모든 꼭지점에서 그을 수 있는 대각선은 $n\times(n-3)$(개)이다. 그런데 모든 꼭지점에서 대각선을 그어보면 2중으로 그어진다. 그러므로 구하는 대각선의 수는

$$n\times(n-3)\div 2(\text{개})$$

이다.

라는 등의 반응을 비교·검토하는 활동을 통하여,

• n각형의 대각선은 모두 $n\times(n-3)\div 2$(개) 있다.

라는 성질이 있음을 알아내게(귀납, 유추, 연역하게) 하고, 또 다각형의 내각의 합을 나름대로의 방법으로 알아보게 하여, 이때 나타나는 반응을 비교·검토하는 활동을 통하여,

• 내각의 합은 $180\times(n-2)$도이다.

라는 성질이 있다는 것을 알아내게(귀납, 유추, 연역하게) 한다.

한편, 다각형을 나름대로의 관점에서 여러 가지로 변형시켜 보게 하고, 이때 나타나는 반응을 비교·검토하는 활동을 통하여,

• 삼각형의 경우와는 달리, 모든 변의 길이가 같은 다각형의 모양이 여러 가지며, 모든 각의 크기가 같은 다각형의 모양도 여러 가지다.

라는 것을 알아내게 하고,

• 모든 변의 길이와 모든 각의 크기가 각각 같은 다각형은 정사각형의 경우

와 같이 유일하게 정해진다.

는 것을 알아차리게 하여, 모든 변의 길이와 모든 각의 크기가 각각 같은 다각형을 '정다각형'이라고 한다는 것(정의)을 가르쳐(말해)준다.

그리고 정다각형을 작도하게 하거나 정다각형인지를 확인하게 하는 등의 활동을 시키고, 이때 나타나는 반응을 비교·검토하는 활동을 통하여,

- 모든 꼭지점은 동일 원주상에 있다(그래서 이 원의 중심을 정다각형의 중심이라고 한다는 것을 가르쳐준다).
- 모든 대각선이 한 점에서 만난다(이 점을 정다각형의 중심이라고 한다는 것을 가르쳐준다).
- 모든 꼭지점은 정다각형의 중심에서 같은 거리에 있다.
- 이웃하는 꼭지점과 중심을 이어서 되는 이등변삼각형은 모두 합동이다.
- 정다각형은 그 중심을 지나는 대각선에 의하여 합동인 이등변삼각형으로 분할되며, 그 수는 변의 수와 같아진다.
- 꼭지점과 중심을 이으면 중심 주위가 n등분되고, 그 한 각의 크기는 $360 \div n$(도)가 되며, 한 내각의 크기는 $180-360 \div n$(도)가 된다.

라는 성질이 있음을 이해(귀납, 유추, 일반화)하게 하며,

- 특히, 정육각형의 경우는 각 꼭지점에서 그은 대각선에 의하여 합동인 6개의 정삼각형으로 분할되므로, 정육각형의 변의 길이가 그 외접원의 반지름과 같아진다. 그래서 원에 내접하는 정육각형을 그릴 때는 컴퍼스로 그릴 수 있으며, 컴퍼스로 그리는 것이 편리하다.

는 것을 느껴볼 수 있도록 하여, 이를 여러 경우에 활용할 수 있게 한다.

지도상의 유의점

초등학교 수준에서는 다각형의 성질을 반듯이 지도하게는 되어 있지 않지만, 규칙성과 함수 등의 영역에서 다루는 문제 해결의 소재로 '다각형'이 곧잘 등장한다는 점을 고려해 볼 때, 다각형이나 정다각형에서 볼 수 있는 간단한 성질은 다루어 두는 것이 좋을 것으로 생각된다.

주요 내용 46 — 합동인 도형

일상적으로 사용하는 “모양이 같다.”라는 말의 뜻(말이 쓰이는 경우)을 바탕으로, 모양과 크기가 같은 도형을 ‘합동인 도형’ 또는 ‘합동’이라고 하며, 짝이 되는 꼭지점, 변, 각을 각각 ‘대응하는 점’, ‘대응하는 변’, ‘대응하는 각’이라고 한다는 것(정의)을 가르쳐주고, 합동인 도형을 작도하거나 합동인 도형인지를 확인하는 등의 활동을 통하여, 합동인 도형에서 볼 수 있는 성질(합동 조건)을 알아내게 하고, 합동인 도형에 대한 이해가 심화되게 한다.

전개의 개요

예컨대, ‘쌍둥이의 생김새’나 ‘사진의 모습과 현재의 모습’을 보고 느껴지는 것을 말하게 하고, 이때 나타나는

- 모습이 같다.
- 사진이 잘 생겼다.
- 크기가 다를 뿐 모습이 같다.

라는 등의 반응을 비교·검토하는 활동을 통하여,

- 일상적으로 사용하는 “모양이 같다.”라는 말은 여러 경우에 사용된다.

는 것을 알아차리게 한다.

그리고 예를 들면, 꼭 맞게 포개지는가를 눈으로 보고 판단할 수 있는 투명한 종이 등에 일상적으로 많이 사용되거나 흔히 볼 수 있는

☎ ♨ ㉿ ₩ $ … 와 같은 기호　　가 나 다 … 와 같은 문자
◒ ☰ ☵ ☲ ☷ … 와 같은 문양　　1 2 3 … 와 같은 숫자
+ − × ÷ = ∽ … 와 같은 기호　　A B C … 와 같은 문자

와 같은 것 등을 그 크기가 같게 그린 자료와 조금은 다르게 그린 자료를 나누어 주면서 꼭 맞게 포개지는 것을 찾아보게 하고, 이때 나타나는 반응을 바탕으로,

모양과 크기가 같아서 꼭 맞게 포개지는 것을 '합동'이라고 한다는 것(정의)을 가르쳐주고, 짝이 되는 꼭지점, 변, 각 등을 각각 '대응하는 점', '대응하는 변', '대응하는 각'이라고 한다는 것(정의)을 가르쳐주며,

- 합동인 도형은 대응변의 길이가 같고, 대응각의 크기가 같다.
- 대응변의 길이가 같고, 대응각의 크기가 같으면 합동이 된다.

는 것을 알아차리게(귀납, 유추, 일반화하게) 한다.

이어서 꼭 맞게 포개지는가를 눈으로 보고 판단할 수 없는 판자나 투명하지 않은 두꺼운 종이 등에 그 크기가 같게 그린 것과 조금은 다르게 그린 삼각형(또는 사각형)을 나누어주고, 그중에서 꼭 맞게 포개지는 것을 가려내어 보도록 하고, 이때 나타나는

◈ 주어진 도형(삼각형)의 세 각의 크기와 세 변의 길이를 재어보고 가려냈다.
◈ 주어진 도형(삼각형)의 두 각의 크기와 세 변의 길이를 재어보고 가려냈다.
◈ 주어진 도형(삼각형)의 세 각의 크기를 재어보고 가려냈다.
◈ 주어진 도형(삼각형)의 세 변의 길이를 재어보고 가려냈다.
◈ 눈으로 보고 같아 보이는 것을 가려내었다.
◈ 포개보아도 비쳐지지 않아서 가려내지 못했다.

라는 등의 반응을 비교·검토하는 활동을 통하여,

- 두 삼각형의 대응하는 세 변의 길이가 같으면 그 두 삼각형은 합동이 된다.
- 두 삼각형의 대응하는 두 변의 길이와 그 사이에 낀 각의 크기가 같으면 그 두 삼각형은 합동이 된다.
- 두 삼각형의 대응하는 한 변의 길이와 그 양끝 각의 크기가 같으면 그 두 삼각형은 합동이다.

라고 하는 합동인 삼각형에서 볼 수 있는 성질(삼각형의 합동조건, 결정조건)을 알아내게(귀납, 연역, 일반화하게) 하고, 합동인 도형을 작도하거나 합동인지의 여부를 알아보는 등의 활동을 통하여 '합동'에 대한 이해가 심화되게 한다.

주요 내용 47 — 대칭인 도형

앞의 합동인 도형([주요 내용 46])에서와 같이, 일상적으로 사용하는 "모양이 같다."라는 말의 뜻(말이 쓰이는 경우)을 바탕으로, 도형의 반쪽을 그 다른 반쪽으로 옮겨 포갤 때 꼭 맞게 포개지는 도형을 '대칭인 도형' 또는 '대칭'이라고 하며, 이 경우도 짝이 되는 점, 변, 각을 각각 '대응하는 점', '대응하는 변', '대응하는 각'이라고 한다는 것(정의)을 가르쳐주고 대칭인 도형을 작도하거나 대칭인 도형 인지를 확인하는 등의 활동을 통하여, 대칭인 도형에서 볼 수 있는 성질을 알아내게 하고, 대칭인 도형에 대한 이해가 심화되게 한다.

전개의 개요

앞의 합동인 도형([주요 내용 46])에서 아동들이 '쌍둥이의 생김새'나 '사진의 모습과 현재의 모습'에서 느껴지는 바를 말한

- 모습이 같다.
- 사진이 잘 생겼다.
- 크기가 다를 뿐 모습이 같다.

라는 등의 반응을 다시 비교·검토하는 활동을 바탕으로,

- 일상적으로 사용하는 "모양이 같다."라는 말은 여러 경우에 사용된다.

는 것을 다시 한번 느껴볼 수 있게 한다.

그리고 '합동인 도형'의 학습에서 사용했던 (눈으로 보고 꼭 맞게 포개지는가를 판단할 수 있는) 자료 가운데서, 어느 반쪽이 남은 반쪽에 꼭 맞게 포개지는 것을 찾아보게 하고, 이때 나타나는 반응을 바탕으로, 도형의 어느 반쪽이 다른 반쪽에 꼭 맞게 포개지는 도형을 '선대칭인 도형', 도형의 어느 반쪽을 180도 회전시키면 다른 반쪽에 꼭 맞게 포개지는 도형을 '점대칭인 도형'이라고 하고, 이 두 가지를 총칭하여 '대칭인 도형'이라고 하며, 접히는 금을 '대칭축', 회전시킨 중심을 '대칭의 중심'이라고 한다는 것(정의)을 가르쳐준다.

여기서도 '합동인 도형'에서와 같이 짝이 되는 꼭지점, 변, 각 등을 각각 '대응

하는 점', '대응하는 변', '대응하는 각'이라고 한다는 것(정의)을 다시 한번 가르쳐 주어, '대응'이라는 개념의 이해가 심화되게 하며,

- 대칭인 도형은 대응변의 길이가 같고 대응각의 크기가 같다.

는 것을 알아차리게(귀납, 유추, 일반화하게) 한다.

그리고 합동인 도형에서 사용했던(눈으로 보고 꼭 맞게 포개지는가를 판단할 수 없었던) 자료 가운데서, 도형의 어느 반쪽이 다른 반쪽에 꼭 맞게 포개지도록 옮겨낼 수 있는 것을 찾아보게 하고, 이때 나타나는

- 대응하는 각의 크기와 대응하는 변의 길이를 모두 재어보고 가려냈다.
- 대응하는 변의 길이와 대응하는 점에서 대칭축까지의 길이를 재어보고 가려냈다.
- 대응하는 변의 끝점끼리 이은 선의 중점을 지나는 직선(대칭축)이 대응하는 변의 끝점끼리 이은 선과 만나서 되는 각의 크기를 재어보고 가려냈다.
- 눈으로 보고 도형의 양쪽 부분이 꼭 맞게 포개질 것 같은 것을 가려냈다.
- 이 밖의 오류를 포함하는 반응

라는 등의 반응을 비교·검토하는 활동을 통하여,

- 선대칭도형은 그 대응점을 이으면 대칭축과 수직으로 만나고, 대응점을 이은 선분이 대칭축에 의하여 이등분된다.
- 점대칭 도형은 그 대응점을 이으면 한 점에서 만나고, 대응점을 이은 그 선분이 대칭의 중심에 의하여 이등분된다.

는 것을 알아내게(귀납, 연역, 일반화하게) 한다.

그리고 선대칭(또는 점대칭)인 도형인가를 확인하게 하거나 그려보게 하는 등의 활동을 통하여, 대칭(선대칭, 점대칭)인 도형에서 볼 수 있는 성질의 이해가 심화되게 하고, 대칭(선대칭, 점대칭)인 도형의 아름다움을 느껴볼 수 있게 한다.

그리고 이상과 같은 학습이 이루어진 다음에, 앞에서와 같이 투명한 종이에 모양과 크기가 같은 도형 두 개가 인쇄된 것과 그렇지 못한 그림 두 개가 인쇄된 그림을 (여러 장씩) 나누어주고, 그중에서 두 그림을 꼭 맞게 포개낼 수 있는 것을 찾아보게 하고, 이때 나타나는 반응을 바탕으로 두 도형을 꼭 맞게 포개지게 접을 수 있는 도형을 '선대칭의 위치에 있는 도형', 한쪽 도형을 180도 회전시키면 다

른 쪽 도형에 꼭 맞게 포개지는 도형을 '점대칭의 위치에 있는 도형'이라고 하며, 이들을 총칭하여 '대칭의 위치에 있는 도형'이라고 한다는 것(정의)을 가르쳐(말해)준다.

그리하여, '대칭(선대칭, 점대칭)의 위치에 있는 도형'인지를 확인하거나 대칭의 위치에 있는 도형을 작도하게 하고, 이때 나타나는 반응을 비교·검토하는 등의 활동을 통하여,

- 대칭(선대칭, 점대칭)인 도형의 두 반쪽을 각각 온전한 것으로 보면 대칭(선대칭, 점대칭)의 위치에 있는 도형으로 볼 수 있으며, 반대로 대칭(선대칭, 점대칭)의 위치에 있는 두 도형 전체를 하나의 도형으로 보면 대칭(선대칭, 점대칭)인 도형으로 볼 수 있다.

는 것을 알아차리게(귀납, 연역, 일반화하게) 하여, 대칭에 대한 이해가 한층 심화되게 한다.

주요 내용 48 ― 직육면체, 정육면체의 개념(의미)

대상의 모양을 전체적으로 보고 일상적으로 표현해 왔던 '상자 모양'이나 '기둥 모양'이라는 말로는 대상의 모양이나 크기를 정확하게 표현·전달할 수 없다는 것, 그래서 이와 같은 문제점을 보완하기 위해서 '상자 모양'이라는 말의 의미(정의)를 명확히 할 필요성이 있다는 것을 느끼게 하여, 직육면체나 정육면체의 정의를 규정해 주고, 직육면체나 정육면체에서 볼 수 있는 특징(성질)을 찾아보는 활동을 통하여 직육면체나 정육면체에 대해 이해하게 하며, 직육면체나 정육면체로 여러 가지 모양을 꾸며 보는 활동을 통하여 직육면체나 정육면체에 대한 이해가 심화되게 하고, 직육면체나 정육면체가 여러 가지 입체도형의 기본이 되는 도형임을 느끼게 한다.

전개의 개요

주변에서 볼 수 있는 모양이나 크기가 여러 가지인 상자, 바둑판, 녹차 통, 마른

반찬을 담는 팔각 그릇 등 여러 가지 모양의 물건을 '모양'에 주목하여 '같은 모양'으로 볼 수 있는 것을 모아보게 하고, 이때 나타나는 반응을 비교·검토하는 등의 활동을 통하여,

- 판판한 면(평면)만으로 된 것도 있고 굽은 면(곡면)이 있는 것도 있다.
- 판판한 면(평면)만으로 된 물건 가운데는 상자 모양인 것도 있고 기둥 모양인 것도 있으며, 뿔 모양인 것도 있다.
- 굽은 면(곡면)이 있는 물건 가운데도 깡통 모양인 것도 있고 기둥 모양인 것도 있으며, 뿔 모양인 것도 있다.

는 것을 알아차리게(귀납, 유추, 일반화하게) 하며,

- '…와 같은 모양'이라는 말로는 그 의미가 명확하지 못하며, 그 특징도 잘 나타나지 않는다.
- 대상을 명확히 할 필요가 있다.

라는 생각이 우러나게 한다.

그리하여, 모양과 크기가 여러 가지인 '상자 모양'에서 볼 수 있는 특징(구성 요소)을 알아보게 하고, 이때 나타나는

◈ '상자 모양'은 직사각형 모양인 면 6개로 되어 있다.
◈ '상자 모양'은 직사각형이나 정사각형 모양으로 만들어졌다.
◈ '상자 모양'의 마주보는 직사각형이나 정사각형끼리 합동이다.
◈ '상자 모양'에서 볼 수 있는 직사각형이나 정사각형은 어느 두 개도 수직으로 만난다.

라는 등의 반응을 비교·검토하는 등의 활동을 통하여,

- '상자 모양'은 합동인 세 쌍의 두 직사각형으로 되어 있다.
- '상자 모양'을 이루는 세 쌍의 합동인 두 직사각형은 모두 나란하다.
- '상자 모양'을 이루는 세 쌍의 합동인 두 직사각형 가운데 서로 다른 3개의 직사각형이 한 점에서 만나며, 이 가운데의 두 직사각형이 서로 수직으로 만난다.
- '상자 모양'에는 직사각형인 면만으로 된 것, 직사각형인 면과 정사각형인

면으로 된 것, 정사각형인 면만으로 된 것이 있다.

는 것을 알아차리게(귀납, 유추, 일반화하게) 하고, 합동인 두 직사각형 세 쌍으로 되는 것(도형)을 '직육면체'라고 하며, 이 가운데서 합동인 6개의 정사각형으로 되는 것(도형)을 가리킬 때는 '직육면체'라고 한다는 것을 가르쳐(말해)주고, '직육면체'나 '정육면체'를 이루는 직사각형이나 정사각형을 '면', 두 면이 만나는 부분을 '모서리', 세 모서리가 만나는 점을 '꼭지점'이라고 한다는 것을 가르쳐(말해)준다.

그리고 직육면체나 정육면체가 다른 입체와는 어떤 점이 다른가를 알아보게 하고, 이때 나타나는 반응을 비교·검토하는 활동을 통하여, 직육면체나 정육면체에는

성질	직사각형인 면으로 된 것	직사각형과 정사각형인 면으로 된 것	정사각형인 면만으로 된 것
① 면의 수	크기와 모양이 같은 직사각형인 면 2개씩 3쌍 있다.	좌동	좌동
② 모서리의 길이	길이가 같은 모서리가 4개씩 3쌍 있다.	좌동	길이가 같은 모서리가 12개 있다.
③ 꼭지점	8개 있다.	좌동	좌동
④ 꼭지점에서 만나는 모서리	3개의 모서리가 한 꼭지점에서 만난다.	좌동	좌동
⑤ 모서리의 평행관계	②에서 지적한 4개씩의 모서리가 각각 평행이다.	좌동	좌동
⑥ 모서리의 수직	②에서 지적한 3개씩의 모서리가 각각 수직이다.	좌동	좌동
⑦ 면의 평행관계	①에서 지적한 2개씩의 면이 각각 평행이다.	좌동	좌동
⑧ 면의 수직관계	어느 면도 다른 4개의 면과 각각 수직이다.	좌동	좌동
⑨ 면과 모서리의 평행관계	어느 면도 다른 4개의 모서리와 각각 평행이다.	좌동	좌동
⑩ 면과 모서리의 수직관계	어느 면도 다른 4개의 모서리와 각각 수직이다.	좌동	좌동

와 같은 성질이 있다는 것을 알아내게(귀납, 유추, 일반화하게) 하여, 직육면체나

정육면체에 대한 이해가 심화되게 한다.

주요 내용 49 — 직육면체, 정육면체의 전개도

직육면체(정육면체 포함)의 모서리를 잘라 펼쳐보는 등의 구체적인 조작을 통하여, 직육면체(정육면체 포함)를 그 모서리를 한 조각이 되게 잘라 펼친 것(도형)을 직육면체의 '전개도'라고 한다는 것을 가르쳐(말해)주고, 직육면체의 전개도에서 볼 수 있는 특징(성질)을 찾아보게 하여, 직육면체에 대한 이해가 심화되게 한다.

전개의 개요

모서리를 자를 수 있는 직육면체(정육면체 포함)의 모형을 나누어주면서, 예컨대 그와 같은 직육면체를 만들 방안을 구상해보도록 하고, 이때 나타나는

- 각 면의 모양을 종이에 그려서 오려낸다.
- 이 직육면체(정육면체 포함)의 모서리를 잘라 펼친그림을 그려 그 모서리에 해당하는 곳을 접는다.
- 이 밖의 오류를 포함하는 여러 반응

라는 등의 반응을 비교·검토한 다음에, (본시는 그 여러 가지 방법 가운데 모서리를 잘라 펼치는 방법에 대해서 알아보자고 말하면서) 그 모형을 각자가 나름대로의 방법으로 펼쳐보게 하고, 이때 나타나는

- 한 조각으로 완전하게 펼쳐진 것.
- 두 조각이 되게 자른 것.
- 완전하게 펼쳐지지 않게 자른 것.
- 면을 가로질러 자른 것.
- 이 밖에 여러 가지로 자른 것.

등 여러 가지 반응을 비교·검토하는 활동을 통하여, 한 조각이 되도록 완전하게 펼쳐진 것을 '전개도'라고 한다는 것을 말해(가르쳐)주고,

- 어느 모서리를 자르느냐에 따라 그 전개도의 모양이 달라진다.
- 모서리의 길이나 각의 크기는 그 전개도에 그대로 나타난다.
- 면과 면의 위치관계나 면과 모서리의 위치관계는 그대로 나타나지 않는다.
- 전개도의 둘레의 길이는 자른 모서리의 길이의 2배가 된다.

라는 직육면체(정육면체 포함)의 전개도에서 볼 수 있는 특징(성질)을 구체적인 조작을 통해서 알아차리게(귀납, 유추, 일반화하게) 하여, 직육면체(정육면체 포함)의 전개도에 대한 이해가 심화되게 한다.

한편, 직육면체(정육면체 포함)를 잘라 펼치면, 그 직육면체(정육면체 포함)의 어느 모서리, 어느 꼭지점이 그 전개도의 어디에 나타나는가를 알아보게 하고, 이때 나타나는

- 여러 가지 반응
- 잘 모르겠다.

는 등의 반응을 비교·검토하는 활동을 통하여,

- 직육면체(정육면체 포함)의 모서리마다 색깔이 다른 색칠을 하고, 모서리를 잘라 펼치면 그 직육면체의 어느 모서리나 꼭지점이 그 전개도의 어디에 나타나는가를 쉽게 알 수 있다.

는 것을 알아차리게 한다.

그리고 직육면체(정육면체 포함)의 전개도의 모양이 달라지도록 모서리를 잘라 펼쳐보게 하여, 직육면체(정육면체 포함)에 대한 이해가 한층 심화되게 한다.

지도상의 유의점

모양이 다른 직육면체(정육면체 포함)의 전개도에서 볼 수 있는 특징(규칙성)을 찾아보게 하고, 이때의 반응을 비교·검토하는 활동을 통하여,

- 전개도의 둘레의 길이는 자른 모서리의 길이의 2배가 된다.

는 사실(규칙성)을 알아내게 함으로써, 직육면체에 대한 이해가 한층 심화될 뿐만 아니라, '규칙성과 함수'의 이해에도 도움이 된다.

참고 정육면체의 모서리를 잘라 펼쳐서 되는 11가지의 전개도를 참고로 다음에 제시한다.

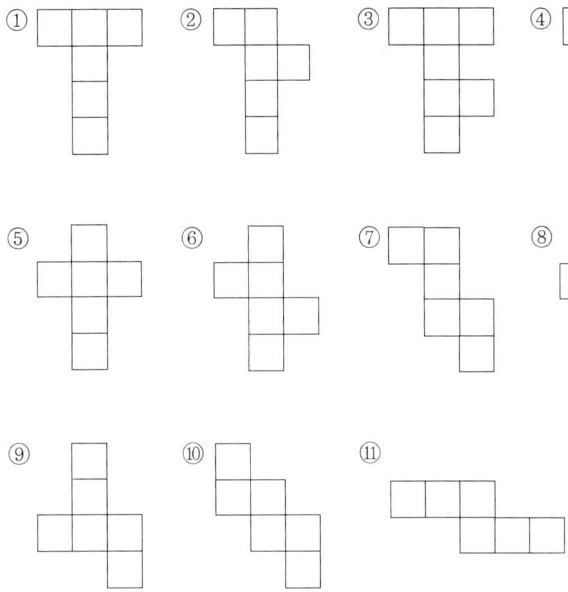

참고 입체의 표현 방법으로는 겨냥도(견취도)와 전개도 및 투영도의 세 가지를 들 수 있다.

♧ 겨냥도란 입체를 어느 한 방향에서 볼 때 시야에 들어오는 모습 그대로를 그린 그림이다.

♧ 전개도란 그 입체가 구성될 수 있도록 그 입체의 모서리를 한 토막이 되게 잘라 펼친그림을 평면상에 나타낸 그림이다.

♧ 투영도란 입체를 앞에서 본 그림과 위에서 본 그림 및 옆에서 본 그림을 한 평면상에 나타낸 그림이다.

주요 내용 50 — 각기둥, 원기둥의 개념(의미)

대상의 모양을 전체적으로 보고 일상적으로 표현해 왔던 '상자 모양'이나 '기둥 모양'이라는 말로는 대상의 모양이나 크기를 정확하게 표현·전달할 수 없다는 것, 그래서 이와 같은 문제점을 보완하기 위해서 '상자 모양'이나 '기둥 모양'이라는 말의 의미(정의)를 명확히 규정할 필요성이 있다는 것을 느끼게 하여, '각기둥'이나 '원기둥'의 정의를 내려주고, '각기둥'이나 '원기둥'에서 볼 수 있는 특징(성질)을 찾아보는 활동을 통하여, '각기둥'이나 '원기둥'에 관한 이해를 확실히 한다.

전개의 개요

앞의 [주요 내용 48]에서와 같이, 주변에서 볼 수 있는 모양이나 크기가 여러 가지인 상자, 바둑판, 녹차 통, 마른반찬을 담는 팔각 그릇 등 여러 가지 모양의 물건을 '모양'에 주목하여 '같은 모양'으로 볼 수 있는 것을 모아보게 하고, 이때 나타나는 반응([주요 내용 48] 참조)을 비교·검토하는 등의 활동을 통하여,

- 판판한 면(평면)만으로 된 것도 있고 굽은 면(곡면)이 있는 것도 있다.
- 판판한 면(평면)만으로 된 물건 가운데는 상자 모양인 것도 있고 기둥 모양인 것도 있으며, 뿔 모양인 것도 있다.
- 굽은 면(곡면)이 있는 물건 가운데도 깡통 모양인 것도 있고 기둥 모양인 것도 있으며, 뿔 모양인 것도 있다.

는 것을 알아차리게(귀납, 유추, 일반화하게) 하며,

- '…와 같은 모양'이라는 말로는 그 의미가 명확하지 못하며, 그 특징도 잘 나타나지 않는다.
- 대상을 명확히 할 필요가 있다.

라는 생각이 우러나게 한다.

그리하여, 모양과 크기가 여러 가지인 '기둥 모양'에서 볼 수 있는 특징(구성 요소)을 알아보게 하고, 이때 나타나는

- 윗면과 밑면이 평행이다.
- 윗면과 밑면은 합동인 삼각형(사각형, 오각형, …)이고 옆면은 직사각형이다.
- 옆면은 윗면이나 밑면과 수직으로 만난다.

는 등의 반응을 바탕으로, 평행이고 합동인 2개의 다각형과 이에 수직인 몇 개의

직사각형으로 둘러싸인 입체를 '각기둥'이라 하고, 평행이고 합동인 2개의 원과 이에 수직인 직사각형을 둥글게 말은 곡면으로 둘러싸인 입체를 '원기둥'이라 하며, 평행이고 합동인 2개의 도형(다각형, 원)을 '밑면', 밑면에 수직인 도형(직사각형, 직사각형을 둥글게 말은 곡면)을 '옆면', 2개의 면이 만나는 부분을 '모서리', 3개의 모서리(면)가 만나는 곳을 '꼭지점', 평행이고 합동인 2개의 도형 사이의 거리(길이)를 '높이'라고 한다는 것을 가르쳐(말해)주고, 평행이고 합동인 두 밑면(윗면, 밑면)의 모양에 따라 '삼각기둥', '사각기둥', …, '원기둥'이라고 한다는 것을 가르쳐(말해)준다.

그리고 바로 앞에서 나왔던 반응을 비교·검토하는 활동을 통하여,

〈각기둥의 경우〉

- 두 밑면은 평행이다.
- 두 밑면은 합동이다.
- 옆면은 모두 직사각형이다.
- 옆면은 모두 밑면에 수직이다.
- 옆면의 개수는 밑면의 변의 개수와 같다.
- 밑면이 n각형일 때, 꼭지점의 수 : $2n$(개), 모서리의 수 : $3n$(개), 면의 수 : $n+2$(개)
- 옆면 전체를 펼치면 옆면의 둘레가 세로이고 높이가 가로인 직사각형이 된다.

〈원기둥의 경우〉

- 옆면이 곡면이다.
- 옆면을 펼치면 옆면의 둘레가 가로이고 높이가 세로인 직사각형이 된다.

는 등의 성질을 알아내게(귀납, 유추, 통합, 일반화하게) 하여, 각기둥이나 원기둥에 대한 이해가 심화되게 한다.

한편, 여러 가지 각기둥이나 원기둥을 각자의 생각대로 잘라보게 하고, 이때 나타나는 반응을 비교·검토하는 활동을 통하여,

- 밑면에 평행인 평면으로 자르면 자른 자리가 밑면과 합동인 도형으로 나타난다.
- 밑면에 수직인 평면으로 자르면 자른 자리가 직사각형으로 나타난다.

는 등의 각기둥이나 원기둥에서 볼 수 있는 특징을 알아내게(귀납, 유추, 통합, 일반화하게) 하여, 각기둥에 대한 이해가 더욱 심화되게 한다.

지도상의 유의점

각기둥의 꼭지점, 모서리, 면의 개수를 알아보게 할 때, 그 개수를 정확하게 세었는가 하는 것에만 초점을 맞출 것이 아니라, 밑면인 n각형의 'n'에 주목하여 그 개수를

n각기둥	3	4	5	6	…	n
꼭지점의 수	6	8	10	12	…	$2n$
모서리의 수	9	12	15	18	…	$3n$
면의 수	5	6	7	8	…	$n+2$

와 같이 표로 정리하여 나타내어 보게 하여, 각기둥의 모양에 구애됨이 없이 그 꼭지점, 모서리, 면의 수를

꼭지점의 수 : $2n$(개), 모서리의 수 : $3n$(개), 면의 수 : $n+2$(개)

와 같이 일반적으로 나타낼 수 있다는 것(규칙성)이나 꼭지점의 수, 모서리의 수, 면의 수 사이에

(꼭지점의 수)+(면의 수)=(모서리의 수)+2

라는 관계(규칙성)가 있다는 것을 알아차리게 하며, '표로 정리하여 나타낸다는 것의 좋은 점'도 느끼게(귀납, 유추, 일반화하게) 한다.

이와 같은 것(규칙성)을 알아보게 하여, 각기둥이나 원기둥에 대한 이해가 한층 심화되게 하고, '규칙성과 문제 해결'의 학습에서도 활용할 수 있게 한다.

주요 내용 51 ― 각기둥, 원기둥의 전개도

앞의 [주요 내용 49]에서와 같이, 각기둥이나 원기둥을 그 모서리를 한 조각이 되도록 잘라 펼친 것(도형)을 각기둥의 전개도, 원기둥의 전개도라고 한다는 것을 다시 한번 가르쳐(말해)주고, 직육면체의 전개도에서 볼 수 있는 특징(성질)을 찾아보게 하여, 입체에 대한 이해가 심화되게 한다.

전개의 개요

각기둥이나 원기둥을 만들 방안을 생각하게 한 다음에, 모서리를 아동이 자를 수 있는 각기둥이나 원기둥의 모형을 나누어주면서 각기둥이나 원기둥의 모서리를 한 토막이 되도록 잘라보게 하고, 이때 나타나는 반응([주요 내용 49] 참조)을 비교·검토하는 활동을 통하여,

〈각기둥의 경우〉

- 어느 모서리를 자르느냐에 따라 그 전개도의 모양이 달라진다.
- 모서리의 길이나 각의 크기는 그 전개도에 그대로 나타난다.
- 면과 면의 위치관계나 면과 모서리의 위치관계는 그대로 나타나지 않는다.

〈원기둥의 경우〉

- 각기둥의 경우와는 달리 잘라 펼치는 방법이 한 가지뿐이다.

라는 각기둥이나 원기둥의 전개도에서 볼 수 있는 특징(성질)을 구체적인 조작을 통해 알아차리게(귀납, 유추, 일반화하게) 하여, 각기둥이나 원기둥의 전개도 및 각기둥이나 원기둥에 대한 이해가 심화되게 한다.

한편, 각기둥을 잘라 펼치면, 그 각기둥의 어느 모서리, 어느 꼭지점이 그 전개도의 어디에 어떻게 나타나는가를 알아보게 하고, 이때 나타나는 반응을 비교·검토하는 활동을 통하여,

- 각기둥의 모서리마다에 색깔이 다른 색칠을 하고 모서리를 잘라 펼치면, 그 각기둥의 어느 모서리, 어느 꼭지점이 그 전개도의 어디에 나타나는가를 쉽게 알 수 있다.

는 것을 알아차리게(유추, 일반화하게) 한다.

그리고 각기둥의 전개도가 다른 모양이 되도록, 모서리를 여러 가지로 잘라 펼쳐 보게 하여, 각기둥(각기둥의 전개도)에 대한 이해가 한층 심화되게 한다.

주요 내용 52 — 각뿔, 원뿔의 개념(의미)

[주요 내용 50]이나 [주요 내용 49]에서와 같이, 대상의 모양을 전체적으로 보고 표현해 왔던 일상적인 '기둥 모양'이나 '뿔 모양'이라는 말로는 대상을 정확하게 표현·전달할 수 없다는 것, 그래서 이와 같은 문제점을 보완하기 위해서 '뿔 모양'이라는 말의 의미(정의)를 명확히 할 필요가 있다는 것을 느껴지게 하여, 각뿔이나 원뿔의 정의를 내려주고, 각뿔이나 원뿔에서 볼 수 있는 특징(성질)을 찾아보는 활동을 통하여, 각뿔이나 원뿔에 관한 이해를 확실하게 한다.

전개의 개요

[주요 내용 50]이나 [주요 내용 49]에서와 같이, 주변에서 볼 수 있는 모양이나 크기가 여러 가지인 물건을 '모양'에 주목하여 '같은 모양'으로 볼 수 있는 것을 모아보게 하고, 이때 나타나는 반응([주요 내용 50]과 [주요 내용 49] 참조)을 비교·검토하는 등의 활동을 통하여, [주요 내용 50]이나 [주요 내용 49]에서와 같이,

- '…와 같은 모양'이라는 표현으로는 그 의미가 명확하지 못하며, 그 특징도 잘 나타나지 않는다.
- 대상을 명확히 할 필요가 있다.

라는 생각(유추)이 우러나게 하고, 뿔 모양에서 볼 수 있는 특징을 찾아보게 한다.

그리하여, 이때 나타나는

◈ (각뿔의 경우) 1개의 다각형(정다각형)과 몇 개의 삼각형(이등변삼각형)으로 되어 있다.

◈ (원뿔의 경우) 1개의 원과 굽은 면으로 둘러싸여 있다.
◈ 위의 끝이 뾰족하다.

라는 등의 반응을 바탕으로, 1개의 정다각형과 몇 개의 이등변삼각형으로 된 입체를 '각뿔'이라 하고, 1개의 원과 1개의 굽은 면으로 된 입체를 '원뿔'이라고 하며, 그 정다각형이나 원을 '밑면', 그 이등변삼각형이나 굽은 면을 '옆면', 2개의 면이 만나는 부분을 '모서리', 3개의 모서리(면)가 만나는 부분을 '꼭지점', 꼭지점에서 밑면의 중심까지의 길이를 '높이'라고 한다는 것을 가르쳐(말해)주고, 밑면의 모양에 따라 '삼각뿔', '사각뿔', …, '원뿔'이라고 한다는 것을 가르쳐(말해)준다.

그리고 바로 앞에서 나타난 반응을 비교·검토하는 활동을 통하여,

〈각뿔의 경우〉
- 밑면에 평행인 평면으로 자르면 자른 자리가 밑면의 축도로 나타난다.
- 꼭지점을 지나고 밑면에 수직인 평면으로 자르면 자른 자리가 이등변삼각형으로 나타난다.
- 밑면이 n각형일 때, 꼭지점의 수 : $n+1$(개), 모서리의 수 : $2n$(개), 면의 수 : $n+1$(개)

〈원뿔의 경우〉
- 밑면에 평행인 평면으로 자르면 자른 자리는 원으로 나타난다.
- 꼭지점을 지나고 밑면에 수직인 평면으로 자르면 자른 자리가 이등변삼각형으로 나타난다.
- 옆면을 펼치면 부채꼴로 나타난다.

는 등의 성질을 알아내게(귀납, 유추, 일반화하게) 하여, 각뿔이나 원뿔에 대한 이해가 심화되게 한다.

지도상의 유의점

초등학교 수준에서 다루는 각뿔이나 원뿔은 모두 꼭지점에서 밑면에 내린 수선의 발이 밑면의 중심에 오는 직각뿔이나 직원뿔을 다룬다. 그러므로 그 성질의 지도에서는 직각뿔이나 직원뿔에서 볼 수 있는 성질을 찾아보게 하면 된다.

주요 내용 53 — 회전체

주변에서 볼 수 있는 여러 가지 모양의 물건 가운데는 평면도형을 빠른 속도로 회전시킬 때 눈에 비쳐지는 모양과 같은 물건이 있다는 것을 알아차리게 하고, 그와 같은 입체를 '회전체'라고 한다는 것을 가르쳐(말해)준다.

전개의 개요

앞의 [주요 내용 52]나 [주요 내용 50], [주요 내용 49]에서와 같이, 주변에서 볼 수 있는 여러 가지 모양의 물건(여러 가지 모양의 상자, 녹차 통, 아이스 바, 아이스 콘, 바둑판, 바둑판의 다리, 바둑돌을 담는 돌집, 여러 가지 모양의 도자기 등)을 '모양'에 주목하여 '같은 모양'으로 볼 수 있는 것을 모아보게 하거나 또는 도자기를 빚는 장면(비디오)을 관찰시키거나 하고, 이때 나타나는 반응을 바탕으로,

- '…와 같은 모양'이라는 표현으로는 그 의미가 명확하지 못하며, 그 특징도 잘 나타나지 않는다.

는 것을 느껴볼(유추할) 수 있게 하며, 이 입체(회전체)가 어떻게 만들어지는가를 알아보게 하고, 그 반응을 비교·검토하는 활동을 통하여, 일상적인 물건 가운데는

- (임의의) 평면도형을 빠른 속도로 돌릴 때 눈에 비쳐지는 모양과 같은 물건도 있다.

는 것을 알아차리게(귀납, 유추, 일반화하게) 하며, 이와 같은 입체를 통틀어서 '회전체'라고 한다는 것을 가르쳐(말해)준다.

그리고 회전체를 나름대로의 관점에서 잘라보게 하고, 이때 나타나는 반응을 비교·검토하는 활동을 통하여,

- 회전체를 그 회전축에 수직인 평면으로 자르면 어디를 잘라도 그 단면이 원으로 나타난다.
- 회전체를 그 회전축에 평행인 평면으로 자르면 어디를 잘라도 그 단면은 그 입체(회전체)를 얻기 위해서 빠른 속도로 회전시켰던 평면도형과 같은 모양인 평면도형으로 나타난다.

라는 등의 회전체에서 볼 수 있는 간단한 성질을 알아내게(귀납, 유추, 통합, 일반화하게) 하며, 원기둥이나 원뿔도 회전체의 한 가지라는 사실을 알아차리게(유추, 귀납, 일반화하게) 하여, 회전체에 대한 이해가 심화되게 한다.

제 4 장

측정에 관련되는 내용

> 임의단위에 의한 측정활동을 통하여 양의 개념이 점진적으로 형성되게 하며, 표준단위의 필요성을 인식하게 하고, 이를 바탕으로 국제단위에 익숙해지도록 하여 실생활에 활용할 수 있게 한다.

라는 측정 영역의 목표를 달성하는 데에 핵심이 되는 지도 과제와 함께 그 지도 방안을 예시한다.

주요 내용 54 — 측정 영역의 지도 내용과 지도 단계

초등학교에서 다루는 양은 분리량(이산양이라고도 한다)과 연속량이다. 그런데 분리량에 대해서는 '수와 연산'에서 다루게 되므로 '측정' 영역에서는 주로 연속량을 다룬다.

그리고 측정 영역에서 다루게 되는 연속량의 종류로는 길이, 들이, 무게, 넓이, 부피, 각도, 시간을 들 수 있는데, 이 양의 비교·측정에서는

직접비교, 간접비교, 임의단위로의 측정, 표준단위로의 측정, 간접측정

이라는 단계를 이 순서대로 모두 거치게 되는 것이 보통이지만, 양에 따라서는 이 과정을 이 순서대로 모두 거치기 어려운 경우가 있다.

즉, 비교·측정에서 다루게 되는 5가지 단계는 '비교·측정의 5가지 단계'가 정해져 있어서 그 단계를 밟히는 것이 아니고, 여러 가지 양을 비교하거나 측정한 활동 결과를 정리하면 위와 같은 5가지 단계로 요약·정리된다는 뜻으로 이해하여야 한다.

각 학년(단계)에서 다루게 되는 내용은 다음과 같다.

1학년(단계) : 길이, 들이, 무게, 넓이의 비교, 시간의 비교와 시각 읽기(몇 시, 몇 시 30분)

2학년(단계) : 길이의 측정(cm, m), 시각 읽기(몇 시 몇 분)와 시간(1분, 1시간, 1일, 1주일, 1개월, 1년 사이의 관계)

3학년(단계) : 길이의 측정(mm, km) 및 단위 사이의 관계, 들이의 측정(L, mL), 시간의 의미와 그 덧셈·뺄셈, 무게의 비교

4학년(단계) : 각도의 측정, 시간(초) 및 그 덧셈·뺄셈, 올림·버림·반올림, 직사각형과 정사각형의 넓이, 평면도형의 둘레

5학년(단계) : 넓이의 측정(cm^2, m^2, km^2, a, ha)과 단위 사이의 관계, 평면도형(평행사변형, 삼각형, 사다리꼴, 마름모)의 넓이, 무게의 측정과 단위 사이의 관계(g, kg, t)

6학년(단계) : 원기둥의 겉넓이와 부피, 원주율 및 원의 넓이

※ 이 학년별 지도 내용은 다시 확인해주기 바란다.

주요 내용 55 — 길이의 비교·측정

대상에 내포된 길이(이 말을 앞으로는 '대상의 길이'라고 하겠다)를 비교해본 경험을 바탕으로, 대상의 길이를 비교하는 방법을 정립하게 하여 길이를 적절한 방법으로 비교할 수 있게 하고, 단계(학년)가 높아감에 따라 길이나 길이의 비교 결과를 보다 정확하게 나타낼 필요성의 바탕 위에서, 대상의 길이를 임의단위나 표준단위를 써서 측정할 수 있게 하며, 대상의 길이를 계산으로 알아낼(간접측정할) 수 있게 한다.

전개의 개요

(1) 직접비교

길이가 현저하게 다른 물건 2개 가운데서 길이가 긴(짧은) 것을 가려내게 하고, 이때 나타나는 반응을 바탕으로 지금까지 사용해 온 "길다.", "짧다."라는 말이 사용되는 경우나 그 의미를 되새겨 보게 하며, 길이가 비슷한(직관으로는 판단이 서지 않는) 2개의 물건(연필, 끈, 책의 세로 등) 중에서 길이가 긴 것을 가려내게 하고, 이때 나타나는 반응을 비교·검토하는 활동을 통하여,

• 비교할 대상의 한쪽 끝을 가지런히(공통부분이 최대가 되도록) 포갠 다음에, 어느 것의 다른 쪽 끝이 솟아있는가를 보면 알 수 있다.

는 것을 알아차리게(귀납, 일반화하게) 하고, 길이의 비교 결과를 "길다.", "짧다." 라는 용어를 써서 표현할 수 있게 한다.

(2) 간접비교

예컨대, 'ㅜ' 의 가로의 획 및 세로의 획과 같이, 비교 대상이 고정되어 있어서 직접 맞대어 볼 수 없거나, 철봉과 같이 비교 대상의 무게가 무거워서 직접 맞대어 볼 수 없는 두 대상을 제시하여 어느 쪽의 길이가 긴가를 알아보게 하고, 이때 나타나는 반응을 비교·검토하는 활동을 통하여,

• 비교 대상 가운데의 하나의 본을 떠서, 다른 비교 대상과 그 본으로, 앞에서 경험한 직접비교의 방법처럼 하여 알아보면 된다.

는 것을 알아차리게(귀납, 일반화하게) 하고, 대상에 따라 그 길이를 적절한 방법으로 비교할 수 있게 한다.

지도상의 유의점

비교 대상의 본을 뜰 필요성을 실감할 수 있는 소재를 발굴하는 것이 간접비교에 대한 학습지도의 관건이라 할 수 있다.

(3) 임의단위에 의한 측정

(직접비교나 간접비교가 쉽지 않은 상황을 교사가 조성해 놓고) 예컨대, '점토로 가래떡 길게 빚기'의 게임에서 빚은 가래떡 중에서, 누가 빚은 가래떡이 긴가(짧은가)를 알아보게 하고, 이때 나타나는

- 눈대중으로 판단했다.
- 나의 뼘으로 몇 뼘이 되는가를 알아보고 판단하였다.
- 연필을 가래떡 옆에 놓아가면서 연필 몇 자루의 길이인가를 알아보고 판단하였다.

◈ 지우개를 가래떡 옆에 놓아가면서 지우개 몇 개의 길이인가를 알아보고 판단하였다.

◈ 한 사람이 빚은 가래떡 옆에 다른 사람이 빚은 가래떡을 옮겨놓고 비교하려 했으나 옮길 재간이 없어서 알아내지 못했다.

라는 등의 반응을 비교·검토하는 활동을 통하여,

- 재려는 대상에 따라 놓아지는 연필 등의 수를 세어보면(길이를 수화하면) 어느 쪽이 얼마가 길다(짧다)는 것을 알 수 있다.

는 것을 알아낼(귀납, 일반화할) 수 있게 하고, 유사한 문제의 해결을 통하여 길이를 수화함으로써,

- 길이가 어느 정도인가, 어느 쪽이 얼마나 긴가를 알 수 있다.
- 여러 가지의 길이를 동시에 비교할 수 있다.
- 두 대상을 이어서 되는 전체의 길이나, 한 대상에서 그 일부를 제거한 나머지의 길이를 계산으로 쉽게 구할 수 있다.

는 등 길이를 '수화한다는 것의 좋은 점'을 느껴볼(귀납, 일반화할) 수 있게 하며, 길이를 수화하는 것을 길이를 "잰다."라고 말한다는 것을 가르쳐(말해)준다.

한편,

- 연필이나 지우개의 길이가 일정하지 않아서 재려는 대상 옆에 배열한 연필이나 지우개의 수만 보고서는 길이가 어느 정도인가, 어느 쪽이 얼마나 긴가를 판단할 수 없다.

는 등의 임의단위에 의한 측정으로 야기되는 문제점도 느껴볼(귀납, 일반화할) 수 있도록 한다.

지도상의 유의점

이어서 다루게 되는 표준단위(cm나 m)에 의한 측정 활동이 임의단위에 의한 측정 활동과 그 활동 내용이 똑같으며, 아동으로서는 연필이나 지우개와 같은 것을 놓아가는 것이 1cm짜리나 1m짜리 물건을 연이어 놓아가기보다 조작하기 쉬울

뿐 아니라, 자가 만들어지게 된 과정의 이해라는 점에서도 임의단위를 사용하는 측정 활동을 충분히 시키는 것이 바람직하다.

(4) 표준단위에 의한 측정

(자를 사용할 수 없는 상황을 교사가 의도적으로 조성해 놓고) 각자가 측정 대상을 정하여 그 길이를 나름대로의 방법으로 측정하게 하고, 이때 나타나는

- 연필 4개의 길이다.
- 7뼘이 조금 못된다.

라는 등의 반응(임의단위에 의한 측정 결과)을 비교·검토하는 활동을 통하여,

- 재려는 대상에 연이어놓은 연필이나 지우개의 수만 보고서는 길이가 어느 정도인가, 어느 쪽이 얼마나 긴가를 알 수 없다.
- 어떻게 하면 측정 결과를 누가, 언제, 어디서 보아도(들어도) 그 길이를 상상할 수 있게 될까?

라는 등의 '임의단위에 의한 측정으로 야기되는 문제점'을 느껴볼(귀납, 일반화할) 수 있게 한다.

그리하여, 측정 결과를 누가, 언제, 어디서 들어도(보아도) 그 길이를 알 수 있게 하는 방안을 알아보게 하고, 이때 나타나는

- 측정 대상에 연이어놓아 갈 물건을 한 가지로 제한한다.
- 측정 대상에 연이어놓아 갈 물건을 일정한 것으로 정해 둔다.
- 규격이 정해져 있는 지폐(엽서나 우표의 가로 또는 세로)를 사용할 것을 약속해 둔다.

는 등의 반응을 비교·검토하는 활동을 통하여,

- 측정 대상에 놓아갈 물건을 일정한 것으로 정해둘 필요가 있다.
- 길이를 잴 때 사용할 물건이 너무 길면, 실제의 길이가 다른데도 같은 수로 나타나서 길이의 정확한 전달이 되지 않는다.
- 길이를 잴 때 사용할 물건이 너무 짧으면, 그 물건을 연이어놓아 가기가 번거로워진다.

는 것을 느낄 수 있게(귀납, 일반화할 수 있게) 한다.
이런 연후에 (아동들이 자주 접하는 막대자나 삼각자를 제시하면서) "옛날부터 사용해 온 이와 같은 자를 옛날 사람들은 무슨 생각으로 만들었을 것 같은가?"를 생각해 보게 하고, 이때 나타나는 반응을 바탕으로,

- 대상의 길이를 잴 때, 이 길이(1cm의 눈금)를 기준(단위)으로 삼아 잴 것을 약속하였다. 이 길이를 '1cm'라고 표기하며, '일 센티미터'라고 읽는다.

는 것을 가르쳐(말해)주고,

- 막대 같은 것에 미리 그 작은 물건(1cm인 물건)을 연이어놓은 눈금(이음새)을 매겨 두었다가, 길이를 잴 필요가 생겼을 때 재려는 곳에 그 막대를 갖다 대기만 하면 그 길이를 손쉽게 알 수 있으며, 그 작은 물건을 연이어놓아 나가는 번거로움을 덜 수 있어서 좋다.

라는 '자의 좋은 점'을 느껴볼(귀납, 일반화할) 수 있게 한다.
그리고 각자가 재어보고 싶은 곳의 길이를 자를 사용하여 재어보게 하고, 이때 나타나는 반응(측정 결과의 발표)을 비교·검토하는 활동을 통하여,

- 표준단위를 사용하여 측정함으로써 측정 결과를 듣기만(보기만) 해도 그 길이가 어느 정도인가, 어느 쪽이 얼마나 긴가를 알 수 있다.
- 여러 가지 대상의 길이를 동시에 비교할 수 있다.
- 두 대상을 이은 전체의 길이나, 한 대상에서 그 일부를 제거한 나머지의 길이를 계산으로 쉽게 알아낼 수 있다.

라는 등의 '표준단위로 측정한다는 것의 좋은 점'을 알아차릴(귀납, 일반화할) 수 있게 하고, 대상의 종류에 구애됨이 없이 길이를 바르게 잴 수 있게 한다.
그리하여, 단계(학년)가 높아감에 따라 교실의 가로나 세로의 길이, 지폐 한 장의 두께, 우리 고장에서 어디까지의 거리(m나 mm 또는 km라는 단위를 필요로 하는 적당한 길이나 거리) 등을 알아보게 하고, 이때 나타나는 반응을 비교·검토하는 활동을 통하여,

- '1cm'보다 긴 단위와 짧은 단위를 정해둘 필요가 있다.

는 것을 느끼게(유추, 귀납, 일반화하게) 하고, 'm'나 'mm' 또는 'km'라는 길이의

단위를 정하여 사용해 왔다는 것을 말해주며, 위에서와 같은 활동을 통하여,

- cm, m, mm, km라는 단위 사이에는

  100cm=1m, 1000m=1km, 1cm=10mm

  라는 관계가 있다.

는 것을 알아내게 하고, 유사한 활동을 통하여 길이를 바르게 잴 수 있게 하며, 길이의 측정에 대한 이해가 점진적으로 심화되게 한다.

(5) 간접측정

한 다발의 철사의 길이, 학교 교정에 있는 나무의 높이, 시험지 한 장의 두께, 강의 폭 등을 측정할 방안을 생각해보게 하고, 이때 나타나는

⯐ 자로는 직접 재기가 어렵다.
⯐ 자로 재면 된다.

라는 등의 반응을 비교·검토하는 활동을 통하여,

- 자가 있어도 길이를 직접 재기 어려운 경우가 많이 있다.

는 것을 느껴볼 수 있게 하고,

- 한 다발의 철사의 길이와 같은 경우는, 한 다발의 철사의 무게와 그 철사 1m의 무게를 재면 한 다발의 철사의 길이를 계산으로 구할 수 있다.
- 시험지 한 장의 두께와 같은 경우는, 시험지를 많이(100장) 포갠 것의 두께를 재어서 한 장의 두께를 계산으로 구할 수 있다.

는 것을 알아차리게(귀납, 일반화하게) 한다.
그리고 유사한 문제의 해결을 통하여,

- '길이'와 관계(비례관계가 대부분이다)가 있는 양이 있게 마련이다.
- '길이'와 관계가 있는 양을 찾아내기만 하면 길이를 계산으로 구할 수 있다.

는 것을 단계(학년)가 높아감에 따라 점진적으로 알아내게(귀납, 유추, 연역, 일반화하게) 하여, 선수 내용의 유용성을 느껴볼 수 있게 한다.

지도상의 유의점

길이의 비교 결과를 나타내는 용어로는 "길다·짧다"라는 말 이외에도, "높다·낮다", "깊다·얕다", "두껍다·얇다", "멀다·가깝다", "굵다·가늘다", (간격이) "넓다·좁다" 등 여러 가지의 말이 있다.

그러므로, "길다·짧다"라는 용어만 지도할 것이 아니라, 이와 같은 많은 용어를 1학년에서 다루게 되는 길이의 비교에서 한꺼번에 지도할 수는 없으므로, 단계(학년)가 높아감에 따라 적당한 학습 소재를 선정·상정하여, 그와 같은 용어가 쓰이는 경우(용어의 의미)를 점진적으로 이해할 수 있게 하여, 이 많은 용어를 경우에 따라 바르게 사용할 수 있게 하여야 한다.

주요 내용 56 ― 넓이의 비교·측정

앞의 '길이의 비교·측정'에서와 같이, 대상에 내포된 넓이(이 말을 앞으로는 '대상의 넓이'라고 하겠다)를 비교해본 경험을 바탕으로, 대상의 넓이를 비교하는 방법을 정립(귀납, 유추, 일반화)하게 하여 넓이를 적절한 방법으로 비교할 수 있게 하고, 단계(학년)가 높아감에 따라 넓이나 넓이의 비교 결과를 보다 정확하게 나타낼 필요성의 바탕 위에서, 대상의 넓이를 임의단위나 표준단위를 이용하여 측정할 수 있게 하며, 대상의 넓이를 계산으로 구할 수(간접측정할 수) 있게 한다.

전개의 개요

(1) 직접비교

(넓이가 현저하게 다른 몇 가지의 대상을 제시해 놓고) 이 대상 가운데서 어느 것의 넓이가 넓은가를 알아보게 하고, 이때 나타나는 반응을 바탕으로 지금까지 사용해온, "넓다(크다).", "작다."라는 말이 사용되는 경우나 그 의미를 되새겨 보게 하며, 넓이가 비슷한(직관으로는 판단이 서지 않는) 2장의 종이(직사각형 모양의) 가운데서 그 넓이가 넓은 것을 가려내게 하고, 이때 나타나는 반응을 비교·검

토하는 활동을 통하여,

- 비교할 대상을 어느 한쪽이 다른 한쪽에 포함되도록(공통부분이 최대가 되게) 포개고, 어느 것이 어느 것에 포함되는가를 보면 된다.

는 것을 알아차리게(귀납, 유추, 일반화하게) 하고, 넓이의 비교 결과를 "넓다(크다).", "작다."라는 용어를 써서 표현할 수 있게 한다.

한편, 어느 한쪽이 다른 한쪽에 완전하게 포함되지 않는 종이 두 장을 제시하여 어느 것이 넓은가를 알아보게 하고, 이때 나타나는

◈ 알 수 없다.
◈ 삐져나온 부분을 눈대중으로 보면 이쪽이 넓어 보인다.

라는 등의 반응을 비교·검토하는 활동을 통하여, 어느 한쪽이 다른 한쪽에 완전하게 포함되지 않는 경우는,

- 한쪽이 다른 한쪽에 될 수 있는 대로 많이 포함되도록(공통부분이 최대가 되도록) 포갤 때 생기는 삐져나온 부분끼리 다시 어느 한쪽이 다른 한쪽에 될 수 있는 대로 많이 포함되게 포개어서, 어느 것이 어느 것에 포함되는가를 보면 판단할 수 있다.

는 것을 알아차리게 하고, 유사한 문제의 해결을 통하여, 넓이의 비교 방법을

① 한쪽이 다른 한쪽에 될 수 있는 대로 많이 포함되도록 포갠다.
② 삐져나온 부분끼리 위의 ①의 조작을 반복한다.

와 같이 귀납(일반화, 알고리즘화)할 수 있게 한다.

참고 어느 한쪽이 다른 한쪽에 완전하게 포함되지 않는 경우의 넓이를 위의 ①과 ②의 조작을 통해서 비교하는 것은 간접비교라고 볼 수도 있다.

(2) 간접비교

칠판에 그려놓은 두 직사각형의 그림과 같이 비교 대상이 고정되어 있어서 직접 맞대어 볼 수 없거나, 모양이 다른 두 책상의 면과 같이 비교 대상의 무게가

무거워서 직접 맞대어 볼 수 없는 두 대상을 제시하여 어느 것의 넓이가 넓은가를 알아보게 하고, 이때 나타나는 반응을 비교·검토하는 활동을 통하여,

- 한 비교 대상의 본을 떠서 남은 비교 대상을 그 본과 '직접비교의 방법'으로 알아보면 된다.

는 것을 알아차리게(귀납, 유추, 일반화하게) 하고, 대상에 따라 그 넓이를 적절한 방법으로 비교할 수 있게 한다.

지도상의 유의점

비교 대상의 본을 뜰 필요성을 실감할 소재를 발굴하는 일이 이 지도의 관건이라 할 수 있다.

(3) 임의단위에 의한 측정

예컨대, 이 교탁의 면과 이 판자(교탁의 면과 넓이의 차가 현저하지 않는) 가운데 어느 것의 넓이가 얼마나 넓은가를 알아보게 하고, 이때 나타나는

- 판자가 조금 더 넓은 것 같다.
- 판자를 교탁 위에 놓아보면 어느 것이 넓은가를 알 수 있겠지만, 판자가 교탁의 면보다 얼마가 넓은지는 알 수 없다.
- 이 타일이 판자에는 63개 깔아지고, 교탁의 면에는 56개 깔아지므로, 판자가 교탁의 면보다 이 타일 7개의 넓이만큼 넓다.
- 잘 모르겠다.

라는 등의 반응을 비교·검토하는 활동을 통하여,

- 재려는 대상에 타일이나 지우개를 빈틈없이 깔고, 그 개수를 세어보면(넓이를 수화하면) 어느 쪽이 얼마가 넓은지(작은지)를 알 수 있다.

는 것을 알아차릴 수(귀납, 유추, 일반화할 수) 있게 하고, 넓이를 수화하는 것을 '넓이를 구한다(측정한다).'라고 말한다는 것을 가르쳐(말해)준다. 그리고 유사한 문제의 해결을 통하여 넓이를 수화함으로써,

- 넓이가 어느 정도인가, 어느 쪽이 얼마나 넓은가도 알 수 있다.
- 여러 가지의 넓이를 동시에 비교할 수 있다.
- 두 대상을 합한 전체의 넓이나, 한 대상에서 그 일부를 제거한 나머지의 넓이를 계산으로 쉽게 구할 수 있다.

는 등의 넓이를 '수화한다는 것의 좋은 점'을 느껴볼(귀납, 유추, 유추할) 수 있게 하는 한편,

- 타일의 크기(넓이)가 일정하지 않아서 재려는 대상에 따라 빈틈없이 깐 타일의 수만 보고서는 넓이가 어느 정도인가, 어느 쪽이 얼마나 넓은가를 알 수가 없다.

는 등의 임의단위에 의한 측정으로 야기되는 문제점을 느껴볼(귀납, 유추, 일반화할) 수 있게 한다.

지도상의 유의점

이어서 다루게 되는 표준단위(cm^2나 m^2)에 의한 측정 활동이 임의단위에 의한 측정 활동과 그 활동 내용이 똑같으며, 아동으로서는 타일이나 엽서와 같은 것을 까는 것이 $1cm^2$짜리나 $1m^2$짜리 물건을 깔기보다 조작하기 편하기 때문에, 임의단위를 사용하는 측정 활동을 충분히 시키는 것이 바람직하다.

(4) 표준단위에 의한 측정

앞의 임의단위에 의한 길이의 측정에서와 같이, 각자가 측정 대상을 정하여 그 넓이를 나름대로의 방법으로 측정하게 하고, 이때 나타나는

- 이 타일 몇 장의 넓이다.
- 지우개 몇 개의 넓이다.

라는 등의 반응(임의단위에 의한 측정 결과)을 비교·검토하는 활동을 통하여,

- 재려는 대상에 빈틈없이 깐 타일이나 지우개의 수만 보고서는 넓이가 어느 정도인가, 어느 쪽이 얼마나 넓은가를 알 수 없다.
- 어떻게 하면 측정 결과를 누가, 언제, 어디서 들어도(보아도) 그 넓이를 알

수 있게 될까?

라는 등의 '임의단위에 의한 측정으로 야기되는 문제점'을 느껴볼(귀납, 유추, 일반화할) 수 있게 한다.

그리하여, '측정 결과를 누가, 언제, 어디서 들어도(보아도) 그 넓이를 알 수 있게 하는 방안'을 알아보게 하고, 이때 나타나는

- ◈ 측정 대상에 빈틈없이 깔 물건을 한 가지로 제한한다.
- ◈ 측정 대상에 빈틈없이 깔 물건을 일정한 것으로 정해 둔다.
- ◈ 규격이 일정한 것(지폐, 엽서, 우표)을 사용할 것을 약속한다.

라는 등의 반응을 비교·검토하는 활동을 통하여,

- 측정 대상에 빈틈없이 깔아나갈 물건을 일정한 것으로 정해 둘 필요가 있다.
- 넓이를 잴 때 사용할 물건이 너무 크면, 실제의 넓이가 다른데도 같은 수로 나타나서 넓이의 정확한 전달이 되지 않는다.
- 길이를 잴 때 사용할 물건이 너무 작으면, 그 물건을 연이어놓아 가기가 번거로워진다.

는 것을 느껴지게(귀납, 유추, 일반화하게) 하고, 넓이를 재려는 대상에 깔 물건으로는,

- 길이의 표준단위인 '1cm'를 한 변으로 하는 정사각형 모양인 것을 사용할 것을 옛날부터 약속하였으며, 그 약속이 오늘에 이르고 있다.

는 것을 말해(가르쳐) 주고, 그 넓이를 '$1cm^2$'라고 나타내며, 이것을 '일 제곱센티미터'라고 읽는다는 것을 가르쳐(말해)준다.

그리고 각자가 재어보고 싶은 것의 넓이를 한 변의 길이가 1cm인 정사각형 모양을 사용하여 재어보게 하고, 이때 나타나는 반응(측정 결과의 발표)을 비교·검토하는 활동을 통하여,

- 표준단위를 사용하여 측정함으로써 측정 결과를 듣기만(보기만) 해도 그 넓이가 어느 정도인가, 어느 쪽이 얼마나 넓은가를 알 수 있다.
- 여러 가지의 넓이를 동시에 비교할 수 있다.
- 두 대상을 합한 전체의 넓이나, 한 대상에서 그 일부를 제거한 나머지의 넓

이를 계산으로 쉽게 구할 수 있다.

는 등의 '표준단위로 측정한다는 것의 좋은 점'을 느껴볼(귀납, 유추, 일반화할) 수 있게 하고, 여러 가지 대상의 넓이를 바르게 잴 수 있게 한다.

그리하여, 단계(학년)가 높아감에 따라 교실 바닥이나 바늘구멍 또는 논밭과 같이 보다 넓은 것이나 보다 작은 것의 넓이 등을 알아보게 하고, 이때 나타나는 반응을 비교·검토하는 활동을 통하여,

- '$1cm^2$'보다 넓은 넓이나 '$1cm^2$'보다 작은 넓이를 단위로 정할 필요가 있다.

는 것을 느껴지게(유추, 귀납, 일반화하게) 하여, 'm^2'나 'mm^2' 또는 'km^2'라는 넓이의 단위를 정하여 사용해왔다는 것을 말해(가르쳐)주고, 위에서와 같은 활동을 통하여,

- cm^2, m^2, km^2, mm^2라는 단위 사이에는

$$10000cm^2=1m^2,\ 1000000m^2=1km^2,\ 1cm^2=100mm^2$$

라는 관계가 있다.

는 것을 알아내게 하고, 넓이를 바르게 잴 수 있게 하여, 넓이의 측정에 대한 이해가 점진적으로 심화되게 한다.

(5) 간접측정

예컨대, 판자 등에서 오려낸 인형이나 누에고치 모양(부정형)의 넓이(또는 학교의 부지나 학교 건물의 건평의 넓이)를 알아보게 하고, 이때 나타나는

◈ 한 변이 1cm(또는 1m, 1mm, 1km)인 정사각형 모양의 물건을 깔아본다.
◈ 넓이를 재려는 대상의 적당한 곳의 길이를 재어 알아본다.

라는 등의 반응을 비교·검토하는 활동을 통하여,

- 넓이를 직접 재기 어려운 경우가 많이 있다.

는 것을 알아차리게(귀납, 유추, 일반화하게) 하고,

- 누에고치와 같은 부정형의 넓이를 구하는 경우는, 주어진 부정형의 무게(a[g]이라고 하자)와 누에고치 모양인 것과 재질이 같은 판자에서 오려낸 사각형(넓이가 b[cm^2]라고 하자)의 무게(c[g]이라고 하자)를 재어, '$b \times a \div c$'를 계산하면 구하려는 부정형의 넓이가 얻어진다.

는 것을 알아차리게(귀납, 유추, 일반화하게) 한다.

그리고 유사한 문제의 해결을 통하여,

- '넓이'와 관계(비례관계가 대부분이다)가 있는 양이 있게 마련이다.
- '넓이'와 관계가 있는 양을 찾아내기만 하면 넓이를 계산으로 구할 수 있다.

는 것을 단계(학년)가 높아감에 따라 점진적으로 알아차리게(귀납, 유추, 연역, 일반화하게) 하며, 선수 내용의 유용성을 느껴볼 수 있게 한다.

참고 넓이의 간접측정에서는 기본평면도형의 넓이 공식이 대부분을 차지할 뿐 아니라 그 내용도 또한 많기 때문에, 교과서 등에서는 이 공식에 관한 지도 내용을 별도의 단원으로 설정하여 제시한다. 그래서 기본평면도형의 넓이를 구하는 공식에 대해서는 별도의 [주요 내용]을 정하여 구체적으로 언급키로 하고, 여기서는 기본평면도형의 넓이 공식에 대한 언급은 생략한다.

주요 내용 57 — 들이의 비교·측정

일정한 형체가 없는 대상의 양(물이나 모래와 같은 것의 양)을 비교해본 경험을 바탕으로, 대상의 들이를 비교하는 방법을 정립하게 하여 들이를 적절한 방법으로 비교할 수 있게 하고, 단계(학년)가 높아감에 따라 들이나 들이의 비교 결과를 보다 정확하게 나타낼 필요성의 바탕 위에서, 대상의 들이를 임의단위나 표준단위를 써서 측정할 수 있게 하며, 대상의 들이를 계산으로 알아낼(간접측정할) 수 있게 한다.

참고 '들이'라는 수학적 용어의 뜻은 물이나 모래와 같이 그 형체가 담는 그릇의 모양에 따라 변하는 양을 의미한다. 그런데 일상적으로는 '들이'라는 말을 그와 같은 수학적인 뜻으로 사용하기보다는, 예를 들면 "간장이 아직 3L 들이 병에 반이 남아 있다."거나, 이 그릇은 "한 되들이 그릇이다."라고 말하듯이 용기의 용적이라는 뜻으로 사용하며, 국어사전에도 "한 되들이 그릇"과 같이 그릇의 용량을 나타내는 말이라고 되어 있다.

여기서는 '들이'라는 용어를 수학적인 뜻과 국어적인 뜻을 함께 사용하였으므로, 여기서의 표현 가운데는 독자의 주관('들이'라는 용어를 수학적인 뜻으로 보아야 하는가 국어적인 뜻으로 보아야 하는가에 대한)에 따라서는 손질을 가해야 할 곳이 있을 것이라는 점에 유의하기 바란다.

전개의 개요

(1) 직접비교

용적(들이)이 현저하게 다른 2개의 용기 가운데 어느 것에 물이 많이 담기는가를 물어보거나 하고, 이때 나타나는 반응을 바탕으로 지금까지 사용해온 "많다·적다"라는 말이나 "많이 담긴다·적게 담긴다"라는 말이 사용되는 경우와 그 의미를 되새겨 보게 하며, 들이가 비슷한(직관으로는 판단이 서지 않는) 2개의 보온병(또는 2개의 컵) 가운데 어느 것에 물이 많이 담기는가를 알아보게 하여, 이때 나타나는 반응을 비교·검토하는 활동을 통해서,

• 한쪽에 물을 가득 채운 다음에, 그 물을 다른 쪽에 부어보면 알 수 있다.

는 것을 알아차리게(귀납, 유추, 일반화하게) 하고, 들이나 들이의 비교 결과를 "많다(많이 든다).", "적다(적게 든다)."라는 용어를 써서 바르게 표현할 수 있게 한다.

(2) 간접비교

모양이나 크기가 다른 그릇에 담긴 우유 가운데 어느 그릇에 담긴 우유의 양이 많은가(적은가)를 알아보게 하고, 이때 나타나는

◈ 두 그릇의 모두에 우유가 담겨져 있으므로 비교할 수가 없다.

◈ 한 그릇의 우유의 면을 표시한 다음에 부어버리고, 남은 그릇의 우유를 이 그릇에 부어보면 알 수 있다.

라는 등의 반응을 비교·검토하는 활동을 통하여,

- 모양과 크기가 같은 그릇 2개(제3의 그릇)를 마련하여 처음의 두 그릇의 우유를 새로 마련한 그릇에 각각 옮겨, 새 그릇에 찬 우유의 높이로 알아보면(비교하면) 된다.

는 것을 알아내게(귀납, 유추, 일반화하게) 하고, 대상에 따라 그 들이를 적절한 방법으로 비교할 수 있게 한다.

지도상의 유의점

앞의 길이나 넓이에서와 같이, 비교 대상을 담을 제3의 용기를 준비할 필요성을 실감시킬 소재를 발굴하는 것이 이 지도의 관건이라 할 수 있다.

(3) 임의단위에 의한 측정

두 그릇(A, B)의 각각에 담긴 주스의 양이 각각 얼마나 되는가(어느 쪽 그릇에 담긴 주스가 얼마가 많은가)를 알아보게 하고, 이때 나타나는

◈ 작은 잔으로 A는 4잔, B는 5잔이다.
◈ 이 용기로 A도 2잔 하고 조금 남고, B도 2잔 하고 조금 남는다.

라는 등의 반응을 비교·검토하는 활동을 통하여,

- 재려는 대상을 보다 작은 그릇으로 떠낼 때의 떠낸 그릇 수를 보면(들이를 수화하면) 어느 쪽이 얼마가 많다(적다)는 것을 알 수 있다.
- 재려는 대상을 떠낼 그릇의 크기가 크면, 재려는 대상의 양이 달라도 떠낸 그릇 수가 같아져서 그릇 수만 보고서는 어느 쪽이 얼마 많은가를 알 수가 없다.
- 재려는 대상을 떠낼 그릇의 크기가 작으면 작을수록, 어느 쪽이 얼마가 많다는 것을 잘 알 수가 있다.

- 재려는 대상을 떠낼 그릇의 크기가 작으면 작을수록, 떠낸 그릇 수만 보고서도 어느 쪽이 얼마가 많다는 것을 보다 정확하게 알 수 있다.

는 것을 알아차리게(귀납, 유추, 일반화하게) 하고, 들이를 수화하는 것을 '들이를 구한다(측정한다).'라고 말한다는 것을 가르쳐(말해)준다.

그리고 유사한 문제의 해결을 통해서 들이를 수화함으로써

- 들이의 수만 보면 들이가 어느 정도인가, 어느 쪽이 얼마나 많은가를 알 수 있다.
- 여러 가지의 들이를 동시에 비교할 수 있다.
- 두 대상을 합쳐서 되는 전체의 들이나, 한 대상에서 그 일부를 제거한 나머지의 들이를 계산으로 쉽게 구할 수 있다.
- 떠내는 작은 그릇의 크기가 일정하지 않아서 작은 그릇으로 떠낸 그릇 수만 보고서는 들이가 어느 정도인가, 어느 쪽이 얼마나 많은가를 알 수 없다.

는 등의 들이를 '수화한다는 것의 좋은 점'을 느껴볼(귀납, 유추, 일반화할) 수 있게 하며, '임의단위에 의한 측정으로 야기되는 문제점'을 느껴볼(귀납, 유추, 일반화할) 수 있도록 하여, 들이에 대한 이해가 심화되게 한다.

지도상의 유의점

이어서 다루게 되는 표준단위(L나 dL)에 의한 측정 활동이 임의단위에 의한 측정 활동과 그 활동 내용이 똑같으며, 아동으로서는 일상적으로 많이 사용하는 컵에 부어나가는 것이 1L짜리 용기나 1dL짜리 용기에 부어나가기보다 자연스러울 뿐 아니라, L나 dL라는 단위가 만들어지게 된 동기를 이해시킨다는 측면에서도 임의단위를 사용하는 측정 활동을 충분히 시키는 것이 바람직하다.

(4) 표준단위에 의한 측정

앞의 임의단위에 의한 측정에서와 같이, 각자가 측정 대상을 정하여 그 들이를 나름대로의 방법으로 측정하게 하고, 이때 나타나는

- 4컵의 양이다(또는 4컵이 들어간다).
- 4컵이 조금 못된다(또는 4컵보다 조금 적게 들어간다).

라는 등의 반응(임의단위에 의한 측정 결과)을 비교·검토하는 활동을 통하여,

- 몇 컵의 양이다(또는 몇 컵이 들어간다)는 컵의 수만 보고서는 들이가 어느 정도인가, 어느 쪽이 얼마나 많은가(또는 얼마나 많이 들어가는가)가 잘 나타나지 않는다.
- 어떻게 하면 측정 결과를 누가, 언제, 어디서 들어도(보아도) 그 들이를 알 수 있게 될까?

라는 등의 '임의단위에 의한 측정으로 야기되는 문제점'을 느껴볼(귀납, 유추, 일반화할) 수 있게 한다.

그리하여, '측정 결과를, 누가, 언제, 어디서 들어도(보아도) 그 들이를 알 수 있게 하는 방안'을 알아보게 하고, 이때 나타나는

◈ 측정 대상을 떠낼 그릇을 한 가지로 제한한다.
◈ 측정 대상을 떠낼 그릇을 일정한 것으로 정해 둔다.
◈ 규격이 일정한 그릇을 사용할 것을 약속해 둔다.

라는 등의 반응을 비교·검토하는 활동을 통하여,

- 측정 대상을 떠낼 그릇을 그 용적이 일정한 것으로 정해 둘 필요가 있다.
- 들이를 잴 때 사용할 그릇이 너무 크면, 실제의 들이가 다른데도 같은 수로 나타나서 정확한 들이의 양을 알 수가 없다.
- 들이를 잴 때 사용할 그릇이 너무 작으면, 그 대상을 떠내기가 번거로워진다.

는 것을 알아차리게(귀납, 유추, 일반화하게) 한다.

그리고 들이를 재려는 대상(물이나 주스)을 떠낼 그릇으로는

- 길이의 표준단위인 'cm'를 이용하여 가로, 세로, 높이가 각각 10cm인 그릇을 사용할 것을 옛날부터 약속하였으며, 그 약속이 오늘에 이르고 있다.

는 것을 가르쳐(말해)주고, 그 들이를 '1L'라고 나타내고, 이것을 '일 리터'라고 읽는다는 것을 가르쳐(말해)주며, 각자가 재어보고 싶은 것의 들이를 1L들이 그릇으로 재어보게 하고, 이때 나타나는 반응(측정 결과의 발표)을 비교·검토하는 활동을 통하여,

- 표준단위를 사용하여 측정함으로써 측정한 결과(수치)를 듣기만(보기만) 해도 그 들이가 어느 정도인가, 어느 쪽이 얼마나 많은가를 알 수 있다.
- 여러 가지의 들이를 동시에 비교할 수 있다.
- 두 대상을 합한 전체의 들이나, 한 대상에서 그 일부를 덜어내고 남은 들이를 계산으로 쉽게 구할 수 있다.

는 등의 '표준단위로 측정한다는 것의 좋은 점'을 느껴볼(귀납, 유추, 일반화할) 수 있게 하고, 여러 가지의 들이를 바르게 잴 수 있게 한다.

그리하여, 단계(학년)가 높아감에 따라 한 번 마시는 우유의 양이나 병원에서 맞은 주사약의 양, 또는 자기 집에서 한 달 동안에 사용하는 수돗물과 같이 보다 많은 양이나 보다 적은 양의 들이 등을 알아보게 하고, 이때 나타나는 반응을 비교·검토하는 활동을 통하여,

- 1L보다 많은 들이나 1L보다 적은 들이를 단위로 정할 필요가 있다.

는 것을 느끼게(유추, 귀납, 일반화하게) 하여, 'dL'나 'kL' 또는 'mL'라는 들이의 단위를 정하여 사용해 왔다는 것을 말해주고, 위에서와 같은 활동을 통하여,

- dL, kL, mL라는 단위 사이에는

  $$10\text{dL}=1\text{L},\ 1000\text{L}=1\text{kL},\ 1000\text{mL}=1\text{L},\ 100\text{mL}=1\text{dL}$$

  라는 관계가 있다.

는 것을 알아내게 하고, 들이를 바르게 잴 수 있게 하여, 들이의 측정에 대한 이해가 점진적으로 심화되게 한다.

(5) 간접측정

예컨대, 목장에서는 하루에 생산되는 우유의 양을 어떻게 알아볼 것 같은가를 생각해 보도록 하고, 이때 나타나는

◈ '1L' 들이 그릇으로 떠내어 본다.
◈ 물통으로 담아낸다.

라는 등의 반응을 비교·검토하는 활동을 통하여,

- 들이를 직접 재기 번거로운 경우가 많이 있다.

는 것을 느껴볼(귀납, 유추, 일반화할) 수 있게 하고,

- 하루에 생산되는 우유의 양과 같은 경우는 하루에 생산되는 우유의 양의 무게(a[kg]이라고 하자)와 그 우유 1L의 무게(c[kg]이라고 하자)를 재어, '$a \div c$'를 계산하면 구하려는 들이가 얻어진다.

는 것을 알아차리게(귀납, 유추, 일반화하게) 한다.

그리고 유사한 문제의 해결을 통하여,

- '들이'와 관계(비례관계가 대부분이다)가 있는 양이 있게 마련이다.
- '들이'와 관계가 있는 양을 찾아내기만 하면 들이를 계산으로 구할 수 있다.

는 것을 단계(학년)가 높아감에 따라 점진적으로 이해(귀납, 유추, 연역, 일반화)하게 하며, 선수 내용의 유용성을 느껴볼 수 있게 한다.

주요 내용 58 — 부피의 비교·측정

참고 부피란 내부가 빈틈없이 채워져 있는 입체의 크기, 즉 입체가 차지하는 공간의 크기를 의미한다. 그런데 입체의 부피는 앞의 들이나 넓이의 경우와는 달리 두 입체의 비교(직접 또는 간접)나 측정(임의단위 또는 표준단위에 의한)이 일반적으로는 (별도의 [주요 내용]으로 설정하여 언급할 직육면체나 기둥 또는 뿔과 같은 특수한 모양으로 된 것이 아닌 것은) 불가능하다. 그래서 초등학교 수준에서는 들이의 비교·측정의 단계에 대한 학습만 하게 되고, 부피에 관해서는 '(5) 간접측정'의 방법만을 다룬다.

(5) 간접측정

부피의 간접측정에서는 기본입체도형의 부피의 공식이 대부분을 차지할 뿐 아니라 그 내용도 또한 많기 때문에, 교과서 등에서는 이 공식에 관한 지도 내용을 별도의 단원으로 설정하여 제시한다. 그래서 기본입체도형의 부피를 구하는 공식

에 대해서는 넓이의 간접측정에서와 같이 별도의 [주요 내용]을 정하여 구체적으로 언급키로 하고, 여기서는 기본입체도형의 부피 공식에 대한 언급은 생략하고, 간접측정에 관해서만 언급하기로 한다.

기본입체도형이 아닌 불규칙하게 생긴 물건(고체)을 제시하여 이 물건의 부피를 구할 방법을 알아보게 하고, 이때 나타나는

- 그 물건의 모양이 이상하게 생겨서 그 부피를 잴 수가 없다.
- 그 물건을 부셔서 직육면체의 모양으로 만들고 직육면체의 부피 공식을 이용하면 구할 수가 있다.

라는 등의 반응을 비교·검토하는 등의 활동을 통해서,

- 측정하려는 것과 관계(비례관계가 대부분이다)가 있는 양을 생각해내어 물건의 부피를 재는 대신에 이 양을 측정하면 그 부피를 구할 수 있다.

는 것을 알아차리게 하고, 유사한 문제의 해결을 통하여,

- '부피'와 관계(비례관계가 대부분이다)가 있는 양이 있게 마련이다.
- '부피'와 관계가 있는 양을 찾아내기만 하면 부피를 계산으로 구할 수 있다.

는 것을 단계(학년)가 높아감에 따라 점진적으로 이해(귀납, 유추, 연역, 일반화)하게 하며, 선수 내용의 유용성을 느껴볼 수 있게 한다.

전개의 개요

기본입체도형이 아닌 불규칙하게 생긴 물건(고체)을 제시하여 이 물건의 부피를 구할 방법을 알아보게 하고, 이때 나타나는

- 그 물건의 모양이 이상하게 생겨서 그 부피를 잴 수가 없다.
- 그 물건을 부셔서 직육면체의 모양으로 만들고 직육면체의 부피 공식을 이용하면 구할 수가 있다.
- 그 물건과 무게가 같은 직육면체를 만들고 이 직육면체의 부피를 구하여 불규칙하게 생긴 그 물건(고체)의 부피로 간주한다.
- 물을 가득 채운 물통에 그 입체를 넣을 때 넘쳐흐른 물의 양을 잰다.

라는 등의 반응을 비교·검토하는 등의 활동을 통해서,

- 물을 가득 채운 물통에 그 입체를 잠기게 하고, 이때 넘쳐흐른 물의 양을 알아보면 된다.
- 넘쳐흐른 물의 양은 넘쳐흐른 물의 무게를 물 1L의 무게(1kg)로 나누면 얻어진다.

는 등의 생각이 떠오르게 하고, 유사한 문제의 해결을 통해서,

- 측정하려는 것과 관계(비례관계가 대부분이다)가 있는 양을 생각해내어 그 양을 측정하고, 측정한 그 양을 그 관계에 맞게 계산하면 구하려는 양의 부피를 구할 수 있다.
- '부피'와 관계(비례관계가 대부분이다)가 있는 양이 있게 마련이다.
- '부피'와 관계가 있는 양을 찾아내기만 하면 부피를 계산으로 구할 수 있다.

는 것을 단계(학년)가 높아감에 따라 점진적으로 알아내게(귀납, 유추, 연역, 일반화하게) 한다.

참고 부피와 들이의 의미

'부피'나 '들이'는 모두 어떤 대상이 차지하는 공간의 크기를 의미한다는 측면에서 보면 같은 뜻의 말이다.

즉, 수학적으로는 형태가 고정되어 있는 비교·측정의 대상의 크기를 가리킬 때는 '부피'라는 용어를 사용하는 데 비해, 모래나 물과 같이 그 자체로는 어떤 형태가 형성되지 않는 비교·측정의 대상의 크기를 가리킬 때는 '들이'라는 용어를 사용한다는 점이 다를 뿐, 그 의미(개념)가 본질적으로는 같은 것이다.

주요 내용 59 — 무게의 비교·측정

물건을 들어보거나 눈으로 보고 그 무게를 비교해본 경험을 바탕으로, 눈으로 볼 수 없고 일정한 형체도 없는 대상의 무게를 비교하는 방법을 정립하게 하여,

무게를 적절한 방법으로 비교할 수 있게 하고, 단계(학년)가 높아감에 따라 무게나 무게의 비교 결과를 보다 정확하게 나타낼 필요성의 바탕 위에서, 대상의 무게를 임의단위나 표준단위를 써서 측정할 수 있게 하며, 대상의 무게를 계산으로 알아낼(간접측정할) 수 있게 한다.

전개의 개요

(1) **직접비교**

무게가 현저하게 다른 2개의 물건을 제시하면서(가리키면서), 이 가운데 어느 것이 더 무거운가를 알아보게 하고, 이때 나타나는

◈ 이쪽이 무거울 것 같다.

라는 등의 반응을 비교·검토하는 활동을 통해서, 이미 경험한 바 있는

• 두 물건을 한 손에 한 개씩 들어보면 무거운 쪽의 손이 내려간다.

는 사실을 되새겨 보게 하고, 이어서 무게가 비슷한(들어보기만 해서는 판단이 가지 않는) 2개의 물건을 제시하여 어느 것이 더 무거운가를 알아보게 하고, 이때 나타나는

◈ 손으로 들어보고서는 알 수가 없다.
◈ 이것이 무거울 것 같다.
◈ 저울로 달아보면 알 수 있다.

라는 등의 반응을 비교·검토하는 활동을 통하여,

• 양팔저울에 올려놓고, 어느 쪽이 내려가는가를 보면 알 수 있다.

는 것을 알아차리게(귀납, 일반화하게) 하고, 무게의 비교 결과를 "무겁다·가볍다."라는 용어를 써서 표현할 수 있게 한다.

지도상의 유의점

양팔저울을 사용하여 측정 대상의 무게를 알아보는 것을 두 측정 대상의 무게

를 직접 알아본다는 측면에서 보면 '직접비교'로 볼 수 있지만, 두 측정 대상을 양팔저울에 올려놓고 그 기울임으로 어느 쪽이 무거운가를 판단한다는 측면에서 보면 '간접비교'라고도 볼 수가 있다.

그런데 무게의 비교에 대한 지도서는 양팔저울을 사용하는 비교가 어느 단계에 해당하는 것인가 하는 것이 중요한 것이 아니고, 무게를 비교할 수 있게 하려면 어떻게 하여야 하는가 하는 것이 중요한 것이므로, 무게를 경우에 따라 적당한 방법으로 비교할 수 있게 하는 데에 초점을 두는 지도를 착실히 하면 된다.

(2) 간접비교

저울을 사용하는 경우를 제외하면 초등학교 수준에서는 무게를 간접비교할 필요가 있는 경우가 거의 없다.

(3) 임의단위에 의한 측정

두 가지 물건의 무게가 각각 얼마나 되는가(어느 쪽 물건의 무게가 무거운가)를 알아보게 하고, 이때 나타나는

- 눈대중으로 판단했다.
- 두 물건의 무게가 비슷하여 어느 것이 무거운가를 알 수 없었다.
- 두 가지 물건의 각각을 양팔저울의 한쪽에 올려놓고, 양팔저울의 다른 쪽에 양팔저울이 평형을 이루도록 같은 종류의(무게가 고른) 물건을 올려놓은 수량(개수)을 보고 판단하면 된다.

는 등의 반응을 비교·검토하는 활동을 통하여,

- 양팔저울의 한쪽에는 측정 대상을 올려놓고, 다른 한쪽에는 양팔저울이 평형을 이루도록 같은 종류의(무게가 고른) 물건을 올려놓은 수량(개수)을 보면, 어느 쪽이 무거운가를 알 수 있다.
- 양팔저울의 한쪽에는 측정 대상을 올려놓고, 다른 한쪽에는 양팔저울이 평형을 이루도록 올려놓은 추(분동)의 무게(개수)를 보면, 무게가 어느 정도인가, 어느 쪽이 얼마나 무거운가를 알 수 있다.

는 것을 알아차리게(귀납, 연역, 일반화하게) 하고, 유사한 문제의 해결을 통하여

무게를 수화함으로써

- 여러 가지의 무게를 동시에 비교할 수 있다.
- 두 대상을 합친 전체의 무게나, 한 대상에서 그 일부를 제거한 나머지의 무게를 계산으로 쉽게 구할 수 있다.

는 등 무게를 '수화한다는 것의 좋은 점'을 느껴볼(귀납, 유추, 일반화할) 수 있게 하며,

- 올려놓을 추(분동)의 무게가 일정하지 않으면, 양팔저울이 평형을 이루도록 올려놓은 추(분동)의 개수만 보고서는 무게가 어느 정도인가, 어느 쪽이 얼마나 무거운가를 알 수 없다.

는 등의 임의단위에 의한 측정에서 야기되는 문제점을 느껴볼(귀납, 유추, 일반화할) 수 있게 하여, 무게의 측정에 대한 이해가 심화되게 한다.

지도상의 유의점

연필 한 자루와 같이 가벼운 물건의 무게를 알아볼 때는 한쪽에 삼각자를, 다른 한쪽에 1원짜리 동전을 올려놓아가면서 어느 쪽이 얼마나 무거운가를 알아보게 할 수도 있다.

그리고 이어서 다루게 되는 표준단위(g이나 kg)에 의한 측정 활동이 임의단위에 의한 측정 활동과 그 활동 내용이 똑같으며, 아동으로서는 1g인 물건으로 조작하기보다는 지우개(또는 책)와 같은 것으로 조작하기가 자연스러울 뿐 아니라, 'g'이나 'kg'이라는 단위가 만들어지게 된 동기의 이해라는 측면에서도 임의단위를 사용하는 측정 활동을 충분히 시키는 것이 바람직하다.

(4) 표준단위에 의한 측정

앞의 임의단위에 의한 무게의 측정에서와 같이 각자가 측정하고 싶은 측정 대상을 정하여 그 무게를 나름대로의 방법으로 측정하게 하고, 이때 나타나는

- 지우개 24개의 무게다.
- 필통 3개의 무게보다 조금 가볍다.

라는 등의 반응(임의단위에 의한 측정 결과)을 비교·검토하는 활동을 통하여,

- 지우개 몇 개의 무게라는 수만 보고서는 무게가 어느 정도인가, 어느 쪽이 얼마나 무거운지가 잘 나타나지 않는다.
- 어떻게 하면 측정 결과를 누가, 언제, 어디서 들어도(보아도) 그 무게를 알 수 있게 될까?

라는 등의 '임의단위에 의한 측정으로 야기되는 문제점'을 느껴볼(귀납, 유추, 일반화할) 수 있게 한다.

그리하여, '측정 결과를 누가, 언제, 어디서 들어도(보아도) 그 무게를 알 수 있는 방안'을 알아보게 하고, 이때 나타나는

◈ 양팔저울에 올려놓을 물건을 한 가지로 제한한다.
◈ 양팔저울에 올려놓을 물건은 그 무게가 같은 것으로 한정한다.

라는 등의 반응을 비교·검토하는 활동을 통하여,

- 양팔저울에 올려놓을 물건을 그 무게가 일정한 것으로 정해 둘 필요가 있다.
- 무게를 잴 때 사용할 물건의 무게가 너무 무거우면, 실제의 무게가 다른데도 같은 수로 나타나서 정확한 측정이 되지 못한다.
- 무게를 잴 때 사용할 물건의 무게가 너무 무겁거나 가벼우면, 조작하기가 번거로워진다.

는 것을 알아차리게(귀납, 유추, 일반화하게) 한다.

그리고 대상의 무게를 알아내기 위하여 양팔저울에 올려놓을 물건의 무게로는

- 가로, 세로, 높이가 각각 1cm인 그릇에 담기는 물의 무게로 삼을 것을 옛날부터 약속하였으며, 그 약속이 오늘에 이르고 있다.

는 것을 가르쳐(말해)주고, 그 무게를 '1g'이라고 나타내고, 이것을 '일 그램'이라고 읽는다는 것을 가르쳐(말해)준다.

그리고 (여러 가지 아날로그 저울을 보이면서) 이것은 1g짜리 물건을 1개씩 놓을 때마다 바늘이 가리키는 자리에 눈금을 매겨서 만든 것임을 말해주고, 각자가 재어보고 싶은 것의 무게를 저울을 사용하여 재어보게 하고, 이때 나타나는 반응(측정 결과의 발표)을 비교·검토하는 활동을 통하여,

- 무게를 잴 필요가 있을 때 재려는 것을 저울 위에 올려놓고, 이때의 바늘이 가리키는 눈금을 읽기만 하면 그 무게를 쉽게 알 수 있으며, 작은 물건을 여러 개 올려놓는 번거로움을 덜 수가 있어서 좋다.

는 '저울의 좋은 점'을 느껴볼(귀납, 일반화할) 수 있게 하고,

- 표준단위를 사용하여 측정함으로써 측정 결과를 듣기만(보기만) 해도 그 무게가 어느 정도인가, 어느 쪽이 얼마나 무거운가를 알 수 있다.
- 여러 가지의 무게를 동시에 비교할 수 있다.
- 두 대상을 합친 전체의 무게나, 한 대상에서 그 일부를 덜어내고 남은 무게를 계산으로 쉽게 구할 수 있다.

는 등의 '표준단위로 측정한다는 것의 좋은 점'을 느껴볼(귀납, 일반화할) 수 있게 하여, 물건의 무게를 바르게 잴 수 있게 한다.

그리하여, 단계(학년)가 높아감에 따라 소 한 마리 무게나 댐에서 흘려보내는 1초당의 물의 양 등에 관해서 논의하게 하고, 이때 나타나는 반응을 비교·검토하는 활동을 통하여,

- '1kg'보다 무거운 무게의 단위를 정할 필요가 있다.

는 것을 느끼게(유추, 귀납, 일반화하게) 하여, 'kg'이나 't'이라는 무게의 단위를 정하여 사용해왔다는 것을 말해(가르쳐)주고 위에서와 같은 활동을 통하여,

- g, kg, t이라는 단위 사이에는

  10000g=1kg, 1000kg=1t

  이라는 관계가 있다.

는 것을 알아내게 하여, 무게를 바르게 잴 수 있게 하고, 무게의 측정에 대한 이해가 점진적으로 심화되게 한다.

(5) 간접측정

초등학교 수준에서는 대상의 무게를 저울을 사용하지 않고 알아내는 일이 거의 일어나지 않는다. 그래서 무게의 간접측정에 대해서는, 예를 들면 쇠붙이와 같은

것의 무게를 알아보게 하고, 이때 나타나는

◈ 저울을 구하여 잰다.

라는 등의 반응을 바탕으로, 무게를 알아보는 문제 장면에서 "저울을 구할 수 없다면 어떻게 할 것인가?", "저울을 사용하는 대신에 a[g](a[kg])짜리 추(분동)와 용수철을 이용하여 그 무게를 구할 수 있겠는가?"라는 가상적인 질문을 하고, 가상적인 문제를 해결하게 하며, 이때 나타나는 반응을 비교·검토하는 등의 활동을 통하여,

- 추(분동)의 무게(a[g]이나 a[kg])와 그 추(분동)를 매달 때 늘어나는 용수철의 길이(b[cm])와 무게를 잴 물건을 매달 때 늘어나는 용수철의 길이(c [cm]) 사이에 성립하는

$$a : b = (\text{물건의 무게}) : c$$

라는 관계를 이용하면, 물건의 무게는 $a \div b \times c$의 계산으로 구해진다.

는 것을 알아차리게(연역, 유추, 일반화하게) 하고, 유사한 문제의 해결을 통하여,

- 측정하려는 물건과 관계(비례관계가 대부분이다)가 있는 양을 생각해내어 그 양을 측정하고, 측정한 그 양을 그 관계에 맞게 계산하면 구하려는 무게가 얻어진다.

는 것을 알아차릴 수(유추, 연역할 수) 있게 하여, 무게의 측정에 대한 이해가 한층 심화되게 한다.

지도상의 유의점

양팔저울과 같은 것을 제외한 일상적으로 사용하는 저울은 측정 대상의 무게를 무게에 따라 변하는 용수철의 길이나, 이것에 의존하는 바늘의 각도(톱니바퀴가 회전하는 각도)를 잘 나타나게 만든 것이므로, 일상적인 저울을 사용하여 무게를 측정한다는 것은 일종의 간접측정이라 할 수 있다.

주요 내용 60 — 각도의 비교·측정

도형영역에서 다루는 '평면도형의 구성 요소'의 학습을 바탕으로, 두 개의 각을 포개보는 등의 구체적인 조작을 통해서 각도(각의 크기)를 비교하는 방법을 정립(형식화)하게 하여, 각도를 적절한 방법으로 비교할 수 있게 하고, 단계(학년)가 높아감에 따라 각도나 각도의 비교 결과를 보다 정확하게 나타낼 필요성의 바탕 위에서, 각도를 임의단위나 표준단위를 써서 측정할 수 있게 하며, 각도를 계산으로 구할(간접측정할) 수 있게 한다.

전개의 개요

(1) 직접비교

각의 크기가 현저하게 다른 2개의 각 가운데 어느 각이 큰가(작은가)를 알아보게 하고, 이때 나타나는 반응을 바탕으로, 지금까지 사용해온 "크다."거나 "작다."라는 말이 사용되는 경우나 그 의미를 되새겨보게 한다.

그리고 각의 크기가 비슷한(직관으로는 판단이 서지 않는) 몇 개의 각 가운데서 그 크기가 큰 것을 가려내게 하여, 이때 나타나는 반응을 비교·검토하는 활동을 통하여

- 비교할 각의 한 변을 포갰을 때, 어느 각의 다른 쪽 변이 어느 쪽 각의 내부(외부)에 포함되는가를 보면, 어느 쪽 각이 큰가를 알 수 있다.

는 것을 알아차리게(귀납, 일반화하게) 하고, 각도나 각도의 비교 결과를 "크다.", "작다."라는 용어를 써서 표현할 수 있게 하며, 유사한 문제의 해결을 통하여

- 각의 크기는 그 변의 길이와는 무관하다.

는 것을 알아차릴 수(귀납, 일반화할 수) 있게 한다.

(2) 간접비교

일상적인 생활과 관련이 깊은, 예컨대 시가지의 지도 등에서 볼 수 있는 교차하

는 길로 이루어지는 각의 크기를 알아보게 하고, 이때 나타나는 반응을 비교·검토하는 활동을 통하여,

- 한쪽 각의 본을 떠서 그 본과 다른 쪽 각을 직접비교의 방법으로 알아보면 된다.

는 것을 알아차리게(유추, 일반화하게) 할 수는 있다.

그런데 초등학교의 수준에서는 간접비교를 필요로 하는 장면이 그다지 많이 일어나지 않으므로, 이것에 대해서는 생략한다.

(3) 임의단위에 의한 측정

어떤 각의 크기를 알아보기 위해서, 임의로 만든 보다 작은 각을 몇 개 합친 것의 크기인가를 알아보는 활동을 의미하는 '각도의 임의단위에 의한 측정'을 실제로는 거의 하지 않는다.

(4) 표준단위에 의한 측정

도형영역의 직사각형, 직각삼각형, 예각삼각형, 둔각삼각형 등의 학습에서 알아보았던 '직각'이라는 것이 무엇을 뜻하는가를 말하게 하고, 이때 나타나는

- 종이를 접은 다음에 그 접힌 금이 포개지도록 한번 더 다시 접어서 되는 모양을 가리킨다.
- 삼각자의 각 중에서 가장 큰 각을 가리킨다.

라는 등의 반응을 비교·검토하는 등의 활동을 통하여,

- 종이를 접은 다음에 그 접힌 금이 포개지도록 다시 한번 접어서 되는 모양을 가리키기도 하고, 이렇게 해서 만든 각의 크기(각도)를 가리키기도 한다.

는 것을 이해(귀납, 일반화)할 수 있게 하며, 여러 가지 각의 각도를 알아보는 활동을 통하여,

- 직각을 이용해서는 각의 크기를 정밀하게 알아볼(잴) 수 없는 경우가 많다.
- 정밀한 측정을 위해서는 크기가 보다 작은 새로운 각의 단위를 정할 필요가 있다.

는 것을 알아차리게 하고, 옛날 사람들이 반원을 180등분한 각의 크기(또는 원을 360등분한 각도)를 각도의 단위로 삼을 것을 약속하였다는 것, 이것을 '1도'라고 하고, '1°'라고 표기해왔다는 것을 가르쳐(말해)준다.

그리고 새로운 각의 단위(1°)를 사용하여 각자가 재어보고 싶은 각의 크기를 측정하게 하고, 이때 나타나는

◈ 새로운 각의 단위인 1°짜리 몇 개의 크기이다.

◈ 1°짜리 각의 크기가 작아서 조작하기 번거롭다

라는 등의 반응을 비교·검토하는 등의 활동을 통하여,

- "각의 크기를 잰다."는 것은 길이나 넓이를 알아볼 때와 같이, 새로운 각의 단위인 '1°'짜리를 몇 개 이어나가면 각의 내부가 빈틈없이 채워지는가를 알아본다는 것이다.

라는 것을 이해하게 하고, 옛날 사람들은 1°짜리 각을 이어나가는 번거로움을 덜기 위하여, 반원에 1°짜리 각을 1개씩 이어나갈 때의 눈금을 새겨 이것을 알아보려는 각에 갖다 대어서 그 각의 크기를 알아보곤 했으며, 반원에 1°짜리 각을 1개씩 이어나갈 때의 눈금을 새긴 것을 '각도기'라고 한다는 것과 그것이 오늘에 이르고 있다는 것을 말해(가르쳐)준다.

그리하여, 유사한 문제를 해결하는 활동을 통하여,

- 각도기(표준단위)를 사용하여 측정(수화)함으로써, 각의 크기를 누가, 언제, 어디서 들어도(보아도) 그 크기를 알 수 있어서 좋다.

는 '각도기의 좋은 점'을 느껴볼 수 있게 하며, 각도기를 사용하여 각의 크기를 능숙하게 잴 수 있게 한다.

(5) 간접측정

예를 들면, 학교가 역에서 보면 어느 방향에 있는가를 알아볼 때, 지도상에서 동쪽 방향으로부터 몇도 북쪽 방향에 있는가를 각도기로 재어보고 알아내는 것이 각도의 간접측정에 해당된다.

그런데 이와 같은 각도의 간접측정을 생각할 수는 있지만, 임의단위에 의한 측

정에서와 같이 이런 일을 특히 초등학교 수준에서는 거의 하지 않는다.

주요 내용 61 — 시각·시간의 비교·측정

흘러가는 순간순간 가운데의 어느 시점을 나타내는 시각의 비교나 그 시점을 임의단위로 측정하는 일은 거의 일어나지 않으며, 시각을 표준단위로 측정한다는 것도 시계가 나타내는 시각을 읽는 것이 고작이다.

그리고 흘러가는 순간순간 가운데의 어느 동안(시간)의 본을 뜬다는 것은 거의 불가능하기 때문에 시간을 간접비교도 하지 않으며, 시간의 비교·측정은 시계가 나타내는 시각을 이용하는 것이 보통이다. 뿐만 아니라, 일상적으로는 시각을 간접측정하는 일은 그다지 일어나지 않으며, 시간을 간접측정하는 일도 거의 하지 않는다.

이상에서 짐작할 수 있듯이, 시각·시간의 비교·측정에서는 시계(표준단위)의 '시각 읽기'가 주를 이룬다.

그래서 초등학교 수준의 '시각·시간의 비교·측정'에서는 시계를 이용하여 흘러가는 어느 시점의 시각이나 흘러간 어느 '동안(시간)'을 시, 분, 초라는 표준단위를 사용하여 나타내거나, 몇 시간, 몇 분간, 몇 초간이라고 나타낼 수 있게 하고, 한 시간과 하루, 하루와 한 달, 한 달과 일 년 사이의 관계를 아동들과 관련이 있는 구체적인 장면을 이용하여 이해하게 하면 된다.

전개의 개요

(1) 표준단위에 의한 시각의 측정

예를 들면, "시계를 어떤 경우에 보게 되는가?"라는 등의 발문을 하여, 이때 나타나는

- 아침에 일어났을 때
- 학교에 갈 때
- 배가 고프다는 느낌이 들 때

라는 등의 반응을 비교·검토하는 등의 활동을 바탕으로,

- 긴바늘이 12를 가리키고, 짧은바늘이 T를 가리킬 때(시각)를 'T시'라고 한다.

는 것을 알게(귀납, 일반화하게) 하고, '몇 시'의 시각을 바르게 읽을 수 있게 한다.

나아가, 실제 시계의 긴바늘(분침)을 돌려보게 하는 등의 활동에서 나타나는

◈ 긴바늘을 돌리면 짧은바늘도 따라서 천천히 돈다.
◈ 긴바늘이 한 바퀴 돌 때 짧은바늘은 어떤 수에서 다음 수까지만 돈다.
◈ 시각이 3시 다음은 4시, 4시 다음은 5시, 5시 다음은 6시, …와 같은 순서로 변해간다.

라는 등의 반응을 비교·검토하는 활동을 통하여,

- 긴바늘이 반 바퀴 돌아갈 때(6을 가리킬 때) 짧은바늘이 처음 시각을 가리키는 숫자와 그 다음 숫자의 중간에 온다.

는 사실을 알아내게(귀납하게) 하고, 이때의 시각을 '몇 시 반'이라고 한다는 것을 가르쳐(말해)주며, 유사한 활동을 통하여 '몇 시'나 '몇 시 반'의 시각을 능숙하게 읽을 수 있게 한다.

(2) 시간의 직접비교

앞의 "표준단위에 의한 시각의 측정"에서와 같이, 아동들이 시계를 보게 되는 경우를 소재로 삼아, 예컨대 "누가 물속에 오랫동안 잠수할 수 있는가?"라는 등의 발문에 대한 반응을 비교·검토하는 활동에서 나타나는

◈ ○○가 많이 잠수한다.

라는 등의 반응을 비교·검토하는 활동을 통하여,

- 물속에 동시에 들어갈 경우, 나중에(먼저) 나오는 사람의 잠수 시간이 먼저(나중에) 나오는 사람의 잠수 시간보다 길다(짧다).

라는 것을 알아차리게 하고, 유사한 문제의 해결을 통하여 시간이 "길다·짧다"라는 용어나 "오래 되었다·얼마 되지 않았다"라는 말이 쓰이는 경우를 알고, 시간

의 비교에서 "길다·짧다"라는 용어나 "오래 되었다·얼마 되지 않았다"라는 말을 바르게 사용(귀납, 일반화)할 수 있게 한다.

(3) 시간의 임의단위에 의한 측정

앞의 직접비교에서와 같이, '물속에 오랫동안 잠수하기'와 같은 게임에서 누가 물속에 얼마 동안 잠수하는가를 알아보게 하고, 이때 나타나는

- ○○는 열다섯을 셀 때 나왔고 △△는 스물을 셀 때 나왔으므로, △△가 다섯을 세는 시간만큼 오래 잠수했다.
- ○○는 맥박이 열네 번 뛸 때 나왔고 △△는 열여덟 번 뛸 때 나왔으므로, △△가 맥박이 네 번 뛰는 시간만큼 오래 잠수한다.

는 등의 반응을 비교·검토하는 활동을 통하여,

- 규칙 바르게 움직이는 것의 수를 알아보면 어느 것의 시간이 얼마나 많이 걸리는가를 알 수 있다.

는 것을 알아차리게(귀납, 유추하게) 하여, 시간의 임의단위에 의한 측정을 할 수 있게 한다.

지도상의 유의점

비록 초등학교 수준이라 하더라도 아동의 수준에 따라서는 시간의 직접비교나 임의단위에 의한 측정 활동은 시키는 것이 좋다.

(4) 표준단위에 의한 시간의 측정

단계(학년)가 높아감에 따라 시계를 사용하여 흘러가는 어느 시점의 시각이나 흘러간 어느 '동안(시간)'을 시, 분, 초라는 표준단위를 사용하여 나타낼 수 있게 하고, 한 시간과 하루, 하루와 한 달, 한 달과 일 년 사이의 관계를 아동들과 관련이 있는 구체적인 장면을 이용하여 이해하게 한다.

앞의 "표준단위에 의한 시각의 측정"에서와 같이 아동이 시계를 보게 되는, 예를 들면 "잠을 누가 얼마나 자는가?", "만화는 얼마나 보는가?", "숙제를 하는 데

시간이 얼마나 걸리는가?"라는 등의 발문을 할 때 나타나는

◈ 나는 대체적으로 10시부터 6시까지 잔다.
◈ ○○가 많이 잔다.
◈ 만화라는 만화는 모두 본다.
◈ 약 2시간 정도 본다.
◈ 숙제는 적었으면 좋겠다.
◈ 숙제는 약 1시간 정도 한다.

는 등의 반응을 비교·검토하는 등의 활동을 바탕으로,

- 어떤 행위를 하기 시작한 시각으로부터 그 행위가 끝나는 시각까지의 '동안'을 나타낼 때는 '몇 시간', '몇 분간'이라고 표현한다.

는 것을 알게(귀납, 일반화하게) 하고, 앞에서 경험한 시간의 직접비교나 임의단위에 의한 시간의 측정을 바탕으로, 길이의 경우와 같이(유추) 시간의 표준단위를 정할 필요성을 다시 한번 느끼게 하여, 그와 같은 필요성의 바탕 위에서 만든 것이 시계라는 것을 말해주며, '몇 시간'이나 '몇 분간'의 시간을 바르고 능숙하게 읽을 수 있게 한다.

한편, 앞에서 나타난 "긴바늘을 돌리면 짧은바늘도 따라서 천천히 돈다."는 등의 반응을 검토하는 활동을 바탕으로, 옛날에 긴바늘(분침)이 돌아가는 한 바퀴를 60등분하여 그 첫째 눈금을 '1분', 다음 눈금을 '2분', 그 다음 눈금을 '3분', …이라고 하였다는 것을 가르쳐(말해)주고, 여러 가지 시각을 분 단위까지 바르게 읽을 수 있게 한다.

또한, 단계(학년)가 높아감에 따라 각자가 지내는 하루의 일과를 비교·검토하게 하고, 이때 나타나는

◈ ○○가 △△보다 잠을 많이 잔다.
◈ ◇◇가 ▣▣보다 학교에 오는 데 시간이 많이 걸린다.
◈ ☆☆가 ◉◉보다 아침 운동을 많이 한다.

는 등의 반응을 바탕으로, 3시에서 4시까지의 '동안'이나 4시에서 5시까지의 '동안', 또는 4시 15분에서 5시 15분까지의 '동안'이나 5시 13분에서 6시 13분까지의 '동안'을 '한 시간(1시간)'이라고 말하고, 3시에서 3시 15분까지의 '동안'이나

4시 10분에서 4시 25분까지의 '동안'을 '15분간'이라고 말한다는 것을 가르쳐(말해)주며, 유사한 시간을 알아보는 활동을 통하여,

- 수학에서는 '시간'이라는 말과 '시'라는 말을 엄격하게 구별하여 사용하는데 비해, 일상생활에서는 '몇 시간 몇 분간'이라는 말을 '몇 시간 몇 분'이라고 줄여서 말하기도 한다.

는 것을 알게(귀납, 일반화할 수 있게) 하고, 60등분된 눈금을 긴바늘(분침)이 한 바퀴 돌아가는 '동안'이 '한 시간'이라는 사실을 바탕으로,

- 1시간=60분(간)

이라는 '시간'과 '분'이라는 단위 사이의 관계를 알아차리게(귀납, 일반화, 연역할 수 있게) 하여, 흘러가는 순간순간의 구체적인 시점이나 '동안'을 '시간'이나 '분' 등의 단위를 써서 바르게 표현·처리할 수 있게 한다.

그리고 단계(학년)가 높아감에 따라 (체육 시간에) 100m를 누가 빨리 달리는가를 알아보게 하는 등의 활동을 시키고, 이때 나타나는 반응을 비교·검토하는 활동을 통하여,

- '분'만으로는 시간을 나타내기 불편한 경우가 많이 있다.

는 것을 실감하게 하고, '분' 단위를 도입할 때와 같이 초침이 있는 실제 시계의 초침과 분침이 돌아가는 모습을 살펴보게 하여, 이때 나타나는

◈ 초침이 한 바퀴 돌아갈 때 분침은 먼저의 눈금에서 다음 눈금까지 돌아간다.
◈ 초침이 돌아갈 때 분침도 따라서 천천히 돈다.

는 등의 반응을 바탕으로 '1시간'을 60등분하여 '1분'이라는 단위를 고안했듯이, '1분간'을 60등분한 시간을 보다 작은 단위로 삼을 것과 이것을 '1초'라고 할 것을 약속하여 오늘에 이르렀다는 것을 가르쳐(말해)준다.

한편, 1분 미만의 시간을 측정하는 등의 활동을 통하여,

- 1분(간)=60초(간)

라는 '분'과 '초'라는 단위 사이의 관계를 알아차리게(귀납, 일반화, 연역할 수 있게) 하여, 흘러가는 순간순간의 구체적인 시점이나 동안을 '분'이나 '초'라는 단위

를 써서 바르게 표현·처리할 수 있게 한다.

그리하여, 단계(학년)가 높아감에 따라 기차의 착발 시각표나 그 소요 시간 등 시각이나 시간을 알아볼 필요가 있는 과제를 제시하여 해결하게 하고, 이때 나타나는 반응을 비교·검토하는 활동을 통하여,

- 기준이 되는 시각을 정해 둘 필요가 있다.

는 생각이 우러나게 하여, 그 기준이 되는 시점을 '0시'라고 한다는 것을 가르쳐(말해)주며,

- 시간=두 시각의 차(시각−시각)
- 0시로부터의 시간=시각

임을 이해(귀납, 일반화)하게 하여, 시각이나 시간에 대한 이해가 한층 심화되게 한다.

그리고 계속적으로 흘러가는 순간순간 가운데의 어떤 시점을 나타내는 시각이나 두 시각(시점) 사이의 시간을 비교하는 구체적인 문제를 해결하게 하고, 이때 나타나는 반응을 비교·검토하는 활동을 통하여,

- 시각이나 시간도, 정수나 소수 또는 분수의 대소를 알아볼 때와 같이, (필요에 따라 1시간, 1분(간), 1초(간)를 단위로 하는 눈금을 매긴) 종이 테이프나 직선에 나타내면 그 대소를 직관적으로 비교할 수 있어서 좋다.

는 것을 느껴볼 수 있게 하고,

- 두 가지 시간의 합이나 차도 정수나 소수 또는 분수의 덧셈(또는 뺄셈)에서와 같이, 단위가 같은 수끼리의 덧셈(또는 뺄셈)을 하면 구해진다.

는 것을 이해(귀납, 유추, 연역)하게 한다.

한편, 하루의 일과를 비교하는 등의 활동을 통하여, 12시간에 한 바퀴 돌아가는 시침이 두 번 돌아가는 '동안'에, 즉 24시간 동안에, 낮과 밤(1일)이 지나간다는 사실(지구의 자전)에서

1일=24시간

이라는 관계를 알아차리게 하고, 달력 등을 통해 해가 뜨고 지고 하는 일이 끊임

없이 계속되는 나날을 30일 내외의 구간으로 분할하고, 그 한 구간을 1개월이라고 하며, 계속되는 나날을 7일씩의 구간으로도 분할하였는데, 이 한 구간은 1주일이라고 부른다는 것을 가르쳐(말해)주어,

1개월=30일 내외, 1주일=7일

이라는 관계를 기억하게 한다.

그리고 봄, 여름, 가을, 겨울이 한 번씩 지나가는 데는 365일이 걸린다는 사실(지구의 공전)을 일러주고, 자신의 생일이 365일마다 돌아오며, 자신의 생일이 돌아올 때마다 나이를 1살씩 먹게 된다는 등의 구체적인 사례를 통해, 사계절이 한 번씩 지나가는 기간, 즉 365일을 1년이라고 한다는 것을 가르쳐(말해)주어,

1년=365일

이라는 관계를 알도록 한다.

지도상의 유의점

시각·시간의 지도는 한정된 수업 시간에서만 지도할 것이 아니라 일상적인 학교생활에서 시각·시간을 생각할 필요가 있는 장면이 있을 때마다 지도하여, 점차로 시각·시간이라는 용어를 경우에 따라 바르게 사용할 수 있도록 하여야 한다.

한편, 시각이나 시간이라는 용어를 일상적으로 반드시 명확하게 구별하여 사용하지는 않고 있는 것이 사실이므로, 시각·시간이라는 개념의 점진적인 이해에 초점을 두는 것이 좋으며, 따라서 시각·시간이라는 용어의 구사를 강요할 것까지는 없다고 생각한다.

(5) 시간의 간접측정

예컨대, 집에서 역까지 걸어가는 데 소요되는 시간을 알아볼 때, 1분 동안에 디디게 되는 걸음 수의 평균(120걸음이었다고 하자)과 집에서 역까지 가는 데 디디게 되는 걸음 수(2500걸음이었다고 하자)로 '2500÷120=20.8'을 계산하여, 집에서 역까지 걸어가는 데 소요되는 시간은 약 20분이라는 것을 알아내는 경우, 또는 아날로그시계의 바늘이 돌아가는 각도에서 그 시간을 알아보는 경우가 간접측정에 해당한다. 그런데 초등학교 수준에서는 이런 일을 실제로 하는 일은 생기지 않는다.

한편, 단계(학년)가 높아지면 속도의 공식(속도=거리÷시간)을 이용하여 속도와 거리로 시간을 구하는 경우를 접하게 되는데, 이런 것이 시간의 간접측정에 해당한다. 그런데 속도의 공식이 평면도형의 넓이나 입체도형의 부피에서와 같이 대단히 중요하기 때문에, 교과서 등에서 이 공식의 지도에 관한 내용을 별도의 단원으로 설정하여 제시하였듯이, 여기서도, 이에 대해서는 별도의 [주요 내용]으로 설정하여 살피기로 하고, 여기서는 생략한다.

주요 내용 62 — 직사각형의 넓이

대상의 넓이를 임의단위로 측정할 때 나타나는 문제점([주요 내용 56] 참조) 및 이 문제점을 해소시키는 데는 한 변의 길이가 1cm인 정사각형을 단위넓이로 정하는 것이 좋다는 것을 다시 한번 느껴볼 수 있게 하고, 직사각형의 넓이와 그 가로와 세로의 길이 사이에서 볼 수 있는

$$(\text{직사각형의 넓이})=(\text{가로의 길이})\times(\text{세로의 길이})$$

라는 관계를 알아내게 하여, 직사각형의 넓이를 그 가로와 세로의 길이를 이용하는 계산으로 구할 수 있게 한다(간접측정).

그리고 직사각형의 넓이 공식이 이용되는 문제를 해결하는 활동을 통하여, 이 공식의 의의나 좋은 점을 느껴볼 수 있게 한다.

전개의 개요

예컨대, 모양과 크기가 다른 두 직사각형(A, B) 가운데 어느 것이 얼마나 넓은가를 알아보게 하고, 이때 나타나는

- A와 B의 넓이가 같아 보인다.
- '■'이 A에는 32개, B에는 28개가 깔리므로, A가 B보다 '■' 4개만큼 넓다.
- 'ㅁ'이 A에는 24개, B에는 25개가 깔리므로, B가 A보다 'ㅁ' 1개만큼 넓다.

라는 등의 반응을 비교·검토하는 활동을 통하여,

• 넓이를 알아본다(잰다, 구한다, 수화한다)는 것은, 넓이를 재려는 직사각형 안에 넓이를 재려는 대상보다 작은 'ㅁ' 몇 개로 빈틈없이 채워지는가를 알아보는 것.

임을 다시 한번 느껴볼(유추, 귀납, 일반화할) 수 있게 한다.

그리고 모양이나 크기가 여러 가지인 직사각형의 넓이를 구해보도록 하고, 이때 나타나는

◈ 'ㅁ'을 넓이를 구려는 직사각형의 가로에 따라 한 줄만 깔았더니 7개가 깔리고, 그 세로로는 4개가 깔린다. 그러므로 $7\times4=28$이다.

◈ 넓이를 구려는 직사각형 안에 'ㅁ'을 빈틈없이 깔았더니 45개가 깔리므로, 넓이=45이다.

라는 등의 반응을 비교·검토하는 활동을 통하여,

• 직사각형의 넓이를 알아볼 때(구할 때, 수화·측정할 때) 한 변이 1cm인 정사각형을 단위넓이로 삼으면, 직사각형 안에 단위넓이를 일일이 깔아보지 않고 그 직사각형의 가로와 세로의 길이를 자로 재어보기만 하면, 단위넓이가 몇 개씩 몇 줄이 깔아진다는 것을 알 수 있어서 좋다.
• 직사각형의 넓이 및 그 가로와 세로의 길이 사이에는 (직사각형의 넓이)=(가로의 길이)×(세로의 길이)라는 관계가 있다(공식이 성립한다).

는 것을 알아차릴 수 있게(유추, 연역, 귀납, 일반화할 수 있게) 하여, 직사각형의 넓이를 그 모양이나 크기에 구애됨이 없이 그 가로와 세로의 길이를 나타내는 수의 계산(곱셈)으로 구할 수 있게 한다.

그리고 크기나 모양이 여러 가지인 직사각형의 넓이를 구하는 활동을 통하여, 이 공식을 이용하면(직사각형의 가로를 a, 세로를 b, 넓이를 c라고 하겠다),

① a(또는 b)와 c로 b(또는 a)를 구할 수 있다.
② 한 변이 a인 정사각형의 넓이는 $a\times a$로 구해진다.
③ a(또는 b)가 2배, 3배, 4배, … 되면 c도 따라서 2배, 3배, 4배, … 된다. a와 b가 동시에 2배, 3배, 4배, … 되면 c는 4배, 9배, 16배, … 된다.
④ '▙'와 같은 모양(부정형)의 넓이도 구할 수 있다.

는 등 직사각형의 넓이 공식이 활용되는 경우나 이 공식의 좋은 점을 느껴볼 수 있게 한다.

즉, 직사각형의 넓이를 구하는 방법을 일반화(공식화)함으로써,

㉮ 크고 작은 직사각형이나 정사각형의 넓이를 구하는 데 사용된다.
㉯ 가로나 세로의 길이를 구하는 데 사용됨을 시사해 준다.
㉰ 넓이가 무엇에 의존하는가를 시사해 준다.
㉱ 길이와 넓이 사이에 어떤 관계가 있는가를 시사해 준다.

라는 이 방법(공식)의 의의나 좋은 점을 느껴볼 수 있게 한다.

주요 내용 63 — 평행사변형의 넓이

참고 이것은 이어지는 [주요 내용 64]에서 언급할 삼각형의 넓이에 대한의 학습 전에 다루는 경우와 삼각형의 넓이의 학습 후에 다루는 경우를 생각할 수 있다.
그런데 삼각형의 넓이에 대한 학습 후에 다루는 경우는, 평행사변형을 그 대각선으로 2개의 합동인 삼각형으로 분할한 삼각형의 넓이(밑변×높이÷2)의 2배라는 사실이나, 이 사실에서 평행사변형의 넓이가 '(밑변×높이÷2)×2=밑변×높이'라는 사실을 쉽게 알아낼 수 있으므로, 여기서는 삼각형의 넓이의 학습 전에 다루는 경우라는 전제 아래 살펴보기로 한다.

평행사변형의 넓이를 기습인 직사각형의 넓이 공식을 활용하여 구하기 위해서는, 먼저 평행사변형을 기습인 직사각형으로 등적변형(배적변형)시켜야 한다는 생각이 우러나게 하고, 이와 같은 생각의 바탕 위에서 평행사변형을 직사각형으로 등적변형(배적변형)시킬 방안을 알아보게 하여, 평행사변형의 넓이를 구하는 방법을 형식화(공식화)하고, 직사각형의 넓이 공식이 평행사변형의 넓이를 구하는 데도 이용할 수 있다는 선수 내용의 좋은 점을 느껴볼 수 있게 한다.

전개의 개요

학습지에 인쇄된 평행사변형(ABCD)이나 종이를 오려서 만든 평행사변형의 넓이를 나름대로의 방법으로 알아보게 하고, 이때 나타나는

- 아래의 그림 (1)과 같이 한 변이 1cm인 정사각형으로 분할하여 그 정사각형의 수를 센다.
- 아래 그림 (2)와 같이 A에서 밑변 BC에 수직인 직선으로 잘라 낸 △ABE를 △DCF로 이동시켜서 되는 직사각형의 넓이를 구하여, 이 넓이를 평행사변형의 넓이로 보았다.

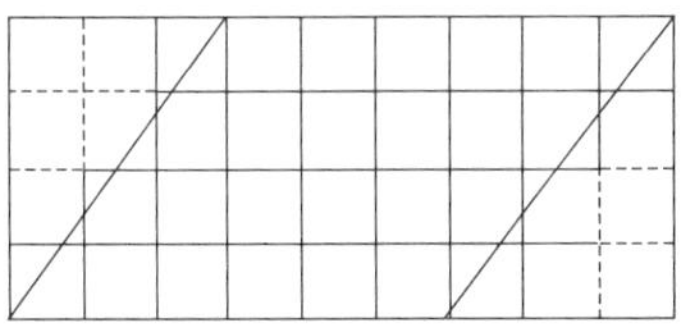

그림 (1)

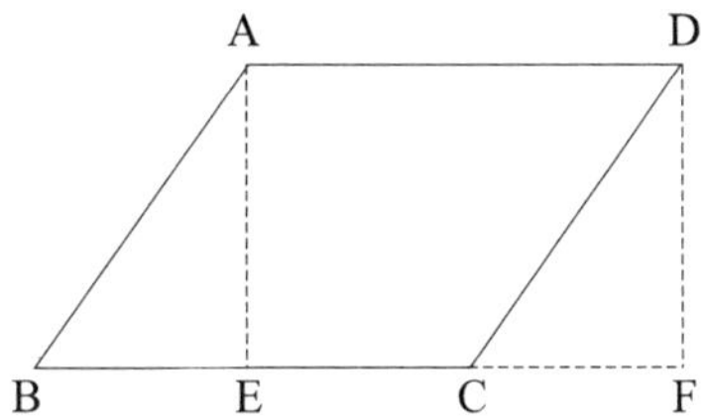

그림 (2)

- 아래 그림 (3)과 같이 변 AD상의 임의의 한 점에서 밑변 BC에 수직인 직선으로 잘라낸 한쪽을 이동시켜서 되는 직사각형의 넓이를 구하여, 이 넓이를 평행사변형의 넓이로 보았다.
- 아래 그림 (4)와 같이 밑변 BC상의 점 F에서 AD에 수선을 그어 변 AD의 연장선과 만나는 점 E를 잡고, BC의 연장선상에 AD=FG인 점 G를 잡아서, 직사각형 EFGH를 만들어 이 직사각형 넓이를 구하여, 주어진 평행사변형의 넓이로 보았다.

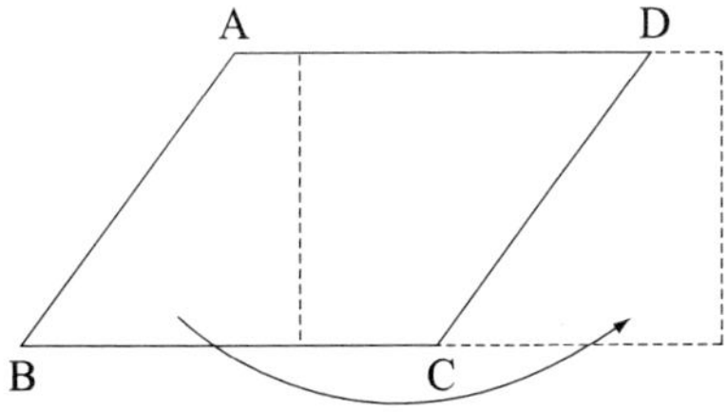

그림 (3)

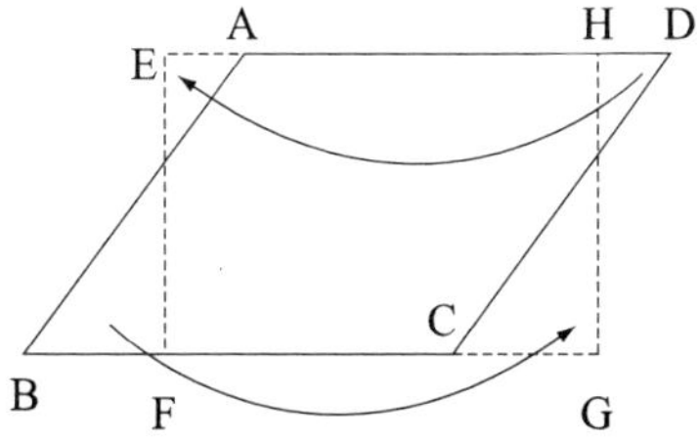

그림 (4)

◈ 오류 등을 포함하는 기타의 반응

등의 반응을 비교·검토하는 활동을 통하여,

- 평행사변형의 넓이를 구하는 방법이 여러 가지 있다.
- 평행사변형의 넓이를 구하는 여러 가지의 방법에는 '밑변×높이'라는 공통점이 있다.

는 것을 알아차리게(귀납, 일반화하게) 한다.

그리고 크기나 모양이 다양한 평행사변형의 넓이를 구하는 활동을 통하여, 평행사변형의 넓이를 구하는 방법을 일반화(공식화)함으로써

(1) 크고 작은 여러 가지 모양의 평행사변형의 넓이를 구하는 데 사용된다.
(2) 밑변의 길이나 높이를 구하는 데도 사용된다는 것을 암시해 준다.
(3) 넓이가 무엇에 의존하는가를 암시해 준다.
(4) 길이와 넓이 사이에 어떤 관계가 있다는 것을 암시해 준다.
(5) 평행사변형의 넓이와 직사각형의 넓이 사이에 어떤 관계가 있는가를 암시해 준다.

는 등 이 공식의 의의나 좋은 점을 느껴볼 수 있게 한다.

한편, 자질이 뛰어난 아동에게는, (심화 과정으로) 아래 그림 (5)와 같이 높이의 발이 밑변 위에 오지 않고, 그 연장선상에 오는 평행사변형의 넓이도 앞에서와 같은 방법(밑변×높이)으로 구해지는가를 알아보게 하고, 이때 나타나는 반응을 바탕으로,

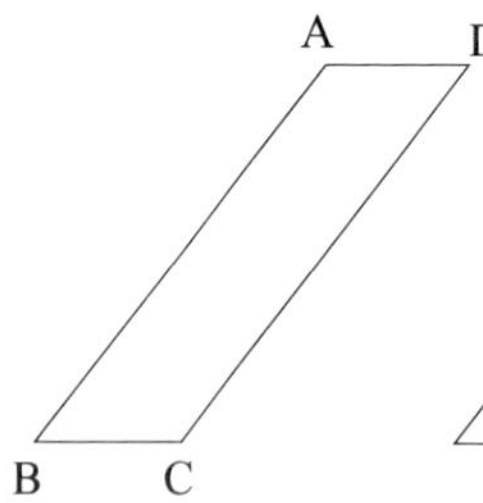

그림 (5)

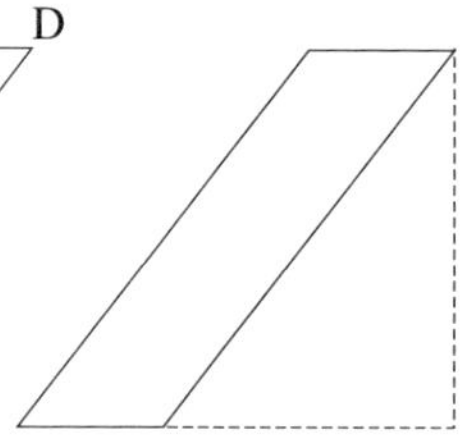
그림 (6)

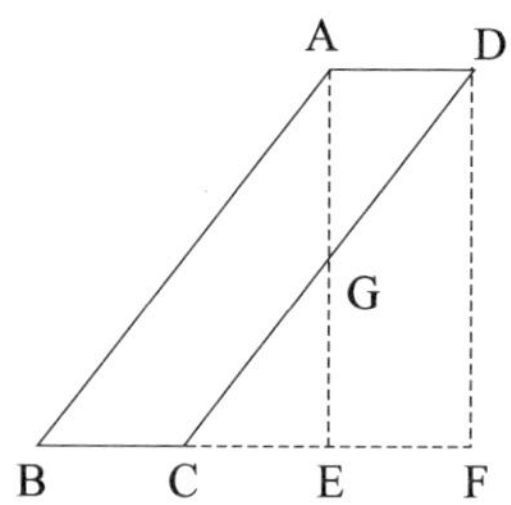

그림 (7)

그림 (6)이나 그림 (7)이 암시하는 바를 알아내게 하여, 높이의 발이 밑변 위에 오지 않고 그 연장선상에 오는 평행사변형의 넓이도 높이의 발이 밑변 위에 오는 경우에 알아보았던 '밑변×높이'라는 평행사변형의 넓이를 구하는 방법(공식)이 적용된다는 것을 알아차리게 한다.

지도상의 유의점

평행사변형의 넓이를 구하는 방법에 관한 활동에서는 평행사변형을 직사각형으로 등적변형(배적변형)시키는 활동이 핵심을 이루므로, 무엇보다도 먼저 넓이를 알아볼 평행사변형을 이미 학습한 직사각형으로 등적변형(배적변형)시키려는 생각이 우러나게 하여야 한다. 이런 생각이 우러나지 않는 상태에서는 소기의 학습 목표를 달성시키기 어렵다.

이것은 이어서 제시하는 삼각형, 사다리꼴, 마름모, 다각형의 넓이를 구하는 방법에 관한 활동에서도 마찬가지다.

주요 내용 64 — 삼각형의 넓이

참고 이것도 바로 앞의 [주요 내용 63]에서 언급한 바와 같이, '삼각형의 넓이를 구하는 방법(공식)'을 평행사변형의 넓이의 학습 전에 다루는 경우와 평행사변형의 넓이의 학습 후에 다루는 경우를 생각할 수 있다.
그런데 평행사변형의 넓이의 학습 후에 다루는 경우는, 평행사변형이 그 대각선으로 크기와 모양이 같은 삼각형 2개로 분할된다는 사실에서, 삼각형의 넓이는 평행사변형의 넓이 '밑변×높이'의 반인 '밑변×높이÷2'라는 사실을 쉽게 알아낼 수 있으므로, 여기서는 평행사변형의 넓이의 학습 전에 다루게 되는 경우라는 전제 아래 살펴보기로 한다.

여기서는 ㈎ 삼각형의 높이의 발이 밑변 위에 오는 경우와, ㈏ 삼각형의 높이의 발이 밑변의 연장선 위에 오는 경우의 각각에 대하여, 임의의 삼각형의 넓이를 구하는 활동을 통하여 삼각형의 넓이를 이미 학습한 직사각형의 넓이 공식을 이용하여 구할 수 있기 위해서는, 삼각형을 삼각형의 밑변과 높이와 관련이 있는 수치를 각각 가로와 세로의 수치로 하는 직사각형으로 등적변형(배적변형)시켜야 한다는 생각부터 우러나게 하고, 이와 같은 생각의 바탕 위에서, 삼각형을 직사각형으로 등적변형(배적변형)시킬 방안을 알아보게 하여 삼각형의 넓이를 구하는 방법을 형식화(공식화)하고, 직사각형의 넓이 공식이 삼각형의 넓이를 구하는 데도 이용된다는 '선수 내용의 좋은 점'을 느껴볼 수 있게 한다.

전개의 개요

(가) 삼각형의 높이의 발이 밑변 위에 오는 삼각형의 넓이

학습지에 인쇄된 삼각형(ABC)이나 종이를 오려서 만든 삼각형(ABC)의 넓이를 나름대로의 방법으로 알아보게 하고, 이때 나타나는

- 삼각형의 밑변과 높이를 각각 가로와 세로로 하는 직사각형을 만들어 이 직사각형의 넓이를 구하면, 이 직사각형의 넓이의 반이 삼각형의 넓이가 된다.
- 삼각형의 높이의 중점을 지나고 밑변에 나란한 직선으로 삼각형을 잘라 그 윗부분을 삼각형의 양쪽 가에 옮기면, 삼각형의 밑변이 가로, 높이의 반이 세로인 직사각형이 만들어진다. 그런데 이 직사각형의 넓이는 (밑변)×(높이의 반)이며, 따라서 (밑변)×(높이)÷2가 삼각형의 넓이다.
- 삼각형의 내부에 작은 타일을 까는 등의 반응이나 오류

라는 등의 반응을 비교·검토하는 활동을 통하여, 삼각형(밑변을 a, 높이를 h라 하겠다)의 넓이를 구하는 방법이

① 그림 (1)과 같이 △ABC의 꼭지점 A에서 밑변에 내린 수선의 발을 H, BH와 CH의 중점을 D, E, 이 D, E의 각각에서 그은 AH에 평행인 직선이 AB 및 AC와 만난점을 P, Q라 하고, △PBD를 △PAG로, △QEC를 △QFA로 옮기면 ㅁGDEF가 얻어진다. 그러므로, 이 직사각형의 넓이($\frac{1}{2}$a×h)가 곧 △ABC의 넓이다.

② 그림 (2)와 같이 △ABC의 꼭지점 A에서 밑변에 내린 수선의 발을 H, AH의 중점 R을 지나고 밑변에 평행인 직선이 AB 및 AC와 만난점을 각각

P, Q라 하면, 이 그림의 △APR을 △BPE로 △AQR을 △CQD로 옮기면 ㅁEBCD가 얻어진다. 그러므로, 이 직사각형의 넓이(a×$\frac{1}{2}$h)가 △ABC의 넓이다.

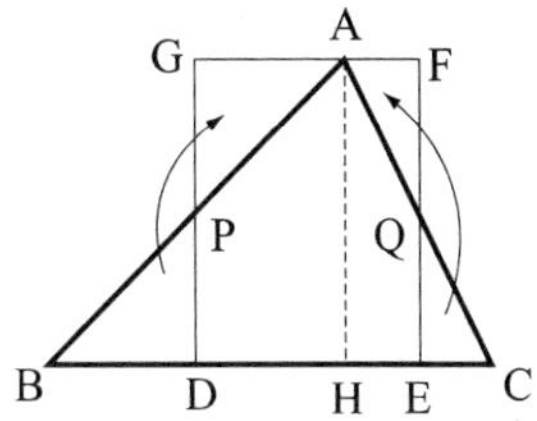

그림 (1)

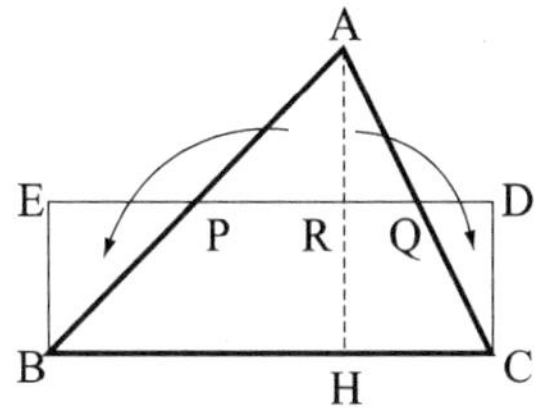

그림 (2)

③ 그림 (3)과 같이 두 변 AB와 AC의 중점 D, E를 지나는 직선 DE에 따라 삼각형의 윗부분을 접고, 밑각의 꼭지점 B와 C가 점 A′에 오도록 두 밑각의 부분을 접으면, 삼각형 ABC로 2중으로 겹쳐진 직사각형(ㅁDFGE)이 만들어진다. 그런데 이 직사각형(ㅁDFGE)의 가로와 세로는 각각 주어진 삼각형의 밑변과 높이의 반이다. 그러므로 이 직사각형(ㅁDFGE)의 넓이의 2배가 주어진 삼각형의 넓이라고 생각하였다.

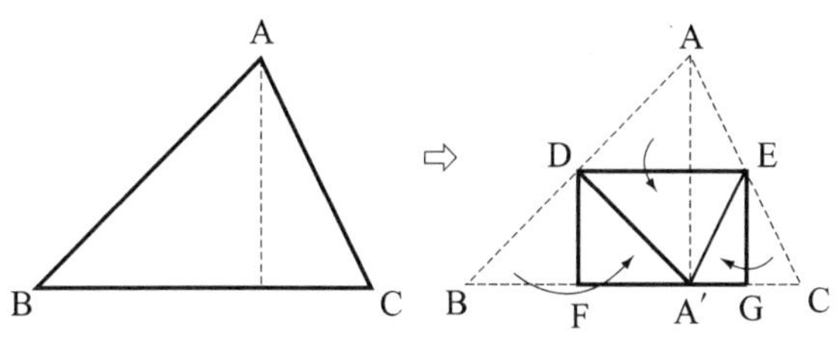

그림 (3)

④ 그림 (4)와 같이 주어진 삼각형(△ABC)과 크기나 모양이 똑같은 삼각형을 하나 더 마련하고, 이 삼각형을 그 꼭지점에서 밑변에 내린 수선으로 분할하여, 처음의 삼각형(△ABC)의 양쪽으로 옮겨서 ㅁDBCE를 만들면,

$$\text{ㅁDBCE} = a \times h = 2 \times \triangle\text{ABC}$$

이므로, △ABC의 밑변과 높이를 가로와 세로로 하는 직사각형의 넓이의 반을 △ABC의 넓이로 보았다.

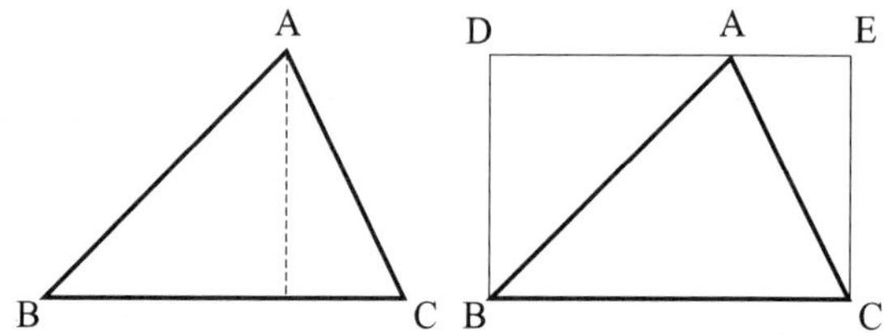

그림 (4)

⑤ 그림 (5)와 같이 주어진 삼각형(△ABC)의 밑변과 높이를 각각 가로와 세로로 하는 직사각형(□DBCE)을 만들면,

△DBA = △HAB, △AHC = △CEA

이므로, □DBCE의 넓이는 △ABC의 넓이의 2배가 된다. 그래서 그 직사각형의 넓이($a \times h$)의 반을 △ABC의 넓이로 보았다.

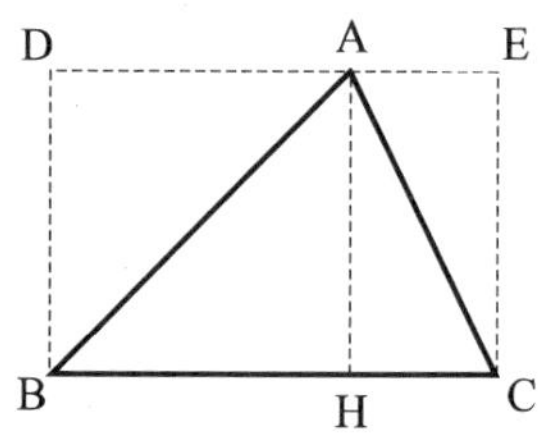

그림 (5)

△ABC의 넓이$=(a \times h) \div 2$

와 같이 여러 가지 있다는 것을 알아차리게 하고,

- 삼각형의 넓이를 구하는 여러 가지의 방법에는 '밑변×높이÷2=삼각형의 넓이'라는 공통점이 있다.

는 것을 알아차리게(귀납, 일반화하게) 하여, 삼각형의 넓이 공식에 대한 이해가 심화되게 한다.

참고 위에 제시한 **삼각형의 넓이 공식을 유도해내는 다양한 방법은** '규칙성과 문제 해결'이라는 영역에서의 '**한 가지 문제를 여러 가지로 해결하기**' 에도 해당한다.

㈏ 삼각형의 높이의 발이 밑변의 연장선 위에 오는 삼각형의 넓이

삼각형의 높이의 발이 밑변의 연장선 위에 오는 △ABC가 인쇄된 학습지나 종이를 오려서 그와 같이 만든 삼각형을 나누어주고, 그 삼각형의 넓이를 나름대로의 방법으로 구해보도록 하여, 이때 나타나는

- 밑변의 연장선과 꼭지점에서 밑변의 연장선에 내린 이 삼각형의 높이를 각각 가로와 세로로 하는 직각삼각형을 만들고, 큰 직각삼각형의 넓이에서 작은 직각삼각형의 넓이를 빼서 구했다.
- 삼각형의 내부에 작은 타일을 까는 등의 반응이나 오류 또는 모르겠다는 등의 반응

라는 등의 반응을 비교·검토하는 활동을 통해서,

⑥ 앞의 ④를 바탕으로(유추하여), △ABC의 꼭지점 A에서 밑변 BC의 연장선에 수선을 그어서 되는 직각삼각형 ABD(그림 (6))를 만들고, 이 직각삼각형의 넓이에서 직각삼각형 ACD의 넓이를 빼면, 주어진 삼각형의 넓이가 얻어진다.

⑦ ⑤를 바탕으로(유추하여), 주어진 삼각형 ABC의 밑변과 높이를 각각 가로와 세로로 하는 직사각형 DBCE(그림 (7))를 만들고, 꼭지점 A에서 밑변 BC의 연장선에 내린 수선의 발을 H라고 하면,

$$\triangle ABC = \triangle ABH - \triangle ACH = (\square DBHA \div 2) - (\square ECHA \div 2)$$
$$= (\square DBHA - \square ECHA) \div 2 = \square DBCE \div 2$$

이므로, 삼각형의 높이의 발이 밑변의 연장선 위에 오는 삼각형의 넓이를 구할 때도, 삼각형의 밑변과 높이의 값을 앞에서 알아낸 삼각형의

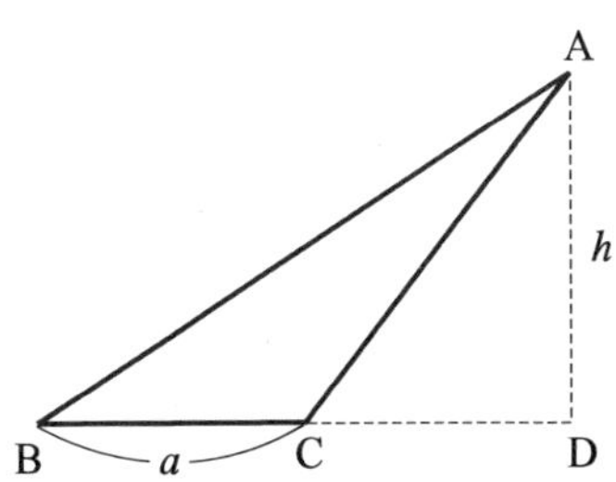

그림 (6)

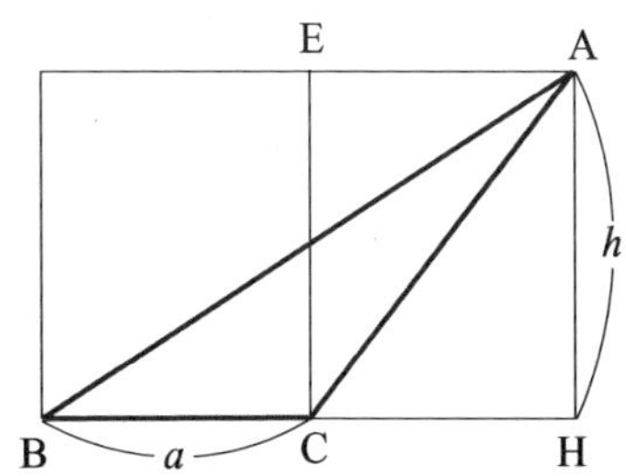

그림 (7)

높이의 발이 밑변 위에 오는 삼각형의 넓이 공식에 대입하여 계산하면 된다.

⑧ ①을 바탕으로(유추하여), 주어진 삼각형 ABC의 꼭지점 A에서 밑변 BC의 연장선에 내린 수선의 발을 H, BH와 CH의 중점을 각각 D, E라 하고, DE와 AH가 가로와 세로인 직사각형 GDEF를 만든다. 이때 직사각형의 변 GD와 FE가 삼각형의 두 변 AB, AC와 만나는 점을 각각 P, Q라 하면,

$$\mathrm{GP}=\mathrm{PD},\ \mathrm{FQ}=\mathrm{QE},\ \triangle\mathrm{PBD}=\triangle\mathrm{PAG},\ \triangle\mathrm{QCE}=\triangle\mathrm{QAF}$$

이므로, △ABC의 △PBD를 △PAG로, △QAF를 △QCE로 옮기면 △ABC로 □GDEF(그림 (8))가 얻어진다. 그런데 $\mathrm{DE}=\mathrm{DH}-\mathrm{EH}=\frac{1}{2}a$이므로, $\square\mathrm{GDEF}=\frac{1}{2}a\times h=\triangle\mathrm{ABC}$이다.

⑨ ②를 바탕으로(유추하여), 주어진 삼각형 ABC의 꼭지점 A에서 밑변 BC의 연장선에 내린 수선의 발을 H, AH의 중점을 R, R을 지나 BC에 평행인 직선과 AB, AC가 만나는 점을 각각 P, Q, 그리고 B, C의 각각을 지나 AH에 평행인 직선과 PR이 만나는 점을 D, E라 하면,

$$\mathrm{EP}=\mathrm{PR},\ \mathrm{DQ}=\mathrm{QR},\ \triangle\mathrm{APR}=\triangle\mathrm{BPE},\ \triangle\mathrm{AQR}=\triangle\mathrm{CQD}$$

이므로, △ABC의 △APQ와 △AQR(=△CQD)을 △BPE로 옮기면 △ABC로 □EBCD(그림 (9))가 얻어진다. 그런데 $\mathrm{DC}=\mathrm{RH}=\frac{1}{2}h$이므로, $\square\mathrm{EBCD}=a\times\frac{1}{2}h$이다.

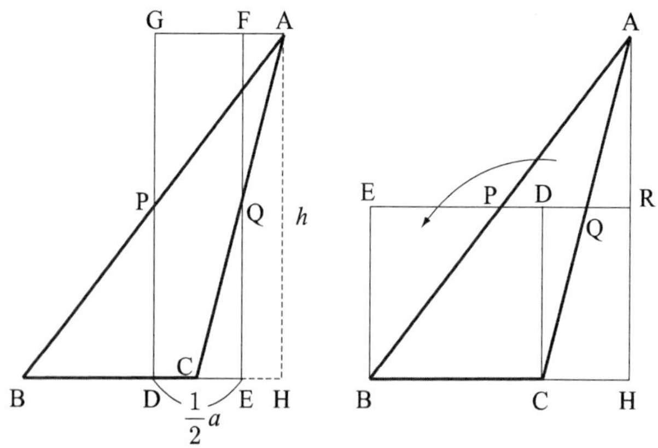

그림 (8)　　　그림 (9)

⑩ ③에서와 같이(유추하여), 두 변 AB와 AC의 중점 D, E를 지나는 직선에 따라 삼각형의 윗부분을 접고, 밑각의 꼭지점 B와 C가 꼭지점 A′에 오도록 두 밑각의 부분을 접으면, 삼각형 ABC로 직사각형(DFGE)이 2개 만들어진다. 그런데 이 직사각형(DFGE)의 가로와 세로는 각각 주어진 삼각형의 밑변과 높이의 반이다. 그러므로, 이 직사각형(DFGE)의 넓이의 2배가 주어진 삼각형의 넓이가 된다.

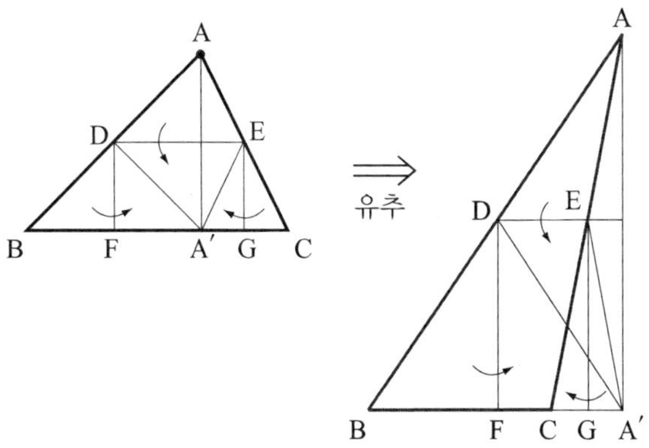

그림 (9)

와 같이 여러 가지 있다는 것을 알아차리게 하고,

- 삼각형의 높이의 발이 밑변의 연장선 위에 오는 삼각형의 넓이도, 전에 알아낸 삼각형의 넓이=밑변×높이÷2라는 공식이 적용된다.
- 높이의 발이 밑변의 연장선 위에 오는 삼각형의 넓이를 구하는 방법도 여러 가지 있다.
- 높이의 발이 밑변의 연장선 위에 오는 삼각형의 넓이를 구하는 여러 가지 방법에도 '밑변×높이÷2=삼각형의 넓이'라는 공통점이 있다.

는 것을 알아차리게(귀납, 일반화하게) 하여, 삼각형의 넓이 공식에 대한 이해가 심화되게 한다.

그리고 크기나 모양이 여러 가지인 삼각형의 넓이를 구하는 활동을 통하여, 삼각형의 넓이를 구하는 방법을 일반화(공식화)함으로써,

(1) 여러 가지 모양의 크고 작은 삼각형의 넓이를 구하는 데 이용할 수 있다.

(2) 밑변이나 높이의 길이를 구하는 데 사용됨을 암시해 준다.
(3) 넓이가 무엇에 의존하는가를 암시해 준다.
(4) 길이와 넓이 사이에 어떤 관계가 있는가를 암시해 준다.
(5) 삼각형의 넓이와 평행사변형의 넓이나 직사각형의 넓이 사이에 어떤 관계가 있는가를 암시해 준다.

는 등 이 공식의 의의나 좋은 점을 느껴볼 수 있게 한다.

지도상의 유의점

'삼각형의 높이의 발이 밑변의 연장선 위에 오는 삼각형의 넓이'의 학습에서, △ABC의 꼭지점 A에서 내린 높이와 밑변 BC의 연장선이 만나서 되는 직각삼각형 ABD의 넓이에서 직각삼각형 ACD의 넓이를 빼는 방법으로 이해시키고 끝내는 경우도 보게 되는데, 이 방법은 앞에서 알아본 '삼각형의 높이의 발이 밑변 위에 오는 경우'의 방법과는 그 방법이 전혀 다르기 때문에, 서로 달라 보이는 것도 같은 범주(class)의 것으로 보려는 통합적인 생각이 중시되는 수학교육이 강조되고 있다는 점에서 볼 때 바람직한 방법이라 할 수 없다.

그러나 그와 같은 방법으로밖에는 이해하지 못할 것이라고 판단되는 아동에게는 이 방법(두 직각삼각형의 넓이의 차를 구하는 방법)으로나마 이해시킬 수밖에 없을 것이다.

참고 위에 제시한 삼각형의 넓이 공식을 유도해내는 다양한 방법도 '규칙성과 문제 해결'이라는 영역에서의 '한 가지 문제를 여러 가지로 해결하기' 에 해당한다.

주요 내용 65 — 사다리꼴의 넓이

임의의 사다리꼴의 넓이를 구하려면, 주어진 사다리꼴을 기습인 직사각형이나 평행사변형 또는 삼각형으로 변형시켜야 한다는 생각과, 따라서 주어진 사다리꼴의 밑변이나 높이와 관련이 있는 길이가 반영되는 직사각형이나 평행사변형 또는 삼각형으로 등적변형(배적변형)시켜야 한다는 생각이 우러나게 하고, 이와 같은 생각의 바탕 위에서, 주어진 사다리꼴을 직사각형이나 평행사변형 또는 삼각형으로 등적변형(배적변형)시킬 방안을 알아보게 하여 사다리꼴의 넓이를 구하는 방법을 형식화(공식화)하게 하며, 직사각형이나 평행사변형 또는 삼각형의 넓이 공식이 사다리꼴의 넓이를 구하는 데도 이용된다는 선수 내용의 좋은 점을 느껴볼 수 있게 한다.

전개의 개요

예컨대, 여러 가지 기본도형을 제시하고, 그 가운데서 넓이를 구하는 방법을 알아본 것은 어떤 도형인가를 물어보거나 하여, 사다리꼴 ABCD(윗변을 a, 밑변을 b, 높이를 h라고 하겠다)의 넓이를 구할 방법을 알아보게 하고, 이때 나타나는

- 그림 (1)과 같이 크기와 모양이 같은(합동인) 2개의 사다리꼴로 평행사변형 ABEF를 만들면 평행사변형의 넓이 공식으로 사다리꼴의 넓이가 구해진다.
- 그림 (2)와 같이 높이가 반이 되게 밑변(또는 윗변)에 나란한 직선으로 잘라 그 위의 절반을 옆으로 옮겨서 되는 평행사변형을 만들면, 평행사변형의 넓이 공식으로 사다꼴의 넓이가 구해진다.

$(a+b)\times h\div 2$

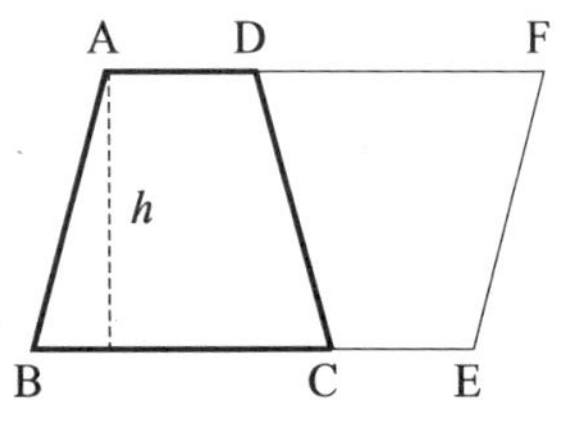

그림 (1)

$(a+b)\times(h\div 2)$

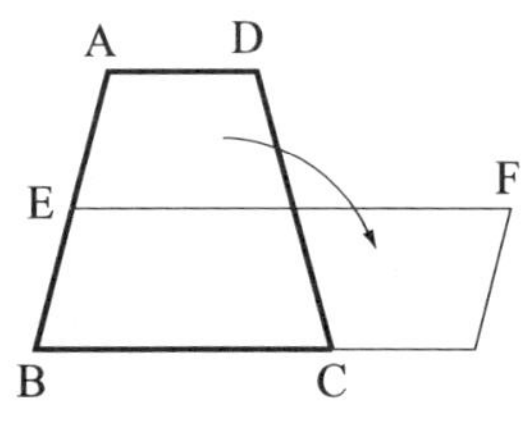

그림 (2)

- 그림 (3)과 같이 옆 변 AB 및 DC의 중점 P와 Q의 각각을 지나고 밑변과 수직으로 만나는 직선과, 변 AD의 연장선으로 만들어지는 두 삼각형 PBF와 QGC를 각각 삼각형 PAE와 삼각형 QHD로 옮겨서 되는 직사각형 EFGH를 만들면, 직사각형의 넓이 공식으로 평행사변형의 넓이를 구

할 수 있다.

◈ 그림 (4)와 같이 꼭지점 A와 옆변 DC의 중점 P를 지나는 직선과 밑변 BC의 연장선이 만나는 점을 E라 하고, 삼각형 APD를 삼각형 PCE로 옮겨서 되는 삼각형 ABE를 만들면, 삼각형의 넓이 공식으로 사다리꼴의 넓이를 구할 수 있다.

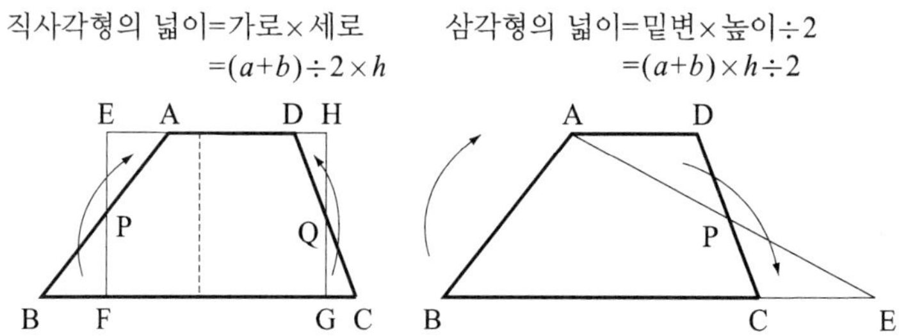

그림 (3) 그림 (4)

◈ 그림 (5)와 같이 대각선을 그어 2개의 삼각형으로 분할하면 삼각형의 넓이 공식을 이용해서 사다리꼴의 넓이를 구할 수 있다.

◈ 그림 (6)과 같이 평행사변형과 삼각형으로 분할하면, 평행사변형의 넓이 공식과 삼각형의 넓이 공식을 이용해서 사다리꼴의 넓이를 구할 수 있다.

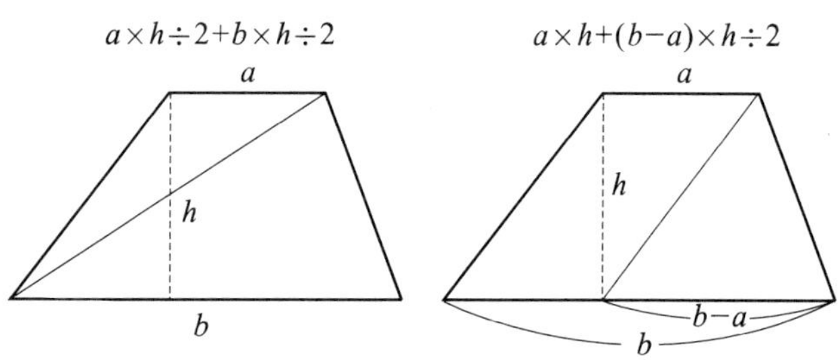

그림 (5) 그림 (6)

◈ 그림 (7)과 같이 C를 지나고 옆 변 AB에 평행인 직선과 AD의 연장선을 그어서 되는 평행사변형을 만들면, 평행사변형의 넓이 공식과 삼각형의 넓이 공식으로 사다리꼴의 넓이가 구해진다.

◈ 그림 (8)과 같이 윗변의 두 꼭지점 A와 D에서 밑변 BC에 수선을 그어 2개의 직각삼각형과 1개의 직사각형으로 분할하면, 직사각형의 넓이 공식

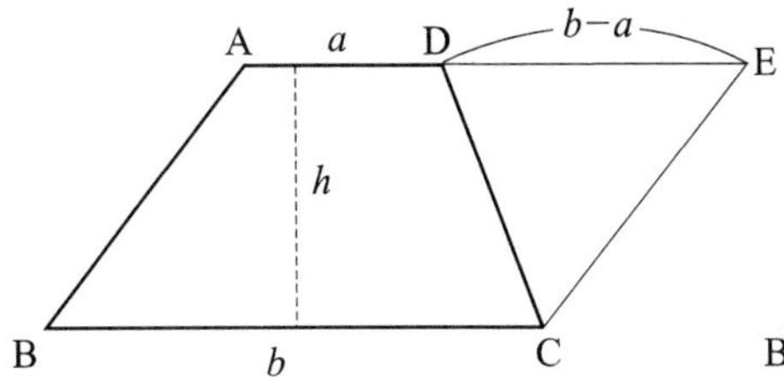

그림 (7)

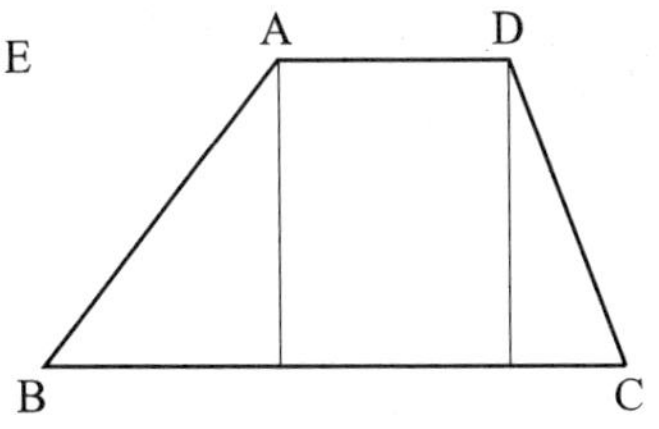

그림 (8)

과 삼각형의 넓이 공식으로 사다리꼴의 넓이가 구해진다(이 경우는 공식화가 쉽지 않다).

라는 등의 반응을 비교·검토하는 활동을 통하여,

- 사다리꼴의 넓이를 구하는 방법이 여러 가지 있다.
- 사다리꼴의 넓이를 구하는 그 여러 가지 방법에는

$$사다리꼴의\ 넓이=(a+b)\times h\div 2$$

라는 공통점이 있다.

는 것을 알아차리게(귀납, 유추, 일반화하게) 하고, 사다리꼴의 넓이를 다양한 방법으로 구할 수 있게 하며, 크기나 모양이 여러 가지인 사다리꼴의 넓이를 구하는 활동을 통하여 사다리꼴의 넓이를 구하는 방법을 일반화(공식화)함으로써,

(1) 크고 작은 여러 가지 모양의 사다리꼴의 넓이를 구하는 데 사용된다.
(2) 윗변이나 밑변 또는 높이를 구하는 데 사용됨을 암시해 준다.
(3) 넓이가 무엇에 의존하는가를 암시해 준다.
(4) 길이와 넓이 사이에는 어떤 관계가 있는지를 암시해 준다.
(5) 사다리꼴의 넓이와 삼각형이나 평행사변형 또는 직사각형의 넓이 사이의 관계를 암시해 준다.

는 등 이 공식의 의의나 좋은 점을 느껴볼 수 있게 한다.

참고 위에 제시한 **사다리꼴의 넓이 공식을 유도해내는 다양한 방법**도 "규칙성과 문제 해결"이라는 영역에서의 "한 가지 문제를 여러 가지로 해결하기"에 해당한다.

주요 내용 66 — 마름모의 넓이

임의의 마름모의 넓이를 구하려면 주어진 마름모를 전에 학습한 직사각형이나 삼각형으로 변형(등적변형, 배적변형)시켜야 한다는 생각이 우러나게 하고, 이와 같은 생각의 바탕 위에서, 주어진 마름모를 직사각형이나 삼각형으로 등적변형(배적변형)시킬 방안을 알아보게 하여 마름모의 넓이를 구하는 방법을 형식화(공식화)하게 하며, 직사각형이나 삼각형의 넓이 공식이 마름모의 넓이를 구하는 데에도 이용된다는 선수 내용의 좋은 점을 느껴볼 수 있게 한다.

전개의 개요

마름모 ABCD(대각선의 길이를 각각 p, q라고 하겠다)의 넓이를 구할 방법을 알아보게 하고, 이때 나타나는

- 평행사변형에서와 같은 반응
- 마름모 ABCD를 그 대각선에 따라 잘라 2개의 삼각형으로 분할하여 삼각형의 넓이 공식을 이용한다.
- 마름모 ABCD를 그 두 대각선으로 4개의 직각삼각형으로 분할하고, 그 4개의 직각삼각형을 직사각형이 되게 배열하여 직사각형의 넓이 공식을 이용한다.

라는 등의 반응을 비교·검토하는 활동을 통하여,

- 마름모의 넓이를 구하는 방법이 여러 가지 있다.
- 마름모의 넓이를 구하는 그 여러 가지 방법에는

$$\text{마름모의 넓이} = p \times q \div 2$$

라는 공통점이 있다.

는 것을 알아차리게(귀납, 일반화, 유추하게) 한다.

그리고 크기나 모양이 여러 가지인 마름모의 넓이를 구하는 활동을 통하여 마름모의 넓이를 구하는 방법을 일반화(공식화)함으로써,

(1) 크고 작은 여러 가지 모양의 마름모의 넓이를 구하는 데 사용된다.
(2) 대각선의 길이를 구하는 데 사용됨을 암시해 준다.
(3) 넓이가 무엇에 의존하는가를 암시해 준다.
(4) 대각선의 길이와 넓이 사이에 어떤 관계가 있는가를 암시해 준다.
(5) 마름모의 넓이와 삼각형이나 평행사변형이나 직사각형의 넓이 사이에 어떤 관계가 있는가를 암시해 준다.

는 등 이 공식의 의의나 좋은 점을 느껴볼 수 있게 한다.

참고 위에 제시한 마름모의 넓이 공식을 유도해내는 다양한 방법도 "규칙성과 문제 해결"이라는 영역에서의 "한 가지 문제를 여러 가지로 해결하기"에 해당한다.

주요 내용 67 — 다각형의 넓이

임의의 다각형의 넓이를 구하는 활동을 통하여 다각형의 넓이를 구할 수 있는 공식이 따로 없다는 것을 알아차리게 하고, 다각형의 넓이를 구하기 위해서는 다각형을 자기가 알고 있는 넓이 공식을 적용할 수 있도록 분할하거나 등적변형시켜야 한다는 생각이 우러나게 하여, 다각형을 몇 개의 삼각형으로 분할하거나 하나의 삼각형으로 등적변형(배적변형)할 방안을 찾을 수 있게 한다.

그리고 다각형을 몇 개의 삼각형으로 분할한다면 어느 곳의 길이를 알아야 넓이가 구해지는가를 알아차리게 하여 다각형의 넓이를 구하는 과정을 형식화하게 하고, 어떤 부분의 넓이는 그 어느 곳의 길이에 의하여 결정된다는 의존관계에 대한 안목의 중요성을 인식하게 하며, 삼각형의 넓이 공식이 다각형의 넓이를 구하는 데도 이용된다는 선수 내용의 좋은 점을 느껴볼 수 있게 한다.

전개의 개요

임의의 다각형(여기서는 육각형의 경우를 보기로 진술한다)의 넓이를 나름대로의 방법으로 구해보도록 하고, 이때 나타나는

- 꼭지점을 하나 건너씩 이어 4개의 삼각형으로 분할(그림 ①)하고, 각 삼각형의 밑변과 높이를 재어서 구한다.
- 꼭지점을 하나 건너씩 이어 4개의 삼각형으로 분할(그림 ①)하고, 이웃하는 두 삼각형의 공통인 변 및 그 공통인 변을 밑변으로 볼 때의 높이를 재면, 다각형의 넓이가 구해진다.
- 꼭지점을 지그재그로 이어 4개의 삼각형으로 분할(그림 ②)하고, 각 삼각형의 밑변과 높이를 재면 된다.
- 꼭지점을 지그재그로 이어 4개의 삼각형으로 분할(그림 ②)하고, 이웃하는 두 삼각형의 공통인 변 및 그 공통인 변을 밑변으로 볼 때의 높이를 재어서 다각형의 넓이를 구한다.
- 한 꼭지점에서 그을 수 있는 대각선을 그어 4개의 삼각형으로 분할(그림 ③)하고, 각 삼각형의 밑변과 높이를 재어보면, 삼각형의 넓이 공식으로 구해진다.
- 한 꼭지점에서 그을 수 있는 대각선을 그어 4개의 삼각형으로 분할(그림 ③)하고, 이웃하는 두 삼각형의 공통인 변 및 공통인 변을 밑변으로 볼 때의 높이를 재기만 하면, 다각형의 넓이가 구해진다.

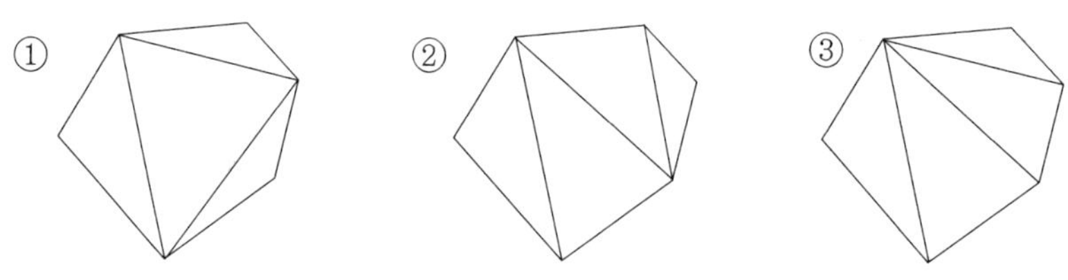

라는 등의 반응을 비교·검토하는 활동을 통해서,

- 다각형의 넓이를 구하는 방법이 따로 없다.
- 다각형의 넓이는 그 다각형을 몇 개의 삼각형으로 분할하고, 분할된 삼각형의 넓이를 각각 구하여 더하면 구해진다.

• 다각형을 어떻게 분할하느냐에 따라 측정할 곳의 수가 달라진다.

는 것을 알아차릴 수 있게 하고, 모양이 여러 가지인 다각형의 넓이를 구하는 활동을 통하여,

• 다각형의 넓이를 구하는 데 필요한 길이를 측정하는 횟수와 다각형의 변(꼭지점)의 수 사이에는 다각형의 변(꼭지점)의 수에 구애됨이 없이 일정한 규칙이 있다.

는 것을 알아차리게(귀납, 일반화하게) 하며, '수학적으로 생각한다는 것의 좋은 점'을 느껴볼 수 있게 한다.

지도상의 유의점

다각형의 넓이는 간접측정으로 구할 수밖에 없다. 그러므로 '다각형의 넓이'의 학습에서는

"넓이를 구할 수 있기 위해서는 어느 것의 길이를 알아야(측정해야) 하는가?"

라는 '의존관계에 주목하려는 수학적인 생각·태도의 형성·정착'에 목표를 두어야 한다.

따라서, 넓이를 구할 다각형을 미리 분할해 주는 것은 자기가 알고 있는 공식 중에서 어떤 공식을 이용할 것인가를 스스로 생각·판단하는 능력의 형성·정착을 방해하는 꼴이 되며, 더군다나 분할된 도형의 넓이를 구하는 데 필요한 곳의 길이를 주는 것은 "분할된 도형의 넓이를 구하려면 그 도형의 어디를 측정해야 할까?" 하는 것을 스스로 사고·판단하는 능력의 형성·정착을 방해하는 꼴이 된다.

그러므로, 수학적인 생각·태도의 형성·정착에 목적을 두는 다각형의 넓이의 학습에서는 넓이를 구하게 할 다각형을 분할해 주지 않고, 그 넓이를 구하는 데 필요한 곳의 길이도 주어지지 아니한 다각형을 제시하는 것이 바람직한 것이다.

주요 내용 68 — 원주의 측정, 원의 넓이

가. 원주율과 원주의 길이

크고 작은 원을 그려보는 등의 활동(도형 영역)을 통해 알게 된 "원의 크기는 원의 반지름(지름)에 의하여 정해진다."라는 사실을 바탕으로 크기가 여러 가지인 원의 둘레(원주)의 길이를 알아보게 하고, 이때 나타나는 아동들의 반응을 바탕으로 "원주의 지름(반지름)에 대한 비율이 일정할 것 같다."라는 생각이 들게(귀납, 일반화하게) 하고, 원주의 길이는 원의 크기에 구애됨이 없이 지름의 약 '3.14'(또는 3.1이나 3)배가 된다는 것을 추정(귀납)할 수 있게 한다.

전개의 개요

예컨대, 원기둥 모양인 녹차 통이나 깡통을 나누어주면서 그 녹차 통이나 깡통의 몸통(반지름을 r이라 하겠다)의 둘레의 길이를 나름대로의 방법으로 알아보게 하고, 이때 나타나는

◈ 깡통을 한 바퀴 굴린 거리를 재어보면 깡통의 밑면(원 모양)의 둘레의 길이를 알 수 있다.
◈ 깡통의 몸통을 테이프(또는 끈)로 한 바퀴 둘러 그 길이를 재어보면 알 수 있다.

라는 등의 반응을 비교·검토하는 활동을 통하여,

- 깡통을 한 바퀴 굴린 거리나 깡통의 몸통을 테이프(끈)로 한 바퀴 둘렀을 때의 그 길이를 잰다.

는 것은 번거롭다.

- 그 번거로움을 덜 수 있는 방법이 없을까?

라는 생각이 우러나게 하고, 보다 능률적으로 알아볼 수 있는 방법을 찾아보게 한다.

그리하여, 크고 작은 원의 둘레(원주)의 길이를 보다 능률적으로 구할 수 있는

방법을 알아보게 하고, 이때 나타나는

- 원의 반지름을 길게 잡으면 그 원주도 따라서 길어지므로 원주의 길이가 그 반지름에 비례할 것 같은 생각은 드는데, 원주가 지름(반지름)의 몇 배나 되는가는 알아내지 못하였다.
- 크고 작은 깡통의 지름의 길이와 그 깡통이 한 바퀴 굴러간 거리를 잰 결과를 보니까 대체로 원주의 길이가 지름의 3배가 조금 더 되는 것 같다.
- 이 원에 외접하는 정사각형의 둘레가 $8r$이므로 원주의 길이는 $8r$보다 짧다.
- 원주의 길이는 그 원에 내접하는 정사각형의 둘레보다 긴 것은 확실한데, 그 원에 내접하는 정사각형의 둘레의 길이를 구할 수가 없어서 원주의 길이를 알아내지 못했다.
- 그 원에 내접하는 정육각형의 둘레가 $6r$이므로 원주의 길이는 $6r$보다 길다.
- 원주의 길이는 그 원에 외접하는 정육각형의 둘레보다 짧은 것은 확실한데, 그 원에 외접하는 정육각형의 둘레의 길이를 구할 수가 없어서 원주의 길이를 못 구했다.

라는 등의 반응을 비교·검토하는 활동을 통하여,

- 원주의 길이는 그 지름(반지름)의 길이에 비례할 것 같다.
- 원주의 길이는 그 지름(반지름)의 3배보다는 길고 4배보다는 짧을 것 같다.

는 생각이 우러나게(귀납) 한다.

그리하여, 원주의 지름에 대한 비율, 즉 $\frac{\text{원주}}{\text{지름}}$를 '원주율'이라고 한다는 것을 가르쳐주고, 옛날부터 많은 사람들이 원주율의 값을 알아보려고 했지만 그 정확한 값을 알아내지 못했다는 이야기를 해주면서, 원주율의 값은 3.141592…와 같이 끝없는 소수로 나타난다는 것, 그래서 원주율을 해결해야 할 상황에 따라 '3.1'이나 '3' 또는 '3.14'로 보고 계산해 왔다는 것을 말해준다.

나. 원의 넓이

여기서도 원의 넓이를 앞의 '원주'에서 알아본

- 원의 크기는 원의 반지름(지름)에 의해서 정해진다.

• 여러 가지 도형의 넓이를 구할 때, 넓이를 직접 구하는 대신에 그 도형을 결정짓는 곳의 길이를 이용하여 계산으로 구했었다.

라는 사실을 바탕으로 알아보게 하여, 원의 넓이를 이미 학습한 직사각형(또는 평행사변형이나 삼각형)의 넓이 공식을 이용하여 구할 수 있기 위해서는, 주어진 원을 그 지름(반지름) 및 그 지름(반지름)에 의해서 정해지는 원주와 관련이 있는 길이를 각각 가로와 세로(또는 밑변과 높이)로 하는 직사각형(또는 평행사변형이나 삼각형)으로 등적변형(배적변형)시켜야 한다는 생각이 우러나게 하고, 주어진 원을 직사각형(또는 평행사변형이나 삼각형)으로 등적변형(배적변형)시킬 방안을 알아보게 하여 원의 넓이를 구하는 방법을 형식화(공식화)하며, 직사각형(또는 평행사변형이나 삼각형)의 넓이 공식이 원의 넓이를 구하는 데에도 이용된다는 '선수 내용의 좋은 점'을 느껴볼 수 있게 한다.

전개의 개요

예를 들면, 컴퍼스나 깡통 등을 사용하여 그려본 원(반지름을 r이라고 하겠다)의 넓이를 나름대로의 방법으로 알아보게 하고, 이때 나타나는

- 그 원에 외접하는 정사각형의 넓이가 r^2의 4배이므로 원의 넓이는 $4r^2$보다 작다.
- 그 원에 내접하는 정사각형의 넓이보다 크다는 생각은 드는데, 그 원에 내접하는 정사각형의 넓이를 구할 길이 없다.
- 그 원에 내접하는 정육각형의 넓이보다 조금 크고 외접하는 정육각형보다는 작다는 생각은 드는데, 그 원에 내접하는 정육각형이나 외접하는 정육각형의 넓이를 구하지 못하겠다.
- 원 위에 모눈종이를 그림 (1)과 같이 덧씌워서 원에 포함되는 모눈의 수를 세어보면 구할 수 있을 것 같다.

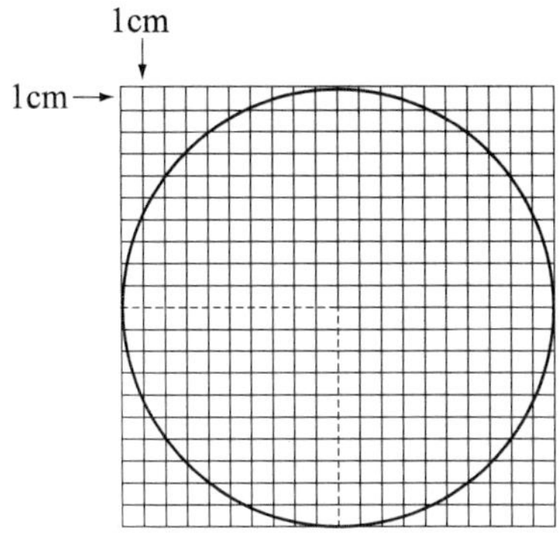

그림 (1)

◈ 원을 그 지름으로 그림 (2)와 같이 여러 등분(예컨대 16등분)하고, 그림 (3)과 같이 펼치면 (밑변이 곧은 선은 아니지만) 크기가 같은 삼각형이 이어지는 모양이 되므로, 삼각형의 넓이 공식을 이용하여 구하면 된다.

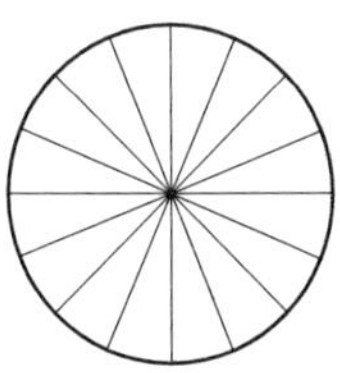

그림 (2)

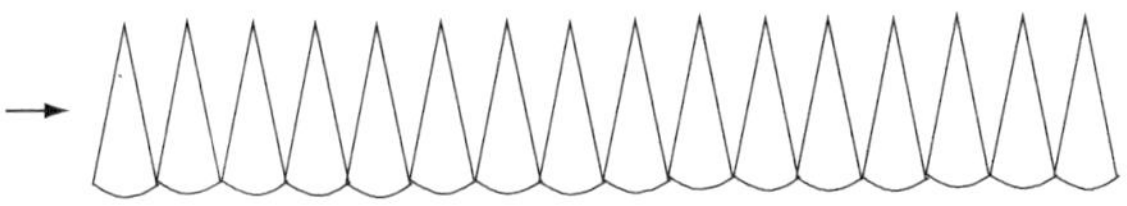

그림 (3)

◈ 앞에서와 같이 하여 얻은 그림 (3)에서의 삼각형 모양을 삼각형으로 보면, 그 밑변과 높이가 같으므로 원주가 밑변이고 반지름이 높이인 삼각형(그림 (4))의 넓이를 구하여 더하면 된다.

◈ 바로 앞에서와 같이하여 얻은 그림 (3)은 삼각형의 개수가 짝수이므로, 이것을 반으로 잘라 그 한쪽을 남은 반쪽에 거꾸로 끼워서(꼭지점이 아래를 보도록) 되는 평행사변형 모양(그림 (5))의 넓이를 구한다.

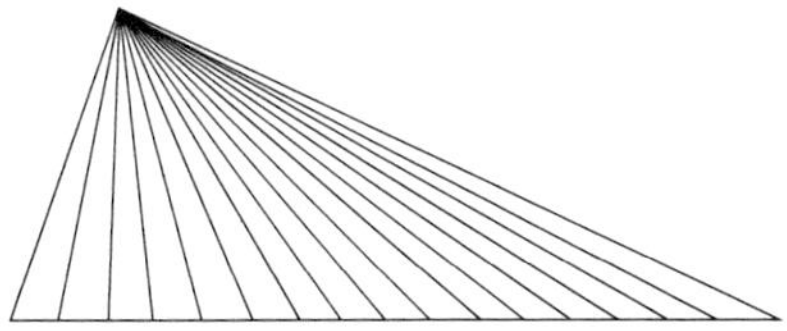

그림 (4)

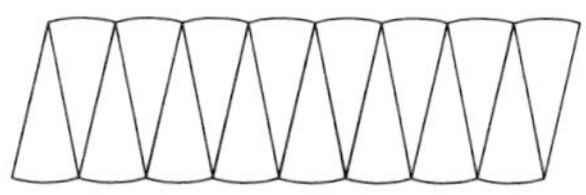

그림 (5)

◈ 원의 넓이란 원의 내부의 크기이므로, 원 안에 그림 (6)과 같이, 예컨대 털실 등으로 여러 개의 동심원을 채우고, 한 반지름에 따라 그림 (7)과 같이 잘라 펼쳐서 되는 원주가 밑변이고 반지름이 높이인 삼각형의 넓이가 원의 넓이다.

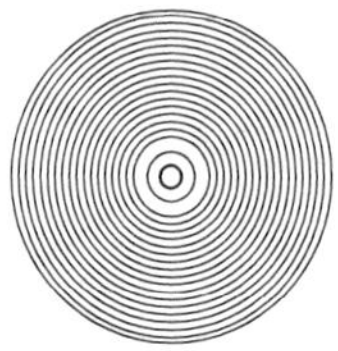

그림 (6)

그림 (7)

라는 등의 반응을 비교·검토하는 활동을 통하여,

- 원의 정확한 넓이는 구할 수 없지만 그 대강의 값을 구할 수 있는 방법이 여러 가지 있다.
- 원의 넓이를 구하는 그 여러 가지 방법 가운데서는

$$\text{원의 넓이}=(\text{반지름})^2\times 3.14(\text{원주율})$$

이라는 공통점이 있다.

는 것을 알아차리게(귀납, 일반화하게) 한다.

그리고 크기가 여러 가지인 원의 넓이를 구하는 활동을 통하여 원의 넓이를 구하는 방법을 일반화(공식화)함으로써, 이 방법이

(1) 크고 작은 원의 넓이를 구하는 데 사용된다.
(2) 넓이가 무엇에 의존하는가를 암시해 준다.
(3) 길이와 넓이 사이에 어떤 관계가 있는가를 암시해 준다.

라는 등 이 공식의 의의나 좋은 점을 느껴볼 수 있게 한다.

지도상의 유의점

(가) **원주율 3.14**

원주율은 '3.14159265…'이다. 그런데 원주율을 '3.1'이나 '3.142'로 보지 않고 '3.14'로 보는 것은, 예컨대 운동장 등에 육상 트랙을 그릴 때 트랙의 폭을 1m로 잡아서 계산해보면, 이웃하는 코스의 거리와의 차가 원주율을 '3.14'로 보고 계산하면 6.28m이고, '3.142'로 보고 계산하면 6.284m이므로 그 차는 4mm 밖에 나지 않기 때문이다.

그런데 원주율을 '3.1'로 보면 8cm의 오차가 생긴다. 그러므로 정밀한 값을 필요로 하는 경우나 곱셈의 계산의 숙달을 목표로 하는 경우의 학습에서는 원주율을 '3.14'로 보고 계산하게 하여야 하겠지만, 운동장에 트랙을 그릴 때와 같이 정밀한 값을 필요로 하지 않는 실제적인 상황에서는 원주율을 '3.1'로 보고 계산하게 하는 것이 옳은 것이다.

(나) **원의 등적변형**

원을 앞의 그림 (3)과 같이 잘라 펼치면 삼각형 모양의 밑변이 곧지 않아서 정확한 값은 구할 수 없지만, 어차피 원주율 자체가 정확한 값이 아니고 대강의 값(근사값)이므로, '원주÷(원을 등분한 수)'를 밑변으로 보고 반지름을 높이로 하는 삼각형의 넓이에 '원을 등분한 수'를 곱한 값을 원의 넓이로 보게 한다.

참고 위에 제시한 원 넓이 공식을 유도해내는 다양한 방법도 "규칙성과 문제 해결"이라는 영역에서의 "한 가지 문제를 여러 가지로 해결하기"에 해당한다.

주요 내용 69 — 직육면체의 부피

"부피의 비교·측정([주요 내용 58])"에서도 알 수 있듯이, 부피에 대한 직접비교, 간접비교의 임의단위에 의한 측정을 필요로 하는 일이 초등학교 수준에서는 거의 일어나지 않기 때문에, 부피의 비교·측정에 관한 경험이 거의 없다.

그래서 여기서는 대상의 부피를 임의단위로 측정할 때 나타나는 문제점([주요 내용 56] 넓이의 임의단위에 의한 측정비교·측정에서의 [지도상의 유의점] 참조)을 해소시키는 데는 한 변의 길이가 1cm인 정육면체를 단위부피로 정하는 것이 좋다는 것을 느껴볼 수 있게 하고, 직육면체의 부피와 그 가로, 세로, 높이 사이에서 볼 수 있는

$$(\text{직육면체의 넓이})=(\text{가로의 길이})\times(\text{세로의 길이})\times(\text{높이})$$

라는 관계를 알아내게 하여, 직육면체의 부피를 그 가로, 세로, 높이의 길이를 이용하는 계산으로 구할 수 있게 한다(간접측정).

그리고 직육면체의 부피 공식이 이용되는 문제를 해결하는 활동을 통하여, 이 공식의 의의나 좋은 점을 느껴볼 수 있게 한다.

전개의 개요

부피의 차를 눈으로 보고 판단할 수 있는 두 직육면체(A, B)를 제시하면서, 두 직육면체(A, B) 가운데서 어느 것의 부피가 얼마나 큰지를 알아보게 하고, 이때 나타나는

- A의 밑넓이가 B의 밑넓이보다 넓고, A의 높이도 B의 높이보다 높기 때문에 A의 부피가 B의 부피보다 크다는 것은 알겠는데, 얼마가 큰지는 모르겠다.
- (A, B를 맞붙여 삐져나온 부분을 가리키면서) A가 이것만큼 크다.
- 쌓기 나무로 주어진 직육면체의 크기와 같아지게 쌓아올리고, 쌓아올린 쌓기 나무의 개수를 세어보면 알 수 있다.
- 직육면체의 가로, 세로가 각각 쌓기 나무 몇 개의 길이에 해당하는가를 알아보고, 몇 개씩 몇 줄인 켜를 그 직육면체의 높이만큼 쌓아올려서 가로, 세로, 높이에 쌓아올린 쌓기 나무 개수를 곱하면 부피를 알 수 있다.
- 가로, 세로, 높이가 각각 A의 가로, 세로, 높이와 같고, 속이 빈 직육면체 모양 A′과 가로, 세로, 높이가 각각 B의 가로, 세로, 높이와 같으며, 속이 빈 직육면체 모양 B′의 내부에 크기가 같은 쌓기 나무를 채웠더니 A′에는 60개가 들어가고 B′에는 54개가 들어간다. 그러므로 A의 부피가 B의

부피보다 쌓기 나무 6개만큼 크다.

◈ 어느 것이 얼마가 큰지 모르겠다.

라는 등의 반응을 비교·검토하는 활동을 통하여,

- 쌓기 나무로 직육면체와 크기가 같아지게 쌓아올리는 데 소요되는 쌓기 나무의 개수를 세는 것은 번거롭다.
- 직육면체의 부피를 알아보는 데는 직육면체의 가로, 세로, 높이가 각각 쌓기 나무 몇 개에 해당하는가를 알아보고, 그 수를 곱하는 방법이 쌓기 나무를 쌓는 번거로움을 덜 수 있으며, 그 부피를 빨리 알아낼 수 있어서 좋다.
- 직육면체의 부피를 알아볼 때 이용한 쌓기 나무의 크기가 달라서, "A의 부피가 쌓기 나무 6개만큼 크다."라는 답만 보고서는(말만 듣고서는) A의 부피가 얼마나 큰지를 알 수 없다.

는 것을 알아차리게 하고, 직사각형의 넓이 공식을 알아낼 때와 같이,

- 부피를 알아볼 직육면체와 크기가 같아지도록 쌓기 나무로 쌓아올릴 경우에도 그 쌓기 나무의 크기를 길이나 넓이의 경우와 같이 한 모서리가 1cm인 정육면체인 것으로 정하면(약속하면), 쌓아올리지 않고도 직육면체의 각 모서리의 길이를 자로 재어보기만 하여서 부피를 구할 수가 있다.
- 부피를 알아볼 직육면체와 크기가 같고 속이 빈 직육면체에 채울 쌓기 나무를 길이나 넓이의 경우와 같이 한 모서리가 1cm인 정육면체인 것으로 정하면(약속하면), 채워보지 않고도 직육면체의 각 모서리를 자로 재어보기만 하여 부피를 구할 수가 있다.

는 것을 알아차리게(귀납, 유추, 연역할 수 있게) 한다.

그리고 부피를 구하려는 직육면체와 크기가 같은 속이 빈 직육면체 안에 한 모서리가 1cm인 정육면체 몇 개로 빈틈없이 채워지는가 또는 한 모서리가 1cm인 정육면체 몇 개로 부피를 알아보려는 직육면체와 크기가 같아지게 쌓아지는가를 알아보는 것을 "부피를 구한다(측정한다·알아본다)."라고 말한다는 것과 이 부피를 '$1cm^3$'라고 쓰고, '일 세제곱센티미터'라고 읽는다는 것을 가르쳐(말해)주며, 크기가 다른 여러 가지 직육면체의 부피를 구하는 활동을 통해서,

- 직육면체의 부피를 알아볼 경우(구할 때, 수화·측정할 때) 한 모서리가

1cm인 정육면체를 단위부피로 정하면, 단위부피를 일일이 깔아보지 않고 그 가로, 세로, 높이를 각각 자로 재어보기만 해도 그 직육면체에 몇 개씩 몇 줄의 켜가 몇 켜 깔아진다는 것을 알 수 있어서 편리하다.

• 직육면체의 부피와 그 가로, 세로 높이 사이에는

(직육면체의 부피)=(가로의 길이)×(세로의 길이)×(높이)

라는 관계가 있다(공식이 성립한다).

는 사실을 알아내게(유추, 연역, 귀납, 일반화할 수 있게) 하여, 직육면체의 부피를 그 크기에 구애됨이 없이 세 모서리의 길이를 나타내는 수의 계산(곱셈)으로 구할 수 있게 한다.

그리고 크기가 여러 가지인 직육면체의 부피를 구하는 활동을 통하여 이 공식을 이용하면(직육면체의 부피를 V, 세 모서리를 각각 a, b, c라 하겠다),

① V와 a, b, c 가운데의 2개로 남은 하나의 값을 구할 수 있다.

② 한 모서리가 a인 정육면체의 부피는 $a\times a\times a$로 구해진다.

③ a(또는 b나 c)가 2배, 3배, 4배, … 되면 V도 따라서 2배, 3배, 4배, … 된다. a, b, c가 동시에 2배, 3배, 4배, … 되면 V는 8배, 27배, 64배, … 된다.

④ 아래의 그림과 같은 부정형(직육면체의 한 부분이 직육면체 모양으로 파인 입체)의 부피도 구할 수 있다.

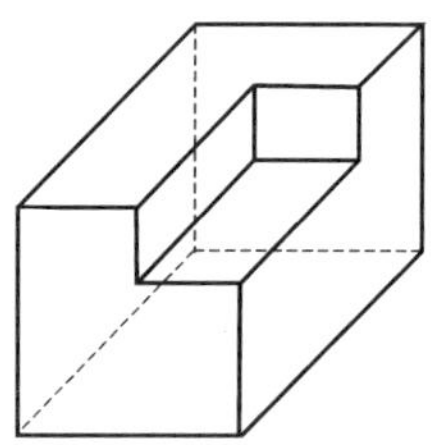

는 등 직육면체의 부피 공식이 활용되는 경우나 이 공식의 좋은 점을 느껴볼 수 있게 한다.

즉, 직육면체의 부피를 구하는 방법을 일반화(공식화)함으로써,

(1) 크고 작은 직육면체의 부피를 구하는 데 사용된다.

(2) 가로나 세로 또는 높이를 구하는 데 사용됨을 암시해 준다.

(3) 부피가 무엇에 의존하는가를 암시해 준다.

(4) 모서리와 부피 사이에 어떤 관계가 있는가를 암시해 준다.

는 등 이 공식의 의의나 좋은 점을 느껴볼 수 있게 한다.

지도상의 유의점

길이나 넓이의 경우와는 달리 부피를 비교·측정(직접비교, 간접비교, 임의단위에 의한 측정)을 필요로 하는 일이 초등학교 수준에서는 거의 일어나지 않기 때문에, 부피의 비교는 물론 부피의 측정(임의단위에 의한 측정)에 관한 학습 경험이 아동들에게는 거의 없다.

그러므로, 부피의 공식을 도출하는 이 단계에서 부피의 임의단위에 의한 측정 활동을 시키는 것이 '표준단위를 제정할 필요성'이나 '조작적·체험적 활동의 중시' 또는 '자기 주도적 학습 능력의 육성·정착'이라는 관면에서 볼 때 바람직하다.

주요 내용 70 — 각기둥의 부피

각기둥에는 직육면체에서 볼 수 있는 가로나 세로가 없기 때문에, 각기둥의 부피를 직육면체의 부피를 구할 때와 같이 가로의 길이와 세로의 길이와 높이를 곱하는 방법으로는 구하지 못한다는 것을 느껴볼 수 있게 하고, 직육면체의 부피 공식을 생각해내었던 방법을 되새겨보게 하여, 높이가 1cm인 각기둥의 부피는 밑면의 모양이 어떤 모양이라도 다각형의 넓이를 구할 때와 같은 방법으로 구해진다는 것과, 따라서 각기둥의 부피는 이 '밑면의 넓이(밑넓이)'에 '높이'를 곱해주면 얻어진다는 것을 알아차리게(연역하게) 하여,

$$(\text{각기둥의 부피})=(\text{밑넓이})\times(\text{높이})$$

라는 각기둥의 부피를 구하는 방법(공식)을 정립(일반화)할 수 있게 한다.

전개의 개요

여러 가지 모양의 각기둥을 나누어주면서 그와 같은 입체(각기둥)의 부피를 구할 방법을 알아보게 하고, 이때 나타나는

- 직사각기둥의 부피는 직육면체의 경우와 같이 그 가로, 세로, 높이를 측정하면 얻어진다.
- 밑면의 모양이 직사각형 모양이 아닌 각기둥은 직육면체에서 볼 수 있는 가로나 세로가 없기 때문에 직육면체의 부피 공식을 적용할 수 없어서, 그 부피는 구하지 못하겠다.
- 밑면의 모양이 직사각형 모양이 아닌 각기둥의 경우도 그 높이가 2배, 3배, …로 늘어나면 부피도 따라서 2배, 3배, …로 늘어나기 때문에, '밑면의 넓이(밑넓이)'를 다각형의 넓이를 구할 때와 같은 방법으로 구하여 이것을 '높이'배 하면 구하려는 각기둥의 부피가 얻어진다.

라는 등의 반응을 비교·검토하는 활동을 통하여,

- 높이를 1cm 단위로 자른 하나(높이가 1cm인 각기둥)의 부피는 이것을 다각형의 넓이를 구하는 경우와 같이 몇 개의 삼각기둥으로 분할하면 삼각형의 넓이 공식을 써서 구할 수 있으며, 따라서 각기둥의 부피는 그 밑넓이에 그 높이를 곱해주면 얻어진다.

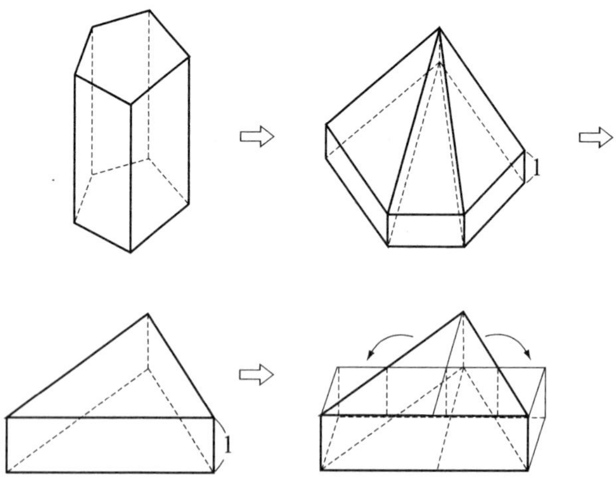

는 것을 알아차리게(연역하게) 하고, 이것을

- (각기둥의 부피)=(밑넓이)×(높이)

라고 형식화(공식화, 일반화)하게 한다.

그리고 직육면체의 부피를 구하는 방법(공식)과 각기둥의 부피를 구하는 방법(공식)을 비교·검토하는 등의 활동을 통하여,

- 직육면체는 각기둥의 특수한 경우이다.

라는 것을 느껴볼 수 있게 하고, 직육면체의 부피 공식과 각기둥의 부피 공식을 통합적(직육면체의 부피 공식을 각기둥의 부피 공식에 포함시키는 포괄적 통합)으로 볼 수 있게 한다.

지도상의 유의점

도형영역의 학습을 통하여 각기둥의 의미에는 밑면의 모양에 관한 아무런 제한이 없다는 것, 그리고 입체를 '밑면'과 그 '높이'라는 관점에서 볼 경우에는 '직육면체'라고 하지 않고 '사각기둥'이라고 하며, '가로'와 '세로'와 '높이'라는 관점에서 볼 경우에는 '직육면체'라고 한다는 것을 가르쳐줄 필요가 있다(이어서 알아볼 '원기둥'에서도 마찬가지다).

주요 내용 71 — 원기둥의 부피

앞의 각기둥의 경우([주요 내용 70])와 같이, 원기둥을 높이가 1cm인 원기둥이 쌓인 모양으로 볼 수 있게 하여 원기둥의 부피를 구하는 방법(공식)을

(원기둥의 부피)=(밑넓이)×(높이)

와 같이 형식화(일반화)할 수 있게 한다.

그리고 각기둥이나 원기둥의 부피를 구하는 방법(공식)이 같다는 점에 주목하여, 각기둥이나 원기둥의 부피를 구하는 방법(공식)을 기둥의 부피를 구하는 방법

(공식)으로 통합하게 한다.

전개의 개요

각기둥의 부피를 구하는 경우와 같이 원기둥의 부피를 구하는 방법을 나름대로의 방법(생각)으로 알아보게 하고, 이때 나타나는 반응을 비교·검토하는 활동을 통하여,

- 높이를 1cm 단위로 자른 하나(높이가 1cm인 원기둥)의 부피는 원의 넓이 공식을 써서 구할 수 있으며, 따라서 원기둥의 부피는 그 밑넓이에 높이를 곱해주면 얻어진다.

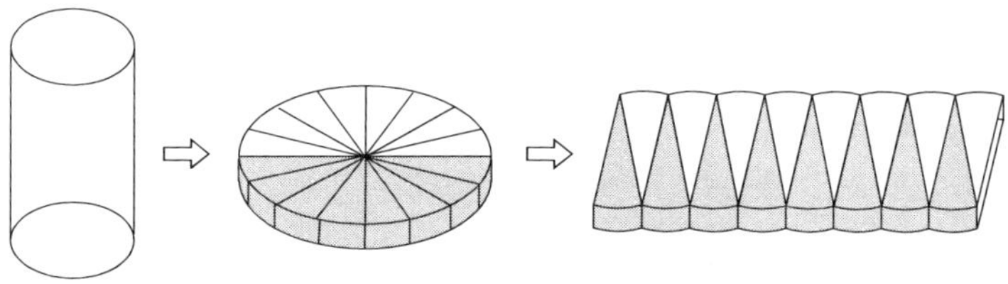

는 것을 알아차리게(유추, 연역하게) 하고, 이것을

- (원기둥의 부피)=(밑넓이)×(높이)

라고 형식화(공식화, 일반화)하게 한다.

지도상의 유의점

원기둥의 부피에 대해서도, 원기둥의 개념(도형영역)의 지도에서와 같이, 각기둥의 부피와 함께 다룰 수도 있으며, 함께 다루는 것이, 지식의 종합화(통합화)라는 관점에서 볼 때, 즉, 이산적인 지식의 전수를 피할 수 있다는 점에서 볼 때, 바람직한 방법이라 할 수 있다.

주요 내용 72 — 속도의 비교·측정

일상적으로 말하는 "빠르다.", "느리다."라는 말의 뜻은 경험을 통해 알고 있다. 그런데 빠른 정도를 의미하는 '속도'에 대해서는 일정한 시간 동안 나아가는 거리를 측정하기도 어렵거니와 같은 속도로 일정한 시간 동안 나아가는 일이 일상적으로는 거의 일어나지 않기 때문에, 일상적인 차원에서는 간접비교나 임의단위에 의한 측정을 하게 되는 일이 거의 일어나지 않으며, 표준단위에 의한 측정을 하게 되는 일도 실제로는 거의 하지 않는다.

그래서 초등학교 수준에서는

- 어느 쪽이 빠른가(느린가)를 직접비교의 방법으로 알아볼 수 있게 하고,
- 일정 시간에(거리를) 달린 거리(소요시간)를 구할 수 있게 하여, 어느 쪽이 빠른가(느린가)를 간접측정의 방법으로 판단할 수 있게 한다.

그리고 빠르기(속도)를 알아보는 방법을

- (속도)=(나아간 거리)÷(소요시간)

이라고 형식화(일반화)할 수 있게 하여 속도를 수화함으로써,

- 속도가 어느 정도인가, 어느 쪽이 얼마나 빠른가(느린가)도 알 수 있다.
- 여러 가지의 속도를 동시에 비교할 수 있다.

는 등 속도를 '수화한다는 것의 좋은 점'을 느껴볼 수 있게 한다.

가. 직접비교

전개의 개요

일상적으로 말하는 "빠르다.", "느리다."는 말의 뜻을 화제로 삼아, 예를 들면

① 100m의 경주에서 누가 빠른가(느린가)를 알아보는 방법
② 자전거의 도로 경주에서 누가 빠른가(느린가)를 알아보는 방법
③ 새마을호와 무궁화호 중에서는 어느 것이 빠른가(느린가)를 알아보는 방법

등을 논의하게 하고, 이때 나타나는 반응을 비교·검토하는 활동을 통하여,

- ①이나 ② 경우는 같은 지점에서 동시에 출발시켜 어느 쪽이 목적지에 먼저 도착하는가를 보면 된다.
- ③의 경우는 같은 지점에서 동시에 출발시킬 수도 없고 어느 쪽이 목적지에 먼저 도착하는지도 알아볼 수 없다.

는 것을 알아차리게 한다.

나. 간접측정

전개의 개요

위의 직접비교의 경험을 바탕으로, 예컨대 방향과 거리가 다른 두 철길을 속도가 다른 모형 기차로 실연해 보이거나(달리는 장면을 보여주거나) 하면서, "어느 쪽이 빠른가를 알아보려면 무엇을 알아야 할까?"라는 발문을 하여, 이때 나타나는

- ◈ 같은 방향으로 놓인 철길을 동시에 출발시키고 어느 쪽이 목적지에 먼저 도달하는가를 본다.
- ◈ 철길의 거리와 그 소요시간을 알아본다.
- ◈ 달린 거리를 알아본다.
- ◈ 달린 시간을 알아본다.
- ◈ 철길의 굴곡이나 지면의 고저에 따라 (그때그때의) 소요시간이 달라진다.

라는 등의 반응을 비교·검토하는 활동을 통해서,

- 일정한 거리를 달리는 데 소요되는 시간을 측정하기란 쉽지 않다.
- 일정한 시간 동안에 달린 거리를 측정하기란 쉽지 않다.
- 지형에 따라 (그때그때의) 소요시간이 달라진다.

는 사실을 느껴볼 수 있게 하며, 어느 쪽이 빠른가 하는 것을 알아보려면,

- 달린 거리를 그 소요시간으로 나눈 일정 시간당의 거리를 구해야 한다.
- 달리는 데 소요된 시간을 그 거리로 나눈 일정 거리당의 시간을 구해야 한다.

는 등의 방법(간접측정)을 알아차리게 하고, 속도를 구하는(수화하는) 방법을

- (속도)=(나아간 거리)÷(소요시간)

과 같이 형식화(일반화)할 수 있게 한다. 또 속도를 수화함으로써,

- 속도가 어느 정도인가, 어느 쪽이 얼마나 빠른가(느린가)도 알 수 있다.
- 여러 가지의 속도를 동시에 비교할 수 있다.

는 등 속도를 '수화한다는 것의 좋은 점'을 느껴볼 수 있게 하고, 속도를 구하는 (수화하는) 방법을 일반화(공식화)함으로써,

(1) 여러 가지의 속도를 구하는 데 사용된다.
(2) 일정한 거리를 나아가는 데 걸리는 시간이나 일정한 시간에 나아가는 거리를 구하는 데 사용됨을 암시해 준다.
(3) 속도는 무엇에 의존하는가를 암시해 준다.
(4) 나아가는 거리와 그 시간 사이에 어떤 관계가 있는가를 암시해 준다.

라는 등 속도를 구하는(수화하는) 방법을 일반화(공식화)한다는 것의 의의나 좋은 점을 느껴볼 수 있게 한다.

참고 '인구 밀도', '소금물의 농도', '타율', '혼합률', '단가' 등 두 가지의 양의 비율로 나타나는 양을 가리키는 용어가 많이 있는데, 이런 양을 통틀어서 '단위량당의 크기'라고 하며, 이런 양을 가리키는 용어 가운데서 '속도'나 '밀도'와 같이 '도'라는 말이 붙는 용어는 종류가 서로 다른 두 양의 비율로 나타나는 양을 의미하고, 야구 경기에서의 안타를 치는 '타율'이나 입사 시험 등에서의 '경쟁률'과 같이 '율(률)'이라는 말이 붙는 용어는 종류가 같은 두 양의 비율로 나타나는 양을 의미한다.

주요 내용 73 — 단위량당의 크기

두 가지 양의 비율로 나타나는 양 중에서 앞에서 언급한([주요 내용 67]) 속도를 제외한, 예컨대

① 출퇴근 시간에 전철을 이용하는 것이 편하게 출퇴근을 할 수 있는가, 버스를 이용하는 것이 편하게 출퇴근을 할 수 있는가?
② 전교생이 운동장에서 뛰놀 수 있으려면 운동장이 얼마나 넓어야 할까?
③ A동(마을)과 B동(마을) 가운데 어느 동(마을)의 인구가 조밀한가?
④ 두 공장에서 생산되는 상품 가운데서 어느 공장의 상품이 우수한가?
⑤ 두 군데의 과일가게 중에서 어느 가게가 싸게 파는가?

와 같은 양의 비교방법이나 표현방법을 이해하게 하고, 활용할 수 있게 한다.

전개의 개요

예를 들면, "우리학교 운동장은 우리학교 전교생이 마음껏 뛰놀기에 충분한가?"의 여부에 대한 각자의 견해를 물어보고, 이때 나타나는

◈ 전교생이 나와서 뛰놀기에는 좀 작다.
◈ 전교생이 넉넉하게 뛰놀 수 있다.
◈ 판단이 서지 않는다.

라는 등의 반응을 바탕으로, 먼저

- "전교생이 뛰놀기에는 좀 작다."거나 "전교생이 마음껏 뛰놀 수 있다."는 등의 표현으로는 그 정도가 정확하게 나타나지 않는다.

는 것을 느껴볼 수 있게 하고,

	아동 수	운동장 넓이
A학교	420명	$3000m^2$
B학교	540명	$4500m^2$

와 같은 표를 제시한다거나 하여 "어느 학교 운동장이 그 학교 전교생이 나와서 뛰놀기에 어떠하다고 생각되는가?"를 알아보게 하고, 이때 나타나는 반응을 바탕으로 좀더 확실하게 말할 수 있는 방법을 알아보게 하여, 이때 나타나는

◈ 각 학교의 아동 수를 운동장의 넓이로 나눈 몫으로 나타내면 확실하게 말

할 수 있다.

◈ 각 학교의 운동장의 넓이를 아동 수로 나눈 몫을 구해보면 확실하게 말할 수 있다.

◈ 각 학교의 아동 수와 운동장의 넓이의 비율을 구해보면 확실하게 말할 수 있다.

◈ 두 학교의 아동 수를 같아지게 손질했을 때의 운동장의 넓이를 구해보면 확실하게 말할 수 있다.

◈ 두 학교의 운동장의 넓이를 같아지게 손질했을 때의 아동 수를 구해보면 확실하게 말할 수 있다.

◈ 두 학교의 아동 수와 운동장의 넓이의 차를 구해보면 확실하게 말할 수 있다.

◈ A학교 : 420÷3000=0.14　　　B학교 : 540÷4500=0.12

A학교의 $1m^2$당의 사람 수가 많으므로 B학교 아동이 조금은 더 마음껏 뛰놀 수 있다.

◈ A학교 : 3000÷420≒7.1　　　B학교 : 4500÷540≒8.3

즉, A학교 아동 1명이 차지하게 되는 운동장의 넓이가 B학교의 경우에 비하여 작으므로 B학교 아동이 조금은 더 마음껏 뛰놀 수 있다.

◈ A학교 ⇨ 3000 : 420=50 : 7　　B학교 ⇨ 4500 : 540=50 : 6

그러므로, B학교 아동이 조금은 더 마음껏 뛰놀 수 있다.

◈ A학교 ⇨ 420 : 3000=7 : 50　　B학교 ⇨ 540 : 45000=6 : 50

그러므로, B학교 아동이 조금은 더 마음껏 뛰놀 수 있다.

◈ A학교 : 420×9=3780 ⇒ 3000×9=27000

B학교 : 540×7=3780 ⇒ 4500×7=31500

아동 수가 같다고 보면 B학교 운동장의 넓이가 넓으므로 B학교 아동이 조금은 더 마음껏 뛰놀 수 있다.

◈ A학교 : 3000×3=9000 ⇒ 420×3=1260

B학교 : 4500×2=9000 ⇒ 540×2=1080

운동장의 넓이가 같다고 보면 B학교 아동 수가 적으므로 B학교 아동이 조금은 더 마음껏 뛰놀 수 있다.

◈ A학교 : 3000−420=2580　　　B학교 : 4500−540=3960

아동 1명에게 운동장 $1m^2$씩을 배정하고 남은 운동장의 넓이가 B학교 쪽이 넓으므로 B학교 아동이 조금은 더 마음껏 뛰놀 수 있다.

라는 등의 반응을 비교·검토하는 활동을 통하여,

• 전교생이 운동장에서 마음껏 뛰놀 수 있는 정도를 알아볼 수 있는 방법이 여러 가지 있다.
• 전교생이 뛰놀 수 있는 정도를 나타내는 방법에 따라 그 정도를 나타낸 숫자가 달라지기 때문에, 그 정도를 나타낸 숫자만 보고서는 그 정도를 짐작할 수 없다.

는 것을 알아차리게 하고, 이와 같은 이유로 해서 그와 같은 정도를 나타낼 때는 "사람 수를 이에 대응되는 넓이로 나누는 방법을 사용하기로 약속하여 옛날부터 이 방법으로 그와 같은 정도를 나타내어 왔다."는 것을 가르쳐(말해)준다.

그리고 이 밖에 이와 유사한, 예컨대

① A시와 B시의 인구의 조밀한 정도가 어떠한가?
② 바닷물은 어디서나 그 짠 정도가 같은가?
③ 동일한 물건을 만드는 A회사의 기계와 B회사의 물건의 우수성이 어떠한가?
④ 야구 경기에서 대타자로 내보낼 두 야구 선수의 안타를 칠 가능성은 어떠한가?
⑤ 월드컵 복권과 주택 복권의 당첨 가능성은 어떠한가?
⑥ A회사의 입사 가능성과 B회사의 입사 가능성은 어떠한가?
⑦ 출퇴근시간에 전철을 이용하는 것이 편하게 출퇴근을 할 수 있는가, 버스를 이용하는 것이 편하게 출퇴근을 할 수 있는가?
⑧ 두 군데의 과일가게 중에서 어느 가게가 싸게 파는가?

등의 소재로도 위에서와 같은 학습 활동을 시켜 지금까지 알아본 길이, 넓이, 들이, 무게, 부피 등과는 다른

• 두 양(외연량)의 비율로 나타나는 양(내포량)이 존재한다.

는 것을 알아차릴 수 있게 하고, 이와 같이 두 양(외연량)의 비율로 나타나는 양을

비교하거나 나타낼 때는

- 두 양(외연량) 중의 한 양의 단위량당의 크기나 두 양(외연량)의 비율을 이용하면 된다.

는 것을 알아차리게(일반화하게) 하며, 두 양(외연량)의 비율로 나타나는 양(내포량)에 대한 이해가 심화되게 한다.

참고 위에 제시한 **단위량당의 수량(크기)을 구하는 다양한 방법도** "규칙성과 문제 해결"이라는 영역에서의 **"한 가지 문제를 여러 가지로 해결하기"**에 해당한다.

주요 내용 74 — 어림재기(概測)

양의 크기를 알아보려는 대상이 복잡다단하여 그대로로는 수학적인 처리(공식의 적용이나 계기의 이용)가 어려울 때, 그 고찰 대상을 수학적인 처리가 가능하도록 손질(이상화, 단순화)하여 고찰 대상의 크기를 알아볼 수 있게 한다.

한편, 수학화한 문제의 수치를 단순화하여 그 해결 방안을 구상하게 하거나 해결 결과를 확인할 수 있게 하며, (근사치일 수밖에 없는) 측정치의 평균을 취하여 그 측정치의 오차를 최소화할 수 있게 하거나 어림재기(概測)의 좋은 점을 느껴볼 수 있게 하고, 목적에 부합되는 수학적인 처리를 할 수 있게 한다.

전개의 개요

아래의 그림과 같이 생긴 꽃밭의 넓이를 알아보게 하고, 이때 나타나는 반응을 비교·검토하는 활동을 통하여,

- 그 꽃밭의 넓이는 대강 이와 같은(그림에 덧그린) 사다리꼴의 넓이로 보면 되겠다(어림재기).

는 판단을 내릴 수 있게 한다.

그리고 예컨대 다음에 갈 소풍에 관한 논의를 하게 하거나 하고, 이때 나타나는 반응을 비교·검토하는 활동을 통하여, 차의 속도나 걷는 속도 등을 고려하여

- 차를 타게 되는 시간은 몇 시간, 걷게 되는 거리(또는 시간)는 얼마로, 휴게 시간은 몇 분씩 몇 차례를 잡으면 되겠다(어림재기).

는 등의 판단을 내릴 수 있게 한다.

또, 1회나 2회의 측정으로는 정확한 측정치를 얻을 수 없는, 예컨대 "앞으로 매일 5km씩 조깅을 하려고 한다. 집에서 출발하여 얼마 동안(어디까지) 달려야 할까?"라는 문제를 해결하게 하고, 이때 나타나는 반응을 비교·검토하는 활동을 통하여,

- 200m의 트랙을 한 바퀴 도는 데 소요되는 시간을 실제로 여러 번 측정하여 그 측정치의 평균을 구하고, 그 평균치에 '5km÷200m'의 값을 곱해주면 된다.
- 200m의 트랙을 완주하는 데 걷게 되는 걸음 수를 실제로 여러 번 측정하여 그 측정치의 평균을 구하고, 그 평균치에 '5km÷200m'의 값을 곱해주면 된다.

는 것을 알아차리게 하고,

① 몇 분 동안 뛰면 5km를 달리게 된다(어림재기).
② 몇 걸음을 걸어가면 5km를 걷게 된다(어림재기).

는 등의 판단을 내릴 수 있게 한다.

지도상의 유의점

평균은 어림재기(槪測)의 일환으로 이용된다는 점을 중시하여야 하며, 이와 같은 생각의 바탕 위에서 평균의 의미나 평균을 구하는 방법을 알아보게 하지 않으면 형식적인 학습이 되어버리기 십상이다.

이 점에 대해서는 [주요 내용 75]에서 언급키로 한다.

주요 내용 75 — 양감

양감이란 길이, 넓이, 들이, 부피, 무게, 시간 등의 각각에 대해,

① 특정의 크기를 직관적으로 파악한다.
② 목적에 맞게 직관적으로 적절한 계기나 최소 단위를 선정한다.
③ 측정치를 필요에 따라 적절한 어림수로 손질하거나 하여 적절한 표현 방법을 생각해낸다.
④ 양의 크기를 나타낸 것을 보거나 양의 크기를 구했을 때, 이것을 현실에 비추어 보고 그 값의 타당성을 직관적으로 판단한다.
⑤ 목적에 맞게 직관적으로 어떤 양을 취급하는 것이 좋은가를 생각해낸다.

는 등의 능력이 조화롭게 융합된 결정체라 할 수 있다.

그러므로, 길이, 넓이, 들이, 부피, 무게, 시간 등에 관한 비교·측정의 활동을 통하여 위에서 열거한 ①~⑤의 각각에 대한 능력이 형성·정착되게 하여야 한다.

다음에, '길이'의 경우를 보기로 위의 ①~⑤의 의미를 살펴보기로 한다.

① 특정의 크기를 직관적으로 파악한다

1cm, 10cm, 1mm, 1m의 대강의 길이를 파악하고 있고, 이것을 다른 것의 길이를 직관적으로 파악할 때 이용할 수 있다는 뜻이다.

한편, 1km의 대강의 크기는 감각적으로 파악하기 어려우며, 대체로, 예를 들면 '집에서 학교까지의 거리'라는 모양으로 파악하는 것이 보통이다.

그런데 길이가 얼마라는 말이나 기록을 보면 그 대강의 길이를 떠올린다거나, 여러 가지 물건을 보고 그 대강의 길이를 아는 것도 물론 길이의 양감의 일부이기는 하지만, 이것을 지나치게 강조하게 되면 기능화가 되어버려 종국에는 양감과는 무관한 것으로 변해버린다.

② 목적에 맞게 직관적으로 적절한 계기나 최소 단위를 선정한다

예컨대, 교실의 가로나 세로의 길이를 측정하는 데는 10m 내외의 줄자를 사용하는 것이 적절하다고 보는 능력을 뜻한다. 또는 두 교실의 크기를 비교하거나 교실에 책상이 몇 개 정도 들어가는가를 알아볼 때, 필요한 곳의 길이를 10cm 정도

까지의 측정만 하면 된다고 보는, 즉 측정의 최소 단위를 직관적으로 생각해낸다는 뜻이다.

③ 측정치를 필요에 따라 적절한 어림수로 손질하거나 하여 적절한 표현 방법을 생각해낸다.

예컨대, 교실의 가로의 길이가 "8m53cm6mm이다."라는 말이나 이런 기록을 접했을 때, mm까지 재는 것은 부자연스럽다는 판단을 직관적으로 내린다는 뜻이다.

④ 양의 크기를 나타낸 것을 보거나 양의 크기를 구했을 때, 이것을 현실에 비추어보고 그 값의 타당성을 직관적으로 판단한다

예를 들면, "교실의 가로의 길이가 80m53cm이다."라는 말이나 기록을 접했을 때, 이것은 이상하다, 80m까지 나갈 리가 없다는 판단을 직관적으로 내린다는 뜻이다.

⑤ 목적에 맞게 직관적으로 어떤 양을 취급하는 것이 좋은가를 생각해낸다

예컨대, 공부방에 들여놓을 책상을 사러갈 때, 책상 면의 넓이를 잴 것인가, 책상만한 직육면체의 부피를 잴 것인가, 책상의 가로를 잴 것인가, 그 세로를 잴 것인가, 높이를 잴 것인가, 책상의 가로와 세로를 잴 것인가, 책상의 가로만 측정하면 되는가라는 등의 판단을 직관적으로 내리는 것과 같이, 어떤 문제에 접했을 때, 이것을 해결하기 위해서는 어떤 것의 양을 이용하는 것이 좋은가를 직관적으로 생각해내는 것을 뜻한다.

넓이, 들이, 부피, 무게, 시간 등에 대한 설명은 길이의 경우에서 유추할 것으로 보고 생략한다.

제5장

확률과 통계에 관련되는 내용

일상적인 문제를 해결하기 위해

① 문제가 통계적으로 해결하기에 적절한가의 여부를 판단한다. 자료를 수집한다. 수집한 자료를 열거하는 대신에 그 도수를 기록한다.
② 목적에 맞은 적절한 자료를 수집한다.
③ 자료를 목적에 맞은 적절한 관점에서 분류·정리한다.
④ 자료를 정확하게 해석한다.
⑤ 자료에서 타당한 추측을 한다.

라는 일련의 과정을 학년이 높아감에 따라 점진적으로 이해하게 하여, 유용한 정보를 얻는 데 효과적인 도구가 통계적 방법임을 알아차리게 하고, 실생활의 문제를 통계적인 방법으로 해결할 수 있게 한다.

그런데 수학과의 교육과정에서는 위의 각 단계의 내용을 여러 가지 사정상 각 학년에 분산·배당해 놓았다.

학년이 하나씩 높아질 때마다 담임교사가 바뀌고, 각 단계의 내용이 각 학년에 분산·배당되어서인지는 몰라도, 각 학년에서 다루는 각 단계의 내용이 아동들의 눈에는 하나로 이어진 것이라고 비쳐지지 않는 것 같이 보인다. 이래서는 소기의 목적이 달성되지 않는다.

그러므로, 각 학년에서 어느 한 단계의 내용을 다룰 때, 앞 학년에서 활동한 것을 인용하는 지도(수업의 전개방안)를 구상하도록 하여야 한다.

주요 내용 76 — 자료의 수집

예컨대, 매주 월요일에서 토요일까지 신문과 함께 배달되는 광고에 대하여 논의하게 하고, 여기서 나타나는 반응(제시되는 의견)을 비교·검토하는 활동을 통해서,

(1) 자료(광고)를 수집할 시기, 장소, 시간
(2) 수집할 자료(광고)의 종류
(3) 자료(광고)의 수집 방법
(4) 자료(광고)의 항목

부터 먼저 결정하고, 조사하는 목적에 비추어서 알맞은 자료를 수집할 수 있게 한다.

전개의 개요

신문을 "각자의 집에서 받아보는가?", "매일 배달되는가?"라는 말을 건네고(대부분이 받아본다고 답할 것이다), 이어서 "신문만 매일 배달되는가?"라고 물어서 나타나는 반응(여러 가지 광고도 함께 배달된다고 답할 것이다)을 바탕으로, "월요일에서 토요일까지 배달되는 광고에 대해서 조사해보자."라는 과제를 결정한 다음에,

(1) 언제부터 언제까지의 광고를 조사할 것인가?
(2) 배달되는 광고를 모두 조사대상으로 삼을 것인가?
(3) 광고를 어떤 종류로 구분할 것인가?
(4) 종류별로 구분한 광고의 명칭을 어떻게 붙일 것인가?(항목의 설정)

에 관한 논의를 시키고, 이때 나타나는 반응을 바탕으로 필요한 자료(광고)를 수집하게 하며, 수집한 자료(광고)를 남이 알아보기 쉽게 정리하게 한다.

지도상의 유의점

수학과 교육과정에서는 '경우의 수'를 '확률'이라는 단원에서 다루도록 되어 있다. 하지만 자료를 수집하고, 수집한 자료를 한 가지 기준으로 분류·정리할 수 있기 위해서는 나타날 수 있는 경우를 중복이나 누락됨이 없이 조사·정리할 수 있어야 하기 때문에, 자료를 수집하는 단계나 수집한 자료를 분류·정리하는 단계에서도, 이것을 다룰 학년이나 문제에 따라서는 '경우의 수'를 다루는 것이 바람직하다.

그러나 '경우의 수'를 '확률'이라는 단원에서 다루도록 되어 있기 때문에, '경우의 수'에 대해서는 '확률'이라는 단원으로 밀고, 여기서는 언급을 생략한다.

주요 내용 77 — 자료의 정리 (1) 표

학급 아동들이 조사해보고 싶은 사상에 관해서 수집한 통계자료의 정리는, 학년이 높아감에 따라

(1) 사항을 열거하는 대신에 도수만을 기록하는 표로 정리할 수 있게
(2) 자료를 몇 개의 항목으로 분류하여 표로 정리할 수 있게
(3) 항목의 수가 많을 경우는 유사한 항목을 묶어서 새로운 항목을 설정하고, 이 새로운 항목에 따라서 표로 정리할 수 있게, 그리고 몇몇 항목의 도수가 작은 경우는 이것을 하나로 묶어서 기타라는 항목을 설정하여 표로 정리할 수 있게
(4) 표의 항목을 정한 다음에 자료를 검토하여 표로 정리할 수 있게
(5) 조사·수집한 자료의 변량이 연속량인 경우는 도수분포표로 정리할 수 있게

한다.

※ 여기서는 지면의 사정에 의하여 위의 (3)의 단계에 대한 [전개의 개요]만을 제시하고, 다른 것의 [전개의 개요]는 각자가 유추할 수 있을 것으로 보고 생략한다.

전개의 개요

"각자의 집에서 신문을 받아보는가?", "매일 배달되는가?", "신문만 매일 배달되는가?"라는 말을 건네면서,

"신문과 함께 배달되는 광고에는 어떤 종류의 것이 얼마나 자주 배달되는가를 조사해보자."

라는 조사 대상을 정한 다음에, "내일부터 한 주일 동안에 신문과 함께 배달되는 광고를 모아서, 다음 달(주)의 수학시간에 가져오도록 하자."라고 약속한다.

(약속 시간에) 각자가 가져온 광고는 어떤 광고인가라고 묻고, 이 물음에 대한

◈ 여러 가지다.

◈ 학원의 안내 광고, 새 아파트의 분양 광고 등 열 가지나 된다.

라는 등의 반응을 비교·검토하는 활동을 통해서,

- 각자가 수집해온 광고의 종류나 장수를 말로 듣기만 해서는 광고의 경향을 짐작하기 어렵다.
- 각자가 수집해온 광고를 분류·정리할 필요가 있다.

는 생각이 우러나게 하고, 이런 생각이 우러났다고 판단되었을 때 각자가 수집해온 광고를 표로 정리하게 하고, 각자가 정리하여 제시한

◈

광고의 종류	가	나	다	라	마	바	사	아	자	차	카	타	파	하
광고의 횟수	1	3	1	4	1	3	1	2	1	2	3	1	2	3

◈

광고의 종류	A	B	C	D	E	F	G	H	I	J	K	L
광고의 횟수	1	3	1	4	1	3	1	2	1	2	3	1

와 같은 표를 비교·검토하는 활동을 통해서,

- 항목의 수가 많을 경우는 유사한 항목을 묶어서 새로운 항목을 설정하고, 새로운 항목에 따라 표로 정리하는 것이 자료의 특징이 잘 나타난다.
- 항목의 도수가 작은 것은 하나로 묶어 기타라는 항목을 설정하여 표로 정리하는 것이 자료의 특징이 잘 나타난다.

는 것을 알아차리게 하고, 유사한 과제의 해결에서 수집한 자료를 목적에 알맞게 표로 분류·정리할 수 있게 한다.

참고 한 달 동안에 배달되는 광고를 수집하여 위와 같은 활동을 시키면 광고에 대한 '요일별 특색'도 알 수 있으며, 목적에 맞은 자료를 많이 수집하면, 예컨대 광고를 많이 수집하여 요일별 표로 정리하면 "금요일에는 학원이나 부동산 광고가 많다."는 등의 눈에 보이지 않는 다양한 정보를 얻을 수 있어서 통계적 처리의 필요성이나 좋은 점을 쉽게 느끼게 할 수가 있다.

주요 내용 78 — 자료의 정리 (2) 막대그래프

변량에 순서가 없는, 예컨대 '희망하는 장래의 직업'을 조사한 자료의 대체적인 경향을 한눈으로 알아볼 수 있게 나타내는 방법을 알아보게 하고, 이때 나타나는 반응을 바탕으로

- 도수를 막대의 길이로 나타내면 도수의 대소가 잘 나타난다.
- 변량을 도수의 크기 순서로 배열하여 나타내면 조사한 자료의 특징이 잘 나타난다.

라는 막대그래프로 나타낸다는 것의 '좋은 점'을 느껴볼 수 있게 하고, 도수를 막대의 길이로 나타낸 그래프를 '막대그래프'라고 한다는 것을 가르쳐주며, 필요에 따라 수집한 자료를 막대그래프로 나타내어 자료의 특징을 읽을 수 있게 한다.

전개의 개요

예컨대, 우리학교 아동 전원을 대상으로 '희망하는 장래의 직업(변량에 순서가 없는)'을 조사하게 하고, 이때 나타나는

◈ 야구선수가 되고 싶다.
◈ 교사가 되고 싶다.
◈ 대통령이 되고 싶다.

라는 등의 반응을 정리한

	교사	교수	의사	과학자	정치가	운동선수	군인	기타	합계
사람 수	44	32	25	26	18	20	15	20	200

와 같은 표를 제시하여, 이 자료의 대체적인 경향을 한눈으로 파악할 수 있도록 나타내어 보게 하고, 이때 나타나는

◈ 그림그래프로 나타내면 된다.

◈ 이 밖의 오류를 포함하는 여러 가지 견해

라는 등의 반응을 비교·검토하는 활동을 통해서, 수집한 자료를

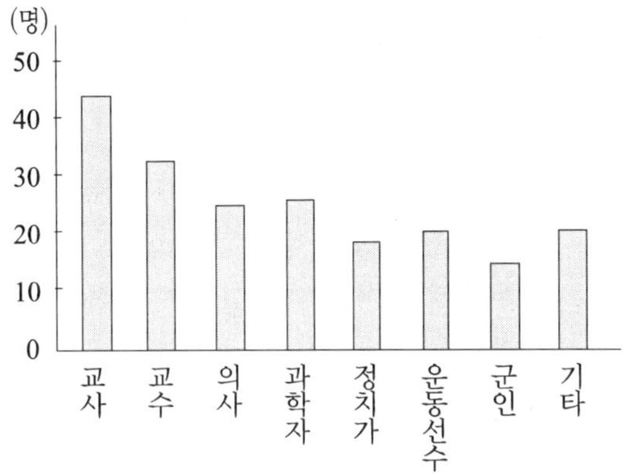

와 같이 나타내면

- 막대의 길이만 보면 도수의 대소를 알 수 있다.
- 변량을 도수의 크기 순서로 배열하여 나타내면 조사한 자료의 특징이 잘 나타난다.

는 사실을 느껴볼 수 있게 하고, 이와 같이 나타낸 그래프를 '막대그래프'라고 한다는 것을 가르쳐주며, 이와 같은 과제를 해결하는 활동을 통해서 막대그래프로 나타낸다는 것의 '좋은 점'을 느껴볼 수 있게 하여, 필요에 따라 수집한 자료를 막대그래프로 나타내어 자료의 특징을 읽을 수 있게 한다.

지도상의 유의점

막대그래프로 나타내는 것은 도수의 대소 비교를 쉽게 파악할 수 있게 하는 데에 목적이 있기 때문에, 그 가로축에는 항목을 그 도수의 대소의 순서로 배열하는 것이 좋다.

주요 내용 79 ― 자료의 정리 (3) 꺾은선그래프

변량에 순서가 있는, 예컨대 '하루의 기온'을 조사한 자료의 대체적인 경향을 한눈으로 알아볼 수 있게 나타내는 방법을 알아보게 하고, 이때 나타나는 반응을 바탕으로

- 막대로 나타내었던 지금까지의 방법과는 달리 계속해서 흘러가는 시각은 가로축에, 각 시각의 기온은 세로축에 배열하고, (시각, 기온)이라는 좌표에 해당하는 점을 곧은 선으로 이어나가면, 도수가 변화해가는 모습이 잘 나타난다.
- 이웃하는 두 시각(변량) 사이의 선분의 기울어진 상태(오른쪽 위로 기울어졌는가, 왼쪽 아래로 기울어졌는가, 기울기가 심한가, 기울기가 완만한가)만 보면, 도수의 변화 상태(증가하는가, 감소하는가, 도수가 크게 변하는가, 도수가 거의 그대로인가)를 알 수 있다.

는 사실을 알아차릴 수 있게 하고, 이와 같이 계속해서 흘러가는 시각은 가로축에, 각 시각의 기온은 세로축에 배열하고, (시각, 기온)이라는 좌표에 해당하는 점을 곧은 선으로 이어서 된 그래프를 '꺾은선그래프'라고 한다는 것을 가르쳐주며, 이와 같은 과제를 해결하는 활동을 통해서 꺾은선그래프로 나타낸다는 것의 '좋은 점'을 느껴볼 수 있게 하여, 필요에 따라 수집한 자료를 꺾은선그래프로 나타내어 자료의 특징을 읽을 수 있게 한다.

전개의 개요

예컨대, 변량에 순서가 있는 '하루의 기온'을 조사하여 정리한

시각(시)	0	2	4	6	8	10	12	14	16	18	20	22
온도(도)	5	4	3	8	12	16	20	22	21	16	9	6

와 같은 표를 제시한 다음에, 예컨대 "기온이 가장 많이(적게) 올라가는(내려가는) 것은 몇 시부터 몇 시 사이인가?"라는 등의 발문을 하고, 이때 나타나는

◈ 8시부터 12시 사이가 많이 오른다(2시부터 4시 사이가 적게 오른다).

◈ 4시부터 6시 사이가 많이 오른다(14시부터 16시 사이가 적게 오른다).

라는 등의 반응을 실마리로 삼아 "어떻게 알아내었는가?"라는 발문을 하여, 이때 나타나는

◈ 이웃하는 두 수의 차가 큰 것(작은 것)을 찾아보았다.

◈ 이 밖의 생각(견해)

라는 등의 반응을 비교·검토하고, "이 표(자료)를 어떤 그래프로 나타내면 이웃하는 두 수의 차를 계산(암산)해보지 않고도 알아볼 수 있게 될까?"라는 등의 발문을 하고, 이때 나타나는

◈ 막대그래프로 나타내면 대체적인 경향이 잘 나타난다.

◈ 이 밖의 오류를 포함하는 여러 가지 견해

라는 등의 반응을 비교·검토하는 활동을 통해서

- 시각은 가로축에, 각 시각의 기온은 세로축에 배열하고, (시각, 기온)에 해당하는 점을 곧은 선으로 이어서

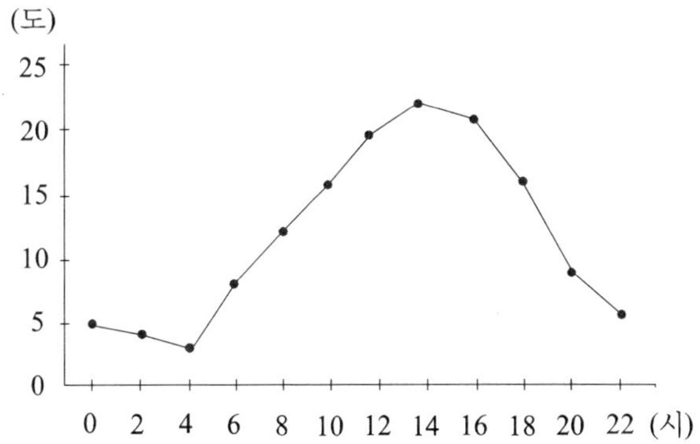

  와 같이 나타내면 도수가 변화하는 모습이 잘 나타난다.
- 이웃하는 두 시각(변량) 사이의 선분의 기울어진 상태(오른쪽 위로 기울어졌는가, 왼쪽 아래로 기울어졌는가, 기울기가 심한가, 기울기가 완만한가)만 보면 도수의 변화 상태(증가하는가, 감소하는가, 도수가 크게 변하는가, 도수가 거의 그대로인가)를 알 수 있다.

는 사실을 알아차릴 수 있게 하고, 이와 같이 계속해서 흘러가는 시각은 가로축에, 각 시각의 기온은 세로축에 배열하고, (시각, 기온)이라는 좌표에 해당하는 점을 곧은 선으로 이어서 된 그래프를 '꺾은선그래프'라고 한다는 것을 가르쳐주며, 이와 같은 과제를 해결하는 활동을 통해서 꺾은선그래프로 나타낸다는 것의 '좋은 점'을 느껴볼 수 있게 하여, 필요에 따라 수집한 자료를 꺾은선그래프로 나타내어 자료의 특징을 읽을 수 있게 한다.

지도상의 유의점

꺾은선그래프는 변량에 순서가 있는 자료의 경향을 알아볼 때 변량의 순서에 따라서 도수가 변해가는 모습을 알아볼 때 이용한다.

주요 내용 80 — 자료의 정리 (4) 줄기-잎 그림 그래프

7차 교육과정에 처음 도입된 줄기-잎 그림 그래프는 개정 교육과정에서도 여전히 나타나고 있다. 줄기-잎 그림(stem-and-leaf plot)이란 통계적 자료를 표 형태와 그래프 형태의 혼합된 방법으로 나타내는 것을 말한다. 만약 다음과 같이 어느 학급에서의 키에 대한 자료가 있다고 가정하자.

이름	철현	형수	가은	동희	리라	세은	보은	세정	남수	장희	매향
키(cm)	143	148	159	146	147	157	143	141	157	156	156

이름	용희	성범	진희	배은	기수	명규	하람	기성	석화	인철	나리
키(cm)	156	154	168	173	161	165	160	169	161	170	179

이 자료를 줄기-잎 그림 방법을 통해 다음과 같이 자료를 나타낼 수 있다.

줄기	잎
14	3 8 6 7 3 1
15	9 7 7 6 6 6 4
16	8 1 5 0 9 1
17	3 0 9

정렬 ⇒

줄기	잎	도수
14	1 3 3 6 7 8	6
15	4 6 6 6 7 7 9	7
16	0 1 1 5 8 9	6
17	0 3 9	3

이때 처음에는

- 십의 자리 이상의 수는 줄기로 나타낸다.
- 일의 자리 수는 잎으로 나타낸다.
- 표에 나타난 자료를 줄기-잎 그림에 차례로 적어간다.

라는 등의 반응을 비교·검토하는 활동을 통해서, 표에 나타난 자료 중에서 줄기는 자료들의 공통되는 부분을 모아놓게 되며 잎은 줄기 부분의 나머지 부분을 모아둔다. 도수는 한 줄기에 속하는 자료의 개수를 의미한다. 하지만 자료의 특성을 제대로 파악하려면

- 잎에 해당하는 수들을 크기순으로 정렬하여야 한 눈에 알아보기 쉽다.
- 크기순으로 정렬해놓으면 어떤 값이 가장 많은지(최빈값)를 쉽게 알 수 있다.
- 추가로 도수를 나타내주면 어느 줄기에 해당하는 값들이 가장 많은지를 알 수 있다.

는 것을 이해(귀납, 유추, 일반화)하게 한다.

만약 남녀 학생의 키를 따로 구분하고 싶다면 줄기의 왼쪽과 오른쪽에 각각 남녀의 값을 분리하여 줄기-잎 그림을 만들 수도 있다.

여학생들의 키	줄기	남학생들의 키
1 3 7	14	3 8 6
6 6 7 9	15	7 6 4
1 5 8	16	1 0 9
3 9	17	0

정렬 ⇒

여학생들의 키	줄기	남학생들의 키
7 3 1	14	3 6 8
9 7 6 6	15	4 6 7
8 5 1	16	0 1 9
9 3	17	0

주요 내용 81 ― 자료의 정리 (5) 평균

예컨대, 기초학력을 조사한 A분단과 B분단의 성적을 제시하고, 어느 분단의 성적이 높은가를 알아보게 하여, 이때 나타나는 반응을 비교·검토하는 활동을 통해서

- 한 분단에 속하는 사람들의 성적을 모두 더하고, 이것을 조사한 사람 수로 나눈 몫(하나의 수)으로 비교하면, 어느 분단의 성적이 높은가를 알 수 있다.
- (모든 사람의 성적의 합계)÷(사람 수)가 가령 '70점'이라고 하는 것은, 성적이 높은 사람의 점수의 일부를 성적이 낮은 사람의 점수에 보태어 모든 사람의 성적이 같아지도록 고른 결과가 70점이라는 뜻이다.

라는 것을 알아차릴 수 있게 하고, 자료 전체(모든 사람의 성적)의 특징을 하나의 수로 나타내기 위해서, 변량(성적)의 합계가 변하지 않는 범위에서 각 변량(성적)의 도수를 같아지도록 고르는 것을 '평균'이라고 한다는 것을 말해주며(가르쳐주며), 이와 같은 과제를 해결하는 활동을 통해서 평균을 구한다는 것의 '좋은 점'을 느껴볼 수 있게 하고, 필요에 따라 자료 전체의 특징을 하나의 수로 나타낼 수 있게 한다.

전개의 개요

예컨대, 수학의 기초학력을 조사한 A분단과 B분단의 결과(성적)를 제시하고, 어느 분단의 성적이 높은가를 알아보게 한다.

A분단

번호	1	2	3	4	5	6
득점(점)	72	64	45	80	95	64

B분단

번호	1	2	3	4	5	6	7
득점(점)	80	62	37	97	92	64	62

그리고 이때 나타나는

- ◈ A분단의 점수의 합계가 360점이고 B분단의 점수의 합계가 434점이므로, A분단의 성적이 B분단의 성적보다 높다.
- ◈ A분단과 B분단의 사람 수가 다르므로, 성적의 합계만 보고서는 어느 분단의 성적이 높은지 알 수가 없다.
- ◈ A분단은 6명이고 B분단은 7명이니까 A분단의 성적의 합계에 그 6분의 1 (60)을 더한 42를 A분단의 성적의 합계로 보면, A분단의 성적의 합계가 B분단의 성적의 합계보다 작으므로 B분단의 성적이 높다.

라는 등의 반응을 비교·검토하는 활동을 통해서,

- 그 분단에 속하는 모든 사람의 성적을 더하고 이것을 그 사람 수로 나눈 수로 비교하면, 어느 분단의 성적이 높은가를 알 수 있다.
- (모든 사람의 성적의 합계)÷(사람 수)가 가령 '70점'이라고 하는 것은, 성적이 높은 사람의 점수의 일부를 성적이 낮은 사람의 점수에 보태어 모든 사람의 성적이 같아지도록 고른 결과가 70점이라는 뜻이다.
- 모든 사람의 성적을 똑같게 고른다는 것은

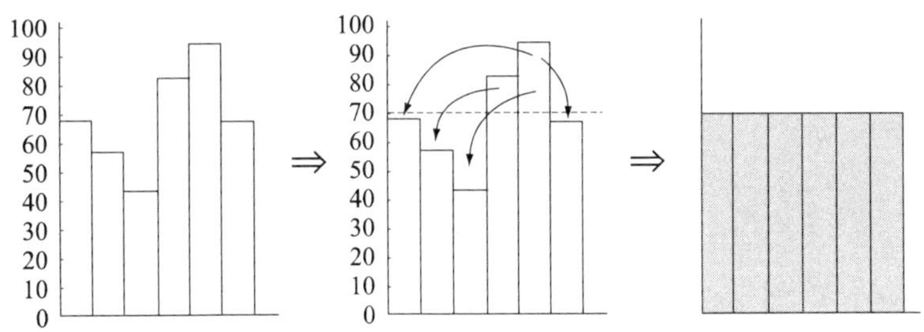

그림 (1) 그림 (2) 그림 (3)

와 같이, 모든 막대의 높이가 같아지게 높이가 높은 막대의 일부분을 높이가 낮은 막대로 옮겨서 고르게 한다는 뜻이다.

라는 것을 알아차릴 수 있게 하고, 자료 전체(모든 사람의 성적)의 특징을 하나의 수로 나타내기 위해서, 변량(성적)의 합계가 변하지 않는 범위에서 각 변량(성적)을 고르는 것을 '평균'이라고 한다는 것을 말해주며(가르쳐주며), 이와 같은 과제를 해결하는 활동을 통해서 평균을 구한다는 것의 '좋은 점'을 느껴볼 수 있게 하고, 필요에 따라 자료 전체의 특징을 하나의 수로 나타낼 수 있게 한다.

지도상의 유의점

많은 사람들이 자기 자신의 건강을 위해서 하는 '조깅'과 같이, 아동들이 '평균을 구할 필요성'을 느낄 수 있는 소재를 발굴·이용하면 아동들의 자기 주도적인 학습 능력의 육성에도 도움이 된다.

주요 내용 82 ― 자료의 해석과 자료로부터의 추정

'자료의 해석'이라는 것은 목적에 맞게 정리한 막대그래프나 꺾은선그래프 또는 비율그래프 등에서 볼 수 있는 특징을 알아차리는(읽는) 것을 뜻하고, '자료로부터의 추정'이라는 것은 '자료의 해석'을 바탕으로 하여 수집한 자료를 포함하는 보다 넓은 범위에서의 특징 등을 추측하는 것을 뜻하며, 통계적 활동의 근본 목적은 수집한 자료에서 특징이나 경향을 알아보는 '자료의 해석'과 수집·정리한 '자료로부터 이 자료를 포함하는 보다 넓은 범위에서의 특징이나 경향을 추정'하는 데에 있다. 바꾸어 말하면, '자료의 해석'과 '자료로부터의 특징이나 경향에 관한 추정'을 하지 않는 통계적 활동은 무의미한 것이다.

그러므로, 초등학교 수준이라 할지라도 조사 목적에 따라 수집한 자료를 그 목적에 맞게 정리한 막대그래프나 꺾은선그래프 또는 비율그래프 등으로 정리하는 방법만 지도할 것이 아니라, 목적에 맞게 정리한 막대그래프나 꺾은선그래프 또는 비율그래프 등에서 볼 수 있는 특징을 읽을(알아볼) 수 있도록 하는 지도도 하는 것이 바람직한 것이다.

그래프에서 읽을 수 있는 특징

(1) **막대그래프**

막대그래프는 도수의 대소를 비교하는 데 편리하며, 막대그래프에서 무엇의 도수가 많은가, 어느 정도로 많은가를 읽는 것이 중심을 이룬다.

(2) 꺾은선그래프

꺾은선그래프는 변량에 순서가 있는 경우에 그리게 되는 것이므로 도수가 변해 가는 모습을 알아보는 데 편리하며, 다음 그림과 같이 그래프가

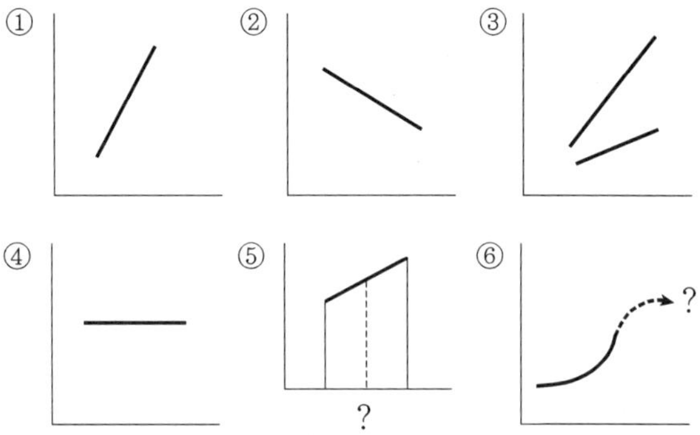

① 오른쪽 위로 향하는 것은 도수가 증가 상태에 있다.
② 오른쪽 아래로 향하는 것은 도수가 감소 상태에 있다.
③ 기울기가 심할수록 변화가 크다.
④ 기울기가 수평을 이룰 때는 변화가 없다.

는 것을 읽을 수 있게 하는 지도와,

⑤ 두 변량의 중간에 해당하는 변량의 도수를 두 점을 이은 선분에서 추측할 수 있게
⑥ 그래프의 기울기를 보고 그래프를 초월하는 변량에 대한 경향을 추측할 수 있게

하는 지도도 하는 것이 좋다.

그리고 아동의 자질에 따라 변량이 연속량인 경우에 그리게 되는 꺾은선그래프가 다음과 같은 모양으로 나타나는 경우에 대해서는, 앞에서 알아본 '평균치'나 '중앙치'와 관련지어

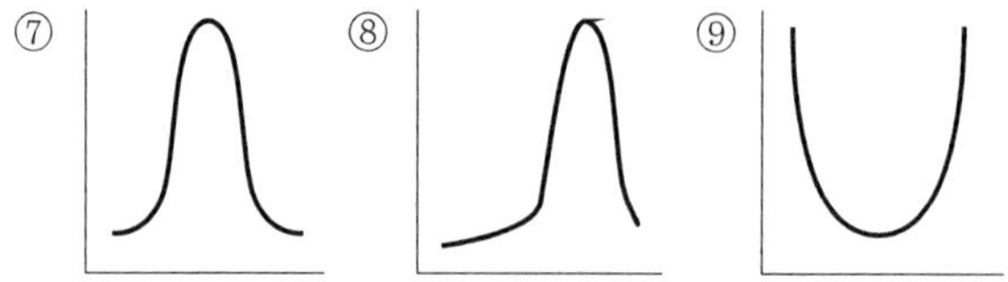

범종 모양　　역 L자 모양　　U자 모양

⑦ 변량이 평균치에 집중된 경우는 범종 모양의 그래프로 나타난다.

⑧ 변량이 한쪽으로 치우친 경우는 역 L자 모양의 그래프로 나타난다.

⑨ 변량이 양쪽 가에 치우친 경우는 U자 모양의 그래프로 나타난다.

라고 읽을 수 있게 하는 지도도 하여야 한다.

전개의 개요

'자료의 해석과 자료로부터의 추정'에 관한 수업의 전개는 각자가 수립해보기 바라면서 여기서의 언급은 생략한다.

주요 내용 83 — 경우의 수

참고 자료를 수집하고, 수집한 자료를 한 가지 기준으로 분류·정리할 수 있기 위해서는 나타날 수 있는 경우를 중복이나 누락됨이 없이 조사할 수 있어야 하기 때문에, 자료를 수집하는 단계나 수집한 자료를 분류·정리하는 단계에서도 나타날 수 있는 '경우의 수'를 다루어야 하지만, 수집한 자료를 한 가지 기준으로 분류·정리하는 단계에서 취급하는 소재는 모든 경우를 열거할 수 있는 간단한 것이므로, 있을 수 있는 모든 경우를 알아볼 필요가 없어서 교육과정에서도 '확률'이라는 단원에서 다루도록 설정해 놓았다.

그래서 여기서도 '경우의 수'라는 과제를 별도로 통계와 관련이 있는 내용 다음에 제시하였다.

전개의 개요

예컨대, "물건을 사고 물건값을 잔돈도 섞어서 지불해본 적이 있는가?"라는 발문을 하여, 여러 가지 화폐로 물건값을 맞추는 장면을 연상시킨 다음에, "2500원짜리 물건을 사고, 1000원짜리와 500원짜리와 100원짜리로 지불하려고 한다. 얼마짜리와 얼마짜리를 몇 개(장) 내면 되는가?"와 같은 문제를 각자의 생각대로 해결해보도록 하고, 이때 나타나는

- 1000원짜리 2장과 500원짜리 1개.
- 500원짜리 4개와 100원짜리 5개.

라는 등의 반응을 바탕으로

"1000원짜리와 500원짜리와 100원짜리로 2500원을 맞추는 방법은 모두 몇 가지나 될까?"

라는 본시의 문제를 형성·파악시키고 나름대로의 방법으로 알아보게 한다.

그리하여, 이때 나타나는

- 여러 가지 있을 것 같다.
- 100원짜리만 낸다면 1가지다.
- 오류를 포함하는 다양한 방법

라는 등의 반응을 비교·검토하는 활동을 통해서

• 먼저, 1000원짜리로 2000원을 맞추는 방법은 1000원짜리의 장수가 2, 1, 0인 경우로 분류하고, 이것의 각각에 대해서 500원짜리를 3, 2, 1, 0인 경우로 분류하여 생각하면, 중복이나 누락됨이 없이 2500원을 맞출 수 있는 가짓수가 구해진다.

1000원	500원	100원
2	1	0
	0	5

1000원	500원	100원
1	3	0
	2	5
	1	10
	0	15

1000원	500원	100원
0	3	10
	2	15
	1	20

1000원(장)	2	2	1	1	1	1	0	0	0
500원(개)	1	0	3	2	1	0	3	2	1
100원(개)	0	5	0	5	10	15	10	15	20

는 것을 알아차리게 하여, 유사한 문제를 해결하는 활동을 통해서 경우의 수를 능숙하게 알아낼 수 있게 하며, '경우의 수'에 대한 이해가 심화되게 한다.

제6장

규칙성과 문제 해결에 관련되는 내용

주요 내용 84 규칙을 추측하고 말이나 글로 표현하기
주요 내용 85 수가 배열된 표에서 규칙 찾기
주요 내용 86 규칙적으로 무늬 꾸미기
주요 내용 87 규칙을 알아내고 식으로 표현하기
주요 내용 88 비와 비율
주요 내용 89 백분비(백분율)와 '할푼리'
주요 내용 90 □가 사용된 식
주요 내용 91 식을 구체적인 장으로 읽기
주요 내용 92 식을 모형으로 읽기
주요 내용 93 식을 일반적으로 읽기
주요 내용 94 식을 관계로 읽기
주요 내용 95 문제 장면을 하나의 식으로 나타낸다는 것의 좋은 점
주요 내용 96 문제에서 부족한 정보 찾기
주요 내용 97 논리적으로 추론하여 문제를 해결하기
주요 내용 98 문제 해결의 과정
주요 내용 99 원 문제의 조건을 바꾸어 새로운 문제를 만들기

가. 규칙성에 관련되는 내용

주요 내용 84 ― 규칙을 추측하고 말이나 글로 표현하기

여기서는 '규칙을 추측하고 말이나 글로 표현하는 능력' 이나 '해결한 것을 논리적으로 설명하는 능력' 의 육성을 도모하는 'pyramid number'를 소재로 한 게임·퍼즐의 해결에 대해서 살펴보기로 한다.

전개의 개요

먼저, 아래의 왼쪽 그림과 같이 맨 아랫단의 각 칸에 각자가 숫자를 적어 넣게 하고, "이웃하는 두 수의 합을 바로 윗단의 칸에 차례로 적어 넣는다."는 규칙에 따라 'pyramid number'를 완성시킨다.

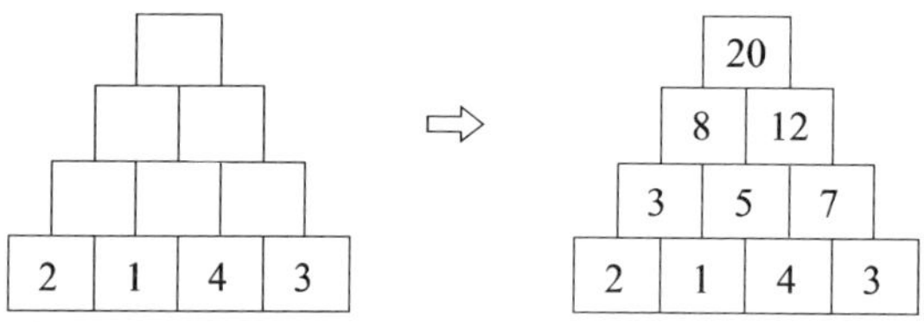

그리고 이것을 바탕으로 새로운 문제를 만들어보게 하고, 이때 나타나는

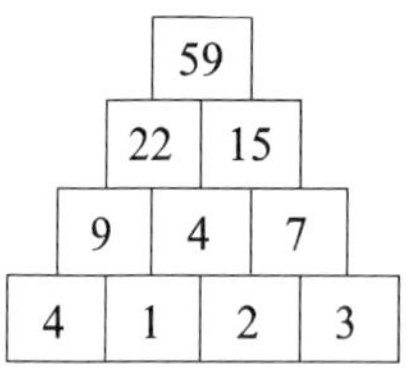

그림 (1)

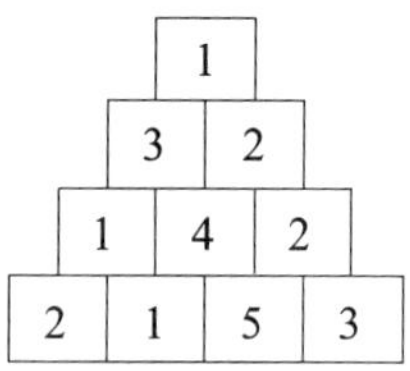

그림 (2)

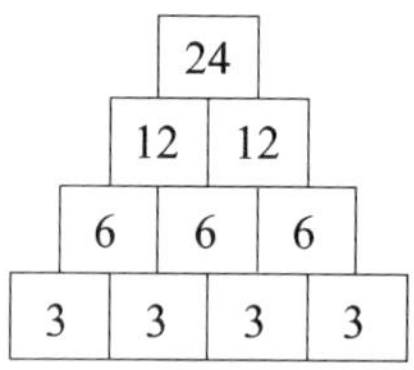

그림 (3)

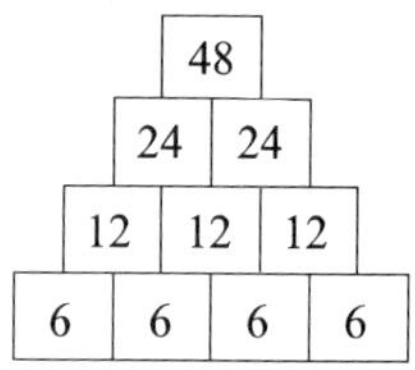

그림 (4)

는 등의 반응을 비교·검토하는 등의 활동을 통하여,

- 그림 (1)은 왼쪽 수의 2배에서 오른쪽 수를 더했다.

- 그림 (2)는 큰 수에서 작은 수를 뺐다.
- 그림 (3)과 그림 (4)는 이웃하는 두 수를 더했다.
- 그림 (3)에서는 맨 아랫단의 각 칸에 같은 수를 써넣으면, 그 윗단의 수는 맨 아랫단에 써넣은 수의 2배가 되고, 이 윗단의 수는 맨 아랫단에 적어 넣은 수의 (2×2)배가 되며, 맨 윗단에는 맨 아랫단에 써넣은 수의 (2×2×2)배인 수가 온다.
- 그림 (4)의 경우도 그림 (3)의 경우와 같아진다.
- 그림 (3)과 그림 (4)를 함께 살펴보면, 각 칸에 같은 수를 써넣은 맨 아랫단의 수가 2배이면 맨 윗단에도 2배인 수가 온다.

는 등의 규칙을 추측하고 확인하여 조리 있게 말이나 글로 나타낼 수 있게 한다.

참고 맨 아랫단에 서로 다른 수를 적어 넣을 때, 다음이 '암시하는 수'를 암시하는 바대로 써넣으면, 맨 윗단에 오는 수에서 볼 수 있는 특징은 무엇이라고 생각되는가?

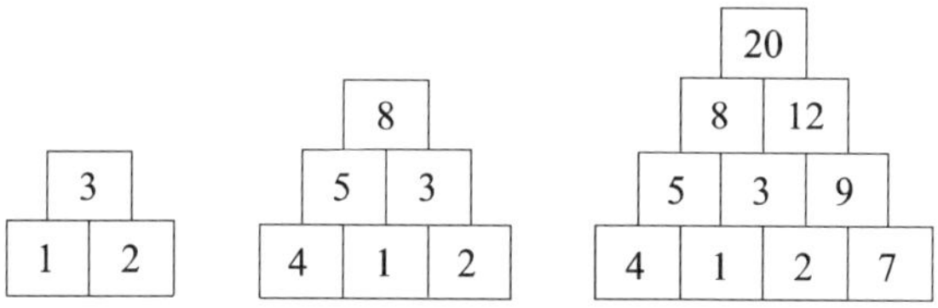

라는 문제를 해결하게 하고, 각자가 추측한 특징을 말이나 글로 조리 있게 설명하게 하는 것도 생각할 수 있다.
여기서 '암시하는 수'대로 써넣는다는 것은, '중앙에 가장 작은 수를 써넣으면 맨 윗단에는 가장 작은 수가 오게 마련'이라는 것이다.

지도상의 유의점

게임·퍼즐

게임·퍼즐은 단순히 그 게임·퍼즐이 묻고 있는 답을 구하는 것으로 그치지 않도록 하여야 하며, 수학적인 생각·태도의 형성·정착에 도움이 되는 적절한 지도 조언(발문)을 주어, 궁극적으로는 수학에의 관심·흥미의 유발에 도움이 되도록 하여야 한다.

수학시간에 다룰 수 있는 게임·퍼즐로는

① 이어서 지도하게 될 개념을 형성시킬 소지를 마련하기 위한 것
② 이미 학습한 내용을 구사하여 그 응용을 꾀하기 위한 것
③ 원리나 법칙 또는 알아낸 성질이나 기능 등을 정착시키기 위한 것
④ 어떤 수학적인 생각·태도를 형성·정착시키기 위한 것

등을 생각할 수 있다.

주요 내용 85 — 수가 배열된 표에서 규칙 찾기

여러 가지의 수표에서 볼 수 있는 규칙을 귀납(발견)하는 활동을 통해서 의존관계(함수관계)에 있는 요소를 알아내게 하여, 의존관계(함수관계)에 대한 이해가 심화되게 한다.

전개의 개요

먼저, "0에서 99까지의 수표(오른쪽 수표)의 '0'에 자기 짝과 자기의 말을 놓고, '가위바위보'를 하여 이긴 사람은 '10'을 전진하고, 진 사람은 '1'을 전진한다. 이것을 반복하여 '99'에 먼저 도착하는 사람이 이기는 게임"을 시키고,

(가) 가위바위보를 한 다음에, 말을 옮길 때 어떻게 하여 옮겼는가?

00	01	02	03	04	05	06	07	08	09
10	11	12	13	14	15	16	17	18	19
20	21	22	23	24	25	26	27	28	29
30	31	32	33	34	35	36	37	38	39
40	41	42	43	44	45	46	47	48	49
50	51	52	53	54	55	56	57	58	59
60	61	62	63	64	65	66	67	68	69
70	71	72	73	74	75	76	77	78	79
80	81	82	83	84	85	86	87	88	89
90	91	92	93	94	95	96	97	98	99

라는 발문에 대한

◈ 이겼을 때는 1, 2, 3, …하면서 10까지 세어나가고, 졌을 때는 한 칸만 옮겼다.

◈ 이기면 한 줄 아래로 옮기고, 지면 오른쪽으로 한 칸 옮겼다.

라는 등의 답변을 비교·검토하는 활동을 통해서, 예컨대 상대의 말이 '43'에 놓인 것을 보고서는,

- 이 사람의 말이 '43'에 있다는 것은, 이 사람이 '4번' 이기고 '3번' 졌다는 것을 의미한다.
- 이 사람이 '13'번은 질 수가 없다.

는 사실을 알아차리게 하여, "∼은 ∼에 의하여 결정된다."는 관계(의존관계에 있다는 것)를 이해하게 하고, 또

(나) A의 말이 '42'에, B의 말이 '34'에 놓여 있었다면, A와 B는 각각 몇 번 이기고 몇 번 졌는가? 이 결과를 보고 느껴지는 것이 없는가?

라는 발문에 대한

◈ A는 '4번' 이기고 '2번' 졌으며, B는 '3번' 이기고 '4번' 졌다.
◈ A가 '4번' 이겼는데 B가 '2번' 질 수는 없으므로 이상하다.

라는 등의 반응을 비교·검토하는 등의 활동을 통해서,

- A가 '몇 번' 이겼는가(졌는가)를 보면 B가 이긴 횟수(진 횟수)를 알 수 있다.

는 사실을 알아차리게 하여, "∼은 ∼에 의하여 결정된다."는 관계(의존관계에 있다는 것)의 이해가 심화되게 한다.

여러 가지의 수표에서 볼 수 있는 규칙성을 귀납(발견)하여 일반화할 수 있게 한다. 예컨대, 곱셈구구표에서 볼 수 있는 수의 배열 규칙을 무엇이든 좋으므로 나름대로의 관점(방법)으로 찾아보도록 하고, 이때 나타나는

◈ a단의 수는 a씩 큰 수가 차례로 정렬되어 있다.
◈ 맨 아랫단의 오른쪽 끝에 있는 수는 그 각 자리의 수를 더하면 9가 된다.
◈ 1에서 오른쪽으로 3칸, 아래로 2칸 간 곳의 수와 오른쪽으로 2칸, 아래로 3칸 간 곳의 수가 같다.

1	1	2	3	4	5	6	7	8	9
1	1	2	3	4	5	6	7	8	9
2	2	4	6	8	10	12	14	16	18
3	3	6	9	12	15	18	21	24	27
4	4	8	12	16	20	24	28	32	36
5	5	10	15	20	25	30	35	40	45
6	6	12	18	24	30	36	42	48	54
7	7	14	21	28	35	42	49	56	63
8	8	16	24	32	40	48	56	64	72
9	9	18	27	36	45	54	63	72	81

그림 (1)

는 등의 반응을 바탕으로 그와 같이 배열되는 까닭을 알아보게(말해 보게) 한다(저학년).

그리고 그림 (1)의 구구표 가운데의 2×3의 곱인 6은 그대로 두고, 4×8의 곱 32는 3+2=5(한 자리 수)로 바꾸며, 8×7의 곱 56은 5+6=11 ⇒ 1+1=2(한 자리 수)로 바꾸어 놓는다(그림 (2)).

	0	1	2	3	4	5	6	7	8	9
0	0	0	0	0	0	0	0	0	0	0
1	0	1	2	3	4	5	6	7	8	9
2	0	2	4	6	8	1	3	5	7	9
3	0	3	6	9	3	6	9	3	6	9
4	0	4	8	3	7	2	6	1	5	9
5	0	5	1	6	2	7	3	8	4	9
6	0	6	3	9	6	3	9	6	3	9
7	0	7	5	3	1	8	6	4	2	9
8	0	8	7	6	5	4	3	2	1	9
9	0	9	9	9	9	9	9	9	9	9

그림 (2)

그리하여, 이 표에서 볼 수 있는 수의 배열 규칙을 무엇이든 좋으므로 나름대로의 관점(방법)에서 찾아보게 하고, 이때 나타나는 반응을 비교·검토하는 활동을 통하여,

1. 0의 단은 모두 0으로 되어 있다.
2. 1의 단은 칸의 바깥에 있는 수가 그대로 나열되어 있다.
3. 9의 단은 (0의 열을 제외하고) 모두 9로 되어 있다.
4. 임의의 수 n에 대하여 n단과 n열의 수가 나열된 모습이 똑같다.
5. 왼쪽 위로부터 오른쪽 아래에 이르는 대각선(주대각선)에 관하여 수가 대칭의 모양으로 나열되어 있다.
   오른쪽 위로부터 왼쪽 아래에 이르는 대각선(부대각선)에 관해서도 수가 대칭의 모양으로 나열되어 있다.

는 등 여러 가지 규칙을 찾아보게 함과 동시에, 지진아나 속진아를 막론하고 자기 나름대로 생각나는 것이나 느껴지는 것을 조그마한 것이나 하잘 것 없는 것이나에 구애됨이 없이 동료 앞에서 발표하게 하여, 남의 것을 흉내내지 않는 사고의 독자성이 신장되게 한다.

그리고 계속하여 "그 밖에는 느껴지는 것이 없는가?"를 알아보게 하고, 이때 나타나는 반응을 비교·검토하는 활동을 통하여,

6. 1, 2, 4, 5, 7, 8의 단에는 순서가 어떻게 되었건 0에서 9까지의 수가 나타나 있다.
7. 7의 단은 3, 6, 9라는 순서로 3의 배수가 반복하여 나타나 있다.
8. 6의 단은 6, 3, 9라는 순서로 3의 배수가 반복하여 나타나 있다.
9. 어느 단에서나 왼쪽 끝과 오른쪽 끝에서 각각 같은 번째에 있는 수의 합이 9다.
10. 9에 대한 보수인 두 단(1의 단과 8의 단, 2의 단과 7의 단, 3의 단과 6의 단, 4의 단과 5의 단)끼리의 수는 왼쪽에서 오른쪽으로 나열되어 있는 수의 순서와 오른쪽에서 왼쪽으로 나열되어 있는 수의 순서가 반대이다(2의 단의 수는 '2, 4, 6, 8, 1, 3, 5, 7'의 순서인 데 비해, 7의 단의 수는 '7, 5, 3, 1, 8, 6, 4, 2'의 순서이다).
11. 표의 중앙 근방에 있는 9는 3이나 6이라는 수로 되는 마름모 모양으로 둘러싸여 있다.
12. 4의 단과 5의 단의 중간선으로 분할한 상하(좌우)의 부분의 수는 서로를 180도 회전시킨 모양으로 되어 있다.

13. 전체는 중앙의 두 직선의 교점에 관하여 점대칭의 모양이다.

14. 정사각형 모양으로 둘러싼 변을 따라 일주하면 그 변 위의 수가 그 순서대로 반복되어 나타나 있다(그림 (3)).

	0	1	2	3	4	5	6	7	8	9
0	0	0	0	0	0	0	0	0	0	0
1	0	1	2	3	4	5	6	7	8	9
2	0	2	4	6	8	1	3	5	7	9
3	0	3	6	9	3	6	9	3	6	9
4	0	4	8	3	7	2	6	1	5	9
5	0	5	1	6	2	7	3	8	4	9
6	0	6	3	9	6	3	9	6	3	9
7	0	7	5	3	1	8	6	4	2	9
8	0	8	7	6	5	4	3	2	1	9
9	0	9	9	9	9	9	9	9	9	9

그림 (3)

는 등의 여러 가지 규칙을 찾아보게 하거나,

"같은 수가 배열된 모습이 보다 잘 나타나게 할 수는 없는가?"("같은 수에는 같은 색을 칠하거나, 가까이 있는 같은 수를 선으로 이어 나가보면 어떨 것 같은가?", "같은 수끼리 잇는 선의 연결 방법을 달리하거나, 같은 수를 잇는 선의 색깔을 달리하면 어떨 것 같은가?")를 알아보게 하여

	0	1	2	3	4	5	6	7	8	9
0	0	0	0	0	0	0	0	0	0	0
1	0	1	2	**3**	4	5	6	7	8	9
2	0	2	4	6	8	1	**3**	5	7	9
3	0	**3**	6	9	**3**	6	9	**3**	6	9
4	0	4	8	3	7	2	6	1	5	9
5	0	5	1	6	2	7	**3**	8	4	9
6	0	6	**3**	9	6	**3**	9	6	**3**	9
7	0	7	5	**3**	1	8	6	4	2	9
8	0	8	7	6	5	4	**3**	2	1	9
9	0	9	9	9	9	9	9	9	9	9

그림 (4)

	0	1	2	3	4	5	6	7	8	9
0	0	0	0	0	0	0	0	0	0	0
1	0	1	2	3	4	5	6	7	8	9
2	0	2	4	6	8	1	3	5	7	9
3	0	3	6	9	3	6	9	3	6	9
4	0	4	8	3	7	2	6	1	5	9
5	0	5	1	6	2	7	3	8	4	9
6	0	6	3	9	6	3	9	6	3	9
7	0	7	5	3	1	8	6	4	2	9
8	0	8	7	6	5	4	3	2	1	9
9	0	9	9	9	9	9	9	9	9	9

그림 (5)

15. 같은 수에 같은 색(다른 수에는 다른 색)으로 칠을 하면 같은 수를 알아 보기 쉽다.
16. 같은 수를 선으로 이어 나가면 만화경처럼 아름다워 보이기도 한다.
17. 같은 수를 잇는 선의 연결 방법을 달리하면 먼저 것과는 다른 모양을 얻는다.
18. 같은 수를 잇는 선의 색깔을 달리하면 만화경처럼 아름다워 보인다.

는 등의 여러 가지 사실을 느껴 볼 수 있게 한다.

그리하여, 많은 것을 알아내는 사고의 유창성, 엉뚱한 관점에서도 어떤 무엇을 찾아내는 사고의 유연성이 신장되게 한다.

주요 내용 86 — 규칙적으로 무늬 꾸미기

재킷 등에 그려져 있는 여러 가지 무늬를 살펴보게 하고, 각자의 생각대로 무늬를 실제로 꾸며 보는 등의 활동을 통하여, 여러 가지의 무늬에서 볼 수 있는 규칙을 알아낼 수 있게(발견할 수 있게) 하고, 각자가 나름대로 정한 규칙에 따라 여러 가지 무늬를 꾸밀 수 있게 한다.

전개의 개요

예컨대, "다음과 같은 그림(무늬)이 그려져 있는 점퍼 등을 본 적이 있는가?"라는 발문을 하고, 이때 나타나는

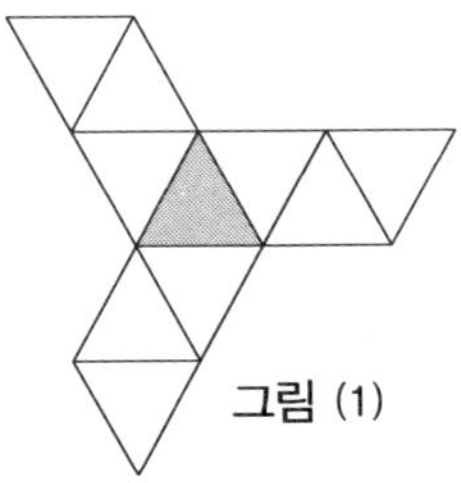

그림 (1)

그림 (2)

- 그림 (1)과 같은 무늬가 있는 점퍼는 본 적이 없다.
- 그림 (2)와 같은 무늬는 본적이 있다.
- 보다 아름다운 무늬를 보았다.

라는 등 각자가 본 적이 있는 무늬를 발표시킨 다음에, "이 무늬는 어떤 모양의 것을 어떻게 배열하여 만들었을까?"라는 발문을 하고, 이때 나타나는

- 그림 (1)은 중앙의 삼각형과 같은 것 3개를 사다리꼴 모양으로 이어 붙여서 배열한 것을 중앙의 삼각형의 각 변에 이어 붙였다.
- 그림 (2)는 왼쪽 맨 위의 을 기본도형으로 보고, 이것을 90° 돌린 것을 그 오른쪽에 배열하였다.

라는 등의 반응을 비교·검토하는 활동을 통해서,

- 어떤 도형을 일정한 규칙에 따라서 배열하면(그려나가면) 아름다운 무늬가 만들어진다.

는 것을 알아차리게 하며, 유사한 문제를 해결하는 활동을 통해서 기본이 되는 도형과 배열 규칙을 정하고, 그 기본이 되는 도형을 그 규칙에 따라서 배열하여 무늬를 만들 수 있게 하여, 무늬에 대한 이해·안목이 신장되게 한다.

주요 내용 87 — 규칙을 알아내고 식으로 표현하기

구체적인 문제 장면이나 문제에 등장하는 수량 사이의 관계를 식으로 나타냄으로써,

(1) 사상이나 관계가 간결·명확하게 나타난다.
(2) 사상이나 관계를 일반화하기가 쉬워진다.
(3) 사고 과정이 간결·명확하게 나타난다.
(4) 사상이나 관계를 형식적으로 처리할 수 있다.

라는 '식으로 나타난다는 것의 좋은 점'을 이해(귀납, 일반화, 유추)하게 한다.

전개의 개요

"곧은길을 따라 4m 간격으로 나무를 심었더니 20그루를 심을 수 있었다. 이 길의 길이는 몇 m인가? 단, 길의 양쪽 끝에도 나무를 심는 것으로 한다."라는 문제를 해결하게 하고, 이때 나타나는

◈ 아래와 같은 그림을 그려보고 76(4×19)m라는 것을 알았다.

◈ 나무 사이의 칸수는 나무의 그루 수보다 언제나 '1'이 작으므로 4×(20−1)=4×19=76(m)이다.

라는 등의 반응을 비교·검토하는 활동을 통해서, 문제에 주어진 수량으로 문제 장면을 식으로 나타내면,

(1) 사상이나 관계가 간결·명확하게 나타난다.
(2) 사상이나 관계를 일반화하기가 쉬워진다.
(3) 사고 과정이 간결·명확하게 나타난다.
(4) 사상이나 관계를 형식적으로 처리할 수 있다.

라는 '식으로 나타낸다는 것의 좋은 점'을 이해(귀납, 일반화, 유추)하게 한다.

그리고 이어서 '곧은길'을 '원 모양의 길'로 손질한 "원 모양의 길을 따라 4m 간격으로 나무를 심었더니 20그루를 심을 수 있었다. 이 길의 길이는 몇 m인가?"라는 문제나, '곧은길'을 '삼거리길'로 손질한 "삼거리길을 따라 4m 간격으로 나무를 심었더니 20그루를 심을 수 있었다. 단, 삼거리로 갈라지는 곳에는 한 그루의 나무를 심는 것으로 한다. 나무 그루 수와 나무 사이의 칸수 사이에는 어떤 관계가 있을까?"라는 문제를 해결하는 과정에서 나타나는

◈ '곧은길'을 '원 모양의 길'로 손질한 문제는 처음 문제에서의 양쪽 끝에 심은 나무 사이에 칸이 1개가 더 생기므로, 4×20=80(m)라는 것을 알았다.
◈ '곧은길'을 '삼거리길'로 손질한 문제에서는 삼거리의 지점에서 나무를 심은 수만큼 칸수가 생기므로, 역시 4×20=80(m)라는 것을 알았다.

라는 등의 반응을 비교·검토하는 활동을 통해서, 문제에 주어진 수량으로 문제 장면을 식으로 나타내면,

(1) 사상이나 관계가 간결·명확하게 나타난다.
(2) 사상이나 관계를 일반화하기가 쉬워진다.
(3) 사고 과정이 간결·명확하게 나타난다.
(4) 사상이나 관계를 형식적으로 처리할 수 있다.

라는 '식으로 나타낸다는 것의 좋은 점'을 느낄 수 있게 하고, 유사한 문제를 해결하는 활동을 통해서, 문제 장면을 식으로 나타내는 능력이 심화(귀납, 일반화, 유추)되게 한다.

지도상의 유의점

'식으로 나타낸다는 것의 좋은 점'이 느껴지면 스스로 식으로 나타내려는 마음이 우러나기 십상이다.

'식으로 나타낸다는 것의 좋은 점'을 느껴볼 수 있게 하는 장면으로는, 예를 들면

(1) 상황이나 관계를 간결·명확하게 나타낼 수 있는 장면

곱셈의 처음 단계에서 다루는 "한 사람에게 사과를 3개씩 나누어주려고 한다. 7 사람에게 나누어주려면 사과가 몇 개 있어야 하는가?"와 같은 문제의 해결을 통해서, 곱셈이 쓰이는 경우를 이해시키는 과정에서

'3×4'라고 나타내면 어떤 수를 몇 번 더하는 문제

라는 것이 간결·명확하게 나타난다.

(2) 상황이나 관계를 일반화하기 쉬운 장면

평행사변형의 넓이를 구하는 방법을 알아보는 과정에서 주어진 평행사변형을 등적변형시켜,

평행사변형의 넓이=밑변×높이

라는 일반적인 식으로 나타내면, 평행사변형의 모양에 구애됨이 없이 넓이와 밑변

과 높이 사이의 관계가 잘 나타난다.

(3) 사고 과정을 간결·명확하게 나타낼 수 있는 장면

A, B, C의 세 사람이 오른쪽 도형의 넓이를 구한 것을

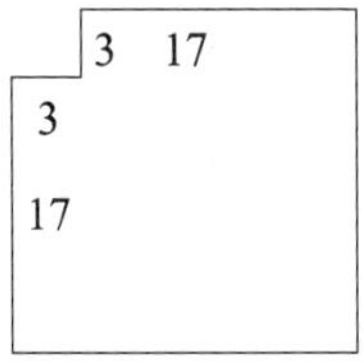

A : $17\times3+(17+3)\times17=391$

B : $17\times3\times2+17\times17=391$

C : $20\times20-3\times3=391$

와 같이 식으로 나타내면, 이 사람이 어떤 생각을 하여 답을 구했는가가 잘 나타난다.

(4) 상황이나 관계를 형식적으로 처리하기 쉬운 장면

어떤 구체적인 문제의 해결에서 문제($\square\times8=28$로 나타나는)에 주어진 수량 사이의 관계를 식으로 나타내면

$$\square\times8=28 \Rightarrow 28\div8=3.5$$

와 같이 기계적으로 처리할 수 있어서 좋다.

나. 비와 비율에 관련되는 내용

주요 내용 88 — 비와 비율

두 수량 A와 B의 비율을 알아보는 구체적인 장면에서, B를 b로 보면 A는 a에 해당하는 관계가 있을 때 A와 B의 관계를 '$a : b$'와 같이 표기하고, 이것을 'A의 B에 대한 비(B에 대한 A의 비)' 또는 간단히 두 수량 'A와 B의 비'라고 하며, 'a대 b'라고 읽는다는 것을 가르쳐(말해)준다.

그리고 유사한 문제를 해결하는 활동을 통하여, 비 '$a : b$'는 두 수 a와 b의 각각에 같은 수를 곱하거나 a와 b를 0이 아닌 같은 수로 나누어도 그 비는 달라지지 않는다는 사실, 즉

$$a : b = ka : kb = \frac{a}{k} : \frac{b}{k} \ (k \neq 0)$$

라는 사실을 이해하게 하고, 수량 B를 1로 보았을 때 A에 해당하는 수 $\frac{a}{b}$를 두 수량 A의 B에 대한 '비($a : b$)의 값'이라고 한다는 것을 가르쳐(말해)준다.

예를 들면, 다음 직사각형 가운데서 "모양이 같다."고 보이는 것을 가려내게 하고, 이때 나타나는

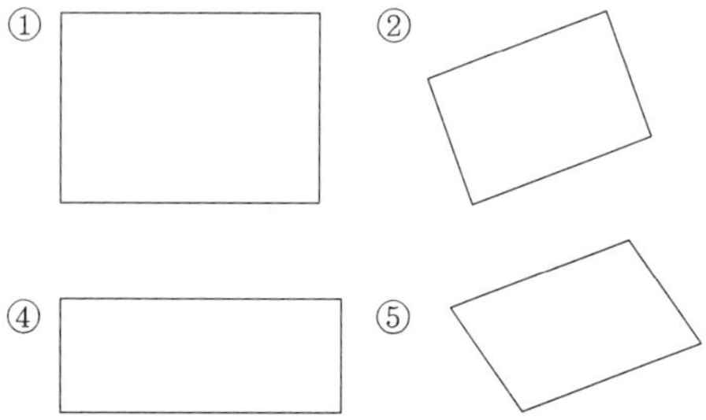

㈎ 각각의 가로와 세로의 길이를 재어보면, ①의 가로와 세로는 3cm와 2cm, ②의 가로와 세로는 15cm와 10cm, ③의 가로와 세로는 6cm와 4cm여서, 모두 가로가 세로의 1.5배이므로 모양이 같은 것은 ①, ②, ③의 3개다.

㈏ (눈으로 보면) ①, ②, ③의 3개가 모양이 같아 보인다.

㈐ ①, ②, ③, ④가 모두 직사각형이므로 ①～④가 같은 모양이다.

라는 등의 반응을 비교·검토하는 활동을 바탕으로, "㈎와 같은 경우를 간결하게 표할 수 없겠는가?"를 알아보게 한다.

그리하여, 이때 나타나는 반응을 비교·검토하는 활동을 통하여

- "세로의 길이를 얼마(2, 4, 6, …)로 보면 가로의 길이는 얼마(3, 6, 9, …)에 해당한다."거나, "가로의 길이를 얼마(3, 6, 9, …)로 보면 세로의 길이는 얼마(2, 4, 6, …)에 해당한다."라고 표현하면 표현이 간결해진다.

는 것을 느끼게 하고, "세로의 길이를 얼마로 보면 가로의 길이는 얼마에 해당한다."는 표현과 "가로의 길이를 얼마로 보면 세로의 길이는 얼마에 해당한다."는 표현의 차이점을 알아보게 하며, 이때 나타나는 반응을 비교·검토하는 활동

을 통하여

- "세로의 길이를 얼마로 보면 가로의 길이는 얼마에 해당한다."는 말에는 세로의 길이를 기준으로 삼는다는 뜻이 담겨 있으며, "가로의 길이를 얼마로 보면 세로의 길이는 얼마에 해당한다."는 말에는 가로의 길이를 기준으로 삼는다는 뜻이 담겨 있다.

는 것을 이해하게 하여, 세로의 길이를 '2'로 보면 가로의 길이는 '3'에 해당한다는 두 수량 사이의 관계를 '3 : 2'라고 나타내며, 이것을 '3대 2'라고 읽는다는 것을 가르쳐(말해)주고, 특히 세로의 길이(기준이 되는 수량)를 얼마로 보면 가로의 길이는 얼마에 해당한다는 것을 '세로의 길이에 대한 가로의 길이의 비' 또는 '가로의 길이의 세로의 길이에 대한 비'라고 한다는 것을 가르쳐(말해)준다.

그리고 유사한 문제의 해결에서 나타나는 반응을 비교·검토하는 활동을 통하여, 두 수량 A와 B의 비가 $a:b$일 때 $2a:2b$, $3a:3b$, $\cdots$, $\frac{a}{2}:\frac{b}{2}$, $\frac{a}{3}:\frac{b}{3}$, $\cdots$라고도 나타내어진다는 사실에서 A의 B에 대한 비 $a:b$에는

- a와 b에 각각 같은 수를 곱하거나 a와 b를 각각 0이 아닌 수로 나누어도 그 '비'는 달라지지 않는다. 즉

$$a:b=ka:kb=\frac{a}{k}:\frac{b}{k}\,(k\neq 0)$$

라는 성질이 있다.

는 것을 이해하게 한다.

한편, A의 B에 대한 비 $a:b$의 b를 1로 보았을 때$\left(\frac{a}{b}:1\text{일 때}\right)$의 A에 해당하는 수 $\frac{a}{b}$를 $a:b$의 '비의 값'이라고 한다는 것을 가르쳐(말해)주고, 이것을 단위량당의 크기를 알아보는 등의 문제 해결에 활용할 수 있게 한다.

주요 내용 89 — 백분비(백분율)와 '할푼리'

'비와 비의 값([주요 내용 98])'을 바탕으로 A의 B에 대한 비의 값, 즉 $a:b$의

값 $\frac{a}{b}$를 정수나 소수로 나타내어 보게 하고

- 기준이 되는 수량을 '100'으로 보았을 때의 A의 값에 '%'를 덧붙여 나타내기도 하는데, 이것을 '퍼센트'라고 읽는다.
- 기준이 되는 수량을 '10'으로 보았을 때의 A의 값의 정수에는 '할'을, 기준이 되는 수량을 '100'으로 보았을 때의 A의 값의 정수에는 '푼'을, 기준이 되는 수량을 '1000'으로 보았을 때의 A의 값의 정수에는 '리'를 덧붙여 나타내기도 한다.

는 것을 가르쳐(말해)주고, 이것을 문제의 해결에 이용할 수 있게 한다.

아동들도 잘 아는 '염가 판매'나 '대폭 할인 판매'라는 것이 무엇을 뜻하는가에 대한 논의를 바탕으로 설정한, 예를 들면

> "정가가 5000원인 물건을 4000원에 파는 가게(A)와 정가가 4000원인 물건을 3300원에 파는 가게(B) 가운데서는 어느 가게가 더욱 싸게 판다고 볼 수 있는가?"

와 같은 과제를 나름대로의 방법(생각)으로 해결하게 하고, 이때 나타나는

- ◈ A의 경우는 할인 금액의 정가에 대한 비의 값이 $\frac{1}{5}$이고, B의 경우는 할인 금액의 정가에 대한 비의 값이 $\frac{7}{40}$이며, $\frac{1}{5}\left(=\frac{8}{40}\right)>\frac{7}{40}$이므로 A가 B보다 싸게 판다.
- ◈ A에서 사면 5000－4000=1000(원) 깎아주고, B에서 사면 4000－3300=700(원) 깎아주므로, A가 B보다 많이 깎아준다.

는 등의 반응을 비교·검토하는 활동을 통하여

- '염가 판매'나 '할인 판매'라는 말은 정가보다 적은 금액으로 판다는 뜻이고, "어느 가게가 보다 싸게 파는가?"라는 말은 어느 가게의 '깎아주는 금액의 정가에 대한 비의 값'이 큰가를 뜻한다.

는 것을 이해하게 하고, 비의 값의 대소를 비교하여 싸게 파는 가게를 판단할 수 있게 한다.

그리고 유사한 문제를 해결하게 하고, 이때 나타나는 반응을 바탕으로

- 기준이 되는 수량을 '100'으로 보았을 때의 A의 값에 '%'를 덧붙여 나타내기도 하며, 이것을 '퍼센트'라고 읽는다.
- 기준이 되는 수량을 '10'으로 보았을 때의 A의 값의 정수에는 '할'을, 기준이 되는 수량을 '100'으로 보았을 때의 A의 값의 정수에는 '푼'을, 기준이 되는 수량을 '1000'으로 보았을 때의 A의 값의 정수에는 '리'를 덧붙여 나타내기도 한다.

는 것을 가르쳐(말해)주어, 예를 들면 '30% 세일'이라고 하거나 야구 선수의 타율이 '2할 5푼 4리'라고 하는 말의 뜻을 이해하게 하고, 이것을 문제의 해결에 이용할 수 있게 한다.

다. 식에 관련되는 내용

주요 내용 90 — □가 사용된 식

구체적인 문제의 해결에서 문제 장면을 하나의 식으로 나타내게 할 때 나타나는 반응을 바탕으로,

① '3+5=□'라는 식의 □의 값이나 '□+5=8'이라는 식의 □의 값을 구하는 경우와 같이, 대상의 크기가 일정하게 정해져 있지만 그 크기가 얼마인지를 모른다는 미지수를 가리킬 때 □(또는 x)가 사용된다.

② '□와 ○이면 8'을 만족하는 □나 ○의 값을 구하는 경우나 '정사각형의 한 변의 길이가 □배로 변하면 그 넓이는 따라서 ○배로 변한다.'라는 관계를 알아보는 경우와 같이, 어떤 범위에 있는 여러 가지 수를 나타내는 변수를 가리킬 때 □나 ○(또는 x, y)가 사용된다.

③ '(단가)×(수량)=(대금)'과 같이, 어떤 범위에 있는 여러 가지 수를 취하는 변수를 가리킬 때 □나 ○(또는 x, y)로 '말(언어)'을 대신하는 경우도 있다.

④ '2, 4, 6, □, ○, …'의 □와 ○ 안에 수를 적어 넣는 경우와 같이, 위의 ①이나 ②의 경우와는 달리 어떤 자리에 해당되는 수를 가리킬 때 □나

○(또는 x, y)가 사용된다.

는 것을 알아차리게(귀납, 일반화하게) 하고, 문제 장면을 □나 ○(또는 x, y)를 사용하여 간결하게 (식으로) 나타낼 수 있게 하며, □나 ○(또는 x, y)를 사용하여 나타낸 장면(식)을 읽을 수 있게 한다.

전개의 개요

예컨대, 덧셈에 관한 학습에서, "금붕어가 5마리 있었다. 오늘 금붕어를 새로 사서 넣었다. 금붕어는 모두 8마리가 되었다. 오늘 사서 넣은 금붕어는 몇 마리인가?…(1)"라는 구체적인 문제를 해결하게 하고, 이때 나타나는

- 답은 3마리다.
- 5+3=8이므로 답은 3마리다.
- 8−5=3이므로 답은 3마리다.

라는 등의 반응을 바탕으로, 문제 장면이 어떤 수를 알고 어떤 수를 구하라는 것인가, 주어진 수량과 요구하는 수량 사이에는 어떤 관계가 있는가를 간결·명확하게 나타내어 보도록 하고, 이때 나타나는

- 5+□=8

라는 등의 반응을 비교·검토하는 활동을 통하여,

- 문제가 요구하는 수는 '5+□=8'이라는 식의 □에 해당하는 수를 뜻한다.

는 것을 알아차리게(귀납하게) 하는 한편,

- 문제가 요구하는 수는 일정하게 정해져 있지만, 그 수가 어떤 수인지 모르는 수를 □로 나타낸다.

는 것을 알아차리게(귀납하게) 한다.

그리고 유사한 활동을 통하여 단계(학년)가 높아감에 따라 점진적으로 문제 장면을 문자(□나 ○ 또는 x나 y)를 사용한 식으로 나타낼 수 있게 하며, 반대로 문자가 사용된 식을 바르게 읽을 수 있게 한다.

지도상의 유의점

식의 지도에서는 식의 지도만을 따로 떼어서 지도하기보다 수와 연산 등 다른 영역의 내용의 지도와 함께 하는 것이 '식으로 나타낸다는 것의 좋은 점'을 느껴 볼 수 있게 하기가 쉬우며, 문제 장면을 스스로 '식으로 나타내려는 생각'도 잘 우러난다.

주요 내용 91 — 식을 구체적인 장으로 읽기

제시된 식을 내리 읽어나가기만 하는 것이 아니고, 제시된 식이 나타내는 의미·내용을 될 수 있는 대로 일반적으로 읽을 수 있도록 하기 위해서, 예컨대 넓이를 구하는 데 필요로 하는 길이가 주어졌을 때 넓이 공식에 그 수치를 대입하여 넓이를 구하는 활동을 통해서,

① 구체적인 문제의 해결에서 일반적인 관계를 나타내는 식을 그 장면에 맞추어서 읽을 수 있게

하며, 한편 문제 만들기 등을 통해서

② 어떤 식이 적용되는 문제를 만들 수 있게

하여 점진적으로 식을 구체적인 장면에 비추어서 읽을 수 있게 한다.

전개의 개요

"한 자루에 150원 하는 색연필과 230원 하는 공책을 사고 1000원을 내었다. 얼마를 거슬러 받아야 하는가?"라는 구체적인 문제를 해결하게 하고, 이때 나타나는

- 150+230=380　　1000−380=620　　답: 620원
- 620원
- 1000−(150+230)=620(원)
- 1000−150−230=620(원)

라는 등의 반응을 비교·검토하는 활동을 통해서, '(거스름돈)=(낸 돈)−(물건값)'이라는 '말의 식'을 이 문제에서는

• '낸 돈'이 1000원이고 '거스름돈'이 (150+230)원인 경우

라고 식을 구체적인 장면으로 읽을 수 있게 하여, 문제 해결 능력이 육성·정착되게 한다.

한편, '◇=(□+○)−△'라는 식으로 나타나는 문제를 만들어보게도 하여 식을 일반적으로 읽는 능력이 한층 더 신장되게 한다.

지도상의 유의점

문제 장면을 식으로 나타낼 수 있게 하는 지도 못지않게 식을 읽을 수 있게 하는 지도에도 높은 관심을 가질 필요가 있다.

주요 내용 92 — 식을 모형으로 읽기

어떤 문제의 식을 세웠을 때 그 식이 바르게 세운 식인가의 여부를 검토하거나 설명하거나 할 경우, 그 식을

① 덧셈·뺄셈이 쓰이는 구체적인 경우를 띠 그림이나 선분도 또는 수직선의 그림으로 나타내어 읽을 수 있게
② 곱셈·나눗셈이 쓰이는 구체적인 경우를 수직선의 그림이나 배열도 또는 면적도로 나타내어 읽을 수 있게

하여 점진적으로 식을 적절한 모형에 빗대어서 읽을 있게 한다.

전개의 개요

"어떤 게임에서 형은 132점을 득점하였는데, 형의 득점이 동생의 득점보다 53점이 적다고 한다. 동생은 몇 점을 득점하였는가?"라는 문제의 해결에서, 132+

53(=185)이라는 식으로 나타난다는 것을 알아내었을 때, 그런 식으로 나타나는 까닭을

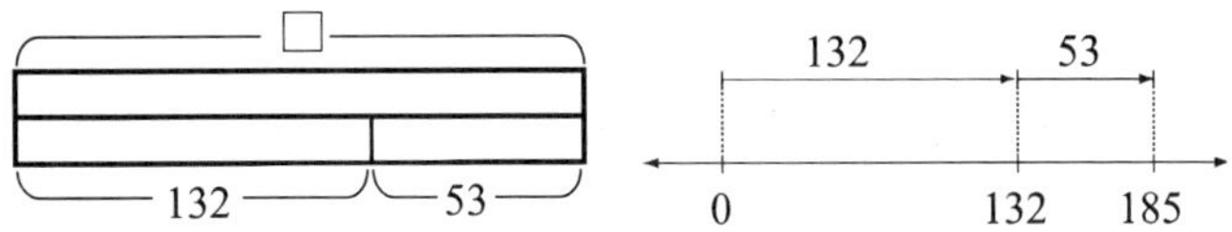

와 같은 띠 그림이나 수직선의 그림으로 설명할 수 있게 하여, 식을 적절한 모형에 빗대어서 읽는 능력이 한층 더 향상되게 한다.

마찬가지로, "1L의 무게가 $\frac{4}{5}$kg 나가는 어떤 기름이 있다. 이 기름 $\frac{2}{3}$L의 무게는 얼마인가?"와 같은 문제의 해결에서, $\frac{4}{5}\times\frac{2}{3}$라는 식으로 나타나는 까닭을

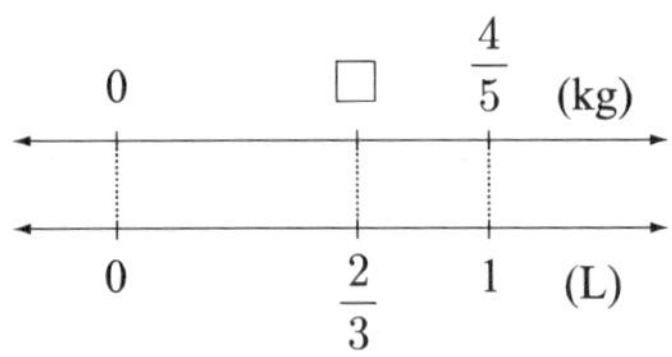

와 같은 수직선의 그림으로 설명할 수 있게 하여, 문제 해결 능력이 정착·향상되게 한다.

그리고 $\frac{4}{5}\times\frac{2}{3}$라는 식으로 나타난다는 것을 알아낸 다음에, 이 곱셈의 계산방법을, 예컨대

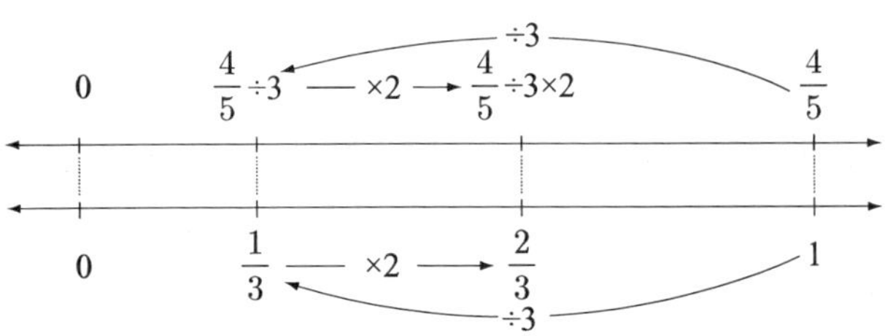

와 같은 수직선의 그림을 이용하여 분자끼리 곱한 것을 분자로, 분모끼리 곱한 것을 분모로 하는 분수로 나타난다는 것을 알아낼 수 있게 하여, 분수의 곱셈으로

나타나는 문제 장면도 적절한 모형(여기서는 수직선)에 빗대어서 읽는 능력이 한 층 더 향상되게 하고, 분수의 곱셈이 쓰이는 경우에 대한 이해를 심화시킨다.

주요 내용 93 — 식을 일반적으로 읽기

식에 이용되는 수의 크기나 양의 종류 또는 장면에 구애됨이 없이,

(가) 구체적인 장면을 나타낸 식을 일반적으로 읽을 수 있게
(나) 몇 개의 식에서 일반적인 규칙을 읽을 수 있게
(다) 일반화된 식을 보다 일반적으로 읽을 수 있게

하여 사상이나 관계를 간결·명확하게, 그리고 일반적으로 나타낼 수 있도록 한다.

(가) 구체적인 장면을 나타낸 식을 일반적으로 읽을 수 있게 한다

구체적인 문제의 해결 과정에서

① 문제에 주어진 수를 사용하여 나타낸 식을 일반적으로 읽을 수 있게
② 주어진 수를 사용하여 계산한 것을 보고, 그 계산 방법을 일반적으로 읽을 수 있게 하여, 사상이나 관계를 간결·명확하고 일반적으로 이해할 수 있는 능력이 육성·정착되게

한다.

전개의 개요

예컨대, "2.3m의 무게가 7kg 나가는 철봉이 있다. 이런 철봉 1m의 무게는 얼마나 나갈까?"라는 문제의 해결에서, 이 문제 장면이 □=7÷2.3이라는 식으로 나타난다는 것을 이해한 다음에,

- '□=7÷2.3'의 '□'를 '단위량당의 무게'로, '7'을 '철봉의 무게'로, '2.3'을 '철봉의 길이'로 읽을 수 있게 하고, 유사한 문제의 해결에서도 이와 같이 읽을 수 있게 하여, 식을 일반적으로 읽는 능력이 육성·향상되게 한다.

또는, 예컨대 '$\frac{6}{7}\div 3$'을 계산한 다음에 유사한 계산 문제를 풀어보게 하여, 이때 나타난 반응을 바탕으로, 예컨대 $\frac{6}{7}\div 3$의 계산에서 '$\frac{6}{7}$은 $\frac{1}{7}$의 6배, 이것을 3등분하면 $\frac{1}{7}$이 $(6\div 3)$(개), 그러므로 $\frac{6}{7}\div 3=\frac{6\div 3}{7}=\frac{2}{7}$'라고 계산한 것을 되돌아보면서, '$\frac{6}{7}\div 3=\frac{6\div 3}{7}=\frac{2}{7}$'라는 계산 과정을

- 분자를 제수로 나눈다.

라고 식을 일반적으로 읽을 있게 한다.

(나) 몇 개의 식에서 일반적인 규칙을 읽을(귀납할) 수 있게 한다.

전개의 개요

예컨대, 곱셈구구단의 구성에서 알아본

$$4\times 2=4+4=8$$
$$4\times 3=4+4+4=12$$
$$4\times 4=4+4+4+4=16$$
$$4\times 5=4+4+4+4+4=20$$

이라는 방법으로 알아보던 곱셈구구에서

$$4\times 6=20+4=24$$

라는 규칙성을 알아차려

$$4\times 7=24+4=28$$
$$4\times 8=28+4=32$$
$$4\times 9=32+4=36$$

이라는 방법으로 구구단을 구성한 다음에, 이것을 되돌아보면서

- 승수가 1 커지면 곱은 피승수만큼 커진다.

라고 읽을 수 있게 하여, 몇 개의 식에서 일반적인 규칙을 읽을 수 있는 능력이

신장되게 한다.

(다) 일반화된 식을 보다 일반적으로 읽을 수 있게 한다

이미 일반화된 식을 보다 일반적으로 읽을 수 있게 하여, 그 식을 보다 넓은 범위에서 활용할 수 있게 한다.

전개의 개요

예컨대 일반화된 '사다리꼴의 넓이=(윗변+밑변)×높이'라는 공식을 알아낸 다음에, 이미 알아낸 '평행사변형의 넓이 공식'이나 '삼각형의 넓이 공식'을 제시하여 이들 공식에서 볼 수 있는 관련성을 알아보게 하고, 이때 나타나는 반응을 비교·검토하는 활동을 통해서,

- '사다리꼴의 넓이 공식'의 "윗변과 밑변의 길이가 같다."고 보면 '평행사변형의 넓이 공식'이 된다.
- '사다리꼴의 넓이 공식'의 윗변의 길이를 0이라고 보면 '삼각형의 넓이 공식'이 된다.

는 것을 알아차리게 하여, 일반화된 식을 보다 일반적으로 읽을 수 있게 한다.

주요 내용 94 — 식을 관계로 읽기

구체적인 문제를 해결하는 활동을 통하여,

① 문제에서 구하려는 것과 관계가 있는 양을 알아낼 수 있게
② 문제의 해결 과정에서 주어진 양 가운데 어떤 양이 구하려는 양과 관계가 있는가를 알아볼 수 있게

하여, 문제의 해결에 이용할 식이나 문제의 해결을 통하여 알아낸 식을 관계(함수 관계)라는 관점에서 읽을 수 있게 한다.

전개의 개요

"오른쪽 그림과 같은 도형의 넓이를 구하여라. 단, 넓이를 구하는 데에 필요로 하는 변의 길이는 각자가 재도록 하고, 보조선을 긋고 싶으면 각자의 생각이 잘 나타나도록 보조선을 그려 넣어라."

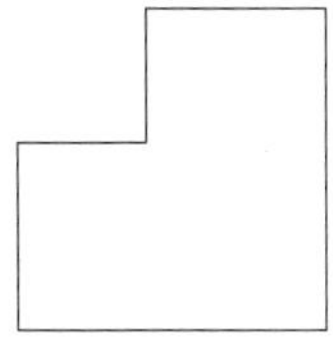

라는 문제의 해결에서 나타나는

- 그림 (1)과 같이 분할하고 ①과 ② 및 ④와 ⑤의 길이를 재어서 구하였다.
- 그림 (2)와 같이 분할하고 ①과 ⑥ 및 ④와 ③의 길이를 재어서 구하였다.
- 그림 (3)과 같이 보충하고 ④와 ⑤ 및 ②와 ③의 길이를 재어서 구하였다.

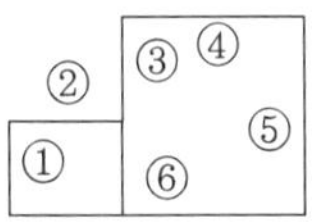

그림 (1)

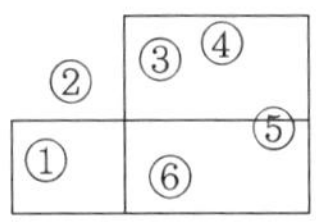

그림 (2)

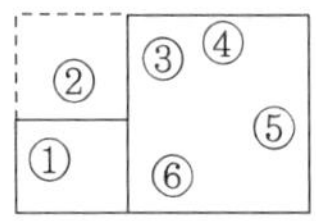

그림 (3)

라는 등의 반응을 비교·검토하는 활동을 통하여,

- '직사각형의 넓이'는 그 '가로의 길이'와 '세로의 길이'에 의하여 정해진다.

는 것을 알아차리게 하여, 공식을 "~은 ~에 의해서 정해진다."라는 의존관계(함수관계)로 볼 수 있게(읽을 수 있게) 한다.

참고 흔히 말하는 식이라는 것은 어떤 상황을 나타내는 식과 관계를 나타내는 식으로 대별할 수 있는데, '관계를 나타내는 식'이란 '함수관계를 나타내는 식'을 뜻하며, 초등학교에서 다루는 '함수관계'의 내용이라고는 '비례·반비례'가 고작이지만, '함수관계'로 볼 수 있는 장면은 많이 있다. 그 예를 몇 가지 아래에 제시한다.

- ('수의 합성·분해'를 학습하는 장면에서) "8은 ○와 □"라는 것을 "○의 수가 1 커지면 □의 수는 1 작아진다."
- 삼각형, 평행사변형, 사다리꼴의 높이가 2배, 3배, 4배, …로 변하면 넓이도 따라서 2배, 3배, 4배, …로 변한다.

주요 내용 95 — 문제 장면을 하나의 식으로 나타낸다는 것의 좋은 점

구체적인 문제를 해결하는 활동을 통하여 문제 장면을 하나의 식으로 나타내면,

㉮ 입식(계획)과 실행(계산)을 분리하여 처리할 수 있다.

㉯ 사고 노력이 절약된다.

㉰ 해(풀이)가 어떤 양에 의존하는가를 알아차리기 쉽다.

라는 등의 '하나의 식으로 나타낸다는 것의 좋은 점'을 알고, 문제 장면을 하나의 식으로 나타낼 수 있게 한다.

전개의 개요

예컨대, "정원이 60명인 버스의 1인당의 요금이 500원이다. 그런데 전세를 내면 60명분의 요금의 20%가 할인된다고 한다. 일행이 50명인 경우에는 전세를 내는 편이 유리할까?", "개개인이 보통 요금을 내는 편이 유리할까?"라는 문제의 해결에서 나타나는

◈ 개개인이 보통 요금을 내면 그 총액이 $500\times50=25000$(원)
전세를 내면 $500\times60=30000$(원) $30000\times0.8=24000$(원)
$\therefore$ 전세를 낼 때 한 사람이 부담하는 금액은 $24000\div50=480$(원)
그런데 $25000>24000$, 즉 $500>480$이므로 전세를 내는 편이 유리하다.

라는 등의 반응을 비교·검토하는 활동을 통하여,

• 문제에 제시된 조건을 망라한

$$500\times60\times0.8\div500=500\times x$$

라는 하나의 식으로 나타냄으로써

$$500\times\boxed{}\div500=500\times x \Rightarrow \boxed{}=x$$

문제에 주어진 1인당의 요금(500원)은 필요 없는 수량이다(조건 과잉).

라는 것을 알아차리게 하며,

- 문제 장면을 하나의 식으로 나타내면 계산해보지 않고도 해(풀이)가 어떤 양에 의존하는가를 알아차릴 수 있으며, 사고 노력이 절약된다.

라는 '하나의 식으로 나타낸다는 것의 좋은 점'을 알아차리게 한다.

그리고 유사한 문제를 해결하는 활동을 통하여, 사상이나 관계를 식으로 나타내면

- 사상이나 관계가 명확히 나타난다.
- 사상이나 관계를 일반화하기 용이해진다.
- 형식적인 처리가 가능해진다.

라는 '식으로 나타낸다는 것의 좋은 점'을 다시 한번 느끼게 한다.

지도상의 유의점

문제 장면을 하나의 식으로 나타낼 수 있도록 하기 위해서는 다음과 같은 점에 대한 지도를 하여야 한다.

ⓐ 답을 구하는 계산은 문제의 모든 조건이 갖추어진 식을 세운 다음에 한다.
ⓑ 식 자체를 하나의 수량으로 볼 수 있게 한다.

한편, 식 자체를 하나의 수량으로 볼 수 있는 안목을 형성시키기 위해서는

ⓒ 괄호( ) 안의 식을 하나의 수량으로 볼 수 있게 하여야 한다.

괄호( )는 괄호( ) 안의 식을 하나의 수량으로 본다는 뜻으로 사용한다는 것을 이해하게 하여야 한다.

ⓓ 곱셈이나 나눗셈의 식을 하나의 수량으로 볼 수 있게 하여야 한다.

라. 문제 해결에 관련되는 내용

문제 해결에서의 학습목표는

(가) 자신의 문제를 파악할 수 있게
(나) 파악한 자신의 문제의 해결 방안을 (개괄적이나마) 구상할 수 있게
(다) 구상한 해결 방안에 따라 해결을 실행할 수 있게
(라) 해결 결과나 과정을 검토할 수 있게
(마) 해결한 문제를 발전적으로 고찰할 수 있게

하고,

(바) 발견하는 능력·태도가 형성·정착되게
(사) 사상을 수리적으로 포착하는 능력·태도가 형성·정착되게
(아) 귀납적인 생각 등의 수학적인 생각이 육성·정착되게
(자) 지도 내용에 대한 이해가 심화되게

하여, 여러 가지 문제를 합리적으로 해결할 수 있는 능력이 형성·정착되도록 하는 데에 있다.

특히, 여러 가지 문제를 해결하는 과정에서 거치게 되는 해결 방안을 수립하는 단계(위의 (나))에서는, 해결할 문제가

① 그림을 그려서 알아보면 좋을 문제인가?
② 실험·실측해보는 것이 좋을 문제인가?
③ 표로 정리해보는 것이 좋을 문제인가?
④ 거꾸로 생각해보는 것이 좋을 문제인가?
⑤ 패턴을 찾아보는 것이 좋을 문제인가?
⑥ 관점을 달리 바꾸어서 알아보는 것이 좋을 문제인가?

를 내다볼 수 있는 안목부터 먼저 형성·정착시키는 것이 좋다.

이리하여, 일상적인 문제를 해결하는 능력이나 중학교 이후에 학습하게 되는 학습내용에 관한 이해의 기초가 심화되게 한다.

주요 내용 96 — 문제에서 부족한 정보 찾기

예컨대, "등변의 길이가 5cm인 이등변삼각형을 그려라."라는 구체적인 문제를 해결하는 활동을 통해서, '따라서 변하는 것'과 '따라서 변하지 않는 것'이 있다는 것을 알아차리게 하여, 함수관계(의존관계)에 관한 이해가 심화되게 한다.

전개의 개요

"등변의 길이가 5cm인 이등변삼각형을 그려라."라는 구체적인 문제를 해결하게 하고, 이때 나타나는

- 길이가 5cm인 선분 2개를 한 끝점이 포개지도록 긋고, 다른 두 끝점을 이었다.
- 임의 선분을 긋고 이 선분의 양쪽 끝점을 각각 중심으로 하는 반지름 5cm인 원을 2개 그려, 그 교점과 처음에 그은 선분의 두 끝점을 이어서 그렸다.

라는 등의 반응을 비교·검토하는 활동을 통해서,

- 여러 가지 모양의 이등변삼각형이 그려진다.
- 등변의 길이만으로는 하나의 이등변삼각형의 모양이 정해지지 않는다.

는 것을 알아차리게 하여 의존관계(함수관계)를 의식할 수 있게 하며, 하나의 이등변삼각형이 그려질 수 있기 위해서는 다른 조건(정보)이 필요하다는 것을 알아차리게 한다.

주요 내용 97 — 논리적으로 추론하여 문제를 해결하기

'논리적으로 추론하여 문제를 해결하기'라는 것은, 어떤 문제의 해결에서 주어진 조건이나 이미 학습하여 알고 있는 사실 및 수학적인 생각을 활용하여 문제의

해결을 전개해나간다는 뜻이다.

전개의 개요

예컨대, "야구공이 27개 있다. 이 중에는 다른 공보다 무거운 것이 1개가 있다. 양팔저울을 써서 무거운 공을 가려내려고 한다. 양팔저울로 몇 번을 측정해보면 무거운 공을 가려낼 수 있을까?"라는 문제를 해결하게 하고, 이때 나타나는

- 한 번에 무거운 공이 찾아내어질 수도 있다.
- 한 번에 2개씩 13번 재어보면 무거운 공이 찾아내어진다.

라는 등의 반응을 비교·검토하는 활동을 통해서,

야구공이 27개 있다. 이 중에는 다른 공보다 무거운 것이 1개가 있다. 양팔저울을 써서 무거운 공을 가려내려고 한다. 양팔저울로 최소한 몇 번만 측정해보면 무거운 공이 가려내어질까?

라는 본시에 다룰 문제를 제시하여 각자의 생각대로 '최소한의 횟수'를 알아보게 하고, 이때 나타나는 반응을 비교·검토하는 활동을 통해서,

① 공을 9개씩 세 쌍으로 나누고, 두 쌍을 양팔저울에 얹어 무게를 비교한다.
  - 양팔저울이 평형을 이루면 무거운 공은 남은 쌍 안에 있다.
  - 양팔저울의 한 쪽이 내려가면, 내려간 쪽의 쌍 안에 무거운 공이 있다.

② 무거운 공이 있는 9개의 공을 다시 3개씩 세 쌍으로 나누고, 무게를 비교한다.
  - 위의 ①과 같이 하여 무거운 공이 있는 쌍을 알아낸다.

③ 무거운 공이 있는 3개의 공 가운데 2개를 양팔저울에 얹어 무게를 비교한다.
  - 양팔저울이 평형을 이루면 남은 공이 무거운 공이다.
  - 양팔저울의 한쪽이 내려가면, 내려간 쪽의 공이 무거운 공이다.

그러므로, 무거운 공을 가려내는 데 필요한 최소한의 측정 횟수는 '세 번'이다.

라는 사실을 알아차리고, 설명할 수 있게 한다.

그리고 위에서 해결한 것을 바탕으로 하여

최소한의 측정 횟수	가려낼 수 있는 (특수한 것 1개가 포함된) 물건의 수
1	3 또는 2
2	4~9
3	10~27
……	……
n	$3^{n-1}+1 \sim 3^n$

와 같이 정리(일반화)하고, 설명할 수 있게 한다.

참고 "'논리적으로 추론하여 문제를 해결하기'는 수학의 대부분의 내용의 지도에서 강조할 수가 있다."라기보다는 수학의 대부분의 내용의 지도에서 강조하여야 할 내용인 것이다.

주요 내용 98 — 문제 해결의 과정

해결 방안이 금방은 떠오르지 않는, 예컨대 "보물이 들어 있는 상자(■) 5개를 크기와 모양이 같은 블록(□)으로 빈틈없이 외어 싸서 감추려고 한다. 블록이 몇 개 있어야 하는가?"라는 문제를 해결하는 활동을 통해서,

(가) 자신의 문제를 파악할 수 있게
(나) 파악한 자신의 문제의 해결 방안을 (개괄적이나마) 구상할 수 있게
(다) 구상한 해결 방안에 따라 해결을 실행할 수 있게
(라) 해결 결과나 과정을 검토할 수 있게
(마) 해결한 문제를 발전적으로 고찰할 수 있게

한다는 문제 해결의 과정이 형성·정착되게 한다.

전개의 개요

예컨대, "보물이 들어 있는 상자(■) 5개를 크기와 모양이 같은 블록(□)으로 빈틈없이 외어 싸서 감추려고 한다. 블록이 몇 개 있어야 하는가?"라는 문제와 같이, 대부분의 아동이 쉽게 해결할 수 있는 문제를 제시하여 해결하게 하고, 이때 나타나는

(1)  와 같이 외어 쌓는 데 12개가 소요된다.

(2) 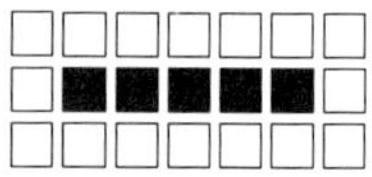 와 같이 외어 쌓더니 16개가 소요된다.

(3) 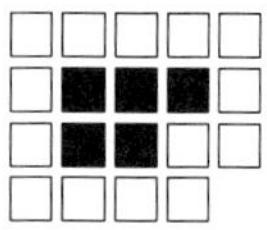 와 같이 외어 쌓더니 14개가 소요된다.

(4) 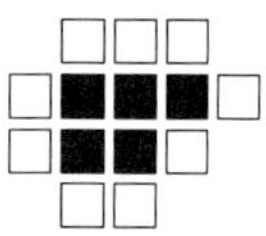 와 같이 외어 쌓더니 9개가 소요된다.

라는 등의 반응을 비교·검토하는 활동을 통하여,

- 보물 상자를 외어 쌓는 방법에 따라 보물 상자를 외어 쌓는 데 드는 블록의 개수가 다르다.

는 것을 알아차리게 하고, "빈틈없이 외어 쌓는다."는 말을 가령 (2)나 (3)과 같이 쌓는 것으로 본다면, 보물 상자 28개를 빈틈없이 외어 쌓는 데는 블록이 몇 개 있어야 할까?"라는 말(발문)을 하거나 하면서

- 본시에 다룰 문제를 파악하게

하고, 본시에 다룰 문제의 뜻이 파악되었다는 판단이 섰을 때

문제

> 보물이 들어 있는 크기가 같은 정육면체 모양의 상자(■) 28개를 크기가 같은 정육면체 모양의 블록(□)으로 빈틈없이 외어 쌓아서 감추려면 블록을 몇 개 마련하여야 할까?

라는 본시에 다룰 문제를 제시한다.

이어서, "28개의 보물 상자를 빈틈없이 외어 쌓는 데 필요한 블록의 개수를 구할 수 있겠는가?", "어떻게 하면 그 개수를 알아낼 수 있을 것 같은가?"라는 지도 조언(발문)을 주거나 하여,

- 나름대로의 해결 방안을 구상하게

한다.

그리고 각자가 나름대로의 해결 방안을 구상하였다는 판단이 섰을 때, "각자가 생각한(구상한) 방법으로 해결해보아라."라는 조언을 주어,

- 나름대로의 방법으로 해결을 실행하게

한다(이때 개별지도를 겸한 궤간순시를 통해서 해결 방법이나 해결 결과가 다른 것을 찾아둔다).

대부분이 나름대로의 방법으로 답을 구했다는 판단이 섰을 때 찾아둔 해결 방법이나 해결 결과가 다른 아동에게 발표시키고, "발표된 해결 방법이나 해결 결과를 보고 느껴지는 것이 있는가?"라는 지도 조언(발문)을 주어,

- 해결 방법이나 해결 결과를 검토하게

하고, 해결 방법이나 해결 결과를 비교·검토하는 활동을 통하여,

- 보물 상자를 다음의 그림 (1)과 같이 배열하여 그 둘레를 빈틈없이 외어 쌓거나, 그림 (2)와 같이 배열하여 그 둘레를 빈틈없이 외어 쌓거나 블록은 똑같이 28개가 소요된다.

는 것을 알아차리게 한다(검토·정리).

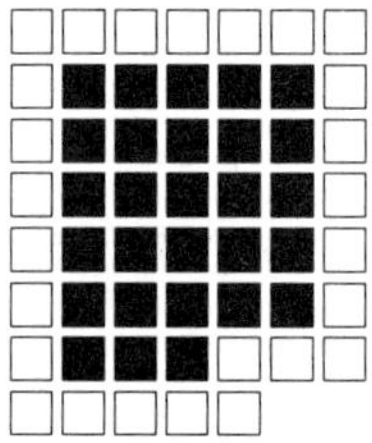

그림 (1)

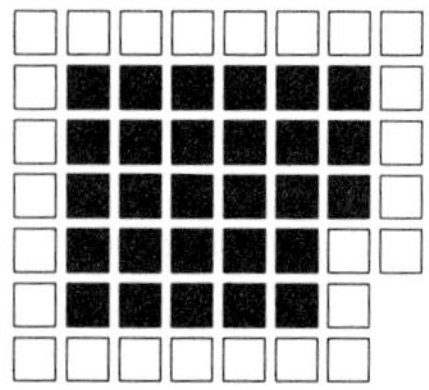

그림 (2)

본 문제의 해결에 대한 검토·정리가 일단락되었을 때, "이와 비슷한 문제를 만들어보아라.", "만들었으면 풀어보아라."라는 지도 조언(발문)을 주어,

- 해결한 문제를 발전적으로 고찰하게

하여, 해결한 문제의 일부분(보물 상자의 수나 블록의 수)을 달리하여 새로운 문제를 만들거나, 해결한 방법이나 해결 결과를 이용하면 해결될 수 있는 새로운 문제를 찾아보게 한다.

그리하여, 이때 나타나는 반응을 비교·검토하는 활동을 통하여,

- 보물 상자의 개수가 26개일 때 외어 쌓는 데 소요되는 블록의 개수나, 30개일 때 외어 쌓는 데 소요되는 블록의 개수가 같아진다.

는 사실(자신의 새로운 문제)을 알아차리게(파악하게) 하고, "보물 상자의 개수가 26개일 때와 30개일 때에 외어 쌓는 데 소요되는 블록의 개수가 같아지는 까닭은 무엇일까?"라는 지도 조언(발문)을 주어,

- (자신의 새로운 문제에 대한) 나름대로의 해결 방안을 구상하게

하고,

- (자신의 새로운 문제를) 나름대로의 방법으로 해결을 실행하게

한다.

그리하여, 이때 나타나는 각자의 반응을 비교·검토하는 활동을 통해서,

- 보물 상자의 개수가 1개일 때부터 알아본 것을

보물상자의 개수	1	2	3	4	5	6	7	8	9	10	11	12	13	14	15	16	…
블록의 개수	8	10	12	12	14	14	16	16	16	18	18	18	20	20	20	20	…

와 같이 표로 정리하여, 보물 상자의 개수를 외어 쌓는 데 소요되는 블록의 개수가 같아지는 것은 보물 상자의 개수가 몇 개부터 몇 개까지일 때라는 것을 알아차릴 수 있게

- 표로 나타낸다는 것의 '좋은 점'을 느껴볼 수 있게

하고, (가령) 보물 상자가 4×4인 16(개)라고 하면 아래 그림과 같이 정사각형 모양으로 정렬되므로 (4+4)×2+4=20(개), 즉 보물 상자가 16개일 때는 20개의 블록만으로 외어 쌓을 수 있다(연역, 검토, 발전)는 사실을 바탕으로,

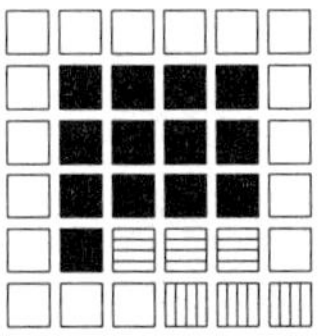

※ 아래 설명의 편의상 보물은 ■과 ▤으로 나타내고, 블록은 □과 ▥으로 나타낸 곳이다.

- 보물 상자가 15개인 경우는 맨 아랫단의 오른쪽 끝에 있는 ▤(보물)을 1개 덜어내고, 그 자리에 오른쪽 끝에 있는 블록 1개(▥)를 옮겨놓으면 된다. 똑같은 방법으로, 14개인 경우는 방금 옮긴 ▥의 바로 옆에 있는 ▤을 덜어내어 보물 상자를 14개가 되게 하고, 블록을 나타내는 맨 아랫단의 오른쪽에서 두 번째의 ▥을 그 자리에 옮기면 된다. 이와 같은 과정을 반복하면 14개의 경우가 해결된다.

는 규칙성이나,

- 보물 상자의 개수가 몇 개이건, 정사각형 모양이나 가로의 개수와 세로의 개수의 차가 '1'인 직사각형으로 배열하고(이와 같이 배열하는 데에 보물 상자가 모자라는 경우는 모자라는 개수만큼 ▤을 추가하여 배열하고), 추가한 ▤의 개수만큼 보물 상자를 덜어내고 그 자리에 맨 아랫단에 있는 ▥을 오른쪽에서 차례로 그 자리에 옮기면 된다. 이때 소요되는 블록의 개수는 처음의 정사각형이나 직사각형을 외워 쌓는 데 소요되는 블록의 개수와 같아진다.

라는 규칙성을 알아낼 수 있게 한다.

그리하여, 유사한 활동을 통하여 문제의 해결 과정이 점진적으로 형성·정착되게 한다.

지도상의 유의점

문제 해결에서 말하는 문제란 해결해보고는 싶지만 해결 방안이 금방은 떠오르지 않는 문제를 가리키며, 이런 문제가 이른바 자신의 문제인 것이다.

어떤 과제가 자신의 문제라고 느껴졌을 때는 자연스럽게 어떻게 하여야 이 문제를 해결할 수 있을까(해결 방안의 구상) 하는 생각이 우러나기 십상이며, 나름대로의 해결 방안을 구상하고, 구상한 해결 방안에 따라 일단 해결해보자라는 생각에서 해결을 시도(해결의 실행)하기 십상이다.

그리고 해결을 시도하는 과정에서 처음에 구상했던 해결 방안에 따라 해결한 것이 적중하는 경우도 있지만, 적중하지 않았을 때는 해결하고 말겠다는 심정에서 해결 방안을 다시 구상하여 새로 구상한 방안에 따라 해결을 다시 시도한다.

또, 해결이 끝난 다음에는 해결한 과정에 틀림이 있지나 않을까(검토), 해결한 것을 누가, 언제 보아도, 알아보기 쉽게 정리해두자(정리), 보다 능률적으로 해결할 수 있는 방법이 없을까(발전), 이 문제를 해결할 수 있는 방법은 이 방법뿐일까(발전), 이와 같은 해결 방법으로 해결될 수 있는 문제로는 어떤 문제가 있을까(발전) 하는 등의 생각을 하게도 된다.

그러므로, 문제 해결의 지도에서는 아동이 흥미·관심을 가지는 사상으로 구성된 문제를 개발하거나 수집하여, 아동으로 하여금 위에 제시한 문제 해결의 과정을 자연스럽게 밟히도록 하는 것이 좋다.

그런데 문제 해결에 입문하는 단계(저학년)에서는 문제의 해결 과정을 익히게 한다는 뜻으로 그 과정을 형식적으로라도 밟힐 필요가 있는 경우도 있다.

참고 '문제 해결의 과정 설명하기'라는 것은, 수학의 학습에서 아동 각자가 자기가 알아보고 싶다는 생각이 드는 과제에 대해 알아본 과정을 조리 있게(논리적으로) 설명해보인다는 것을 뜻한다.

이런 것은 영역이나 학년에 구애됨이 없이 대부분의 수학시간에 강조하여야 한다.

주요 내용 99 ─ 원 문제의 조건을 바꾸어 새로운 문제를 만들기

원 문제의 조건을 바꾸어 새로운 문제를 만든다는 것은, 예컨대 "곧은길을 따라 4m 간격으로 은행나무를 20그루 심었다. 양쪽 끝에 심은 나무 사이의 거리는 몇 m인가?"라는 문제의 경우는,

• 주어진 조건은 ①~④이고, 구하는 조건은 ⑤이다.

곧은길(①)을 따라 4m 간격(②)으로 은행나무(③)를 20그루 심었다.(④)
양쪽 끝에 심은 나무 사이의 거리는 몇 m인가?(⑤)

라는 것을 포착할 수 있어야 하며

• ①~④의 주어지는 조건 중에 어느 조건을 바꾸면 새로운 문제가 만들어지는가?

하는 것을 가름할 수 있게 한다.

한편, 원 문제의 주어진 조건이나 구하는 조건을 구분하지 않고,

• ①~⑤ 중에서 몇 개를 주어지는 조건으로 정하고, 남은 어떤 조건을 구하는 조건으로 정하면 새로운 문제를 만들 수 있다.

는 것을 알아차리게 하여, 원 문제의 조건을 바꾸어 새로운 문제를 만들 수도 있게 한다.

전개의 개요

예컨대, "곧은길을 따라 4m 간격으로 은행나무를 20그루 심었다. 양쪽 끝에 심은 나무 사이의 거리는 몇 m인가?"라는 문제의 해결이 일단락되었을 때, "이 문제를 바탕으로 새로운 문제를 만들어보아라."라고 발문하고, 이때 나타나는

◈ "곧은길을 따라서 6m 간격으로 은행나무를 30그루 심었다. 양쪽 끝에 심은 나무 사이의 거리는 몇 m인가?"라는 문제를 만들었다.

◈ "곧은길을 따라 4m 간격으로 감나무를 30그루 심었다. 양쪽 끝에 심은 나무 사이의 거리는 몇 m인가?"라는 문제를 만들었다.

라는 등의 반응을 비교·검토하는 활동을 통해서,

- 이 문제의 ① 곧은길, ② 4m, ③ 은행나무, ④ 20그루 등의 조건을 바꾸면 새로운 문제가 만들어진다.
- 이 문제의 ① 곧은길이나 ③ 은행나무라는 조건을 바꾸어서는 문제의 식이 모두 '양쪽 끝에 있는 나무 사이의 거리=(그루 수−1)×4'

라는 같은 식으로 나타난다는 것을 알아차리게 하고, "다른 식이 얻어지는 문제를 만들 수는 없을까?"라고 다시 발문하고, 이때 나타나는

◈ 오류를 포함하는 다양한 반응(다양한 반응이 나오지 않을지 모른다)
◈ 모르겠다.

라는 반응을 비교·검토하는 활동을 바탕으로, '4m 간격으로'라는 말의 '간격으로'라는 말이 두 나무 사이의 거리가 일정하다는 것을 뜻하며, 일반적으로는 가로수 사이의 거리가 일정하지 않다는 사실을 되새겨보게 하고, '양쪽 끝 나무 사이의 거리=(그루수−1)×4'라는 식과는 다른 식이 얻어지는 문제를 생각해보도록 한다. 그리하여, 이때 나타나는

◈ "길을 따라 30그루의 나무를 심으면, 나무 사이의 칸이 몇 개 생기는가?" 라는 문제
◈ "1∼19의 수에는 짝수가 몇 개 있는가?"라는 문제

라는 등의 반응을 비교·검토하는 활동을 통해서,

- 이런 문제는 모두 '□=○−1'이라는 식으로 나타난다.

는 것을 알아차리게 한다.

계속해서, 외길이 아니고 "다음 그림 (1)과 같은 삼거리길의 경우의 문제를 만들어보아라."라는 발문을 하여, 이때 나타나는 반응을 비교·검토하는 활동을 통해서

- 삼거리가 몇 군데 있는가에 구애됨이 없이 언제나 '□=○−1'이라는 식으로 나타난다.

는 것을 알아차리게 하고, 또 “다음 그림 (2)와 같이 닫힌 도형 모양의 길인 경우는 어떤 식으로 나타날까?”라는 발문을 하여, 이때 나타나는 반응을 비교·검토하는 활동을 통해서

- 원과 같이 닫힌 도형 모양(그림 (2))의 길인 경우는 ‘□=○’라는 식으로 나타난다.
- 그림 (3)과 같이 닫힌 도형 2개가 선으로 연결된 모양인 경우에는 ‘□=○+1’이라는 식으로 나타난다.

는 것, 따라서 그림 (4)의 도형과 같은 경우는(변의 수를 E, 점의 수를 V, 면의 수를 f라고 하겠다)

- $E-f=V-1$, 즉 $V-E+f=1$이라는 관계가 있다.

는 것을 알아차리게 하며, 이와 같은 식이 얻어지는 새로운 문제를 만들 수 있게 하여 발견하는 능력·태도가 신장되게 한다.

그림 (1)

그림 (2)

그림 (3)

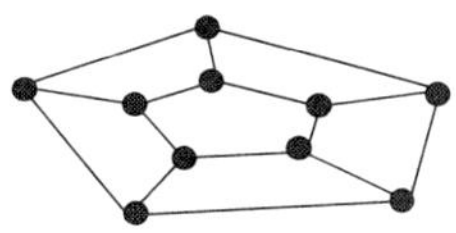

그림 (4)

부록

2007개정 초등학교 수학과 교육과정

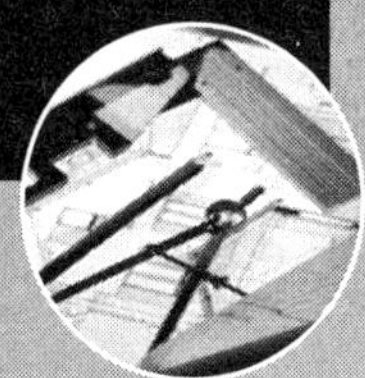

부록 — 2007개정 초등학교 수학과 교육과정

가. 성격

수학과는 수학적 개념, 원리, 법칙을 이해하고 논리적으로 사고하며, 여러 가지 현상을 수학적으로 관찰하고 해석하는 능력을 기르고, 여러 가지 문제를 수학적인 방법을 사용하여 합리적으로 해결하는 능력과 태도를 기르는 교과이다.

수학적 개념의 깊이 있는 이해와 활용, 합리적인 문제 해결 능력과 태도는 모든 교과를 성공적으로 학습하는 데 필수적일 뿐만 아니라, 개인의 전문적인 능력을 향상시키고 민주시민으로서 합리적 의사결정 방법을 습득하는 데에도 필요하다. 또한 수학적 지식과 사고 방법은 오랜 역사를 통해 인간 문명 발전의 지적인 동력의 역할을 해왔으며, 미래의 지식 기반 정보화 사회를 살아가는 데 필수적이다.

초등학교 수학과 교육 내용은 '수와 연산', '도형', '측정', '확률과 통계', '규칙성과 문제 해결'의 5개 영역으로 구성된다. '수와 연산' 영역에서는 자연수, 분수, 소수의 개념과 사칙계산을, '도형' 영역에서는 평면도형과 입체도형의 개념과 성질을, '측정' 영역에서는 길이, 시간, 들이, 무게, 각도, 넓이, 부피의 개념과 활용을, '확률과 통계' 영역에서는 자료의 정리와 해석, 경우의 수, 확률의 의미를, '규칙성과 문제 해결' 영역에서는 규칙 찾기, 비와 비례, 문자의 사용, 간단한 방정식, 정비례와 반비례, 여러 가지 문제 해결 방법을 다룬다.

중학교와 고등학교 수학과 교육 내용은 '수와 연산', '문자와 식', '함수', '확률과 통계', '기하'의 5개 영역으로 구성된다.

중학교의 경우, '수와 연산' 영역에서는 집합, 정수, 유리수, 실수의 개념과 사칙계산, 근사값을, '문자와 식' 영역에서는 다항식의 개념과 사칙계산, 일차방정식과 일차부등식, 연립일차방정식과 연립일차부등식, 이차방정식의 풀이와 활용을, '함수' 영역에서는 함수 개념, 일차함수의 개념과 활용, 이차함수의 개념을, '확률과 통계' 영역에서는 도수분포에 대한 이해와 활용, 확률의 기본 성질, 대표값과 산포도를, '기하' 영역에서는 기본 도형의 성질에 대한 이해와 증명, 피타고라스의 정리, 삼각비에 대한 이해와 활용을 다룬다.

고등학교의 경우, '수와 연산' 영역에서는 집합의 연산법칙, 명제의 이해와 활용, 실수의 성질, 복소수의 개념과 사칙계산을, '문자와 식' 영역에서는 다항식의 연산과 활용, 유리식과 무리식의 계산, 이차방정식의 활용, 고차방정식, 연립방정식, 이차부등식, 연립부등식, 절대부등식의 풀이를, '기하' 영역에서는 평면좌표, 직선의 방정식, 원의 방정식, 도형의 이동, 부등식의 영역의 이해와 활용을, '함수' 영역에서는 이차함수의 활용, 유리함수, 무리함수, 삼각함수의 개념과 활용을, '확률과 통계' 영역에서는 순열과 조합의 이해를 다룬다.

수학의 교수·학습에서는 학생들이 구체적인 경험에 근거하여 여러 가지 현상을 수학적으로 해석하고 조직하는 활동, 구체적인 사실에서 추상화 단계로 점진적으로 나가는 과정, 직관이나 구체적인 조작 활동에 바탕을 둔 통찰 등의 수학적 경험을 통하여 형식이나 관계를 발견하고, 수학적 개념, 원리, 법칙 등을 이해할 수 있도록 한다. 또한 수학적 문제를 해결하는 과정에서 문제를 명확히 이해하고 합리적인 해결 계획을 세워 실행하며, 반성을 통하여 풀이 과정을 점검하고 다양하게 활용하는 태도를 기르도록 한다. 수학적 지식과 기능을 활용하여 실생활의 여러 가지 문제를 해결해봄으로써 수학의 필요성과 유용성을 인식하고, 수학 학습의 즐거움을 경험하도록 함으로써 수학에 대한 긍정적인 태도를 갖도록 한다.

나. 목표

기초적인 수학적 지식과 기능을 습득하고, 수학적으로 사고하고 의사소통하는 능력을 길러 생활 주변에서 일어나는 현상과 문제를 합리적으로 해결하는 능력을 기르며, 수학에 대한 긍정적 태도를 기른다.

가. 생활 주변에서 일어나는 현상을 수학적으로 관찰하고 조직하는 경험을 통하여 수학의 기초적인 개념, 원리, 법칙을 이해하는 능력을 기른다.

나. 수학적으로 사고하고 의사소통하는 능력을 길러, 생활 주변에서 일어나는 문제를 합리적으로 해결하는 능력을 기른다.

다. 수학에 대한 관심과 흥미를 가지고 수학의 가치를 이해하며, 수학에 대한 긍정적 태도를 기른다.

다. 내용

(1) 내용 체계

학교급 / 학년 / 영역	초등학교		
	1학년	2학년	3학년
수와 연산	• 100까지의 수 • 간단한 수의 덧셈과 뺄셈 • 두 자리 수의 덧셈과 뺄셈	• 1000까지의 수 • 두 자리 수의 덧셈과 뺄셈 • 세 자리 수의 덧셈과 뺄셈 • 곱셈	• 10000까지의 수 • 네 자리 수의 덧셈과 뺄셈 • 곱셈 • 나눗셈 • 분수 • 소수의 이해
도형	• 입체도형의 모양 • 평면도형의 모양	• 기본적인 평면도형 • 입체도형의 구성	• 각과 평면도형 • 평면도형의 이동
측정	• 양의 비교 • 시각 읽기	• 시각과 시간 • 길이 • 측정값 나타내기	• 시간 • 길이 • 들이 • 무게
확률과 통계	• 한 가지 기준으로 사물 분류하기	• 표와 그래프 만들기	• 자료의 정리, 자료의 특성(막대그래프, 간단한 그림과 그래프)
규칙성과 문제 해결	• 규칙적인 배열에서 규칙 찾기 • 자신이 정한 규칙에 따라 배열하기 • 100까지의 수 배열표에서 규칙을 찾고 말하기 • □를 사용한 식 • 실제로 해보기, 그림 그리기, 식 만들기 등으로 문제를 해결하기	• 다양한 변화의 규칙 찾기 • 수 배열에서 규칙을 찾고 규칙에 따라 수 배열하기 • 곱셈표에서 여러 가지 규칙 찾기 • 미지수 구하기 • 식 만들기 • 규칙 찾기, 거꾸로 풀기 등으로 문제를 해결하기	• 규칙에 따라 여러 가지 무늬 꾸미기 • 표 만들기, 예상과 확인 등으로 문제를 해결하기

학교급 / 학년 / 영역	초등학교		
	4학년	5학년	6학년
수와 연산	• 다섯 자리 이상의 수 • 자연수의 사칙계산 • 여러 가지 분수 • 분모가 같은 분수의 덧셈과 뺄셈 • 소수 • 소수의 덧셈과 뺄셈	• 약수와 배수 • 약분과 통분 • 소수와 분수 • 분모가 다른 분수의 덧셈과 뺄셈 • 분수의 곱셈과 나눗셈 • 소수의 덧셈과 뺄셈	• 분수의 나눗셈 • 소수의 나눗셈 • 분수와 소수의 혼합 계산 • 나눗셈
도형	• 각과 여러 가지 삼각형 • 다각형의 이해	• 직육면체와 정육면체의 성질 • 합동 • 대칭	• 각기둥과 각뿔의 성질 • 원기둥과 원뿔의 성질 • 여러 가지 입체도형
측정	• 각도 • 평면도형의 둘레 • 직사각형과 정사각형의 넓이 • 어림하기(반올림, 올림, 버림) • 수의 범위(이상, 이하, 초과, 미만)	• 평면도형의 넓이 • 무게와 넓이의 여러 가지 단위	• 원주율과 원의 넓이 • 겉넓이와 부피 • 원기둥의 겉넓이와 부피
확률과 통계	• 꺾은선그래프 • 자료를 목적에 맞는 그래프로 나타내기	• 줄기와 잎 그림, 그림그래프 • 평균	• 비율그래프(띠그래프, 원그래프) • 경우의 수와 확률
규칙성과 문제 해결	• 다양한 변화 규칙을 수로 나타내고 설명하기 • 규칙을 추측하고 말이나 글로 표현하기 • 규칙적인 무늬 만들기 • 규칙과 대응 • 단순화하기, 논리적 추론 등으로 문제를 해결하기 • 문제 해결 과정 설명하기	• 비와 비율 • 하나의 문제를 여러 가지 방법으로 해결하기 • 주어진 문제에서 필요 없는 정보, 부족한 정보 찾기 • 문제 해결의 타당성 검토	• 방정식 • 비례식 • 연비와 비례배분 • 정비례와 반비례 • 문제 해결 방법 비교하기 • 원 문제의 조건을 바꾸어 새로운 문제 만들기 • 문제 해결의 타당성 검토하기

(2) 학년별 내용

◆ 1학년 ◆

(가) 수와 연산

[1] 100까지의 수

① 0과 100까지의 수 개념을 이해하여 수를 세고, 읽고 쓸 수 있다.
② 100까지의 수 범위에서 수 계열을 이해하고, 수의 크기를 비교할 수 있다.
③ 100까지의 수에 대한 위치적 기수법의 기초 개념을 이해한다.
④ 10 이하의 수 범위에서 두 수로 분해하고, 두 수를 하나의 수로 합성할 수 있다.
⑤ 수 세기가 필요한 상황에서 묶어 세기, 뛰어 세기를 할 수 있다.

[2] 간단한 수의 덧셈과 뺄셈

① 덧셈과 뺄셈이 이루어지는 상황을 알고, 덧셈과 뺄셈의 의미를 이해한다.
② 한 자리 수끼리의 덧셈과 뺄셈을 할 수 있다.
③ 합이 10이 되는 덧셈식과 '10－(한 자리 수)'인 뺄셈식을 통하여 10에 대한 보수를 찾을 수 있다.
④ '(두 자리 수)－(한 자리 수)'의 계산을 할 수 있다.
⑤ 덧셈과 뺄셈의 관계를 이해한다.
⑥ 한 자리 수인 세 수의 덧셈과 뺄셈을 할 수 있다.

[3] 두 자리 수의 덧셈과 뺄셈

① 두 자리 수의 범위에서 받아올림이 없는 덧셈을 할 수 있다.
② 두 자리 수의 범위에서 받아내림이 없는 뺄셈을 할 수 있다.
③ 덧셈과 뺄셈을 활용하여 실생활 문제를 해결할 수 있다.

〈용어와 기호〉 덧셈, 뺄셈, ~ 보다 크다, ~보다 작다, +, −, =, >, <

〈교수·학습상의 유의점〉

① '더한다', '합한다', '~보다 ~큰 수', '뺀다', '덜어 낸다', '차', '~보다 ~

작은 수' 등의 일상적 용어를 사용하여 덧셈과 뺄셈의 개념에 친숙하게 한다.

② 받아올림이나 받아내림이 없는 두 자리 수끼리의 덧셈, 뺄셈을 여러 가지 방법으로 알아보고, 암산으로 해결할 수 있다.

(나) 도형

1 입체도형의 모양

① 여러 가지 물건을 관찰하여 직육면체, 원기둥, 구의 모양을 찾을 수 있다.

② 여러 가지 모양을 만드는 활동을 통하여 기본적인 입체도형에 대한 감각을 익힌다.

2 평면도형의 모양

① 여러 가지 물건을 관찰하여 사각형, 삼각형, 원의 모양을 찾을 수 있다.

② 구체물을 이용하여 기본적인 평면도형을 만들고, 여러 가지 모양을 꾸밀 수 있다.

〈교수·학습상의 유의점〉

① '상자 모양', '둥근 기둥 모양', '공 모양' 등의 일상적인 용어를 사용하여 기본적인 입체도형에 친숙하게 한다.

② '네모', '세모', '동그라미' 등의 일상적인 용어를 사용하여 기본적인 평면도형에 친숙하게 한다.

(다) 측정

1 양의 비교

① 구체물의 길이, 들이, 무게, 넓이를 비교하여 각각 '길다·짧다', '많다·적다', '무겁다·가볍다', '넓다·좁다' 등의 말로 나타내고 구별할 수 있다.

2 시각 읽기

① 시계를 보고 '몇 시', '몇 시 30분'까지의 시각을 읽을 수 있다.

〈용어와 기호〉 시, 분

〈교수·학습상의 유의점〉

① 실생활에서 직관적인 비교 활동을 통하여 양감을 느낄 수 있게 한다.

② 시각 읽기는 학생의 경험을 소재로 한다.

(라) 확률과 통계

1 분류하기

① 사물이나 사람을 미리 정한 한 가지 기준에 따라 분류하여 각각의 개수를 셀 수 있다.

〈교수·학습상의 유의점〉

① 분류의 기준이 되는 특징은 분명하고 간단한 것으로 한다.

(마) 규칙성과 문제 해결

1 규칙 찾기

① 여러 가지 물체, 무늬, 수의 배열에서 규칙을 찾고, 그 규칙에 따라 배열할 수 있다.

② 자신이 정한 규칙에 따라 물체, 무늬, 수 등을 배열할 수 있다.

③ 100까지의 수 배열표에서 수의 규칙을 찾고 말할 수 있다.

2 □를 사용한 식

① □가 사용된 덧셈식이나 뺄셈식에서 □의 의미를 이해한다.

3 문제 해결 방법

① 실제로 해보기, 그림 그리기, 식 만들기 등 여러 가지 방법으로 문제를 해결할 수 있다.

〈용어와 기호〉 식

〈교수·학습상의 유의점〉

① 규칙 찾기에서는 물체의 크기, 위치, 방향, 색깔 등 단순한 소재를 이용한다.

② □ 대신에 △, ○, ( ) 등의 다른 기호를 사용할 수 있다.

③ 문제 해결에 관한 기초 경험 단계이므로 문제 해결에 대한 자신감과 흥미를 가지게 한다.

◈ 2학년 ◈

(가) 수와 연산

1 1000까지의 수

① 일, 십, 백의 자리 값의 의미와 위치적 기수법을 이해하고, 1000까지의 수를 읽고 쓸 수 있다.

② 세 자리 수의 계열을 이해하고, 크기를 비교할 수 있다.

2 두 자리 수의 덧셈과 뺄셈

① 두 자리 수의 범위에서 받아올림이 있는 덧셈과 받아내림이 있는 뺄셈을 할 수 있다.

② 두 자리 수의 범위에서 세 수의 덧셈과 뺄셈을 할 수 있다.

③ 덧셈과 뺄셈의 관계를 이해한다.

3 세 자리 수의 덧셈과 뺄셈

① 세 자리 수의 범위에서 덧셈과 뺄셈을 할 수 있다.

② 세 자리 수의 범위에서 세 수의 덧셈과 뺄셈을 할 수 있다.

③ 덧셈과 뺄셈을 활용하여 실생활 문제를 해결할 수 있다.

4 곱셈

① 곱셈이 이루어지는 상황을 알고, 곱셈의 의미를 이해한다.

② 곱셈구구를 이해하고, 한 자리 수의 곱셈을 할 수 있다.

5 분수의 이해

① 연속량의 등분할을 통하여 분수를 이해하고, 읽고 쓸 수 있다.

〈용어와 기호〉 곱, 곱셈, 곱셈구구, 분수, ×

〈교수·학습상의 유의점〉

① 세 자리 수의 덧셈은 합이 1000 미만인 범위에서 한다.

② 덧셈과 뺄셈을 하기 전에 답을 어림해보게 한다.

③ 곱셈의 의미는 같은 수 더하기와 배의 개념을 통하여 다루고, 1의 단 곱셈구구와 0의 곱은 실제 생활과 관련지어 다룬다.

④ 연속량의 등분할에서는 도형을 모양과 크기가 같게 분할하는 경우만 다룬다.

(나) 도형

[1] 기본적인 평면도형

① 선분, 직선, 삼각형, 사각형, 원을 이해하고, 그 모양을 그리거나 만들 수 있다.

② 기본적인 평면도형의 구성요소를 알고 찾을 수 있다.

[2] 입체도형의 구성

① 쌓기나무로 만들어진 입체도형을 보고 똑같이 만들 수 있다.

② 주어진 쌓기나무로 여러 가지 입체도형을 만들 수 있다.

〈용어와 기호〉 선분, 직선, 삼각형, 사각형, 원, 꼭지점, 변

〈교수·학습상의 유의점〉

① 여러 가지 삼각형과 사각형을 그리고, 꼭지점과 변의 개수를 세는 활동을 통하여 공통점을 발견한다.

② 제시되는 입체도형은 간단한 것으로 한다.

③ 여러 가지 입체도형을 만드는 활동은 쌓기나무 5~6개 정도로 한다.

(다) 측정

[1] 시각과 시간

① 시각을 '몇 시 몇 분'까지 읽을 수 있다.

② 1시간은 60분임을 알고, 시간을 '시간', '분'으로 말할 수 있다.

③ 1시간, 1일, 1주일, 1개월, 1년 사이의 관계를 이해한다.

2 길이

① 1cm, 1m의 단위를 알고, 길이를 잴 수 있다.
② 1m가 100cm임을 알고, 길이를 단명수와 복명수로 말할 수 있다.
③ 여러 가지 물건의 길이를 어림하고 재어봄으로써 양감을 기른다.
④ 길이의 덧셈과 뺄셈을 할 수 있다.

3 측정값 나타내기

① 길이 재기에서 자의 눈금과 일치하지 않는 길이의 측정값을 '조금 더 된다', '조금 못 된다'로 판단하여 이를 '약'으로 표현할 수 있다.

〈용어와 기호〉 시간, 일, 주일, 개월, 년, 약, cm, m

〈교수·학습상의 유의점〉

① 실생활의 예를 통하여 시간과 시각을 구분할 수 있게 한다.
② 여러 가지 단위 길이로 구체물의 길이를 재어봄으로써 표준단위의 필요성을 느끼게 한다.
③ 복명수로 된 길이의 덧셈과 뺄셈은 실생활 문제 상황을 통하여 이해하게 한다.

(라) 확률과 통계

1 표 만들기

① 실생활에서 찾을 수 있는 구체적인 자료의 크기를 조사하여 표로 나타낼 수 있다.
② 조사된 자료를 간단한 그림을 이용하여 그래프로 나타내고, 자료의 크기를 비교할 수 있다.

〈용어와 기호〉 표, 그래프

〈교수·학습상의 유의점〉

① 실생활에서 학생들과 관계가 있는 소재를 활용한다.
② 표나 그래프가 자료의 크기를 나타내고 비교하는 데 편리함을 알게 한다.

(마) 규칙성과 문제 해결

[1] 규칙 찾기

① 물체나 무늬의 다양한 변화 규칙을 찾아 설명할 수 있다.

② 수 배열이나 수 배열표에서 규칙을 찾고, 그 규칙에 따라 수를 배열할 수 있다.

③ 곱셈표에서 여러 가지 규칙을 찾고 설명할 수 있다.

[2] 미지수 구하기

① 어떤 수를 ㅁ로 나타내고, 이를 포함하는 간단한 덧셈, 뺄셈, 곱셈의 등식에서 어떤 수의 값을 구할 수 있다.

[3] 식 만들기

① 문장으로 된 문제를 식으로 나타낼 수 있다.

② 식에 알맞은 문제를 만들 수 있다.

[4] 문제 해결 방법

① 규칙 찾기, 거꾸로 풀기 등의 여러 가지 방법으로 문제를 해결할 수 있다.

〈교수·학습상의 유의점〉

① 수 배열표에서 규칙을 찾는 다양한 활동이 곱셈구구의 기초 경험이 되게 한다.

② ㅁ 대신에 △, ○, ( ) 등의 다른 기호를 사용할 수 있다.

③ 여러 가지 방법으로 미지수를 구한다.

◈ 3학년 ◈

(가) 수와 연산

[1] 10000까지의 수

① 일, 십, 백, 천의 자리 값의 의미와 위치적 기수법을 이해하고, 10000까지의 수를 읽고 쓸 수 있다.

② 네 자리 수의 계열을 이해하고, 크기를 비교할 수 있다.

[2] 네 자리 수의 덧셈과 뺄셈

① 세 자리 수의 덧셈과 뺄셈을 할 수 있다.

② 네 자리 수의 범위에서 덧셈과 뺄셈을 할 수 있다.

③ 네 자리 수의 범위에서 세 수의 덧셈과 뺄셈을 할 수 있다.

④ 덧셈과 뺄셈을 활용하여 실생활 문제를 해결할 수 있다.

[3] 곱셈

① '(두 자리 수)×(한 자리 수)', '(세 자리 수)×(한 자리 수)', '(두 자리 수)×(두 자리 수)'의 계산을 할 수 있다.

② 곱셈을 활용하여 실생활 문제를 해결할 수 있다.

[4] 나눗셈

① 나눗셈이 이루어지는 상황을 알고, 나눗셈의 의미를 이해한다.

② 곱셈과 나눗셈 사이의 관계를 이해한다.

③ '(두 자리 수)÷(한 자리 수)'의 계산을 할 수 있고, 나눗셈에서 몫과 나머지의 의미를 이해한다.

④ 나눗셈을 활용하여 실생활 문제를 해결할 수 있다.

[5] 분수

① 이산량의 등분할을 통하여 분수를 이해한다.

② 단위분수와 진분수의 의미를 알고, 그 관계를 이해한다.

③ 분모가 같은 진분수와 간단한 단위분수의 크기를 비교할 수 있다.

[6] 소수의 이해

① 분모가 10인 진분수를 통하여 소수를 이해한다.

② 소수를 읽고 쓸 수 있으며, 크기를 비교할 수 있다.

〈용어와 기호〉 나눗셈, 몫, 나머지, 나누어 떨어진다, 소수, ÷, 소수점(.)

〈 교수 · 학습상의 유의점〉

① 실생활에서 분수나 소수가 쓰이는 경우를 찾아보게 한다.

② 덧셈, 뺄셈, 곱셈, 나눗셈을 하기 전에 답을 어림해보게 한다.

③ 문제 상황을 통하여 분수와 소수의 편리한 점을 인식하게 한다.

(나) 도형

1 각과 평면도형

① 각과 직각을 이해한다.

② 직각삼각형, 직사각형, 정사각형을 이해한다.

2 평면도형의 이동

① 간단한 평면도형의 밀기, 뒤집기, 돌리기 활동을 통하여 그 변화를 이해한다.

3 원의 구성요소

① 원의 중심, 반지름, 지름을 알고, 그들 사이의 관계를 이해한다.

② 컴퍼스를 이용하여 여러 가지 모양을 그릴 수 있다.

〈용어와 기호〉 각, (각의) 꼭지점, (각의) 변, 직각, 직각삼각형, 직사각형, 정사각형, 중심, 반지름, 지름

〈교수 · 학습상의 유의점〉

① 밀기, 뒤집기, 돌리기는 구체물이나 그림, 모눈종이에 그려진 평면도형을 조작하는 활동을 통하여 간단히 다룬다.

(다) 측정

1 시간

① 시각과 시간의 의미를 이해한다.

② 1분은 60초임을 알고, 초 단위까지 시각을 읽을 수 있다.

③ 초 단위까지 시간의 덧셈과 뺄셈을 할 수 있다.

2 길이

① 1mm, 1km의 단위를 안다.

② 1cm와 1mm, 1km와 1m의 관계를 이해하고, 길이를 단명수와 복명수로 말할 수 있다.

③ 길이의 덧셈과 뺄셈을 할 수 있다.

3 들이

① 1L, 1mL의 단위를 알고, 그 관계를 이해한다.

② 들이를 측정하여 L와 mL로 말할 수 있다.

③ 들이의 덧셈과 뺄셈을 할 수 있다.

④ 여러 가지 그릇의 들이를 어림하고 재어봄으로써 양감을 기른다.

4 무게

① 1g, 1kg 단위를 알고, 그 관계를 이해한다.

② 여러 가지 물체의 무게를 측정하여 g과 kg으로 말할 수 있다.

③ 무게의 덧셈과 뺄셈을 할 수 있다.

④ 여러 가지 무게를 어림하고 재어봄으로써 양감을 기른다.

〈용어와 기호〉 시각, 초, mm, km, mL, g, kg

〈교수·학습상의 유의점〉

① 실생활의 예를 들어 단위의 필요성과 편리함을 알게 한다.

② 실제 측정 활동을 중심으로 무게와 들이를 다룬다.

③ 시간, 길이, 들이, 무게의 계산은 간단한 경우만 다룬다.

(라) 확률과 통계

1 자료의 정리

① 여러 가지 자료를 수집, 분류, 정리하여 표, 막대그래프, 간단한 그림그래프로 나타낼 수 있다.

② 표나 그래프에서 자료의 특성을 찾아보고, 이를 설명할 수 있다.

〈용어와 기호〉 막대그래프, 그림그래프

(마) 규칙성과 문제 해결

1 규칙 찾기

① 규칙을 정하여 한 가지 도형으로 여러 가지 무늬를 꾸밀 수 있다.

2 문제 해결 방법

① 표 만들기, 예상과 확인 등의 여러 가지 방법으로 문제를 해결할 수 있다.

〈교수·학습상의 유의점〉

① 무늬 꾸미기에서 사용하는 도형은 배열 방법에 따라 다양한 무늬가 나타날 수 있는 것으로 한다.

◈ 4학년 ◈

(가) 수와 연산

1 다섯 자리 이상의 수

① 10000 이상의 큰 수에 대하여 자리 값과 위치적 기수법을 이해하고, 수를 읽고 쓸 수 있다.

② 수 계열을 이해하고 크기를 비교할 수 있다.

2 자연수의 사칙계산

① 곱하는 수가 두 자리 수인 곱셈을 할 수 있다.

② 나누는 수가 두 자리 수인 나눗셈을 할 수 있다.

③ 덧셈, 뺄셈, 곱셈, 나눗셈이 섞여 있는 계산 문제를 해결할 수 있다.

3 여러 가지 분수

① 진분수, 가분수, 대분수를 이해하고, 그 상호관계를 알 수 있다.

② 분모가 같은 분수의 크기를 비교할 수 있다.

4 분모가 같은 분수의 덧셈과 뺄셈

① 분모가 같은 분수의 덧셈과 뺄셈을 할 수 있다.

5 소수

① 자리잡기의 원리를 바탕으로 소수 두 자리 수와 소수 세 자리 수를 이해한다.

② 소수를 읽고, 쓰고, 크기를 비교할 수 있다.

6 소수의 덧셈과 뺄셈

① 소수의 덧셈과 뺄셈을 할 수 있다.

〈용어와 기호〉 진분수, 가분수, 자연수, 대분수

〈교수·학습상의 유의점〉

① 자연수의 사칙계산은 4학년에서 완성되도록 계산 방법을 일반화한다.

② 지나치게 복잡한 자연수 혼합 계산은 다루지 않는다.

③ 자연수, 분수, 소수의 계산에서 계산하기 전에 답을 어림해보게 할 수 있다.

④ 계산하거나 어림한 값을 계산기를 사용하여 확인해 볼 수 있다.

⑤ 혼소수는 분수와 관련지어 다룬다.

(나) 도형

1 각과 여러 가지 삼각형

① 이등변삼각형과 정삼각형을 이해한다.

② 예각과 둔각의 뜻을 알고, 예각삼각형과 둔각삼각형을 이해한다.

2 다각형의 이해

① 수직과 평행의 관계를 이해한다.

② 사다리꼴, 평행사변형, 마름모, 직사각형, 정사각형의 개념을 알고, 그 성질을 이해한다.

③ 간단한 다각형과 정다각형을 이해한다.

④ 주어진 도형으로 여러 가지 모양을 만들 수 있다.

⑤ 주어진 도형을 여러 가지 모양으로 덮을 수 있다.

〈용어와 기호〉 이등변삼각형, 정삼각형, 예각, 둔각, 예각삼각형, 둔각삼각형, 수

직, 수선, 평행, 평행선, 사다리꼴, 평행사변형, 마름모, 대각선, 다각형, 정다각형

〈교수·학습상의 유의점〉

① 구체적인 조작 활동을 통하여 도형의 성질을 파악할 수 있게 한다.

② 여러 가지 사각형의 관계를 이해하게 한다.

(다) 측정

[1] 각도

① 각의 크기의 단위인 1도(°)를 알고, 각도기를 이용하여 각의 크기를 측정할 수 있다.

② 주어진 각도와 크기가 같은 각을 그릴 수 있다.

③ 삼각형과 사각형의 내각의 크기의 합을 구할 수 있다.

[2] 평면도형의 둘레

① 간단한 평면도형의 둘레의 길이를 구할 수 있다.

[3] 직사각형과 정사각형의 넓이

① 넓이를 이해하고, $1cm^2$의 단위를 안다.

② 직사각형과 정사각형의 넓이 구하는 방법을 이해하고, 그 넓이를 구할 수 있다.

[4] 어림하기

① 이상, 이하, 초과, 미만의 뜻을 알고, 수의 범위를 나타낼 수 있다.

② 반올림, 올림, 버림의 의미를 알고, 이를 생활에 활용할 수 있다.

〈용어와 기호〉 이상, 이하, 초과, 미만, 반올림, 올림, 버림, 도(°), cm^2

〈교수·학습상의 유의점〉

① 반올림, 올림, 버림은 실제로 사용되는 예를 통하여 그 필요성을 인식한다.

(라) 확률과 통계

1 꺾은선그래프

① 연속적인 변량에 대한 자료를 수집하여 꺾은선그래프로 나타낼 수 있다.

② 막대그래프와 꺾은선그래프를 비교하여 각각의 특성과 용도를 안다.

③ 실생활에서 찾을 수 있는 자료를 목적에 맞는 그래프로 나타내고 해석할 수 있다.

〈용어와 기호〉 꺾은선그래프

〈 교수·학습상의 유의점〉

① 자료의 특성을 잘 나타낼 수 있는 그래프를 선택할 수 있게 한다.

(마) 규칙성과 문제 해결

1 규칙 찾기

① 다양한 변화 규칙을 수로 나타내고 설명할 수 있다.

② 규칙 찾기 놀이를 통하여 규칙을 추측하고 말이나 글로 표현할 수 있다.

2 규칙적인 무늬 만들기

① 밀기, 뒤집기, 돌리기 등의 방법을 이용하여 한 가지 무늬로 새로운 무늬를 만들 수 있다.

3 규칙과 대응

① 두 양 사이의 대응관계를 나타낸 표에서 규칙을 찾고, □, △를 사용하여 식으로 나타낼 수 있다.

4 문제 해결 방법

① 단순화하기, 논리적 추론 등의 여러 가지 방법으로 문제를 해결할 수 있다.

② 문제 해결 과정을 설명할 수 있다.

〈교수·학습상의 유의점〉

① 규칙 찾기 놀이는 간단한 계산이 적용되는 경우로 한다.

② 두 양 사이의 대응관계는 한 양이 변할 때 다른 양이 그에 종속하여 변하는 관계를 통해 다룬다.

◈ 5학년 ◈

(가) 수와 연산

1 약수와 배수

① 약수, 공약수, 최대공약수의 의미를 알고, 이를 구할 수 있다.

② 배수, 공배수, 최소공배수의 의미를 알고, 이를 구할 수 있다.

③ 약수와 배수 사이의 관계를 이해하고, 이를 문제 해결에 활용할 수 있다.

2 약분과 통분

① 분수의 성질을 이용하여 크기가 같은 분수를 만들 수 있다.

② 분수를 약분, 통분할 수 있다.

③ 분모가 다른 분수의 크기를 비교할 수 있다.

3 소수와 분수

① 소수와 분수의 관계를 이해하고, 분수를 소수로, 소수를 분수로 나타낼 수 있다.

② 소수와 분수의 크기를 비교할 수 있다.

4 분모가 다른 분수의 덧셈과 뺄셈

① 분모가 다른 분수의 덧셈과 뺄셈을 할 수 있다.

5 분수의 곱셈과 나눗셈

① 자연수와 분수의 곱셈, 분수끼리의 곱셈의 의미와 계산 원리를 이해하고, 그 계산을 할 수 있다.

② '(자연수)÷(자연수)'를 분수로 나타낼 수 있다.

③ '(분수)÷(자연수)'의 계산 원리를 이해하고, 그 계산을 할 수 있다.

6 소수의 곱셈과 나눗셈

① 소수와 자연수, 소수끼리의 곱셈을 할 수 있다.

② 소수 나눗셈의 계산 원리를 이해하고, '(자연수)÷(자연수)', '(소수)÷(자연수)'의 계산을 할 수 있다.

〈용어와 기호〉 배수, 짝수, 홀수, 약수, 공약수, 최대공약수, 공배수, 최소공배수, 약분, 통분, 기약분수

〈교수·학습상의 유의점〉

① 약수와 배수는 자연수의 범위에서만 다룬다.

② 최대공약수와 최소공배수는 두 수에 대해서만 구한다.

③ 소수의 계산은 계산 원리를 이해할 수 있는 수준에서 간단히 다룬다.

(나) 도형

1 직육면체와 정육면체의 성질

① 직육면체와 정육면체의 구성 요소를 알고, 여러 가지 성질을 찾을 수 있다.

② 직육면체와 정육면체의 전개도와 겨냥도를 그릴 수 있다.

2 합동

① 도형의 합동의 의미를 알고, 합동인 도형을 식별할 수 있다.

② 자, 컴퍼스, 각도기를 이용하여 조건에 맞는 삼각형을 그릴 수 있다.

3 대칭

① 선대칭도형과 점대칭도형의 의미를 알고 그릴 수 있다.

② 선대칭 위치에 있는 도형과 점대칭 위치에 있는 도형을 그릴 수 있다.

〈용어와 기호〉 직육면체, 면, 모서리, 밑면, 옆면, 정육면체, 겨냥도, 전개도, 합동, 대응점, 대응변, 대응각, 대칭, 선대칭도형, 점대칭도형, 대칭축, 대칭의 중심

〈교수·학습상의 유의점〉

① 직육면체의 전개도를 다양하게 그려보게 한다.

② 구체적인 조작 활동을 통하여 선대칭도형이나 점대칭도형의 의미를 알게 한다.

③ 선대칭도형을 지도할 때 거울의 상을 이용할 수 있다.

(다) 측정

1 평면도형의 넓이

① 평행사변형, 삼각형, 사다리꼴, 마름모의 넓이 구하는 방법을 이해하고, 그 넓이를 구할 수 있다.

2 여러 가지 단위

① 무게의 새로운 단위를 알고, 무게 단위 사이의 관계를 이해한다.

② 넓이의 새로운 단위를 알고, 넓이 단위 사이의 관계를 이해한다.

〈용어와 기호〉 밑변, 높이, t, m^2, km^2, a, ha

〈교수·학습상의 유의점〉

① 삼각형의 넓이는 높이가 삼각형의 내부, 외부에 있는 것을 모두 다룬다.

② $1cm^2$와 $1m^2$의 관계는 활동을 통하여 이해하게 한다.

③ 실생활에서 새로운 단위의 필요성을 느낄 수 있게 한다.

④ 복잡한 단위 환산은 다루지 않는다.

(라) 확률과 통계

1 자료의 표현과 해석

① 자료를 정리하여 줄기와 잎 그림이나 그림그래프로 나타내고, 자료의 특성을 파악할 수 있다.

② 평균의 의미를 알고, 주어진 자료의 평균을 구할 수 있다.

③ 목적에 맞게 자료를 수집하고 정리하여 적절한 그래프로 나타내고, 자료의 특성을 설명할 수 있다.

〈용어와 기호〉 줄기와 잎 그림, 평균

〈교수·학습상의 유의점〉

① 목적에 맞게 자료를 정리하고 해석하는 것이 중요함을 알게 한다.

(마) 규칙성과 문제 해결

[1] 비와 비율

① 두 양의 크기를 비교하여 분수로 나타낼 수 있다.

② 두 양 사이의 비와 비율의 의미를 이해한다.

③ 비율을 여러 가지 방법으로 나타낼 수 있다.

[2] 문제 해결 방법

① 하나의 문제를 여러 가지 방법으로 해결하고, 그 방법을 비교할 수 있다.

② 주어진 문제를 해결하는 데 필요 없거나 부족한 정보를 찾을 수 있다.

③ 문제 해결 과정의 타당성을 검토할 수 있다.

〈용어와 기호〉 비, 기준량, 비교하는 양, 비율, 백분율, 할, 푼, 리, :, %

〈교수·학습상의 유의점〉

① 두 양의 크기를 비교할 때에는 부분과 전체, 부분과 부분 사이의 관계를 다양하게 다룬다.

② 속력, 인구밀도 등과 같이 타 교과 및 실생활에서 비율이 사용되는 예를 찾아보고, 관련된 문제를 해결해보게 한다.

◈ 6학년 ◈

(가) 수와 연산

[1] 분수의 나눗셈

① 나누는 수가 분수인 나눗셈의 의미와 계산 원리를 이해하고, 그 계산을 할 수 있다.

[2] 소수의 나눗셈

① 나누는 수가 소수인 나눗셈의 의미와 계산 원리를 이해하고, 그 계산을 할 수 있다.

3 분수와 소수의 혼합 계산

① 간단한 분수와 소수의 혼합 계산을 할 수 있다.

(나) 도형

1 각기둥과 각뿔의 성질

① 각기둥과 각뿔을 이해하고, 구성 요소와 성질을 안다.

② 각기둥의 전개도를 그릴 수 있다.

2 원기둥과 원뿔의 성질

① 원기둥과 원뿔을 이해하고, 구성 요소와 성질을 안다.

② 원기둥의 전개도를 이해한다.

③ 회전체를 이해한다.

3 여러 가지 입체도형

① 쌓기나무로 만든 입체도형을 보고 사용된 쌓기나무의 개수를 구할 수 있다.

② 쌓기나무로 여러 가지 모양을 만들고 규칙을 찾을 수 있다.

③ 쌓기나무로 만든 입체도형의 위, 앞, 옆에서 본 모양을 표현할 수 있다.

④ 여러 가지 물체의 위, 앞, 옆에서 본 모양을 표현할 수 있다.

〈용어와 기호〉 각기둥, 각뿔, 원기둥, 원뿔, 모선, 회전체, 회전축, 구, 단면

〈교수·학습상의 유의점〉

① 각기둥의 전개도에서는 간단한 형태만 다룬다.

② 여러 가지 물체를 다룰 때에는 실생활과 밀접한 소재를 활용한다.

(다) 측정

1 원주율과 원의 넓이

① 원주율을 이해한다.

② 원주와 원의 넓이 구하는 방법을 이해하고, 이를 구할 수 있다.

2 겉넓이와 부피

① 직육면체와 정육면체의 겉넓이 구하는 방법을 이해하고, 이를 구할 수 있다.

② 부피를 이해하고, $1cm^3$, $1m^3$의 단위를 알며, 단위 사이의 관계를 이해한다.

③ 직육면체와 정육면체의 부피 구하는 방법을 이해하고, 이를 구할 수 있다.

④ 부피와 들이 사이의 관계를 안다.

3 원기둥의 겉넓이와 부피

① 원기둥의 겉넓이와 부피 구하는 방법을 이해하고, 이를 구할 수 있다.

〈용어와 기호〉 겉넓이, 부피, 원주, 원주율, cm^3, m^3

〈 교수·학습상의 유의점〉

① 원주율은 원의 지름과 원주를 측정하는 활동을 통해 이해하게 한다.

② 원의 넓이는 구체적인 조작 활동을 통하여 여러 가지 방법으로 구한다.

(라) 확률과 통계

1 비율그래프

① 띠그래프와 원그래프의 의미를 알고, 이를 활용할 수 있다.

② 비율그래프에서 자료의 특성을 찾아보고, 이를 설명할 수 있다.

2 경우의 수와 확률

① 경우의 수의 뜻을 알고, 이를 구할 수 있다.

② 경우의 수를 바탕으로 확률의 의미를 이해한다.

〈용어와 기호〉 띠그래프, 원그래프, 경우의 수, 확률

〈교수·학습상의 유의점〉

① 원그래프를 지도할 때에는 눈금이 표시된 원을 사용한다.

② 비율그래프를 지도할 때에는 신문, 인터넷 등에 있는 표나 그래프를 소재로 활용할 수 있다.

③ 경우의 수는 간단한 경우만 다룬다.

④ 실생활의 예를 이용하여 확률의 의미를 다룬다.

(마) 규칙성과 문제 해결

[1] 방정식

① 미지수를 x로 나타낼 수 있다.

② 등식의 성질을 이해하고, 이를 이용하여 간단한 방정식을 풀 수 있다.

[2] 비례식

① 비례식을 이해하고, 이를 활용할 수 있다.

② 비례식의 성질을 이용하여 간단한 비례식을 풀 수 있다.

[3] 연비와 비례배분

① 연비의 뜻을 알고, 세 양 사이의 관계를 연비로 나타낼 수 있다.

② 비례배분의 뜻을 알고, 주어진 양을 비례배분할 수 있다.

[4] 정비례와 반비례

① 두 수 사이의 대응관계를 x와 y를 사용하여 식으로 나타낼 수 있다.

② 정비례와 반비례 관계를 이해하고, 그 관계를 표나 식으로 나타낼 수 있다.

③ 정비례와 반비례 관계를 활용하여 실생활 문제를 해결할 수 있다.

[5] 문제 해결 방법

① 여러 가지 문제 해결 방법을 비교하여 문제 상황에 적절한 방법을 선택할 수 있다.

② 주어진 문제에서 조건을 바꾸어 새로운 문제를 만들고, 그 문제를 해결할 수 있다.

③ 문제 해결 과정의 타당성을 설명할 수 있다.

〈용어와 기호〉 등식, 방정식, 비례식, 연비, 비례배분, 정비례, 반비례, 관계식, 비례상수, x

〈교수·학습상의 유의점〉

① 미지수는 x 이외의 다른 문자도 사용할 수 있다.

② 등식의 성질은 구체물을 이용하여 다룬다.

③ 비례식, 연비, 비례배분은 간단한 경우만 다룬다.

④ 대응관계, 정비례, 반비례는 실생활의 예를 통하여 다룬다.

⑤ 두 수 사이의 대응관계를 도입할 때에는 $y=x+a$와 $y=a\times x$인 경우만 다룬다.

라. 교수·학습 방법

가. 교육과정에 제시된 내용은 모든 학생들이 도달해야 할 성취 기준이므로, 학생의 특성, 학년 간 연계성, 지역성 및 현실성을 고려하여 적절히 지도되어야 한다.

나. 학년별 내용의 배열 순서가 반드시 교수·학습의 순서를 의미하는 것은 아니므로, 교수·학습 계획을 수립하거나 학습 자료를 개발할 때에는 내용의 특성과 난이도, 학교 여건 등을 고려하여 내용, 순서 등을 재구성할 수 있다.

다. 교육과정에 제시된 내용을 지도한 후 학습 결손이 있는 학생들에게는 보충 학습, 우수한 학생들에게는 심화 학습의 기회를 추가로 제공할 수 있다.

라. 수학과 수업에서는 교육 내용과 학생들의 특성을 고려하여 발견 학습, 탐구 학습, 협동 학습, 개별 학습, 설명식 교수 등 다양한 교수·학습 방법을 활용할 수 있다.

마. 수학과 수업에서 의미 있는 발문을 하기 위하여 다음 사항에 유의한다.

① 발문은 학생들의 인지 발달과 경험을 고려하여 선택하고, 그에 대한 반응을 의미 있게 처리한다.

② 가능하면 열린 형태의 발문을 하여 창의적인 답이 나올 수 있게 한다.

바. 수학적 개념, 원리, 법칙의 교수·학습에서는 다음 사항에 유의한다.

① 생활 주변 현상, 사회현상, 자연현상 등의 여러 가지 현상을 학습 소재로 하여 수학적 개념, 원리, 법칙을 도입한다.

② 구체적 조작 활동과 탐구 활동을 통하여 학생 스스로 개념, 원리, 법칙을 발견하게 한다.

사. 수학적 사고와 추론 능력을 발전시키기 위하여 교수·학습에서 다음 사항에 유의한다.

① 귀납, 유추 등을 통해 학생 스스로 수학적 사실을 추측하게 하고, 이를 정당화하거나 증명해보게 할 수 있다.

② 수학적 사실이나 명제를 분석하고, 수학적 관계를 조직하고 종합하며, 학생 자신의 사고 과정을 반성하게 한다.

아. 수학적 의사소통 능력을 신장시키기 위하여 교수·학습에서 다음 사항에 유의한다.

① 수학 용어, 기호, 표, 그래프 등의 수학적 표현을 이해하고 정확히 사용하게 한다.

② 수학적 아이디어를 말과 글로 설명하고 시각적으로 표현하여 다른 사람과 효율적으로 의사소통할 수 있게 한다.

③ 수학을 표현하고 토론하면서 자신의 사고를 명확히 하고 반성함으로써 의사소통이 수학을 학습하고 사용하는 데 중요함을 인식하게 한다.

자. 문제 해결력을 신장시키기 위하여 교수·학습에서 다음 사항에 유의한다.

① 문제 해결은 전 영역에서 지속적으로 지도한다.

② 학생 스스로 문제 상황을 탐색하고 수학적 지식과 사고 방법을 토대로 문제 해결 방법을 적절히 활용하여 문제를 해결하게 한다.

③ 학생의 경험과 욕구를 바탕으로 문제를 창의적으로 해결할 수 있게 한다.

④ 문제 해결의 결과뿐만 아니라 문제 해결 방법과 과정, 문제를 만들어보는 활동도 중시한다.

⑤ 생활 주변 현상, 사회현상, 자연현상 등의 여러 가지 현상에서 파악된 문제를 해결하면서 수학적 개념, 원리, 법칙을 탐구하고, 이를 일반화하게 한다.

차. 수학에 대한 긍정적 태도를 신장시키기 위하여 교수·학습에서 다음 사항에 유의한다.

① 여러 가지 현상에서 접할 수 있는 수학을 다룸으로써, 수학에 대한 가치를 인식하고 수학의 필요성을 느낄 수 있게 한다.

② 수학에 대한 흥미, 관심, 자신감을 갖도록 학습 동기와 의지를 유발한다.

카. 수학 교수·학습 과정에서 교육 기자재의 활용은 다음 사항에 유의한다.

① 교수·학습의 전 과정을 통하여 적절하고 다양한 교육 기자재를 수단으로 활용하여 수학 학습의 효과를 높이도록 한다.

② 계산 능력 배양을 목표로 하지 않는 경우의 복잡한 계산 수행, 수학적 개념·원리·법칙의 이해, 문제 해결력 향상 등을 위하여 계산기, 컴퓨터, 교육용 소프트웨어 등의 공학적 도구와 다양한 교구를 확보하여 활용할 수 있다.

타. 각 학교에서는 학생 개인의 학습 능력과 수준, 적성, 희망 등을 고려하여 수준별 수업을 운영할 수 있다. 수준별 수업을 운영할 때에는 다음 사항에 유의한다.

① 수준별 수업은 학교 상황에 맞게 수준별 집단을 편성하여 운영할 수 있다.

② 수준별 수업은 내용 요소를 차별화하기보다는 내용의 깊이나 접근 방법에 차이를 두어 운영한다.

마. 평가

가. 수학 학습의 평가는 학생들의 인지적 영역과 정의적 영역에 대한 유용한 정보를 제공하여, 학생 개개인의 수학 학습과 전인적인 성장을 돕고 교사의 교수 활동과 수업 방법을 개선하는 데 활용한다.

나. 수학 학습의 평가에서는 학생의 인지 발달 수준을 고려하고, 교육과정에 제시된 내용의 수준과 범위를 준수한다.

다. 수학 학습의 평가는 수업의 전개 과정에 따라 진단평가, 형성평가, 총괄평가 등의 적절한 평가 방식을 택하여 실시하되, 지속적인 평가를 통하여 다양한 정보를 수집하고 수업에 활용한다.

라. 수학 학습의 평가에서는 획일적인 방법을 지양하고 지필평가, 관찰, 면담, 자기평가 등의 다양한 평가 방법을 통해 수학 교수·학습을 향상시킬 수 있게 한다.

마. 인지적 영역에 대한 평가에서는 학생들의 수학적 사고력 신장을 위하여 결

과뿐만 아니라 과정도 중시하여 평가하되, 수학의 교수·학습에서 전반적으로 요구되는 다음 사항을 강조한다.

① 수학의 기본적인 개념, 원리, 법칙을 이해하고 적용하는 능력

② 수학적 표현의 의미를 이해하고 정확하게 사용하는 능력

③ 수학적 지식과 기능을 활용하여 타당하게 추론하는 능력

④ 다양한 상황에서 발생하는 여러 가지 문제를 수학적으로 사고하여 해결하는 능력

⑤ 생활 주변 현상, 사회현상, 자연현상 등의 여러 가지 현상을 수학적으로 관찰, 분석, 조직하는 능력

⑥ 수학적 사고 과정과 결과를 합리적으로 의사소통하는 능력

바. 정의적 영역에 대한 평가에서는 학생들의 수학에 대한 긍정적 태도를 신장시키기 위하여 학생들의 수학에 대한 바람직한 가치관이나 수학 학습에 대한 관심, 흥미, 자신감 등의 정도를 파악한다.

사. 수학 학습의 평가에서는 평가하는 학습 내용에 따라 학생들에게 계산기, 컴퓨터와 같은 공학적 도구와 다양한 교구를 이용할 수 있는 기회를 제공할 수 있다.

23 초등수학교육

초등학교 수학의 중요한 지도 내용

지은이 이용률
펴낸이 조경희
펴낸곳 경문사
펴낸날 2010년 3월 5일 1판 1쇄
2018년 3월 5일 1판 5쇄
등 록 1979년 11월 9일 제313-1979-23호
주 소 04057, 서울특별시 마포구 와우산로 174
전 화 (02)332-2004 팩스 (02)336-5193
이메일 kyungmoon@kyungmoon.com
facebook facebook.com/kyungmoonsa

값 18,000원

ISBN 978-89-6105-313-6
ISBN 978-89-7282-760-3(세트)

★ 경문사 홈페이지에 오시면 즐거운 일이 생깁니다.
http://www.kyungmoon.com

한국과학기술출판협회 회원사